U0790305

澉水志汇编

〔南宋〕常棠 等 纂

宋金华 钱张建 点校
海盐县档案馆（海盐县史志研究室） 整理

方志出版社
Publishing House of Local Records

整理说明

《澉水志汇编》收录南宋常棠《澉水志》、明董穀《续澉水志》、清方溶《澉水新志》、民国程煦元《澉志补录》四种澉浦地方旧志。自南宋至民国，澉浦一地五修镇志（其中清吴为龙修《再续澉水志》已佚），前后相承，自成体系，将澉浦一地的历史无缝连接，在中国的地方史志中占据了一席之地，彰显了海盐地方文化的魅力。自常棠率先开启乡镇志的编纂，后继者踵起，澉水诸志成为全国地方乡镇志的一面旗帜。其在中国地方志中的分量，举足轻重；其里程碑式的作用，无可替代！

《澉水志》，南宋罗叔韶修、常棠纂。罗叔韶，字仪甫，绍定三年（1230）任海盐县澉浦镇监。常棠，字召仲，号竹窗，祖籍临邛，其家居澉浦已四世。常棠除读书外，留意当地掌故、山川、名物。绍定三年（1230），在罗叔韶的支持下，常棠开始著述《澉水志》，完稿后，由于罗的离任等原因，直到27年后的宝祐四年（1256）才刊印成书。全书8卷，分地理、山、水、廨舍、坊巷、坊场、军寨、亭堂、桥梁、学校、寺庙、古迹、物产、碑记、诗咏十五门，而冠以舆图。前有罗叔韶及常棠二序。《澉水志》被誉为乡镇志开先河之作，为中国历史上现存最早的镇志。《四库全书总目》称其“叙述简核，纲目该备”“可谓体例精严、藻不妄抒者矣”。版本主要有明嘉靖三十六年（1557）董穀刻本、明天启三年（1623）樊维城《盐邑志林》刻本、清道光十九年（1839）《宋元方志丛刊》刻本、清咸丰七年（1857）海昌陈氏双清草堂刻本、民国24年（1935）《澉水志汇编》本等。

《续澉水志》，明董穀纂。董穀，字硕甫，海盐澉浦人。正德十一年（1516）举人，历授安义、汉阳两县令。罢官归籍后，自号“碧里山樵”，又号“汉阳归叟”。《海盐县图经》载，董穀“好学，工诗文。宦归，安贫自怡，当昼炊烟未举，犹散步澉墅湖滨，吟咏自若。资绝敏，幼岁即通禅理”，曾侍父游学于王阳明先生门下，因此“识尤大进，妙解儒释合一之旨”。著有《碧里杂存》等书。《续澉水志》成书于明嘉靖三十六年（1557），全书分地理、职官、公署、贡赋、兵卫、祠宇、人品、杂纪、艺文，共九卷。董穀在修纂此书时，先对常棠的《澉水志》进行校刊，在原体例的基础上有所增益，以元、明两代的史料加以续写，使体例更加完备。《四库全书总目》对该书有这样的叙述：“尝得宋常棠澉水旧志，校而刊之。因采元明事迹，续成此篇。小变棠之体例。”该志传本尚多，主要有明嘉靖三十六年（1557）董穀刻本、清钞本、民国24年（1935）《澉水志汇编》本、齐鲁书社《影印四库全书存目丛书》本等。

《澉水新志》，清方溶修纂。方溶，字蓉浦，世居澉浦，岁贡生，少精举业，屡试不售，遂潜心经学。熟悉舆图，所著《禹贡分笺》一书，考据精确，疏解简明，当世推为善本。《澉水新志》于清嘉庆十五年（1810）动笔，至道光三十年（1850）成书付梓。倾尽心力达四十年之久，裒辑成书，甚为详备。全书分地理、职官、堤海、水利、课税、名胜（分上、下卷）、选举、人品、列女、艺文、杂记，共十二卷。本书在体例上大致延续了前两部澉水志，但全书录入了大量的人物传记与诗文，为澉浦一地乃至整个海盐留下了丰富的人文资料，是本书一大亮点。海盐县令汪仲洋在序中称其“虽精简不逮棠书，而详赡过于董志”。传本主要有道光三十年（1850）原刊本、民国24年

(1935)《澉水志汇编》本等。

《澉志补录》，民国程煦元修纂。程煦元（1863—1940），字韵唐，海盐澉浦人。岁贡，候选训导。程诚笃好古，号称博学多闻，他将当时尚能见到的三种澉水志合订后，又以清咸丰以后数十年间尚无记载，于是旁搜博采，辑为二卷，名为《澉志补录》。这是一部继承前人成果，而将近事加以补充记载的一部续修志书。全书以所补内容分类，分区域、风俗、物产、山、水、海防、交通、学校、机关社团、盐务、名胜古迹、人物、传记、艺文、杂记共十五类。据程煦元序言中所述，他著成《澉志补录》后，因“刊资不足”，曾将书稿收藏起来。十余年后，在乡人祝静远、吴侠虎、陆凤书等人赞助下，又帮助“搜集材料，修饰文字，重行编订”，最终刊印出版。传本主要有民国 24 年（1935）《澉水志汇编》本等。

本书点校所用底本，为海盐县档案馆所藏民国《澉水志汇编》本，该底本为澉浦志书中最全的版本。然该书刊刻不佳，讹误颇多。本书在点校时，参照相关版本，对于其中明显讹误之处，如字形相近，易舛驳者，则径直更改，不另出校记，也不加符号标识；对于诸本中文字难以断定的部分，则酌情出校记。异体字在不改动原义的情况下，均作规范体处理；用在人名、地名等专有名词时，如昇、陞、璿、濬、祐等，则不做改动。古今字（燃作然、原作元、嘱作属、赐作锡）、通假字（早作蚤、资作赀）、避讳字（玄作元、胤作允、弘作宏）均仍原文旧貌，不做改动。旧志中有些字混用的，为保持作品原貌，也不做处理，如：惹山或作若山，鸦鹊墓或作雅鹊墓，花婆井或作花嫂井，鹰窠顶或作莺窠顶等。正文中有条目而目录缺者补之。原文尊号空格全部取消。空格表示缺文的地方，缺字用□表示；有原文可核查的，按照原文补入，补入文字不再用其他符号标识。目录与正文有不一致的地方，为保持原文旧貌，也不做改动，如：《澉水志》目录卷之一“水路程”，内文目录作“水陆路”，《续澉水志》目录卷之八“杂纪”，内文目录作“杂记”等。其他一仍刻本原貌。

地方文献的整理，既是追寻根脉、继承传统的切实作为，也是推动地方文化建设、为地方经济建设提供新动力的有效措施。然而，地方文献的点校整理是一项长期的基础性工作，需要得到社会各界的理解与支持。只有这样，才能更好地为中国特色社会主义文化事业、为弘扬祖国优秀传统文化服务。此次《澉水志汇编》的点校整理，就是为广大文史爱好者与研究者提供一个方便易读的版本，从而更好地宣传海盐的地方文化特色，更好地服务于中国的地方志事业。

历时一年多的整理工作，倾注了点校者和编辑人员的大量心血，得到了单位领导周海军主任、蔡海燕副主任的重视、支持与帮助。同时，本书蒙中国地方志指导小组周勇进博士及方志出版社编辑同志精心审阅，提出许多宝贵意见，受益良深，谨致谢忱。但由于我们学殖浅薄，舛误之处仍恐难免，殷切期望读者和专家指正！

整理者

2021 年 10 月 30 日

目　　录

澉水志 …… 1
续澉水志 …… 45
澉水新志 …… 149
澉志补录 …… 447

澉水志

〔南宋〕常棠 纂

宋金华 点校

澉水志序

尝谓六典不作，无以考周家风土之厚薄、民物之耗丰；图籍不收，无以知秦人山川之扼①塞、户口之强弱。此澉水之志不可无也。澉水，斗大一隅，厥土斥卤。凡丘源之流峙、税赋之重轻、道途之遐迩、聚庐之众寡，与夫选举名数、先贤遗迹，素乏图经，茫无可考。叔韶效官于兹，甫及半祀，正欲搜访舆理为纪载，吏事鞅掌未暇也。竹窗常棠，字召仲，寓居是镇。一日，告余曰："郡有《嘉禾志》，邑有《武原志》，其载澉水之事则甚略焉；使不讨论闻见，缀缉成编，则何以示一镇之指掌？"于是正订稽考，集作一经，名曰《澉水志》。澉水者，盖《水经》所载谷水流出为澉浦者是也。召仲其容辞？绍定三年重阳前一日，修职郎、监嘉兴府海盐县澉浦镇税兼烟火公事罗叔韶序。

①扼，原文作"振"，《宋元方志丛刊》本、董穀刻本作"扼"，据改。

序　二[①]

绍定三年，镇尹罗仪甫属余撰《澉水志》，虽一时编集大略，而仪甫满去，竟弗遑问。逾七八政，粤岁既久，订正尤详。因日边孙君来此，听讼优长，遇事练熟，虽镇场废坏，非畴曩比，然能公谨廉敏，明烛隐幽，才干有馀，趁[②]办自足，爰割己俸，售募镌行。水军袁统制闻而喟然曰：“是书不刊于镇税全盛之前，乃刊于镇税凋弊之后，甚可嘉矣。”锐捐梓料，肃赞其成。噫，《元和郡县志》丞相李吉甫所制也，后三百馀年，待制张公始刻于襄阳。今余所编《澉水志》后二十七祀，权镇孙君即镂于时阜，则是书之遇知音，又不大可庆耶！竹窗常棠书。

---

①注：原文无“序二”二字，整理者加。

②趁，原文作“超”，据董榖刻本改。《宋元方志丛刊》本作“趁”。

常棠澉水志目录

卷之一　地理门　沿革　风俗　形势　户口　赋税　镇名　镇境　四至八到
水陆程
卷之二　山门　湾附
卷之三　水门　堰闸
卷之四　廨舍门　坊巷门　坊场门　军寨门　亭堂门　桥梁门
卷之五　学校门　寺庙门　古迹门
卷之六　物产门
卷之七　碑记门
卷之八　诗咏门

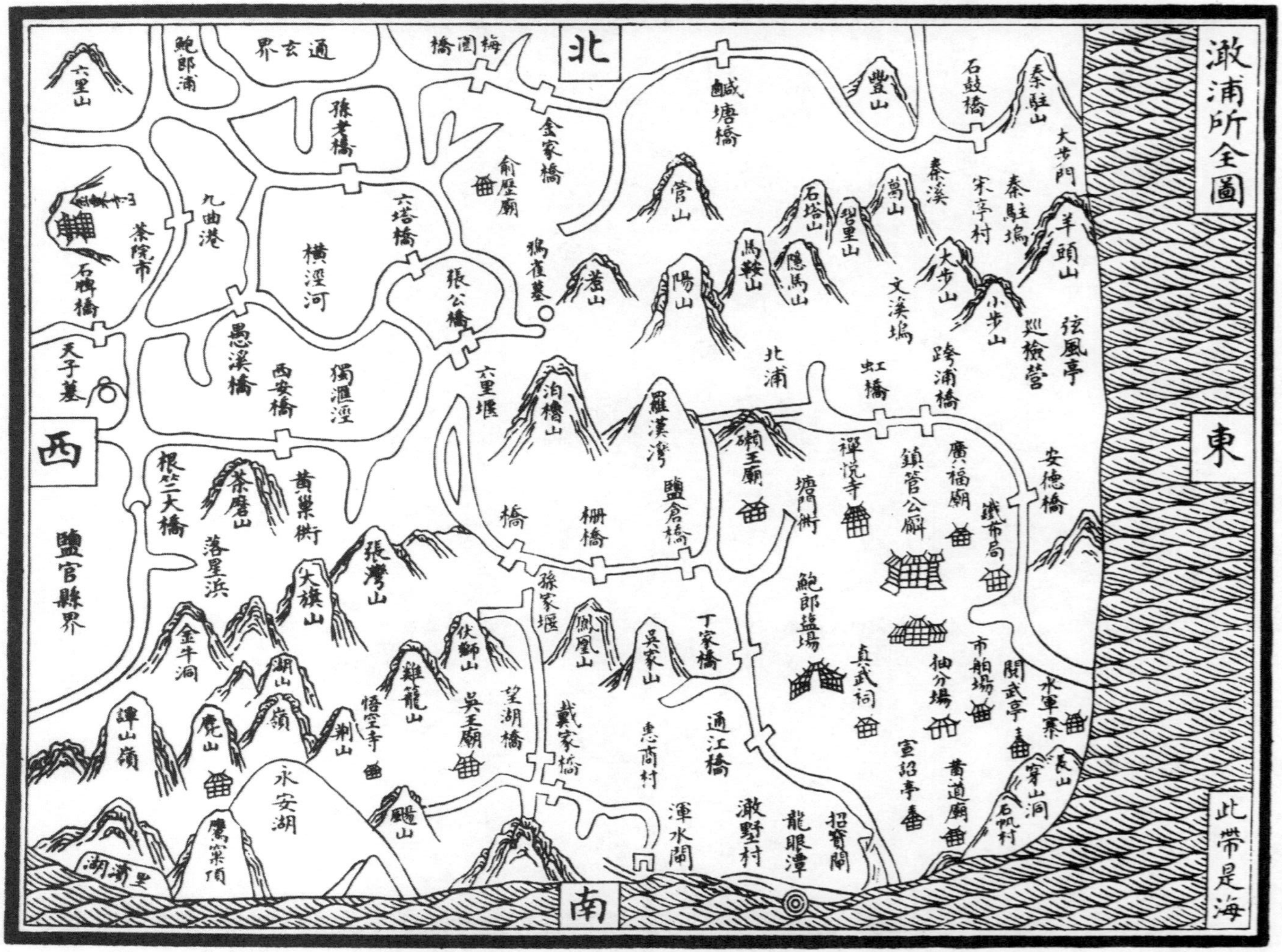
澉浦所全圖
此帶是海
東
西
南
北
秦駐山
大步門
羊頭山
石鼓橋
豐山
鹹塘橋
秦駐塢
宋亭村
秦溪
萬山
智里山
石塔山
管山
大步山
小步山
弦風亭
巡檢營
文溪塢
隱馬山
馬鞍山
陽山
嵩山
跨浦橋
虹橋
北浦
安德橋
廣福廟
鎮管公廨
禪悅寺
塘門街
羅漢灣
蛸橋山
六里堰
鹽倉橋
柵橋
橋
鐵布局
鮑郎鹽場
真武祠
市舶場
抽分場
閱武亭
水軍寨
長山
穿山洞
石帆村
黃道廟
宣詔亭
招寶閘
龍眼潭
澉墅村
渾水閘
通江橋
惠商村
丁家橋
吳家山
鳳凰山
孫家堰
戴家橋
望湖橋
吳王廟
伏獅山
雞籠山
悟空寺
荊山
颺山
永安湖
鷹窠頂
湖濱里
鹿山
湖山嶺
譚山嶺
金牛洞
大旗山
張灣山
落星浜
黃巢街
茶磨山
根竺大橋
鹽官縣界
西安橋
獨涯涇
愚溪橋
橫涇河
六塔橋
張公橋
鴉雀墓
俞壓廟
金家橋
孫孝橋
梅園橋
通玄界
鮑郎浦
六里山
九曲港
茶院市
石幢橋
天子墓

常棠澉水志卷之一

总 叙

按乾道文书令，诸犯圣祖名、庙讳、御名正字，皆避；若遇书籍及传录旧事，则为字不成。

地理门

沿 革

澉浦旧属会稽。《元和郡志①》云："《禹贡》：扬州之地。周时，吴泰伯置城，为越所并。汉顺帝永建四年，阳羡令周喜上书，遂分浙江，东为会稽郡，西为吴郡。"《舆地广记》云："秦置海盐县，属会稽郡。"吴越时分境于槜李。槜李，今属嘉兴县界。以此考之，澉浦乃古越地②。石晋时，吴越钱氏奏置秀州，始随分隶。又《水经》云东南③有秦望

①元和郡志，《宋元方志丛刊》本作"元和郡县志"。
②《宋元方志丛刊》本作"以此澉浦考之，乃古越地。"
③《水经注》"此县南有秦望山"，非东南。

山，旁有谷水流出为澉浦。秦望山在会稽，及鲍郎场十灶九在秀而一在越，是知澉浦古隶绍兴而今隶嘉兴。

风　俗

《舆地广记》云：古扬州地，人性轻扬，尚鬼，好淫祀。此方不事田产，无仓廪储蓄，好侈靡，喜楼阁。惟招接海南诸货，贩运浙西诸邦，网罗海中诸物以养生。水咸，地湿，俗僭。

形　势

镇南、镇西诸山峻秀；东与北多低矮白山，不种林木。东枕大海，相望秦驻跸山，实为险要。

户　口

户口约五千馀，主户少而客户多，往来不定，口尤难记。

税　赋

隶县之德政乡，田肥税重，惟石帆、秦山二村在镇东海边，多致陷没。

镇　名

唐开元五年，张廷珪奏置。按《水经》云：秦望山，谷水流出为澉浦。因名。

镇 境

东西一十二里，南北五里。《武原志》云：周回二里半。绍兴间，人民稀少。今烟火阜繁，生齿日众，故不止此。

四至八到

东至海岸边海界，西至六里堰近潮村界，南至篠山边海界，北至官草荡新浦桥界。

东南到葛母山界，西南到盐官灵泉乡界，东北到秦驻山界，西北到鲍郎浦界。

水陆路

水路西去海盐县四十里，北去嘉兴县九十里。陆路东去海盐县三十六里，南去盐官县八十里。

常棠澉水志卷之二

山　门

长墙山　在镇东三里。高八十丈，周围十九里。山之阿有黄道祠，山之下有造船场，山之巅立烽燧，山之外捍大海。秦始皇东游，登山望海，以其孤耸、遥望如堵墙，因名。

葫芦山　在镇西南四里。四望绝在海中，如葫芦出没之状，潮生潮退，葫芦自若。

篠山　在镇东南六里。

秦驻山　在镇东北一十五里。有始皇庙，下有聚落，有荒草荡，俗谓①秦驻坞。始皇东游，曾住此山。

沈氏山　在镇东北五里。

半潮山　在镇东北五里。

青山　在镇东三里，为镇市之主山。下有屠瓌智墓。

庙山　在镇西北三里。地名礦头，上有礦王土地庙。

泽山　在镇西南五里。

黄毛山　在镇西北四里。

---

①谓，《宋元方志丛刊》本、董榖刻本作“为”。

右十山不种林木，官给亭户养草、煎盐之所。

惹山　在镇西北五里。上有普明院及有朱令公庙。

陆墓山　在镇西北五里。因姓得名。

石屋山　在镇西北五里。上有石垒成屋，旧传黄巢时民避兵处。

杨山　在镇西北六里。

碧里山　在镇西北九里。

吴家山　在镇西四里。

右六山不种林木，百姓牧养牛羊处所。先是，亭民百姓互争柴山，自五代至本朝有讼，屡经御判，人以石匣贮文以藏于地。二百年初无定属，每岁交锋山上，杀死不已。淳熙十一年，仓使石检详起宗，委干办公事，常于公暇采舆论，参酌予夺，各分定界，永为不易之论。具奏。上悦。由是息争。

谭家岭山　在镇西南十里。与临安府盐官县黄湾交界。上有谭仙庙。

泊櫓山　在镇西三里。高冠诸山。《舆地志》云：始皇渡海，泊櫓此山，因名。旧传昔海舟泊此山下，后沙涨接镇境。

荆山　在镇西南五里。占永安湖之胜。山有悟空寺，寺有五显灵官庙，其感应通灵。

葛母山　在镇南五里。

横山　在镇西三里栅桥上。

飏山　在镇西南五里永安湖侧。

月山　在镇西三里堰下。

窦家山　在镇西三里。

凤凰山　在镇西南二里。

吴家山　在镇西南三里。

鸡笼山　在镇西南五里。

马鞍山　在镇西北五里。

金牛山 在永安湖西北。

塘湾 在镇东市中，捍海岸也。后聚居其上，遂为市井。

棋子湾 在镇东长墙山外。

罗汉湾 在镇西泊橹山侧。

慈竹湾 在镇南二里。

细柳湾 在镇西三里。

窦家湾 在镇西窦家山上。

张湾 在镇西南六里堰上。

蔡湾 在镇西南孙家堰南。

南姚湾 在镇西北五里。

北姚湾 在镇东北五里。

西陈湾 在镇西北黄毛山背。

东陈湾 在镇西北石屋山侧。

夏湾 在镇东北八里。

陆吴湾 在镇西北五里。

横山湾 在泊橹山前。

徐湾 在柳家桥南。

邵湾 在六里堰下。

张搭 在镇市塘上。古捍海增①岸，后民旅聚居其上为市。今俗呼曰“塘上”。

陆搭 在六里堰下。

沈搭 在镇市南。

鸦鹊墓 在陆搭。客船不上岸者，多在于此泊舟，为埠头。

---

①增，原文作“橹”，《盐邑志林》本同。据《宋元方志丛刊》本、董縠刻本改。

常棠澉水志卷之三

水　门

海　在镇东五里。东达泉、潮，西通交、广，南对会稽，北接江阴、许浦，中有苏州洋，远彻化外。西南一潮至浙江，名曰“上潭”；自浙江一潮归泊黄湾，又一潮到镇岸，名曰“下潭”。东北十二里名曰“白塔潭”，可泊舟帆，亦险要处。虽在澉浦、金山两军之间，相去隔远，夜暮缓急，卒难应援。昔日朝廷欲立巡检寨，今澉浦水军置铺于此。

招宝塘　在镇市中。海滨高峻，易涸易盈。淳熙九年，奉御笔命守臣赵善悉相视重浚，面阔三丈，底阔二丈一尺，深五丈。市镇止有此一运渠。

永安湖　在镇西南五里。周围一十二里。元以民田为湖，储水灌溉，均其税于湖侧田上，税虽重而田少旱。四围皆山，中间小堤，春时游人竞渡行乐，号为“小西湖”。

东浦　在镇东。大海透入东北礁头，潮入汲煮盐。

鲍郎浦　在镇西北十二里。古老云，昔盐场开基于此，有姓鲍者凿浦煮盐，因名。曰鲍郎者，吴俗女夫之通称也。后沙涨移入东浦侧，绍兴经界为田，是浦接连招宝塘为河，至今俗呼为鲍郎浦。又按《南史》，孙恩作乱，海盐令鲍陋遣子嗣之追奔，陷没于此。

放生池 南渡以来，本镇创亭于海濒收税，即今之弦风亭也。亭之东凿小湫，每遇圣节，镇官率合镇见任、寄居文武两班于此祝圣放生。

艮泽 黄道山下，枕龙眼潭泊舟处。地势高峻，客旅居民无井可汲。山之腰有泉源。先是，庙僧善机用工浚凿以济汲用。淳祐十一年，统制邢子政开广，立屋三间，因扁斯名。

六里堰 在镇西六里。高下相去数仞，为惠商、澉浦、石帆三村灌田堤防之所。缘舟船往来，实为入镇门户，因置车索。今属本镇提督。

三里堰 在镇西三里。元无此堰。淳祐九年六月大旱，居民沿河私捺小堰。至水通，诸堰悉复毁去，独此堰为居民私置车索，邀求过往，久为定例。然军船之往来、盐场之纲运、酒库之上下，与夫税务诸场之版解、商旅搬载海岸南货，别无他岐，河流易涸，实为不便。况此方既有六里堰，足以防闭水利。此堰赘立，委是为害。淳祐十年，茶院酒官朱南杰申县开掘，济利一方。但提督诸堰，实隶镇官，常宜觉察重捺邀求之弊。

孙家堰 在镇西南四里。

沈家堰 在镇西南半里。

北湖堰 在镇西南蔡湾侧。

镇闸 在镇市中。今隶镇官司。

常棠澉水志卷之四

廨舍门

镇廨 昔盐场兼职。嘉定十四年，察院罗君相请分专员。绍定六年，罗叔韶始买丁桥东民地以创廨。

鲍郎盐场廨 在通江桥侧。

巡检廨 在安德桥侧。

坊巷门

阜民坊 在镇前街西。

张家衖 在镇市北。

张搭衖 在镇市南。

义井巷 在镇市南。

塘门衖 在镇市南。

广福坊 在镇前街东。

马官人衖 在镇市南。

海盐衖 在镇市北。

坊场门

澉浦税场 系镇官兼职。嘉定十四年，朱俯修盐场，得旧额，有“骑都尉监澉浦镇税兼鲍郎盐场，大观二年重修”字。朱俯以前，却以鲍郎盐场兼镇税烟火公事系衔。至是始分专员。

鲍郎盐场 东亭元五①灶，南亭四灶。缘东亭人贫额重，南亭人多盘少，嘉定十四年十二月申明仓台，移东亭一盘过南亭，添作五舍，东亭减作四舍。

户部犒赏子库 酒库 昔在欤②城，后迁茶院，去镇西一十二里。绍兴初，有鞠姓者抱倅厅缗钱，继属漕司库官兼之，因立子库于市。淳祐八年，增创新楼。

市舶场 在镇东海岸。淳祐六年，创市舶官；十年，置场。

抽解竹木 旧系监镇提督抱纳漕司竹木钱。淳祐四年，漕使袁右司差专官下镇抽解。自后为例，镇官无预抽解，抱纳钱如故雇发。

铁布军需场 铁布旧属镇税。淳祐九年，浙西安抚司差官下镇置局。

军寨门

水军寨 在镇东海岸。淳祐间，拨许浦水军百人于长墙山下，岁

①五，原文作“立”，据文意改。

②欤，《宋元方志丛刊》本、《盐邑志林》本、董榖刻本均作“玓”。

易一戍。开禧丙寅，统制王复古置寨，隶殿司。

巡检营　在镇市浦东。

亭堂门

弦风亭　在海岸，即镇官收税之地。绍熙间，监镇叶樾创，名曰“观澜”。宝庆三年，监镇赵潜夫改今名。

宣诏亭　在镇前。端平元年，监镇张思齐立。

阅武亭　在长墙山上。王复古立。

时阜堂　即镇廨之东厅。监镇傅朋寿扁斯名。

秀野堂　在鲍郎场西侧。

美固堂　在水军寨。淳祐九年，统制邢子政立。

桥梁门

跨浦桥　在镇东浦上。

新　桥　在镇东五里。

闸　桥　在镇市中。

丁家桥　在镇廨前。

通江桥　在鲍郎场前。

鸿　桥　在镇市北浦上。

西石桥　在镇市西，犒赏子库侧。过桥南行，入永安湖路。

盐仓桥　在镇西。桥下水通礴头盐仓舍。

安德桥 在巡检廨侧。

栅　桥 在镇西三里。本镇纂节、发引、收税之处。

望湖桥 在镇西南五里。地至澉墅，西通永安湖，东至海岸，中分水脉至钱家港入镇市。

戴家桥 与望湖桥为八字桥。水南至东王村通海岸，北通孙家堰。

新浦桥 在镇北二里。入县路上。

张公桥 在六里堰下。本镇运河水脉至此始分为二：由桥侧上西南王家庄到茶园通港，由桥下入西北火烧泾到通①玄通港。然皆浅狭易涸，欠浚凿。

金家桥 在镇西北六里。客旅巨舟重贩者多于此泊，入镇贸易，复归解缆。

孙老桥 在六里堰下。或遇浅涸，客货多以步担运于此发舟。

---

①通，《宋元方志丛刊》本无。

常棠澉水志卷之五

学校门

镇学　昔时未有。嘉定十一年，镇官徐之纪绘夫子像，就禅悦教院行释菜礼。自后岁节冬至，于此序拜乡饮。

寺庙门

禅悦教院　在市中。元祐二年，僧惠林建施水院。建炎元年，请到院额。实本镇祝圣行香处。

悟空寺　在镇西南荆山。建隆二年，僧德升开山，为永安寺。治平元年赐额。

祐福禅庵　在镇市浦东。宝祐二年，僧永固开山，建观音殿及塑菩萨像，为焚修所。接延云水，栖止安禅。

广慧禅院　在金粟山下。国初，钱武肃王赐号施茶院。祥符元年改今额。

永福教院　在镇市浦东。乾道元年，僧普澄建观音院，为焚修所。后为径山接待院。

普明院 在镇西北五里若山。周显德六年，僧实强立观音院。治平元年得额。

东岳行祠 在镇市东北。建炎间，有白猿出入，神马驱驰。毛巡检梦神曰："何不创岳祠?"毛乃于营侧立祠。每岁暮春，诸乡民社祈求丰稔，感应如响。

张帝庙 在镇南市。嘉泰三年立，绍定三年重建。后泊户以庙门为酒肆。宝祐二年，监镇张焯与茶院陶监酒拆去酒店，立李太尉小殿对庙门，以免秽杂。

真武祠 在澉市浦东。淳祐五年，镇守澉浦镇统领水军南京指挥尚景舍赀，塑真武像并龙虎君。

医灵祠 在镇之东青山西南侧，王家畈之西。开禧①三年，里人孟毅梦神呼曰："吾闽中吴真君，当食此方，福佑斯民。"晨，见海中有一神主浮海至岸，遂居于侧。毅因舍基创殿尊奉。后闽商绘像传塑，但②祈疗病者甚验。四方咸集，遂成丛林。

显应侯庙 元在长墙山后石帆村。因海废，此村半陷为潮，迁出山头。建炎三年，僧若中开山，俗呼为黄道大王。宝庆三年，都运诸大卿请到庙额。黄道大王不知何所从始。或谓楚黄歇封于吴，其子隐海边修道，石帆村既废为海，岁久因循，无所考究。或谓古有姓黄人居山后，山以人而得名，故就称为黄道山；神以山而得名，故就称为黄道王。尝观东坡载儋耳山，云里人呼为山胳膊，伪称其神为镇海王。元丰五年七月，始诏封山之神曰广德灵王。初无姓名来历，今里人俗呼为黄道大王。至宝庆，始敕封显应侯。陆龟蒙云："瓯粤山椒水滨多

①开禧，原文作开熙，误。
②但，原文作"俱"，据董榖刻本改。《宋元方志丛刊》本作"诸"。

庙貌。”信夫！庙中有神曰杨太尉，尤为灵异，凡客舟渡海祈祷，感应如响。意其亦是石帆村聪明正直之人。遵海而南，无不尊敬。

广福庙 在镇东市广福坊侧。旧传，建炎间，潮入东浦，人于水际得木主，题曰“广福明王”，时人因祠为当界土地。沈氏舍基为庙。至今每岁以得木主日为生庆诞。

吴越王庙 在镇西南三里，地名澉墅。崇宁间立为土地祠。今考《吴越国王传》，钱俶，字文明，祖镠，唐末据吴越地。俶嗣位，至我朝宋雍熙元年，改封吴越国王。今澉墅，吴越地也。意钱俶其神乎？若以为吴王夫差、越王勾践。考其本传，吴王阖庐兴师伐越，越击吴，败于槜李，射伤阖庐，垂死，告其子夫差曰：“必毋忘越。”及吴围越于会稽，勾践请为臣妾。后越破吴，吴退栖姑苏，使公孙雍肉袒膝行，请成于越。越王曰：“吾置王甬东。”吴王曰：“臣老矣，不能事君王。”遂自杀。夫差以父阖庐之冤未报，可谓不共戴天之仇，九泉下恨不食其肉，又肯共庙血食乎？今俗讹而为吴、越二大王，兼塑二王像，非也。尝观《武林图经》论忠清庙事，旧制，以夫差为首祀，与申胥并列，特所未喻，疑其神未必为夫差，乃俗之传讹也。今吴越祠亦类此。

古迹门

龙眼潭 在镇东海口。旧传，白龙窟于此。今客舟舣泊以待潮。

石帆 在灵潭右。耸若帆挂，有神现其上。潮生，帆不为减；潮退，帆不为增。月霁则吐蚌珠，阴晦则曜神火。舟触必碎，人莫能涉。

白龙母冢 在镇东南长墙山后丛棘中。每岁秋间，白龙来视母冢，必然风雨大作。

隐马石 在镇西南。旧传，有马隐入山中。今石有人形、马形、队形之类。

穿山洞 在长墙山外。下临大海，石岩如洞，俗呼为穿山洞，有神曰陈都监。

黄巢衖 在六里堰左。夹道阴翳。古老云，黄巢聚兵处。

金牛洞 在黄巢衖南金牛山下。据武原旧志云：民人皋伯通兄弟逐金牛入洞，忽不见，因名。据郡《志》与《海昌图经》，皆云皋、苏二将，上有二大王庙。高宗南渡后祭文云："义气同禀，刚毅莫俦。胡马①来此，缘逐金牛。牛没尾掉，空回可羞。拔剑自刎，曾无怨尤。人亡庙存，英气横秋。至今父老，能道所由。天子初郊，典礼加优。樽酒既设，清酌庶羞。尚飨!"又据《盐官县志》云：按《寰宇记》，昔吴楚间有金牛自毗陵奔此而没，因名。洞深不可测。当建炎初，黄湾居民多避虏于此。

望夫石 在永安湖仰天坞之右，山巅有石磐，磐侧有立石。昔日有海商失期不返，其妻登磐望夫泣殒，化而为石，因名。

石碑 在六里堰西，地名根竹，有二石碑夹道而立，高一丈五尺。旧传，汉戚姬葬碑。岁久磨灭。

茶磨山 在黄巢衖侧。周回山下有港，港外周回有城堑。旧传，唐末黄巢伏兵处。

秦王石桥柱 在秦驻山背。旧传，沿海有三十六条沙岸，九涂十八滩，至黄盘山上岸，去绍兴三十六里，风清月白，叫卖声相闻。始皇欲作桥渡海。后海变，洗荡沙岸，仅存其一。黄盘山邈在海中，桥

---

①马，《宋元方志丛刊》本作"为"。

柱犹存。淳祐十年，犹有于旁滩潮里得古井及小石桥、大树根之类。验井砖上字，则知东晋时屯兵处。

王家畈　在长墙山下石帆村。古田畈也，今田废为海。尚存数家，生聚于潮花鼓舞间。

常棠溆水志卷之六

物产门

早稻名

雀奥　红莲　黄箭子　杷桠　乌丝糯　金州糯　百日子　金成　六十日子

杂　谷

大麦　小麦　荞麦　豆　油麻　稗　莺粟

丝　布

绢　绵　苎　麻　黄草

货

盐

花

芍药　牡丹　荼蘼[1]　木香　瑞香　紫笑　长春　水仙　蔷薇　月丹　海棠　石榴　山茶　石竹　萱草　凤仙　芙蓉　金沙　鸡冠　栀子　粉团　棠棣　玉簪　夜合　木樨　白鹤　佛手　雀梅　罂粟　金橙　荔春　芭蕉　聚仙　梅　桃　真珠珮　李　杏　葵　菊　兰　荷　荇　茶　槿

果

桃　梅　李　杏　梨　柿　橘　柚　莲　枣　枇杷　林檎　榴　栗　葡萄　银杏

菜

萝卜　冬瓜　甜瓜　菠棱　苦荬　山菰　茄　菘　芥　莴苣　薤　葱　苋　蒿　蕈　蕨　韭　蒜　鸡头　芋头　枸杞　胡萝卜

竹

筀　篠　紫　斑　筋　金　篾

---

①蘼，《宋元方志丛刊》本作“蘼”。

木

松 桑 桧 柏 杉 柳 楮 椿 榆 楝 柘 枫 梧 桂 槐 檀 杨 朴 椒 楠 皂荚 乌柏

药

菖蒲 连翘 茴香 韭子 杏仁 龙脑 槐花 半夏 枳实 瞿麦 紫苏 荆芥 青蒿 良姜 牛膝 桑皮 赤小豆 车前子 枸杞子 香附子 天花粉 桑螵蛸 谷精草 麦门冬 黑牵牛 白僵蚕 香白芷 白茅根 密蒙花 紫苏子 羊蹄根 淡竹叶 马屁勃 海浮石 马鞭草 白匾豆 地锦草

禽

鹰 雁 鹳 鸥 鹭 鸦 鹊 鸽 燕 雀 鸠 鹑 雕 鹘 雉 鹜 百舌 啄木 杜鹃 竹鸡 布谷 野鸭

畜

牛 羊 犬 马 鹅 鸭 鸡 猪 猫 狗 驴 骡

海 味

鲻 鲳 鳘 鲛 鳓 鲈 梅 蛎 虾 鳗 蛤 鲅 鳍 鳅

蠔　蚬　银鱼　鳊　拳螺　香螺　淡菜　带鱼　乌鲗　蟛蜞　白蟹
黄鲏　土铁　沙蟹　蚌蛤　老婆蟹　沙鱼　海蛰　望潮鱼　鲚　蛏

河味

鲫　鲤　鲇　鳜　银　鳖　鳅　鳝　龟　蛙　虾　蟹　黄颡
吐哺　白鲦　黑鱼

常棠澉水志卷之七

碑记门

澉浦镇题名记

东南财用，大抵资煮海之饶。海滨斥卤，牢盆相望，而关市有征，未能去也。自郡邑外，每因大聚落而置官司，或至于兼二，则其责弥重，来者难之。澉浦为镇，隶秀之海盐，鲍郎在焉。自盐场兼镇税，课额日广，居官者救过不给。宣城胡君应云之来，会疆事适殷，屯戍随增，兵民杂居，其难视异时数倍。乃从容其间，庀事无阙，经入有羡，于以补偿旧政宿逋，裕如也。行且满考，部内稚耋相帅，上其治状于郡，使者于台、于省，欲借留之而不能得。君淳熙丁未进士一第，二十年忧患屏居。及是始筮仕，未尝作滞淹之叹，而以平时讲画者次第出之。廉以律己，勤以莅官，事不付之吏手，薄征以惠行旅，与亭户期约，不失信义，宜其上下相孚，彼此交举如此。然则为政者，岂不在人哉！君受代有日，询访昔之官守者，得一十九人，列其姓氏而刻之石，俾余书其端。惟褚与君共登慈恩，且居是邦，因纪所见以告来者云。君名从龙，应云其字也。嘉定九年四月望日，年末朝散郎、宗正丞、兼江淮创制置大使司参谋官常褚记。

陈南美　左文林郎，绍兴二十一年到任，至二十五年满。

李　格　左从政郎，绍兴二十五年到任，至二十七年丁忧。

林　极[①]　右文林郎，绍兴二十七年到任，至三十年满。

袁　藻　右迪功郎，绍兴三十年到任，至三十一年罢。

姚廷襄　左迪功郎，绍兴三十二年到任，至乾道二年满。

沈大卿　左迪功郎，乾道二年二月到任，至五年六月满。

蔡兴世　右修职郎，乾道五年六月到任，至八年八月满。

魏　衡　右迪功郎，乾道八年八月到任，至淳熙二年六月替。

林　楠　迪功郎，淳熙六年十月到任，五年三月替。

赵师名　迪功郎，淳熙六年四月到任，至九年八月满。

吴仁表　修职郎，淳熙九年八月到任，至十二年满。

高文庆　修职郎，淳熙十二年八月到任，至十五年满。

王子洪　从事郎，淳熙十五年到任，绍熙二年八月替。

叶　樾　文林郎，绍熙二年十二月到任，至庆元元年二月满。

周　焯　迪功郎，庆元元年二月到任，至七月丁忧。

吴华国　承直郎，庆元元年十二月到任，至五年十月满。

王显世　迪功郎，庆元六年到任，至嘉泰二年十月满。

曾　晏　修职郎，嘉泰二年十月到任，至开禧元年四月满。

胡从龙　从事郎，开禧元年四月到任，至嘉定元年四月满。

詹　辅　从职郎，嘉定元年闰四月到任，四年满。

刘三畏　迪功郎，嘉定四年七月初三到任，五年二月丁忧。

葛挺之　迪功郎，嘉定六年二月廿八到任，九年满。

徐之纪　儒林郎，嘉定九年四月十七到任，十一年七月丁忧。

贾　岳　迪功郎，嘉定十一年六月初九到任，十四年十月满。

---

①极，《盐邑志林》本、董榖刻本同。《宋元方志丛刊》本作“拯”。

澉浦镇新创廨舍记

镇治旧是兼职，元在安定桥西。嘉定十二年内，朝绅有请增置，靡有定寓，或假民庐，或泊僧舍，因循岁月已数政矣。四明罗文林叔韶司镇于此。绍定壬辰，始置民产于丁家桥东。旁有小港，开而通之。逼于垂满，仅建正厅、穿堂而已。癸巳孟夏，思齐实为之代，亦僦民廛以居。慨念亲民之官、司旅之职，听讼征税，观瞻系焉。曾未两月，亟广前规，鸠工度财，分毫不扰于民。由是宣诏有亭，戒石有铭，榜示有房，俱列于外。廊庑吏舍，翼乎左右。厅之夹屋，分为二塾，扁以“肃宾”“倒屣”。辟厅侧以为帑，外严公厨，恪奉锡宴。添买邻地以为东厅，四时花卉，杂植于前。中辟一户，以通东庑。循披廊而趋，则有看街之所；由角门而入，则有玩月之亭。堂宇峻耸，房室得宜。东西小阁，寒暖随处。以至庖、湢之类，纤悉备具。申明前政，郡守喜而给榜，蠲其牙皂之资，除其元输之赋。自落成以来，雨旸时若，户口日繁，民与军而相安，商与贾而共悦。俱曰：“澉川当由此而益盛矣！”若夫序沿革之详细，述建造之始末，纪到满之月日，自有大手笔在。何幸拭目以观之！端平三年上巳日，儒林郎、监嘉兴府海盐澉浦镇税烟火公事张思齐记。

澉浦镇题名记

宝祐二年，宣城胡君用虎调尚书署澉浦司舶揖里人常棠曰：“先君子昔领是镇，兼鲍郎盐场。先大夫采访前任名氏，目濡耳染，经始记石。兹辑旧记，则在盐场碑阴。累政莫纪，半途已税，是大阙脱诠次。幸今镇尹张君焯，政通人和，振华扬德；勉续窳坠，嗣文替锐，吾辈责也。”棠曰：“惟嘉定初元，先正视镇事，余先君考叙题名，余叔祖实肇厥记。十一年，廷绅请分二共，即镇廨为盐场，翻碑阴以志岁月。镇则或僦民庐，或寓萧寺，玩愒简陋。绍定六祀，四明罗叔韶始相基殖庭，勤涂暨①茨，门厅宾堂，鸾鹄停峙。明年，钱塘张思齐踵至，外庭内庑，扑斫丹臒，东创西辟，跂翼寝奥。微二君，则爰处靡宁其所。然齐瓜戍代，犹乏纪勒。越岁十九，今张君甫克勇遂。先是，胡君下车，摩挲旧记，仅二十四人。会省帅漕，列局废置，镇征艰重，事力筑底②，欲勉蔑请继，嗫嚅久之。张君闻而叹曰：'余检馀俸且不给。伏腊琐细，远取诸家，必伺公帑以办，此无时而可为矣。'乃指已③售石。捃摭未纪者十有二政，前后附丽，并镂新珉。不肖幼稔胡君，重建有幸，今得相与继志述事，张君赐也。噫！贤如张君，使是镇之财赋弗减畴昔，于光斯曜，必有可观，岂止一题名而已！"是岁二月朔，竹窗常棠记并书。

朱俊之 迪功郎，嘉定十四年十月到任，十五年五月岳祠。

史　濽 文林郎，嘉定十六年四月到任，宝庆二年九月满。

赵潜夫 从事郎，宝庆二年九月到任，三年忧卒。

张广年 承直郎，宝庆三年十月到任，绍定三年三月满。

罗叔韶 修职郎，绍定三年二月到任，五年转文林郎，六年四月满。

张思齐 儒林郎，绍定六年四月到任，至端平三年六月满。

赵汖夫 文林郎，端平三年六月到任，嘉熙二年十一月满。

曾　群 文林郎，嘉熙三年十一月到任，三年三月满。

傅朋寿 儒林郎，淳祐三年三月到任，六年四月满。

朱嗣立 从事郎，淳祐六年四月到任，七年转承直郎，九年四月满。

①暨，疑为"塈"之误。

②底，原文作"庢"，《盐邑志林》本同。据《宋元方志丛刊》本、董穀刻本改。

③指已，《宋元方志丛刊》本、董穀刻本均作"捐己"。

赵汝洄 从事郎，淳祐九年四月到任，十二年八月满。

张　焯 承直郎，淳祐十二年八月十二到任，宝祐三年十月十五日满。

周之纲 从事郎，宝祐四年十一月到任。

赵孟若 迪功郎，开庆元年十月廿二到任。

胡　沫 修职郎，景定五年五月到任。

徐衍祖 承直郎，咸淳三年四月廿九到任，五年十月准吏部符，不候替职离任。

李兴宗 迪功郎，咸淳六年八月二十到任。

美固堂记

余领军事越三载，舟楫器械，视昔具备。一日暇，登高望远，两山横倚，巨海濒浸，营壁中立，若龟之伏焉。门开[①]三面，如尾如足，东首而犹垣之，无乃形势有未全乎？询诸宿老，答曰：“阴阳所忌者，卯风焉。当辟复室。”余应之曰：“此未识变通者也。使益墙仞而台，台之上而屋，则有形势之备，无卯风之嫌，其不可乎哉？”众皆曰“然。”于是度材僝工，筑室构堂，栏楯真景，晨光湿翠，夜影涵璧，师休役简，当知与众同乐，其不[②]在兹乎！是堂也，于以全此营之形势；而山海也，又以壮此堂之形势。故以“美固”名者，“美哉，山河之固”，昔武侯语也，余是取焉。落成之日，淳祐庚戌六月乙未[③]二十六日庚申，浮光邢子政并书以记。

黄道山水池记

澉浦之阳，有山曰黄道。山之腰，腰之麓，旷而平，绕而曲，潮

①开，《宋元方志丛刊》本、董毅刻本作“辟”。

②不，《盐邑志林》本、董毅刻本同。《宋元方志丛刊》本无“不”字。

③乙未，《宋元方志丛刊》本、《盐邑志林》本、董毅刻本均作“癸未”。

汐所不及。维天降泽，掘地以积一勺之多，可饮可汲。负山而居，航海而来，咸所仰给。淳祐十一年，夏秋不雨，坳堂之上，涔蹄之微，潢潦无根，沟浍其涸。居者行者，罔不病渴。总军路钤邢子政来视，曰："是殆所积之未大也。"先是，军中有二池，规模浅陋，路钤浚之，一军赖以生活。虽旱甚不竭。于是山僧善机合民旅之词以请曰："军民一体也。愿推莅军之惠，以大此山之池，可乎？"舶征潜放，首赞其决。路钤乃约同时之仕于此者：监镇赵汝洄、舶门朱南杰、盐场俞埙、酒官李得基、木官戴安节、司警张思湛。登山度地，鸠工饬材，委统领袁发主之。凿土筑池，阔四丈，深二丈有奇，垒挈提之道以逵，逵三十丈。架屋四楹，以司启闭，以处守护者。凡役，皆营垒生聚暨奔走先后者，而剸犀搏蛟之徒，则不使之与焉。凡费，皆取办于路钤，而官府司存，市肆贸易，亦有助楮者。经画于秋之半，落成于秋之杪。其容广，其蓄深，其惠博。路钤用汲之①功，盖将与此山相为无穷矣。

思贤碑

宝庆二年秋，黄岩空明山赵君潜夫来镇澉浦，明年夏卒。镇人将仕郎赵与珦泣请曰："吾不忍父老之巷哭也，哭之哀不如传之远也。镇月解昔多贷诸贾，今宁空其室人簪珥也？估客昔畏重征②，欲逸外江不可挽；今恬熙轻平，风帆雨楫辐集也。讼有檄自台府者，屡听不服；今片言笑折之，咸服其神也。征榷之地，昔浮埃飚起，昧③目不能仰视；今亭以弦风，短墙疏箔，花柳间植，燕宾友也。释奠乡饮，习于梵宫，进退揖逊，雍雍济济；又昔未闻而今见之也。非吾私其宗，愿

①《宋元方志丛刊》本、董毂刻本"之"后有"大"字。
②征，原文无。据《宋元方志丛刊》本、董毂刻本增。
③昧，《宋元方志丛刊》本作"眯"。

子有述也。”顾余方骇恸重哀其不幸，而何忍述！虽然，又何可辞！铁职商税，旦暮急也，而君宽以裕之。俗贩鱼盐，锥刀较也，而君风教以厚之。顽夫嚚妇，鞭箠且不厌也，而君儿女以遇之。持是为县、为郡、为国，岂惟材称哉！余闻镇旁浸巨湖，君尝轻裘大带，蹇驴踏月，或夜泛扁舟，水静天碧，扣舷把酒，可以识君之趣矣。盖君高标远韵，迥在物表。尝谓余："善画者莫我图也。”旧尝识于水心叶先生、章泉赵公蕃，交以《诗经》荐，赵公汝譡尤敬爱之。其莅澉浦未数月也，侍郎黄公宣以著述荐，提举司马公述以练达荐。是将以有为也，而遽死，宜有以写镇人之哀思也。因系以长言，使岁时歌以招君，君其盍来乎？君从事郎，字景寿，登嘉定十六年进士第，自号鹤所。君之来兮，鹤自九皋；驾以去兮，渺天地而逍遥。缟衣玄裳兮，横大海之惊涛。云旂先驱兮，霓旆旖旎。月皓皓兮风洒洒，青山之上兮黄湾之下。挹北斗兮椒浆，羽扇纶巾兮佩璆锵。盻而笑兮玉洁水光，鸣鸾凤兮舞鼋鼍。冯夷鼓兮宓妃歌，鱼咏龙吟兮蛟螭护呵。眷言归兮南浦，帆飞兮过舳橹，春复秋兮终古。七月望日，建安葛绍体撰，渭南高不华书。

德政碑

国家张官置吏，凡以理民，惟州县之长官，于民为最亲。历观往史，霸遂以守郡称，恭茂以宰邑显。镇之治状无纪焉。非无治状也，无若人耳。继自今以治镇得名者，盖自罗君始。澉浦为镇，人物繁阜，不啻汉一大县。绍定庚寅春，罗君来领镇事。至之日，见吾土风淳厚，思与三载相安，下令曰："民旅交关，必欲其两平；军民杂处，必欲其两慎。毋启讼，毋伤和，毋犯于有司。”丁宁数语，开心见诚，善始之意，固可逆觇其终矣。君廉而勤，公而明，宽而不纵，严而不苛。昔民讼苦繁，今折以片言，牒诉自简也；昔关征苦重，今轻以什一，版赋自若也。岁时行乡饮礼，僎介雍雍，长幼秩秩，相观相化，俗跻邹鲁。朝廷命简乡兵，用防海道，他有司儿戏耳。君出其胸中甲兵，大阅于长墙山之右。士马整肃，旗帜精明，儒有颇牧，畴不嘉叹。民病厉，遣吏劳问，给药散财，更生者几千人。旱闭籴，赈粟千斛，损价售之，济艰食者又几千人。镇廨自隶盐场，更一纪又四政，僦民庐，栖梵宇，不常厥居也。始君下车，欲新是图，顾未有基址。壬辰之冬，始于丁家桥得杨氏地，至是垂满矣。君曰："一日必葺。古人有训，时哉不可失。吾曷敢惜费且惮劳哉！"先是，丁家桥之下河流壅遏，血脉不通，乃命疏凿，清泚洋洋。庶民子来，荷插[①]云滃，亘三四里，如璧斯环。蜡月乙未，廨舍落成，门楣崇翚，厅事雄倨，心匠默运，不愆素绳，真有造五凤楼手段。越明年春，率士民登，钜扁三字名笔，鸾凤飞翥，海邦民物，观瞻一新。君经始规模，可谓宏且远，岂为己计哉？遗我镇无穷之利耳！至如建三庙之甍瓦，如新桥之设楯。凿池而放生，祝[②]圣人寿也。立坊而名"广福"，锡庶民富也。凡此大概，累指不能数，无非学道中流出。推是以往，宰邑则恭茂，守郡则霸遂，相天下则伊傅周召矣。功名事业，后必有史官书之，所纪者特其治镇之状耳。君名叔韶，字仪甫，四明人，丁丑入胄子学，庚辰取太常第，至是再调焉。初受业于约斋李先生，盖东莱大愚之源委也。枢尹袁公韶、宪使吴公渊、仓使袁公肃、太守黄公壮猷，俱以材学荐。君行且造朝，去如始至，蔼蔼遗爱，何日忘之！他日，入公之廨者，必曰："此廨乃今日甘棠。"绍定六年二月望日，杨启书。

鲍郎场题名记

榷盐之利，后世不得已也。不得已而又为之赋，则临莅贵乎专，

---

①插，《宋元方志丛刊》本、《盐邑志林》本、董榖刻本均作"臿"。

②祝，《盐邑志林》本、《宋元方志丛刊》本同。董榖刻本作"祀"。

经理在乎人。鲍郎为场，列灶九，岁课三万五千六百石有奇，而年督年课及指买不与焉。乃浸就弛弊，言路上疏，谓窘于兼二之冗。庚辰，诏典铨注颛官，毋与镇税事。癸未，又诏今后镇官免以盐场系衔。膺是选者，佥为难之。盖催煎之职虽旧，而兹方更创。昔之官守之多，而此为初政。更创则责任有归。一额有亏，诿以何咎？初政则来者审择，百度觥折，必就其良。噫嘻难欤！雪川朱君俯，中兴勋相曾孙，公谨廉勤，得于家传。始服兹事，顾视规模荡如也。谂辞于民，民劳而瘁；诘故于吏，吏惰而黠。乃肃申约，曰："官不可亏，亏官负课；私不可损，损私伤生。"回偷心而赴功，宣上旨以布政。由是剂量斥地之广狭，升降户额之轻重，易置牢盆之闲𣽅，窒塞鼠穴之渗泄。乃饬藏宇，乃穿运渠，乃置程籍，凡一介蠹公害民之事，悉就罢行。至于复解请赋稍定，舆皂郁然如方兴之家。甫期，而课增新羡。比及三年，视诸场为冠。可谓能其所难矣。垣车策勋，必有为王诵之。君既请代，属余曰："旧有题名二十四人，更十七载，俶落绍兴壬申，讫于嘉定辛巳，中间胡君所立也。今厘事方新，请为摭其略而改图。"吁！螭首龟趺，岿然厅事，岂徒姓氏迁次云哉！于以识岁月，纪治理。夫经营疏浚，爬罗剔抉，则源深而流长；扶持全护，训饬道齐，则本固而末茂。君其有志于此欤！余闻之，一牛鸣近，敢为之记。若吕温所谓"不居其官民而代人记者则媚人"，余也何媚之有？嘉定十七年甲申仲春月朔，朝奉郎、新充福建路转运司主管文字李昌宗记。国学免解进士常令孙书。

朱　俯　迪功郎，嘉定十四年三月到任，十五年六月特循从政郎，十七年七月满。

史弥炳　迪功郎，嘉定十七年四月到任，准登极恩，授修职郎。宝庆三年二月丁忧。

应弥明 修职郎，宝庆三年五月到任，绍定三年八月满。

薛师仁 绍定三年八月到任，次年五月庆寿恩循儒林郎。

顾用卿 从政郎，绍定六年十一月到任，嘉熙元年二月满。

周应旂 嘉熙元年三月到任，二年准辟钱粮官，三年七月丁忧。

赵希榥 从事郎，嘉熙三年十一月到任。淳祐五年，奉圣旨典岳祠。

厉梦龙 迪功郎，淳祐二年七月到任，五年八月满。

施　棣 从事郎，淳祐五年八月到任，六年十二月养亲离任。

詹元善 儒林郎，淳祐七年四月到任，总领浙西、江东，则赋淮东，准满。

俞　埙

王九龄

还朝序

周官三百六十，而盐人属诸天官，其任至专，其责至重。及考其所掌之政令，而郑司农乃谓“受入，教所置”是也。盖受入处置，一或失当，则为瘝官旷职，是岂容于不谨乎？海盐鲍郎盐场，岁入三万五千六百石有奇，曩岁盐官兼领镇税，事务繁夥，赋课为难。嘉定庚辰，言路抗疏，上俞其请，始诏特置鹾员。吴兴朱君，不卑小官，毅然发轫，籀挟日一定式程，井井有条，清夷不紊。三载考绩，课额独登。会镇有阙政，暂烦共二，且将几年，曾不以代庖，而有遐心，以文会友，以礼乡饮，以道理剖曲直，商旅阜通，闾里安辑。人皆曰：“所以幸吾邦者不浅。”余谓：“讵止是乎？亭民境壤与齐民接，挺私怙强，旧染成俗。亭民之谨畏者固不为，亭民之颉颃者不免也；齐民之恶少者所乐从，齐民之善良者不安也。君其爬罗事功以兴，君其道齐人心以格，亭民于是乎自爱，齐民由是以自适。又何其幸欤！虽然，此亦迹尔。要以廉勤为本，以公恕为守，故君子观其终而后为不失。

君今还朝，其能以条画事，悉力而开陈之，则儒术之行，天下自富，岂特此时已哉!”姑叙概以示终誉。君名俯，字伯昂，中兴宰相之闻孙也。岁在甲申日丙戌，黄寅序。

秀野堂记

鲍郎盐场，镇旧廨也。廨西一室，扁曰“秀野堂”。堂之外，有青树翠蔓，凄神寒骨，如英隽之排列者；有龙蹲虎踞，岩崿霳霸，如圭①璋之挺特者；有方台中址，蟠回诘曲，如前村后墅之通行者；有驯毛集羽，斜窥澹伫，如瓯吟②越语之不羁者。堂之内，有骚人墨客，献瑰吐琦，如壶鉴之清莹者；有牙签玉轴，裁绮纯绣，如河汉之美丽者；有米老诡画，风溪烟峤，如夜窦秋色之旷逸者；有蔡邕焦桐③，高山流水，如丛篁闻佩之邃幽者。堂之上，遥岑寸壁，石剑泉绅，可梦而知中衡清淑之气。堂之下，苍苔依砌，花影画帘，可醉而思枕簟入林之僻。云卷空舒，月桂霜蟾，天宇修眉，斗牛璀璨，时则三光五岳之气恍乎盈目；疏风暮雨，松④籁琴续，隔墙欢呼，樵牧倡应，时则千林万壑之窍洋乎充⑤耳。然则秀野得名宜哉。是名之立，嘉定癸未苕溪朱君俯始分专员。扁之未几，颓壁败霤，相继摧毁。越十五祀，姑苏周君应旂发铏退食，慨曰：“吾宁捐俸起废，可其仿例弗为?”于是锄莠削芜，艺梅畚竹，重楹列牖，盖瓦级砖，丹如也。堂成，乃定⑥奥寝，乃庋书宇，靡鸠靡敛，次第涂雘，视旧廨改观矣。虽然，西峰秀野，不

①圭，《宋元方志丛刊》本、《盐邑志林》本、董穀刻本俱作“珪”。

②吟，《盐邑志林》本、董穀刻本作“哈”。

③桐，《宋元方志丛刊》本、《盐邑志林》本、董穀刻本均作“枯”。

④松，《宋元方志丛刊》本作“榕”，《盐邑志林》本作“格”。

⑤充，《宋元方志丛刊》本作“盈”。《盐邑志林》本、董穀刻本同。

⑥定，《宋元方志丛刊》本作“芓”。《盐邑志林》本、董穀刻本均作“芊”。

遇魏侯家法名世，则传舍其官府，蓑尔亭民，榛芜莽没，于灵芝乎何有？今吾周君，传山房之芳，拾世科之芥，故能不日之间而万木向荣，胸中丘壑，当不在魏侯下，肯使秀野专美西峰。嘉熙己亥夏五既望，竹窗常棠记。承议郎、新充两浙路转运司主常棣书。

鲍郎场政绩记

鲍郎催煎场，旧共澉浦镇事，裕如也。自分创以来，局冷如冰，廪稍不足以供事育。庚子岁大歉，亭民相脔肉自救，九灶不烟，倖活无几。宿奸陆梁，倒持莲勺，撞搪傲睨，来者当署，涉笔噤不敢问。催煎之职，至是难为矣。东阳厉君梦龙到官，庭空皂走，案卷尘芜，野废盘舍，鹾火爝熄。上官朱黝纷来，自立不容顷，于是喟然曰："旱魃肆虐，饥馑荐臻，则盐不可催；衔勒宽纵，期会玩愒，则盐不可催；赂门乘机，洗手未净，则盐不可催。倚海筑场，刮壤聚土，暴曦钓咸，漏窍沥卤，三日而功成。骤雨至，则前功又废。催盐之职重难如此！"乃清苦检饬，奉公竭廉，戴月披星，锄猕狡蠹，尽心力而为之。复盐灶一所，复盐丁四十馀户，复盐额一万六千八十七石有奇，一年而盐场之课额羡，所谓才全而能钜者也。田畴多芜，俾耕且耨，户百有馀家，饥者得君之食。创亭中路，掘土甃砌草场六十二井，渴者得君之浆。官浦不通六十馀年，参度高低，疏浚约七百馀丈。曝灰者得君之水，僦居者得君之地。省台刿荐，奖谕叠至，将以上幕奏辟，不曰有功于盐场乎哉？淳祐五年七月，澉人歌舞相告，谓厉君归矣。政成不记，何以诏诸后？竹窗常棠遂书以记。

常棠澉水志卷之八

诗咏门

题金粟寺庵　通判军府　周寿

清池带苍巘，结构俯林麓。扶疏竹外山，相向隔罗縠。老禅谢人境，岁晚收白足。谁聆跫然音，息隐尚争逐。通场作十劫，不愧桑下宿。定中观潮汐，绝事心已熟。

和前韵　知县事　徐嘉言

招提敞山岩，新庵隐岩麓。石沼引清流，风漪皱文縠。晴晖满虚室，一水令自足。庵前有含晖亭。心明身宴闲，境寂谁寻逐。寒林带月行，夜榻和云宿。若欲问西来，一斋饱秋熟。

三里塘掐梅　监镇　叶樾

扶疏不耐繁华，意足自然清绝。壁间幻出横斜，只欠纱窗明月。

弦风亭　监镇　赵潜夫

怪他蟹舍蠔房地，不是吟情住亦难。数尺短墙围昼寂，半钩疏箔障春寒。水生草满蛙鸣合，日薄花阴鹤梦安。底事青衫病司马，浩歌西望取琴弹。

税亭即事　监镇　曾群竹岩

林居懒出二十年，试吏强书中下考。青山自觉见人羞，白发真成被官恼。葛山对坐日无聊，秦望闲看云却好。潮声自为诉不平，谁念诗人愁欲老。

题西湖水阁　判曹　常颛孙

倚湖松竹拥楼台，景物招人得得来。谁识我身非俗物，洞门深锁不容开。

游悟空寺二首　沈叔虞梅隐

碧桐低地一声鹊，百鸟浮空三四鸥。澉墅湖边松石底，有人领略暮天秋。

晨出北湖头，午炊南山下。饭已撑叶艇，来访阿兰若。老僧荐茶瓜，徘徊檐日斜。趺坐烧石鼎，水香浮荇花。

游惹山寺　常令孙适轩

檐卜花中燕子飞，旌旗小队到招提。客车陆续毡重席，僧馔雍容藿间藜。文奕已先元墅夺，诗坛渐压鲁山低。归来醉步谁扶杖，月在牛栏西复西。

秦皇庙　常棠竹窗

古庙三间矮棘丛，帝魂枉自气凌空。早知今日容身窄，前此阿房不作宫。

花婆井

一湾秋月浸香痕，涤尽山前万古尘。犹记当时老梳洗，淡妆明镜照眉颦。

续澉水志

〔明〕董穀 纂
宋金华 点校

重刻海盐县澉水志序

《澉水志》一编，宋宝祐间里人常棠所集，迄今三百年矣。旧本无存，止传写于民间，又复陶阴太甚。穀求得之数本，参互考订，始获其全，箧藏几四十年。是岁秋，姻家陈上蔡鲤过余，睹之而曰：“此吾土故典也，泯没可惜，盍锓诸?”余曰：“盛哉心也，乌乎成?”于是庠友徐子兰、徐子滨、徐子九职、吴子启元、韩子世积闻之喜，请从事焉。再阅月而梓讫。穀览之，废卷叹曰：“於乎！书置汝于天壤间，焉能为有无乎？自开辟来，即有斯地，其谓之澉，始于何时，而前此又何名也？镇之起，则昉于唐，盛于宋，变于元，而城守于今也。斗大一隅，山高而水深，宛其无恙。按图索迹，则市井焉，宫观焉，桥道村保焉，其仿佛可指辩者无几耳。而况当时人物之繁、土产之富，遗黎故事，欲有以知之乎？今但茫然见之于断烂之馀，使人动俯仰宇宙之悲。於乎！一元之气，一十二万九千有六百年，在大化中为一年耳，分为十有二会，犹岁之有月、日之有时，亦以百刻准之，则所谓三百年者，尚未满半刻之半，而吾人之有身于其间也，又几何哉！以弹指起灭之身，而上溯瞬息成尘之刻，犹以为远而不能知，则其上无始、其下无终者，乌足论矣。於乎！书置汝于天壤间，焉能为有无乎？而吾之欲存之者，欲因是以寓吾意焉耳。吕成公曰：‘著之金石，不若托之君子之口之不朽也。’昔雄石镇之在宋仅百馀年，而其名已灭。象山先生为跋其帖，于是雄石之名以存。存之者固无益于世变之推移，而观之者则足以验大块之无穷，信人生之如幻。锢泉筑坞之疾，庶其少瘳矣乎！此吾党之所为梓也。”志凡八卷，其门类亦古可喜，而文字精细有度，盖宋末举业盛时笔也。后益以胜国及我朝沿革事实得九篇，载在下卷，谓之续志，则毂所僭。於乎！百世而下，斯编隆坠，复有同余志者乎！

嘉靖三十六年丁巳冬十一月至日，汉阳归叟、镇人西湖董毂谨识

续澉水志目录

卷之一　地理纪

沿革　风俗　疆域　山川　堰坝　桥梁　土产

卷之二　职官纪

正千户　副千户　百户　镇抚　巡检　场大使　仓大使

卷之三　公署纪

公馆　千户所　巡检司　鲍郎场　常积仓

卷之四　贡赋纪

区图　丁产　税课局　盐课　滩荡　团盘　屯种　岁造

卷之五　兵卫纪

城池　军伍　教场　寨堠　铺舍

卷之六　祠宇纪

寺　庙　庵　观　院

卷之七　人品纪

宦绩　流寓　隐逸　仕籍　上舍生　庠生　孝节　方技　仙释

卷之八　杂纪

公移　古迹　祥异

卷之九　艺文纪

诗　文

澉浦城圖

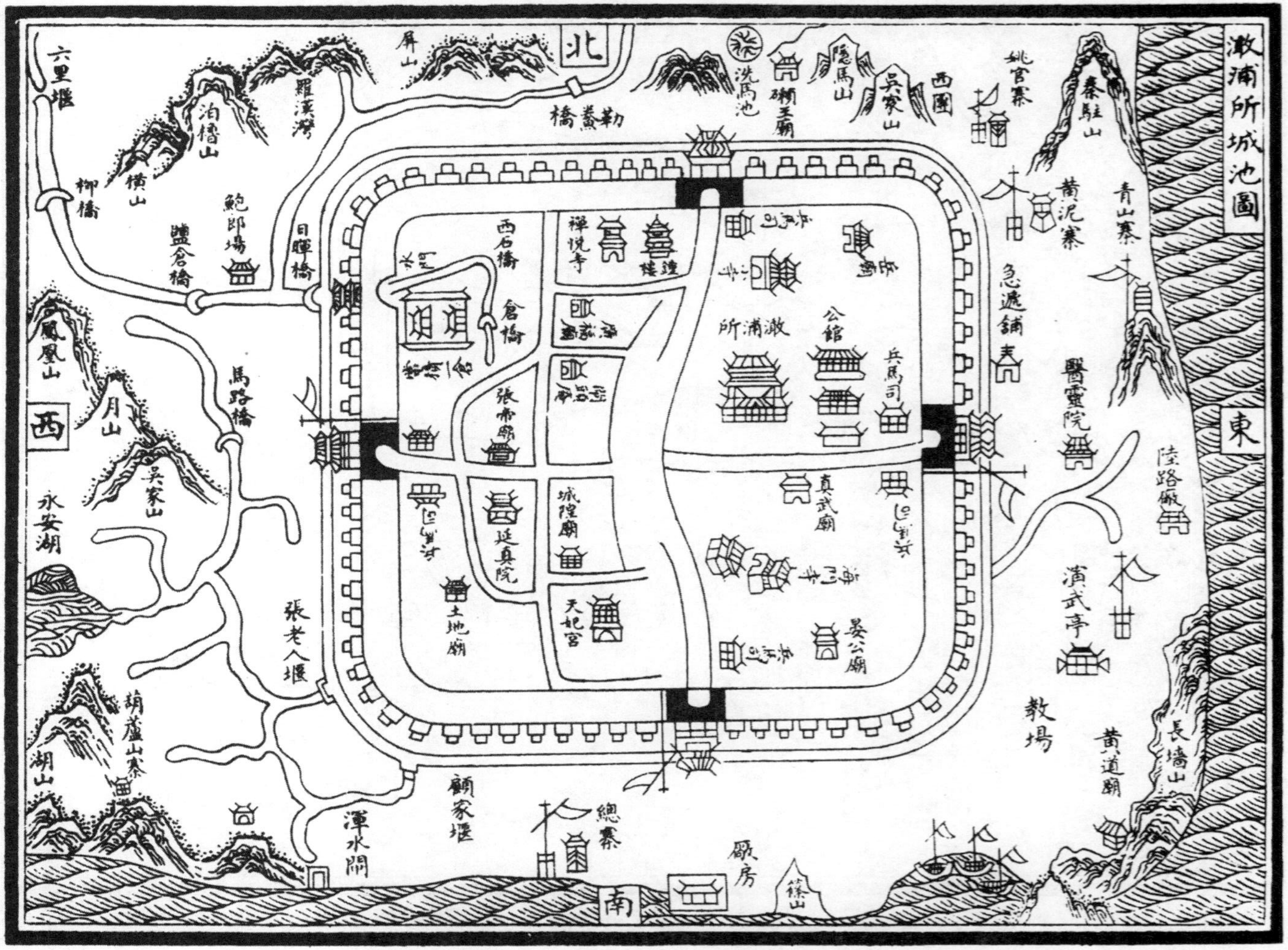

澉浦所城池圖
東
西
南
北
秦駐山
青山寨
黃泥寨
姚官寨
西圍
吳家山
隱馬山
獅王廟
洗馬池
屏山
羅漢灣
泊橹山
橫山
柳橋
六里堰
鮑郎場
鹽倉橋
日暉橋
勒蕎橋
急遞鋪
醫靈院
陸路廠
演武亭
教場
黃道廟
長墻山
總寨
顧家堰
渾水閘
張老人堰
胡盧山寨
湖山
永安湖
吳家山
月山
鳳凰山
馬路橋
澉浦所
公館
兵馬司
真武廟
晏公廟
天妃宮
城隍廟
延真院
土地廟
張帝廟
西石橋
倉橋
禪悅寺
鐘樓

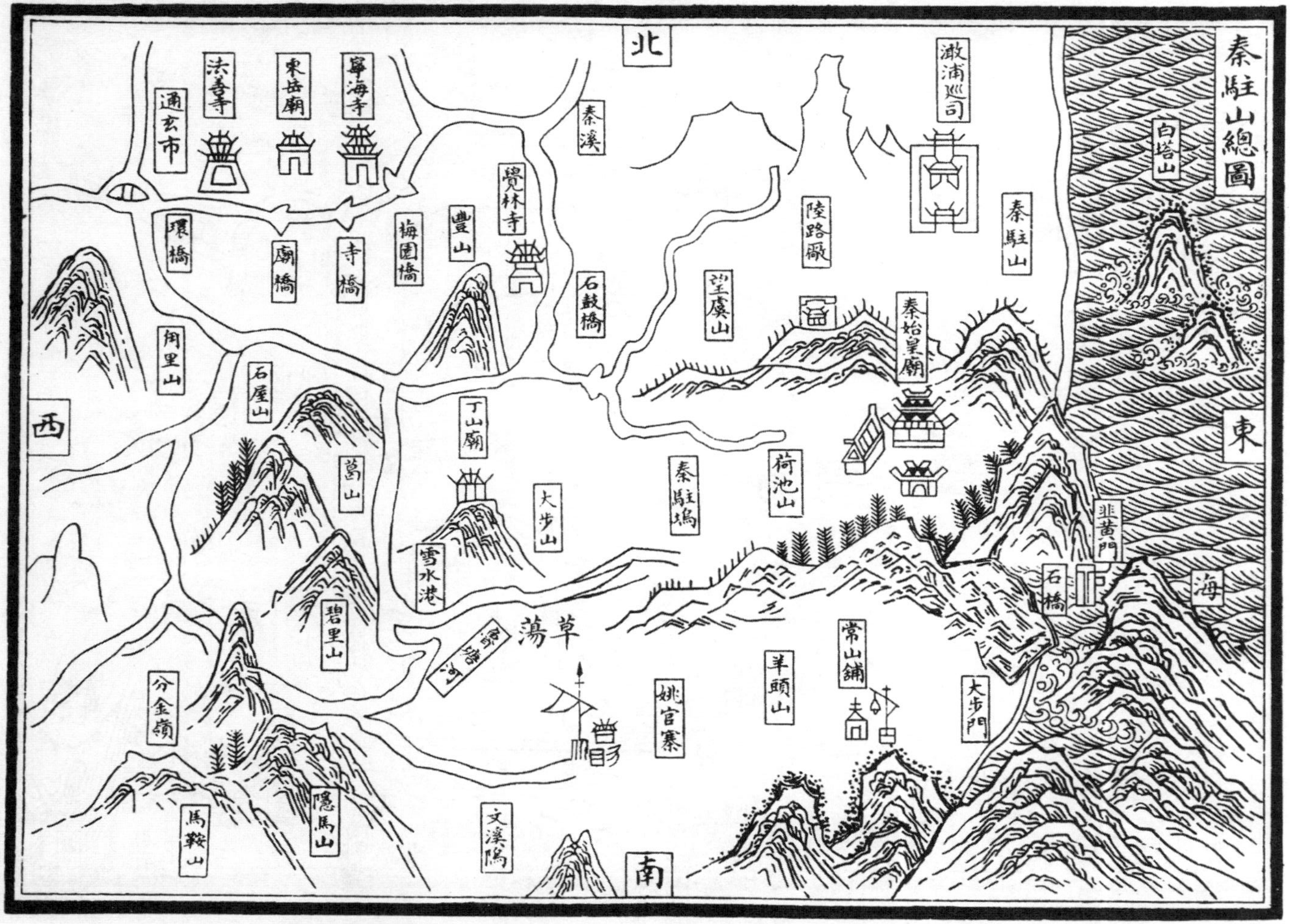
秦駐山總圖
北
南
東
西
海
白塔山
澉浦巡司
秦駐山
陸路敵
望廣山
秦始皇廟
荷池山
秦駐塢
非黃門
石橋
大步門
常山鋪
羊頭山
姚官寨
草蕩
官塘河
文溪塢
秦溪
石鼓橋
覺林寺
豐山
梅園橋
寺橋
廟橋
環橋
寧海寺
東岳廟
法善寺
通玄市
丁山廟
大步山
雪水港
石屋山
葛山
碧里山
閘里山
分金嶺
隱馬山
馬鞍山

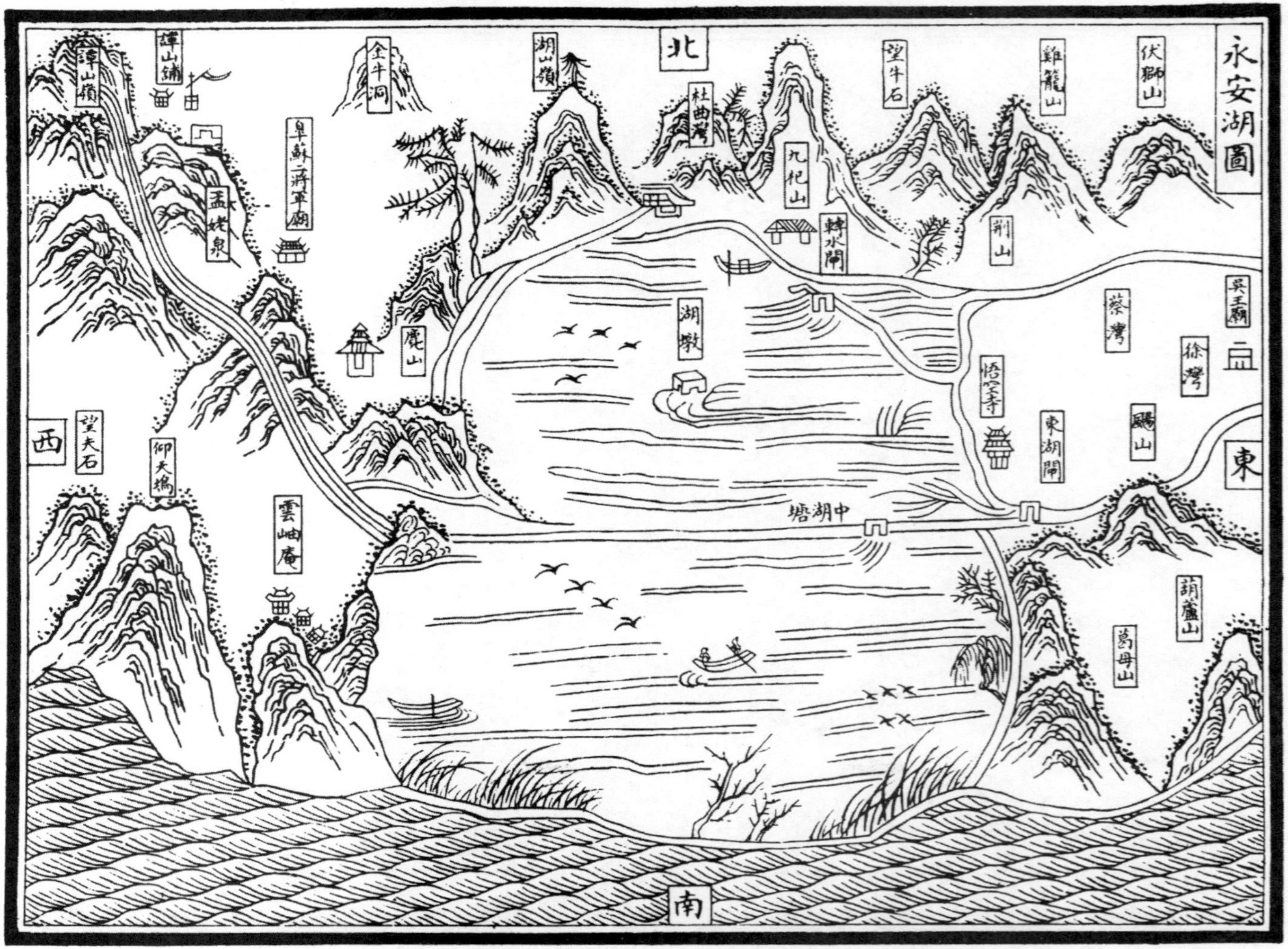
永安湖圖
伏獅山
雞籠山
望牛石
荆山
九杞山
轉水閘
杜曲灣
北
湖山嶺
金牛洞
譚山鋪
譚山嶺
孟姥泉
阜蘇二將軍廟
鹿山
湖墩
吳王廟
蔡灣
徐灣
悟空寺
賜山
東湖閘
東
中湖塘
西
望夫石
仰天鵠
雲岫庵
葫蘆山
葛母山
南

续澉水志卷之一　地理纪

镇人董穀　修纂

陈鲤　徐兰　校正

徐滨　陈九职　吴起元　韩世积　对阅

沿　革

按旧志，晋光熙初，有毛人三集洲上，盖泛于风也。居民贸易，遂成聚落。其地，唐属苏州府海盐县，始置镇。宋立镇官监之，人烟极盛，专通番舶。元时，立嘉兴路，达鲁花赤管军，上万户府。华亭则有青龙镇，海盐则有澉浦镇，皆置镇遏，达鲁花赤管军，中万户府，后改镇守，即宣慰司是也。国朝洪武初，缘边皆设备倭卫所，调官军守之，严禁下海，遂绝贪商，而城堡迄今焉。考之《昌黎文集》，毛人乃是国名。今海中有佛郎机国，去此不远，其人青皮逆毛，恐即其种类也。

风　俗

人情事变，与前代大异。盖自禁海筑城，官兵守御，利源既绝，往迹俱非。不见异物，亦无外慕。男惟力穑渔樵，女则缁纻井臼而已。

迄于成、弘之末，百五十年，虽以贫见摈于诸方，实以拙自成于乐土。既而法密役烦，民穷土贱，时愈艰，境愈蹙矣。差科重则思规避，生计薄则慕功名。文盛质衰，醇离朴散，实世道升降之机，非独澉为然也。虽然，天水南渡之后，兹地人才辈出，当时之盛，犹可想也。行见儒风丕振，家礼乐而户诗书，当不减于赵宋，风俗何患于不美哉！

疆　域

属海盐县之德政乡。按旧县志，里曰金牛、斤竹、归仁、槜李，村曰澉墅、澉浦、惠商、近潮。近潮久沦于海，故东至青山海岸仅二里，南至葫芦山海岸五里，东南至长墙山外四里，东北至澉浦镇巡检司十有八里，西南至谭家岭铺一十里，西至六里堰下横泾河茶院一十二里，北至丰山前秦溪梅园桥等一十二里，西北至鲍郎浦通玄市一十五里，皆古镇境也。陆路去县三十六里，水路去县四十六里。

山　川

青山　镇之主山也。在城东滨海，磅礴苍翠。其形如伏龟，又谓之龟山。

黄道山　与长墙山相连，上有神祠，下有龙眼潭。旧名白龙窟，乃宋时番舶所聚。

长墙山　在南门外，滨海，其外有穿山洞。

巫子山　大小二山在黄道山外水中，甚湍急，不可渡。

篠山　俱在南门外，滨海。

石帆山 南门海际，下有灵潭，石形如帆。

葫芦山 在城西南，滨海。

荆山 在永安湖闸北。

飏山 在永安湖闸南。

葛母山 在永安湖东南。山下有浑水闸。

伏狮山 在永安湖东北。

鸡笼山 在永安湖东际，地名徐湾。俗传金鸡时见，因名。

大山 在湖上，土民徐信墓在焉。左有莲花峰，右有合掌石，顶际有望牛石。

九杞山 在永安湖子丑之位，谓之杜家湾。九杞翁买之，置杜曲冈云涛庄，因名。

鹿山 在中湖塘西，谭家山相连。

谭家山 在永安湖西，有高岭，过此入海宁县界。乃南唐仙人谭峭得道处。

金牛山 在湖西北。《吴地志》：昔有牛粪金，村民皋伯通与弟随之。牛穴山而入，二人凿山，山崩，兄弟皆死穴中，取名。《寰宇记》又谓之会骸山。上有皋苏二大王庙。宋时入《海宁县志·祭典》，其事又与前说不同。庙今见存。

大旗山 在邵湾村。相传刘裕胜孙恩于此。

夹山 在金粟山后。乃宁、盐二县界上，故名。又谓之龚坟山。国初陶给事墓在焉。

茶磨山 在独汇泾前落星浜上。

紫云山 在茶磨山南。旧志，唐建中时，有村妇出耕，常有紫云覆之。朝廷闻之，诏入宫。相传，其女头生癞疮，诏取至嘉禾北。一夕，癞脱发生，其长八尺。至今所至之地谓之八尺云。

金粟山 在茶院市中。

甪里山 在茶院市北。

吴家山 在西门外马路桥上。

凤凰山 在吴家山侧。

月山 在六里河凤凰山侧。

泊橹山 在六里堰东，近镇惟此山最高。

罗汉山 与泊橹相连，东抵䃶头门。

泽山 在泊橹山前，与凤凰山相对。

䃶头门山 即庙山，与罗汉山相峙，中为大路。

翠屏山 即罗汉山之阴也。

惹山 与翠屏山相对。旧有普明院，今废。

陆墓山 在惹山侧。

大步山 在石马山东北草荡中。今即丁山庙。

小步山 与大步山相连。

石马山 与䃶头门山相连。宋时官给亭户煎盐之所。至今尚谓之官山，又谓之隐马山。

石屋山 上有石屋，故名。

杨山 **石塔山** **马鞍山** **碧里山** 四山相连，去镇八里。

葛山 东有石屋。

龟山 甚低小。

以上诸山，皆在镇之东北。

管山 去城九里，四周皆水。山低而小，东有石桥。

秦驻山 在沿海官道十八里中。后魏郦道元《水经》称秦望山。晋乐资《九洲志》称秦径山。今有始皇庙。古有秦溪馆，今废。又有秦驻坞，村落聚焉。

望虞山 与秦驻山相连。登之可望上虞，故名。

丰山 在秦溪上。相传始皇屯兵于此。有石屋三所，有发之者，蜂虿蛇虺不可近。

严家山 **潘家山** **荷池山** **羊头山** 此四山皆秦驻山支脉。

谭家岭 在西门外十里。即前谭景昇得道之山也。

邵湾岭 在黄巢街南。

野鸭岭 在六里堰南。

黄茅岭 在泊橹山侧。

分金岭 在马鞍山。相传为管、鲍分金处。

罗汉湾 在罗汉山下。

慈竹湾 在吴家山后。

细米湾 即细柳湾，在凤凰山前。

姚湾

徐湾 在鸡笼山侧。土民徐信世居之。自宋迄今，凡以姓名湾者，皆泯灭，惟徐尚存。

蔡湾

唐家湾 在大山前。

夏湾

陈湾

邵湾 在邵家山。

孙湾 在孙家堰。

碧里湾 在碧里山。

杜曲湾 在九杞山。

仰天坞 在鹰窠山下。

文溪坞 隐马山分支，两山如巷，有村落奇秀幽僻，俨一桃源。

秦驻坞 在秦驻山，民居保聚，自成村落。

议曰：嘉禾阖境水多山少，而山皆聚于澉浦。盖自天目龙飞凤舞萃于钱塘，迤逦而下，至皋亭，遵海而北，结聚于此。秀发虽不迨武林，然亦风气所钟，东坡所谓“山住水亦住”，故本镇山多而水少也。

实供一境樵苏，而煮海者尤赖焉。但自昔山税每亩米一升，自均平粮科以来，米亩五升，则为累甚矣。然非山之累人，人亦有尤焉耳。如茶，如竹，如桐，如漆，如桃，如栗、银杏、杨梅，皆可树之以获利而不植之。顾独种松，十年一伐，以为薪，人生能几伐哉，而子孙果能相继树乎？无怪乎山之童也。归咎税重，愚之乎见哉！

海 自镇之东、南、西皆汇于海。南望则隔上虞之山，西激则成钱塘之潮，涛声昼夜吞吐，实赖青山、葛母、葫芦、长墙诸山石根林立，无善崩之患。按宋志，番舶皆聚于龙眼潭，诸货皆由招宝闸入运河，抵六里堰，车盘过坝，流通吴浙。又有东浦，潮自浦入达鲍郎浦，灶丁汲以煮盐。今皆湮塞，不知当时故道何如也。

永安湖 在镇西南七里。有长堤，分为二湖。群山环之，独缺其南之十二。闯海如门，越中峰峦罗列于天表，而湖则南面全受之。周一十二里，凡三千七百亩。东置水闸，备蓄泄，以灌一境之田。中产红莲、白莲、蘋花、芡实等，皆野生。中央有土方数亩，高出如台，可作亭榭。独恨淤浅易涸，虽屡经申请，竟未能疏浚也。

六里河 自城壕石灰桥下西抵六里堰，古上河也。两旁之田实赖之。堰旁居民造作小舟，搬运城中货物，并鹾贾引盐以觅微利，然客舟不能及城，往来殊不便也。镇市荒凉，职由于此。诚能浚深丈馀，便可以通下河而无事于堰矣。正德十一年大旱，虽经该所申请察院，督令有司疏浚，但弊多公少而迄无成。

鲁塘河 在北门外迤东北，沿隐马山一带。据《武原志》，县南古有白塔港，名蓝田浦，亦名鲁浦。绍兴三年，知县李直养重浚。又自鲁浦开通十八里至鲍郎盐场，以便盐运，以灌农田，利益甚大。今鲁浦已沦于海，而澉河旧迹犹存，至今名为鲁塘河，但久占塞。

议曰：澉浦自城陆路去县三十六里，止可轻身往来，不能担负。

水路自城至堰凡六里，自堰至泾塘桥三十里，又十三里至县前，共五十里，水道纡远，加以过坝烦难，仓粮上纳艰苦，军常乏食，装载兵仗等件，路远一时难济。抑且土民上纳税粮，里甲到县卯酉，常苦路遥，风寒暑雨，最为不便。查得旧有水路一条，自本县天宁寺前八里至泾塘桥，又十里至雪水港，俱是通河。又自雪水港七里至澉浦北门，古名鲁塘河，原系名宦李直养开凿，以便盐运。岁久湮塞，被人占种，旧迹犹存。连年海寇出自柘林，从秦驻山来者，不敢近城，皆由此处蓦越下乡，径至袁花、硖石，皆缘无水阻截之故。有能奏请动支官银七八百两，专委廉能民职丈量估计，雇倩萧山土工，不过一月接连。雪水港到县，止有二十五里，比之六里堰便宜一半，而有八利：一则拦阻海贼不能下乡；二则贼至城下，官兵水陆夹攻，彼将焉往；三则搬运兵仗粮食，易于接济；四则人民应役切近，可免趋步；五则盐运疏通，不劳过堰，商人辐辏，国课易注；六则货物骈集，城中殷富，官军可守；七则沿河两涯草荡皆成膏腴田亩；八则水路既通，可造船只，不拘岁月，装载澉山顽石到县，堆满天、缺、龙王庙等处石塘之外，内护塘根，外拒贼舰，万年牢固，可免修筑，年省各县岁派六千两海塘夫银，所费不多，而有无穷之益如此。顾地方僻处，下情无由上达耳。

市河　按旧志，古运河在镇市中，番舶聚于长墙山下龙眼潭，商贾贸易，从招宝闸入运渠，经过市中，谓之塘上。其间有巷，谓之塘门衖，有闸有庙，谓之闸头庵，至今存焉。此河西抵六里坝，南通钱家浜入永安湖，实镇中之孔道也。自国初绝海商，置城守，此渠遂绝。市河湮塞为民居，惟于西城设水关，通流至常积仓前，以便粮运而已。别有一支自东绕过北门，谓之旧城河，出丁家桥，会于仓河，然亦微细，湮没将尽矣。

湖河　自永安湖闸口而下，一支西北流至孙家堰，一支东南流过八字桥，入钱家浜，以达市河，皆古水道也。今则钱家浜坝塞，至油车堰而止。

转水河　在六里堰上。地形高阜，湖水盈溢，则有渰没之患。故于堰南置闸，转出下河，以时启闭，备旱涝，有二座。

里滨湖　在南湖南际。

独汇泾　自六里堰下过东，经茶磨山，出根竺桥，入紫云村路。

横泾河　自六里堰张公桥下过北，从陆搭孙老桥，入梅园路。

鸦鹊浜　自张公桥进舶橹山后，经鸦鹊桥下，沿山水道将至礲头门而止，即旧志鸦鹊墓，乃古客船发货处。

金水堰　在镇北十里。地形高阜，不通水道，左右皆煎盐草地，故谓之靠天荡。

秦溪　在镇东北十里。自秦驻山发源，流至于此，故谓之秦溪。北通乌坵塘，南通丰山港，又谓之鲁塘河。

东浦　按旧志，在镇市东，直通礲头门，盐丁汲之煎盐。今不可考。

鲍郎浦　去镇北十二里。古通东浦，后湮塞，浦水尚存，颇阔。

堰　坝

六里堰　**孙家堰**　**沈家堰**　**前金坝**　**后金坝**　**谢家坝**

张家堰　**顾家堰**　**南门西坝**　**金水堰**　**大河堰**

南门外咸水闸塞而不通

见在闸四座：

南湖闸　**北湖闸**　**转水闸二座**成化年间，本府通判张岫亲诣地方，相视高下，置闸二座。至今民受其利。

桥　梁

丁家桥　今对广福土地庙。

盐司桥　即旧志通江桥也。

安德桥　在今陈百户门前。

西石桥　在今水门内。

锦绣桥　在广福庙北城下。

板　桥　在海门寺后。

寺　桥　海门寺前。

石灰桥　在水关外。

盐仓桥　在今盐场左。右盐仓设于礲头门，皆自此桥下载盐往彼交纳。

邬家桥　**打铁桥**　二座皆盐仓右。

柳　桥　即今柳家桥，当六里河之中。

徐家桥　六里堰上。

马路桥　在西门外官路。

王家桥　吴王庙后。

望湖桥　**迎春桥**　二座夹峙，今名八字桥。

吴王庙桥　在庙前。

张家桥　八字桥南。

永宁桥　在湖闸口。

施婁桥　正对施婁街，在徐湾村。

蔡家桥　狮山东。

杨家桥　孙湾侧。

转水河桥 在闸前。

勒畚桥 在北门外。

汤家桥 北门外。

枣核桥 靠城河。

张公桥 六里堰下。

六搭桥 张公桥西二里。

孙老桥 与六搭桥相近。

鸦鹊桥 张公桥进过东。

愚溪桥 茶院东南。

西安桥 在独汇泾。

根竺桥 在茶磨山西。今谓之大桥。

马驻桥 在大桥南。

广济桥 金粟寺前。

太平桥 茶院市中。

石碑桥 天子墓北。

仁和桥 金粟寺西。

招宝桥 茶院市北。

秦皇庙桥 角里山东。

黄板桥 角里山西。

野　桥 角里山北。

八字桥 杨家田东。

烂皮桥 五河泾侧。

金家桥 陆司空庙西。

东浦桥 **西浦桥** 俱鲍郎浦上。

石鼓桥 秦驻山下。

宋老桥 宋亭北。

东洋桥 丰山东。

夏湾桥　杨坟桥 俱雪水港。

何家桥 葛山前。

管山桥 管山东。

东咸塘　西咸塘二桥 俱管山南。

三郎庙桥 在庙前。

石角桥 丰山西南。

莲花桥　报恩桥 俱梅园东。

梅园桥

宁海寺桥

岳庙桥

李家桥 法喜寺前。

招宝桥 通玄环桥侧。

环　桥 南通浦北，入海盐嘉兴路。

已上自环桥起迤逦至石鼓桥止，河流发源于秦驻山，迄今谓之秦溪。法喜寺石刻“秦溪”二字犹存。

土　产

五谷

稻粳、糯、早、晚，其名甚多。

大麦　小麦　裸麦　荞麦　黑豆　青豆　黄豆　豇豆　菉豆

豌豆　蚕豆　羊眼豆　黎豆　赤豆　饭赤豆　芦粟

货

盐　苎布　绵䌷

药

枸杞　牵牛　半夏　苍耳　蛇床　香附　益母　香薷　瓜蒌根
吴茱萸　地骨皮　夏枯草　金银花　紫苏子

蔬

萝卜　冬瓜　生瓜　丝瓜　甜瓜　葫芦　茄子　青菜　芥菜
生菜　白菜　甜菜　葱　韭　蒜　松花蕈

木

松　柏　桑　柘　柳　楮　椿　榆　槐　檀　朴　梅　桃　杏
橘　棕　李　枳　楝　香茶　冬青　白杨　乌榕　乌柏　枣　杨梅
花红　橙　香圆　银杏

草

茆　勒干　芦苇

竹

淡　茆　台　紫　乌金　王莽　桃丝

畜

牛　马　羊　豖　猫　犬　鸡　鹅　鸭

鸟

雉 鹳鸽 鹊 鹭 鹰 鹞 鸥 鹁 燕 雀 鹳 鹁鸽
雁 乌 黄莺 百舌

兽

獐 兔 麂 獾

鳞介

鲫 鲤 鲇 鲦 黑鱼 青鱼 黄颡 鲈 鳖 鲽 鳝 鳗 鳝
鳅 龟 鳖 蚌 蟹 蛏 蚬 白蛤 鲜蛤 梅虾 黄甲 田螺
螺丝

续澉水志卷之二　职官纪

军职凡四，曰正千户，曰副千户，曰百户，曰镇抚，皆海宁卫属。有司三员，曰巡检，曰场大使，曰仓大使，俱隶海盐县。

正千户一员　正五品，武德将军，月俸三石二斗。

杨蛮　直隶蒙城县。洪武中，子先、孙贵调邳州卫。传谦，宣德十年来任。传润、楷、玺、玭、承勋。

副千户四员　从五品，武略将军，月俸二石四斗。

于谊　含山县籍。传子渊，升副千户，洪武二十八年来任。传懋、瓛、瑄、祚、炳、守臣、焕、守爵。嘉靖三十三年，坐驾兵船追剿受赏。

李皋登　丰县籍。子祥袭，金吾卫副千户，洪武二十七年来任。传允、璇、宁、鹗、恩、宪。

李兴旺　合肥县籍。洪武中，升府军卫副千户。子福，宣德八年至。传盛、昇、节、钦、景。

石玉　清丰县籍。靖难功，升隆庆卫副千户。泉袭，正统八年来任。十四年，征金、处受赏。传玺、镇、銮。

百户二十员 见在十八员，正六品，昭信校尉，月俸三石。

余润 河津县籍，洪武中升今职。二十八年来任。永乐四年，征安南受赏，传忠、锐、澜、椿、沄。

吕得 零陵县籍。永乐中，子兴升今职。传真，正统八年来任。景泰元年，金公岩战没。传刚、信、凤。嘉靖三十二年，海贼登劫，同子爵战没。继忠，优给候升。

赵祥 盱眙县籍，洪武中升今职。子信，二十四年来任。永乐六年，安南战没。传本、昂、瓛、和、淮。

马福 博平县籍，洪武中升今职，谪金齿卫。子良袭，二十七年来任。传荣、昂、预、聪。

王玉 合肥县籍，洪武中升今职，十七年来任。传广，永乐七年，征交趾。传刚、雄、谦、缙、家宾。

刘成 高平县籍。子顺，永乐中升今职。传斌，正统八年来任。十四年，征处州，受赏。传能，正德八年征开化，受赏。传贤、宽、璧、璠。

左贰 马邑县籍，永乐中升今职。传至真，正统八年来任。传敬，征金华受赏。传全胜、天祥。

郎暹 山东兖州府单县籍，永乐中战没。子铭，升今职；十六年，调海宁所。子汶，正统五年征金华。传旻、武、勇、勋，正德六年至。传舜臣，嘉靖三十三、四等年，杀贼受赏。

杨遇春 萧县籍。传至铭，永乐中升今职，正统八年来任。传辅、忠、信、功。

胡会 南丰县籍，洪武中升今职。传至浩，成化十一年来任。传宽、伟、靖、宠，嘉靖三十三、四等年，杀贼受赏。

朱成 定远县籍，洪武中升今职。传荣，二十六年来任。传昭英，正统十四年，征处州。传祥松、震臣，嘉靖三十四年，杀贼受赏。

黄子成 东莞县籍。传本奴，永乐中征西洋，升今职。传贵，正统八年来任；景泰元年征处州。传福、云、汉、钟，嘉靖三十三年五月间，倭寇攻南城，钟御之退，因推领水兵，受赏。

郭信 松滋县籍，永乐中升今职，征交趾受赏。子玙，正统三年来任，四年征金华。传敦、祯、继勋、舜卿，嘉靖三十三年，倭寇攻城，发矢中贼退。

陈壹 溧阳县籍。子贵，洪武中升今职。传璜，景泰元年征金华受赏。传武、德、涌，至九州。

姚禄 潜山县籍，洪武中升今职，二十七年来任。传真、全、暹，景泰元年，征金华受赏。传勇、勋、玢、岑，战没。子思舜升千户。

徐彬 寿州籍，永乐中升今职。传敬，正统八年来任，十四年征金华受赏。传智、恩、汉。

余寿 通州籍，洪武中升今职。传纲，永乐八年来任。传旺寿、昌宗、韬、勋。嘉靖三十四、五等年，杀贼受赏。

史兴九 丹阳县籍，洪武中升今职。传至文，永乐六年来任。传斌、景、经、昭、章。

镇抚二员 从六品，月俸二石二斗。

陈兴 昌化县籍，洪武中升今职，二十八年来任。永乐二年，征安南。传暹、瓛、辅、銮、绶、经。

林景清　海丰县籍，洪武中。传胜，正统八年来任，升镇抚。传保、方、秀、忠，嘉靖三十五年，擒贼受赏。

澉浦镇巡检司

巡检一员马吉夫，见任　　司吏一名

鲍郎场盐课司

大使一员毛鹗，见任　　攒典一名　　书算二名

常积一仓

大使一员　　攒典一名

续溆水志卷之三　公署纪

公馆一座　在东门内大街。

头门三间　仪门　前厅三间　后厅三间　两廊东西各三间
基地六亩七分三厘八毫

溆浦守御千户所　在东门内大街公馆之西。

鼓楼五间　仪门三间　大厅三间　后堂三间

耳房二间　东库房一间　西军器库一间　正厅东西为廊房

土地堂一间　在仪门左。

监房十间　在西。久废，止存一间。

镇抚厅　在仪门内。今废。

旗纛庙　在正厅北。久废。

所基地一十九亩八分七厘五毫。

澉浦镇巡检司

宋在镇市浦东，今在东北十八里秦驻山北。洪武二年，设置于澉浦镇城德化坊。初因风潮摧圮，七年，巡检王德迁于本镇安德桥东。十九年，因设千户所，巡检爱颜改移于此。筑堡高二丈一尺，阔五丈，周回一百十丈。南北门二座，濠深五尺，阔三丈。演武场一处。徭编弓兵一百二十名。

鲍郎盐场廨

古在本镇通江桥侧，右有秀野堂。国朝迁出水关门外，临河以便拨船。门道、官厅、廨舍并仓屋共计四十七间，右为分司厅。徭编工脚先时十名，今八名。

常积一仓

原系军仓，旧在千户所对过直南，基地九亩一分三厘八毫。洪武二十二年，千户孙信首建仓屋二十四间，定为四廒。至三十年，千户朱贞以水次不便，移造新仓在西门内，临河以通水关，基地一十六亩三分二厘六毫，廒如前数，俱系本所带管。正统二年，改立民仓，设官以司会计，立官厅、廨舍、门道，以贮各县解到军粮。徭编斗级正四名、贴十六名，今亦不拘也。

续澉水志卷之四　贡赋纪

区　图

系海盐县十三都，分为三区，曰东南，曰西南，曰东北。在宋皆镇境也。今虽里分异宜，而河山不改。自附镇东南一区而言，洪武以来，原额五里。嘉靖三十年造册，因图贫并作四里，有一界、二界、三界、四界、五界、龙师、咸淡、潜鳞、河海等圩。里长六名，当值官府往来抵应。后止四里，今拨东北区一里、西南区一里，共当原是六名不缺。

丁　产

东南区人口一千六百七口。田地一百三十八顷二十七亩六厘八毫，开除积荒一十六顷一十四亩四分四厘二毫，实在田地一百二十二顷一十二亩六分二厘四毫。山荡六十七顷五亩三分七厘二毫，开除积荒四十一顷一十三亩九分九厘三毫，实在山荡浜滩二十五顷九十一亩四分三厘二毫。

西南区人口二千三百四十七口。田地一百九十四顷三十九亩三分五厘七毫，内包补挑掘筑塘地五亩三分九厘，山荡浜滩等项一百五顷七十三亩五分一厘三毫。

东北区人口二千三百九十八口。田地三百三十四顷八十一亩五毫，内包补筑塘田地一亩七分三厘二毫，积荒田地五顷三十六亩六分八厘，山荡滩浜等项五十二顷四十七亩七分五厘四毫。

税粮岁造实征难以数定

议曰：《诗》有之“小东大东，杼轴其空”，以言赋役不均，覃大夫所以告病也。故禾郡之贫，海盐为最。海盐之贫，澉为最甚矣。澉民之可哀也。其在古昔，十三都至为富庶，凌迟至今，十不及一，户口亩丘不过如前所录，然亦直据见今黄册云尔。十年再造，又非旧额，故田地之数不可以为典要，而粮又岁征不一，尤无规定，难以计算。盖积弊不可胜穷。嘉靖戊申，赖郡主左山赵公瀛均平粮则，不拘田地，每亩皆以二斗五合起科；不拘山荡，每亩皆以五升起科，永为定例。由是存粮积蠹无所容奸，儿童妇女皆可输纳，固没世不忘矣。但粮役烦难，人思规避，往往窜入别都。故事产日蹙，地方愈加艰窘。近幸当道欲行各里自收，不设粮役，甚盛心也。但在官小人，利于有事而不便于安，常多方计阻，殊可叹息。诚能断然行之，又岂澉镇一隅之福而已！然贫薄之源，固起于粮差，而粮差之弊，莫大于飞窜。孰能闻于当道，必使田产各有定额，止许越区置买，不许越区开收，都不过都，一如县不过县。每里田地，十甲通融。里或窄陋，邻图拨补。务使均平如一，则不必佥审，亦无争讼。一年粮长，九岁安闲，原头不多，收头减省，久安长治，莫出于此。否则，影射多端，虚耗转甚，虽通都大邑有不能支，而况澉镇弹丸之地，不至人消物尽不已也。然独不便贵富之家，势实难行，非有为国为民、不畏强御若左山公者，不足以办此。抑考均平之法，固至善矣。亦有下情不能达者：澉镇滨海一带，斥卤高阜，无水去处约有四千馀亩，厥壤下下，不可以田；与寻常宜稻之地不同，虽夏麦三升，常苦旱荒，况秋粮乎？盖非法之不善，乃土之无良耳。居民贫瘠，时有怨咨，似须实查患地，稍与从轻，比之其他，量为减半，二亩折算一亩。包补于概县，泰山一秋毫耳，而斯民之被泽则均矣。满堂燕乐，一人向隅，而可乎哉？

澉浦镇税课局

按旧府志，宋系镇官兼职，元为澉浦务。

国朝洪武元年，系海盐县税务兼管。洪武三年，除授副使郝恕开设。洪武十四年，改除大使管事，本县纂节半逻等五处，本镇纂节通玄、茶院二处，后复并入本县税务，今无。

盐　课

按府志，成化五年，右副都御史邢宥按临，整理盐法，鲍郎场一千零七丁，水乡折色二千八十四引零八十斤，折银一千四百五十九两六分，本色一千五百六十七引一十四两一钱，每引二百斤。今《两浙鹾志》云：原额五千一百二十九引，议处通融，改出一千八百五十六引，抵派鸣鹤场讫，止存三千八百七十三引。灶丁一千五十五户、一千七百二十丁，总催五十名。原额大丁四百一十丁七分五厘，每丁该银一两一钱五分五厘四毫四丝一忽六微。实征小丁三千一百四十一丁，每丁该银一钱五分七毫五忽二微九纤二秒。额盐三千六百五十三引二百二十八斤一十四两一钱，每引四百斤，水乡折色二千八十四引一百五十斤，该银一千二百五十两六钱二分五厘。盐价银一千一百八十二两五钱九分六厘，系海盐等九县包补征解。草场价银六十八两三分，系海盐县径解。滨海灶盐，灶一千五百六十九引七十八斤一十四两一钱，该银九百四十一两五钱一分八厘三毫二丝一忽八微七纤五秒。折色盐七百八十引一百二斤，该银四百六十八两一钱五分三厘，该海盐县秋粮馀米内包补征解。本色盐七百八十八引三百七十六斤一十四两一钱，该银四百七十三两三钱六分五厘三毫二丝一忽八微七纤二秒。

滩荡

滩场四千一百六弓一尺五寸，草荡九十二顷一十四亩九分五厘二毫八忽。每丁分滩场二弓五寸、草荡一十五亩六分八厘。

团盘 东团 西团 南团 北团 东北团

额定官盐三十块，分给灶户有差。每卤一担，成盐二十五斤。议曰：盐之有榷，洎汉已然，历代因之，其法不一。入国朝，始有存积、常股之名，以备边商开中，皆本色盐耳。法久必弊，弊极必更。一变而为成化中御史林诚之折色，再变而为正德中御史王朝用之买补，三变而为今嘉靖中知县夏浚建议折色荡价，皆包补于秋粮。所谓存积、常股，不知为何物矣。时移事换，其势靡常，通变宜民，以纾灶困，固亦善矣。然批查劝振，经时积岁，而商人有干没之嗟；大夥公行，凶器毕备，而私贩有跋扈之势；日巡月解，破家完官，而应捕有陪纳之屈；畏罪守法，鱼馁肉败，而远乡有食淡之苦。是皆榷之为害，又非特卤丁终岁勤动、劳其筋骨、饿其体肤而已也。鲍郎之课，丁盐皆有定额，滩荡各有处所，而又民差量充绣斧，使者每加优恤，粗为少安，但恐不能久而无变。嗟乎，安得豪杰之士一求，改弦易辙，更化善治之道者乎！

屯种一所

在城外西北五里。百户一员，原额旗军一百一十二名，派种海盐县田地一十三顷七十六亩，每年本色子粒五百馀石。屯军见在四十六名，馀丁九十七名。县志云，每田一亩，纳粮二斗；每地一亩，纳粮一斗六升。

岁　造

澉浦千户所，岁造军器二十副。

续澉水志卷之五　兵卫纪

城　池

宋元以来，系澉浦镇市井，初无城郭。国朝始筑城，周围九里三十步。濠堑周围二千一百丈，深一丈六尺，阔一十六丈。城基一顷六十五亩九厘一毫，陴陧一千八百七十五个，吊桥四处，窝铺一十九座。旱门四，东曰延春，西曰肃武，南曰靖溟，北曰拱辰。水门一，内曰活源，外曰通储。按嘉兴府旧志，城周围八里一十七步，高二丈四尺五寸。洪武十九年九月，钦差安庆侯、荥阳侯委本卫千户费进等官，度地筑土为城。永乐十六年，都指挥谷祥等巡御，以砖石包砌。正统八年，钦差侍郎焦宏令杭、嘉、湖三府备料，重加包葺水门一座。池周围九里零三步，今云城围九里三十步，盖指城濠而言也。当时筑城失于疏略，城既欠高，且不陡峻，突如阶级，可以负戴而登。嘉靖三十等年，倭寇屡至，官府时加修葺，换旧增新，势颇严正。但濠水虽阔而浅甚，深处不过三四尺。风信之月，未暑先干，如履平地，无险可恃。有保障之责者，其容缓视乎？

职基并军营地共四顷零三亩五分九厘九毫，四门兵马司共地二亩八分六厘五毫。

四门月城并吊桥及水门河共一十四亩四分四厘四毫，沿城喂马地二顷七十五亩三分八厘。

军　伍

洪武初，禁革通番，至十七年正月十五夜，倭夷登劫杀害。十九年，始调千户孙信、王懋率百户朱祥等十员，旗军一千一百二十名防守。至二十七年五月十三日，倭夷登岸，失机，再调百户余澜等十员，旗军一千一百二十名相兼守御。其后，宣德、正统、景泰等年，倭夷屡扰，仍拨湖州、海宁、严州等军馀五百名，常川帖守。弘治二年，钦差巡视地方，右侍郎彭程按临，将本所馀丁三丁抽一，顶补一百二十名，发回湖州等军除讫。经今七十年间，流移死绝，止存正军六百八十名。

议曰：该所额设正军二千二百四十名，除官俸外，每军名粮八斗，每月该粮一千七百九十二石，一年该粮二万一千五百零四石，俱派杭、嘉、湖、绍等府上纳，固定制也。太平既久，逃绝数多，止存正军六百八十名，每月止该米五百四十四石，比之定制，已少一千二百四十八石。固宜仓中之粟红腐而不可食，而六百八十正粮仍又不足，则定制一年二万馀米，皆安在耶？且八斗口粮，父母妻子衣食皆在于此，未粒未支使用，先派经年一放，债主纷然，仰事俯育，将安遂乎？馀丁原不支粮，终岁执役，宁无不均之叹？是无怪乎逃亡之多也已！近因寇乱，蒙军门阅实，骁兵于是官舍，馀丁皆得食粮，庶几可矣。但运道艰难，粮役畏惮，米不时至，军常空乏。似须有以处之，则足食足兵，可以固守，而无事于客兵之募矣。

教　场

在南门外，计六十三亩九分九厘六毫。按府志云，周围二百五十丈七尺。

议曰：晁错有言，“器械不利，以其卒予敌也；卒不可用，以其将予敌也。”今之兵势，诚如错之云矣。二百年来，边徼无事，军当民差，民缺军饷，习以为常，不复知训练之事。演武之地，掬为茂草。一旦三韩告变，如处女户，不知所适，亦何贵于兵哉！是故朱鍪玄甲，乃古人之成法，我太祖所以定天下者也。正德初年，犹及见之，乃今不复识矣。甘以血肉之躯自献于贼，彼徒知轻快利于逃生，而不知赤身反以速死。否则，高皇帝之智，顾有所不如乎？战之长技，莫先于射，今亦不复以射为事。夫射用弓矢，犹可诿也。今海滨石子最多，而张青飞石之技，不过取之水滨，非若弓矢之难办，亦何惮而不为乎？刻木为人，立于五丈之地，取石打之，以中面为入格，中目者受上赏，而中身者勿论也。假如十石以中八九为入格，全中者受上赏，而中少者免责也。其初习也，自近而渐远，始于二丈，驯至五丈，能出五丈之外者，愈远愈奇。乘城击贼，见效甚速。其他器械，悉皆操习。技成，胆斯壮矣。足食之后，必当务此。彼亦自卫室家，岂独亲其上哉！

寨　堠

总寨　葫芦山寨　西嘴寨　东盐团寨

浑水寨　东中寨　西盐团寨　青山寨

青山东嘴寨　墙山东嘴寨　平洋寨　水闸寨

南湖塘寨　新添大步门寨　望夫台寨　黄泥寨

庙山烽堠　西山烽堠　墙山烽堠　秦驻山烽堠

操备南海口厂房基地二亩九分　陆路东海口厂房基地二亩

湖州贴守厂基地二亩二厘三毫　总寨基地二亩九分

葫芦湾厂基地二亩，常有贼船泊此险要

铺　舍

澉浦东门铺　十里至长川铺；十里至蓝田铺，交十四都界；西门十里至谭山铺，交海宁县界。

续澉水志卷之六　祠宇纪

城隍庙　在南门大街，基地六分六厘七毫。

东岳庙　在今北门内，临街。宋时最重岳祠，故有天齐圣帝行宫。嘉定三年建。今庙虽存，乃以奉刘相公神者，一方敬畏，香火严肃。

天妃宫　并神道坐落南门大街，基地五分二厘九毫。洪武初，调官军，每一百户所，立武神庙一座。民间每一百家，立土谷社庙一座。天妃、龙王是为总宫。原设南门外操备厂前。天顺初，风潮坍倒，移进在此。有金额敕赐“明著天妃”，乃摹勒宋张即之字，甚佳。

张王庙　在大街市中稍西，即旧志所谓张帝庙也，乃祠山行宫。宋嘉定三年建。神名渤。今建康英灵坊十庙，有碑。

广福庙　即今所谓土地庙也。在北门内禅悦寺后，右正对丁家桥。详旧志。

真君堂　即青山下医灵院也。真君姓吴，名猛，东晋时许旌阳弟子，斩蛟疗疾，大有功于当时。庙中有签五十六枝，极灵。庙前有古井，水能愈疾，人多汲之。

黄道庙　即旧志显应侯庙也。在长墙山上，临龙眼潭。宋建炎三年间，番舶皆聚于此，其神甚灵，旧志可考。自国朝禁海之后，庙遂颓废，止存遗址，潭亦沙泥涨塞无存。近因倭变，调习水兵，皆泊山外。神忽作祟，见梦求祀，遂为立庙。俄而潭忽坍出复旧，兵船遂有所归，甚异。

吴越王庙　在西门外八字桥边。旧志详矣。

秦始王庙　在镇东北十八里秦驻山上。始皇南巡，驻跸此山。今庙前有飘松一方，伐去复生，时显戈甲光怪之异。

皋苏将军庙　在金牛山。

礶王庙　在北门外三里谓之礶头门山上。

禅悦寺 即旧志禅悦教院，在北门内。俗谓之大寺，以其居天下十刹之数也。本行香庵。靖康元年赐额，僧法奥开山。今寺废，基存，惟馀钟楼在耳。

闸头庵 今在北门内小街。宋时，招宝运河至此有闸，而庵临之，故名。今闸亡而庙存，内供观音，其签极灵。

海门寺 在南门大街，即旧志祐福禅庵。宋僧永固开山。元大德六年，中峰祖师开堂说法，重建题梁。至元乙亥，高林寿禅师复建。至正癸卯，天真则禅师鼎建大殿、山门等宇。洪武二十四年，清理佛教，造《周知册》，并入法喜寺。永乐元年，奉例仍复本庵；三年，景南永忠禅师建大悲阁。宣德乙卯，东济宗福禅师请到今额，基地三十亩，事详碑记。内有雪堂春社，系僧明琇法叙集缁素修净土之所。寺有古柏二株，三百馀年物也。

观音寺 在北门大街市中，即旧志永福教院也。宋为径山接待院。今俗呼为小寺，尼姑居之。

延真观 在西门内大街南，即旧志真武庙也。元土官宣慰杨梓居之，建楼十间以贮姬妾，谓之梳妆楼。入国朝，革土官，置城守，杨氏乃远徙，楼梯不存，遂无登者。正统间，道士朱洞玄始登之，见有帘幕、镜奁、古书、玩物等件。今为延真观，楼尚有存。

悟空寺 在永安湖侧荆山上。旧名永安寺，宋治平元年改额，今寥落甚矣。宋有五显庙，极灵；近有玉芝庵，甚清雅；俱废。又有普明院，在葱山上，并资福庵、实相寺、梵潮庵，皆洪武二十四年清理归并，入悟空，为下院。

金粟寺 在茶院金粟山，去城十二里。宋开宝乙巳，钱武肃王赐号施茶院。祥符元年，改广慧禅院。其寺最古，孙吴赤乌年间建，为江南有寺之始。详徐泰所修县志。

法喜寺 在通玄市，创自吴。梁、唐有神僧良准，历代显灵异。后古碑及寺俱废。嘉靖间，僧戒楫重建，许杞翁为之记。

宁海寺 在法喜寺东一里。宋绍熙中赐额。

岳庙 通玄市中法喜寺左。

觉林寺 在丰山。元至正甲午，僧梵琦开山，名实相庵。洪武、宣德中增建，天顺二年赐额。

碧里寺 在碧里山。元时建。今废无存。

福庆庵 在海门寺南。弘治间，有僧本端居之，结草龛，静坐四十年，卒。

玉芝庵 即湖海山居。嘉靖初，僧法叙买荆山一亩，筑精舍修禅，树青松、碧梧、翠竹，极幽胜。数年，行脚入武康山，止焉。庵遂废。

云岫庵 一名云鹫，在鹰窠顶最高处。九曲而上。自宋南渡来，许宸世居此。今废址尚存。

水月庵 在茶磨山东南。周围皆水，故名。

丁山庙 在大步山上。居民新创，以奉杨四将军，盖潮神也。

三郎庙 在秦溪上。故老传云，昔有兄弟三人，生有德行，及卒，人祀之，为土谷神祠。三村各分立庙，疾病、水旱，祷之。

二郎庙　五六郎庙　陈总管庙　陆司空庙　俞历庙　朱王庙 以上皆各地方土谷神祠。

岳武穆王庙 在千户所公廨左。嘉靖癸丑以后，倭夷连寇海上，屡至城下，官兵悉力捍御。百户余勋、郎舜臣默祷王于城上，遥见神兵数辈，约长丈馀，金戈铁马，出入山中。自是，岁皆宁谧，我师屡捷。于是勋、臣等申请建精忠祠，以答灵贶，保境安民。实戊午岁也。

续澉水志卷之七　人品纪

宦　迹

宋之仕澉者，自赵潜夫而下，具见前志，不重录。自元迄今，凡有功于镇城者则书之。庶不没其善，以为来者劝也。

元

杨梓　中大夫、浙东宣慰副使、佥都元帅府事。尝铸禅悦寺铜钟，今二百馀年犹存，镇一城风水。

杨耐翁　梓之子，浙西道宣慰。大中性至孝，好施舍，独建天宁寺观音殿。又以己财造阛阓，招民居之。由是人烟辐辏，番舶归焉。馀详《斋粮记》。

明

费进　国初本卫千户，奉安庆侯、荥阳侯①委，度地筑土为城。谷祥都指挥永乐中巡御，加以砖石，包砌城垣。

①侯，原文无。据文意加。

焦宏　侍郎。巡视至澉，重加包葺四门月城并水门一座。

孙信　国初千户。首建仓屋。

朱贞　千户。复置新仓。

戴迪　绍兴卫指挥。正统八年奉委，用石包城。

张岫　成化中嘉兴府通判。亲诣本镇，相视高下，置立转水河等三闸。至今民受其利。

杨楷　本所正千户。貌魁梧，有膂力，掌印四十二年。务本力穑，以倡手下，军民安堵。

杨玺　楷子，袭荫。有孝行，知文墨，一廉如水，尽心职业。弘治中，建造本所仪门、后堂，不费军伍，不烦有司。不幸早卒，无不感泣。

夏浚　江西玉山人，由进士任本县知县。四门谯楼岁久摧圮，俱浚重建。

杨和　杭州卫指挥，嘉靖初备倭把总。澉城水门久塞，粮运不便。公督军士开通，不日成之，人情大悦。

顾邦重　宁波卫指挥，廉明有文，把总浙西。澉军至贫，又有养马之苦，十室九空。公申请革除五十匹，止存十匹，士夫德之。

张钛　台州卫指挥，清才雅量，美词翰，把总浙西。澉兵戍长沙湾者，相去八十馀里，饥寒困顿，与死为邻，且无实用。而本城空虚，反加拨遣。公申请拨回，阴骘甚大。

李希贤　福建汀州卫指挥，统领水兵守澉，谦虚不伐，厚重有为。邀击贼船长墙山外，斩获无算，士气大振。

徐行健　海宁卫指挥。倭夷之乱，守备澉浦。先是，太平既久，军旅废讲；公至，斩然一新，振肃纲纪，夙夜匪懈，鼓舞士气。始至，人情不安，久则贴然以定，令行禁止，无不如志。楼橹板筑，缮治坚完。用能却贼于郭门，歼寇于村落。长驱百里以赴强敌，力战死之。

朝廷报功，长子升都司，次子荫指挥。

李茂 本县典史，勤慎明敏。岁甲寅，守澉，贼攻城，悉力捍御。人多其功。

郑茂 莆田人，由进士任本县知县。提督澉镇，调足兵粮，增筑敌台一十六座，威名大著，人心倚重。

杨进道 直隶曲周人，由进士任本县知县。阅视城池，点札兵船，选择壮勇，添盖敌亭，战守足恃。

黄鹤 福建清流县人，由选贡任本县县丞。清苦有学，尽心职业。奉委守澉，出入兵卫，缮完城郭，人以无恐，劳迹具存。

彭端 海宁卫指挥。本所公廨年久颓坏，重加修葺，鼓楼、仪门焕然一新，亦等威之所在也。

乐埙 处州卫指挥，把总浙西，署参将事。留心边务，设处灰砖，增筑女墙三尺，自是坚壁可守，莫能攀援矣。

杨伯乔 湖广辰州卫指挥，督府委差协同。

张空思 麻溪长官司土官，统兵守御，俱能镇静，境内无事。

王科 观海卫指挥。总领水兵，驻扎龙眼潭险隘，得人。

崔致远 海宁卫指挥。守备澉城，抚恤军士，用以无扰。

流　寓

唐

朱行先 字蕴之，湖州乌程县人。事吴越国王，官至右仆射。续置桑梓于海盐县，卒葬德政乡通福里澉墅村之原。事详墓志。

元

王济 莫详来历，寓居澉川，宣威将军、前南宁州安抚使。澉湖为招讨王熔围占，百姓被害。赖济具奏复旧，民感之。详见碑记。

胡隆成 山阴人，元官也，高才善作。值元乱，偕杨铁崖避居吴下，题咏甚多。尝寓澉川金志刚家，有诗。

明

彭晖 字日华，本卫将家子。家贫力学，聪敏过人，援毫甚捷，士友推服。赘于澉城胡氏。号寅斋，由岁贡任德安府司训，卒。

隐 逸

宋

常棠 字召仲，其先临邛人。曾祖同，以御史中丞南渡扈跸来，侨寓邑之天宁寺，子孙遂家海盐。郡县旧志所载，簪缨不绝，离散分处，莫能悉考。止纪其家澉者，棠其一也。号竹窗，善属文，不仕，所著有《澉水志》。

许棐 号梅屋，居秦溪，所著有《献丑集》。

元

董仲真 讳镇。按郡县旧志，镇，儒者，通经术，有用世之志。值元乱，遂隐居海宁之泉山。至正间升征行百户。

明

镏俨 字敬先，其先真定人。父广文君贞，宦吾邑，遂占籍金水堰。尝充邑庠生，以目眚不仕。博学工诗文，有古行。娶双瞽，终身爱敬如宾。家甚贫，友人沈德常死无所归，俨惟田三亩，鬻而葬之。今进祀乡贤。正统间人。

萧孚 号诚斋，镏俨弟子也，其先吉之龙泉人。国初，隶尺籍于溆。时皆乌合介胄，兵民杂处，罕有通字文者。孚独好学，又善教人。溆有蒙师自孚始。

康浩 号樵谷，先世吉之太和人，以戎籍隶溆。非法不道，非礼弗履，授徒终身。丧偶不娶，高洁独居，纸帐狐裘，三十年如新。与萧孚相师资，遐迩敬信，称之曰“萧康两夫子”云。虚斋祝先生萃表其墓。

董萝石 讳沄，萝石号也，晚更号从吾道人。仲真七世孙。好学工吟，安贫志道，年六十八，学于阳明夫子。笃信力行，诱掖后学，夙夜匪懈。七十七卒。有《语录》《诗集》行于世。进祀乡贤，泾野吕先生题其墓曰“从吾处士”。

许相卿 字伯台，号九杞，海宁袁花里人。正德中，官给事中。年四十五乞致仕，隐居茶磨山。以鹾籍乞隶海盐鲍郎场，得允，遂为澉人，更号云村病翁。高洁不群，博学好古，文章鸣世，孤介绝俗，影不出山者四十年。寿七十九卒。

仕籍

宋

常褚 淳熙十四年进士，任朝散郎、宗正丞、江淮创置制大使司参谋官，同之子也。縠谨按：县志载同二子袾、衿，皆典郡有声。终宋之世，子孙举进士者二十人。在海盐者五，曰濬孙、曰楷、曰衍孙、曰贤孙、曰楙而已。其称濬孙等，皆诸孙，而楙为同曾孙是已，独楷无称。今考《澉水志》参谋官常褚，而后悟楷字之为讹也。盖褚字从衣，当是同第三子，且常棠称褚为叔祖，则其名必不从木无疑矣。又据常氏墓碣，称其高祖令孙晦迹澉川，是必袾、衿之后皆住邑中，独褚等数人居澉耳。不然，何濬孙与楙皆有立朝大节，照耀简策，而《澉水志》中不少概见耶？故今惟据旧志所有，不敢泛及。抑考宋自常楙之后，至德祐改元而宋亡，阅历十科，而常之进士，固宜不止五人，今皆泯没无闻，可胜叹哉。縠家四世祖文林，亦进士也。离邑既远，宋运将终，时事日非，兵戈扰攘，其见遗于邑乘，固宜矣。

董梦严 镇之高叔祖。以乡荐任叶县尉。

董文林 镇之曾祖。由进士任临安府司法。

常颛孙 官判曹。

常令孙 国学免解进士。

赵与珦 将仕郎，宋宗室也。

常棣 承议郎、两浙路转运司主。

国朝

黄胤宗 革除三年进士，汀州府教授，升翰林院检讨。有学有行，清慎之操，终始弗替。今墓在葛山东麓。

黄绍宗 胤宗弟也。中浙江乡试。受陕西王府教授，寄籍咸阳县。有四世孙黄宸者，中嘉靖丁未进士。

常宏 同之裔也。当是永乐以后时人。传其墓在凤凰山西麓，今已迷矣。但土人录得其诰敕全文者，为“文林郎、南京都察院经历司都事，发身胄监；妻陈氏，封孺人”云。

金志刚 字大节。好亲贤，善应对。友人费显道因食笋，戏之曰“猫头笋，今大节”，志刚应声曰“狗尾粟，未显稻”，其捷如此。洪武中，充本县老人，因事至京朝见。上问：“四方盗贼平未?”同辈莫敢应者。刚独对曰：“捕获已尽，惟恐复生。”上善其言，拜福州知府。

唐贞 字士幹，国初人。尝从杨铁崖学诗。任广东东莞县县丞，见邑志。

张铭 字日新，选贡。任山西平阳府推官。

虞勋 字舜臣，天顺四年举人。虞为澉之旧族，勋以《诗经》发解，苦志积学，二年而卒，人甚惜之。张方洲先生志其墓。

顾昂 字文颙，号留还。为府吏，考满，吏部办事。成化戊戌，任山东太安州新太县典史。昂虽卑官，甚有功于澉浦。一奏本镇东南旱地开河，载石起筑黄家畈小海塘，至今无淹没田地之患；一奏除豁澉浦所公占城池、军营田地税粮；一奏城濠内空地、南海新涨沙地，永为牧马草场，不许放纵军马食践田禾，民受其利；一奏免本所运粮之苦，军受其福。旧额军马一百馀匹，因见倒死买补之苦，奏请减除，止存六十四，军害稍轻。若此皆仁者之心，人可以资格论哉。

冯璿 由三考任武德经历。

董载 萝石沄犹子。以岁贡任荆府教授。进祀乡贤。

钟禖 由选贡任福建光泽县教授。曾修本县志。

陈瀛 由例贡任福建龙岩县知县。

徐缙 由岁贡任铅山县训导。

钟道 由岁贡任婺源县训导。

董毅 萝石子。正德十一年举人，任湖广汉阳县知县。

顾霑 鲍郎场灶籍。嘉靖乙未进士，任福建运使。

董隆 载犹子，由岁贡任广东肇庆府训导。子启，七举不第。父亡，焚其衣巾而瘗之，终墓焉。

陈鲤 昭信校尉壹六世孙。嘉靖癸卯举人。今任河南上蔡县知县。

徐鹍 缙犹子。嘉靖丁未进士，任南京刑部郎中。

冯皋谟 嘉靖庚戌进士，任江西佥事。

赵黄金 嘉靖十九年举人。

虞志高 勋四世孙。嘉靖十九年举人。

秦模 由都吏选某州州同，卒于京师。

张泰 由承差任南京留守卫吏目。

张乾 由例贡任福建延平府经历。

张理 由三考任江西奉新县县丞。

黄德甫 由例贡任湖广黄陂县县丞。

陈栋 由例贡任山东兖州府曹县县丞，转升本府沂州判。

董鲲 载子。嘉靖癸丑进士，任南直隶巡按御史。

董学 仲真九世孙。丙辰进士，任行人司行人。

张明复 由例贡任上林苑署丞。

上舍生

黄三锡 嘉靖二十一年入监。

徐九容 嘉靖三十二年入监。俱未仕。

庠　友

董　启	王　犟	蒋　璠	赵　岑	陈　鲲	陈　鲵
鲁　材	陈　赏	徐　行	李　弁	吴大化	杨天秀
刘思尧	贺明化	徐应登	徐存义	徐存心	徐行俭
陈大基	黄三接	黄三聘	夏良和	黄云鹏	黄三辅
黄馀庆	张其道	许闻造	陈九皋		

孝　节

元

沈寿康 字原懋，通经术。至正间，尝为州吏。性极孝，亲没，庐墓敝衣，菲食九年，终于墓侧。南台尝论荐，不起。洪武初，知县王文表其村曰“孝隐”。墓在丰山。

明

邬质 其父性侈好客，质竭力养志，时密典衣簪以娱其父，惟恐父知。父好马，即畜良骑，每出，必随父后一二里始回；将归，又迎里许，以为常。欢情可掬，乡里称叹。子名鲁，尤纯孝，甘贫落魄，嗜吟咏。丧父号恸，数日不食，忧思至瘖，梦中无夕不见其父，醒必涕泣，因号梦椿。父子一辙，以曾晳之事例之，谓之孝亦宜矣。

胡式 字敬之。性纯孝，罄其家业以奉亲，生事死葬，必诚必信，世之所罕见也。详见后传。

陈籍妻吴氏 吴之事姑也，盖诸子已析居，姑每至其家，吴极其愉悦。每夕，与姑同寝，两情相得，惟恐他适。酒肴滫瀡，将无作有，日更新美。籍亦同志，人无间言。鞠育其子，而知义方，延师训迪，罄其笥箧，卒抵于成，人称孝慈。鲤之母也。

朱士廉妻董氏 名淑贞。按郡志，儒者董镇女也。赘黄冈朱士廉，生子敏学。九月而夫卒，年二十有四，誓不再天。奉父母克尽孝道，迎其姑徐归养，孀居终身，年七十三。洪武中旌其门。

姚琎妻周氏 名福莲。按县志，年二十一，归澉浦姚琎，生一女而夫故，时年二十有五。止生一女，家贫岁歉，父孟经将嫁之，妇觉而与女同赴水死。县令谭公哀而祭之。详方洲张先生所作传。

徐潮（即徐肇）妻王氏 按县志，妇归丰山徐潮，年二十四而寡，卒抚其孤晟以有成，人称苦节。巡按杨御史以闻，未下。司训缙之祖母也。卿士大夫多题咏之。缙弟徐绅，孝闻乡里，吮疽愈母，出自天性。弘治中，亦经呈保勘实，无愧苦节之孙云。

张镇妻王氏 按县志，妇归清皎村民张镇，早寡而复贫，冰霜之操凛然。年五十卒。

董湄妻虞氏 名嫄，举人勋侄女也，父烈。幼识字，通知《孝经》《女训》。年十六，适钱山董湄，两月而夫死。嫄屡求死不得，处静久之，乃继一子昇为其后。刻木为夫像，朝夕奉祀二十馀年。木偶亦灵异，间常举袖汗颡，或时作声。翁怒其怪也，焚之，虞大恸几绝。自是悒郁屏居，抱病以俟死，至五十六卒。云村许先生为之传。已举入《海宁县志》。

周东妻吴氏 独汇泾吴本女。适硖石生员周东，举一子。逾年而东卒，子亦随死。吴年十八，欲自缢，弗遂。服阕，亲族有以家贫无子讽之者，即截发自誓，自是无敢言者。善奉舅姑，生事葬祭，虽人子弗如。一节始终，几四十年犹一日。学校举呈，海宁知县蔡完赠之匾额，曰“旷世遗贞”。

陈用龙妻王氏 年十八，归用龙，三年而夫卒。卒之五十日而生子，太学生滢是也。王善事其姑，以孝称。慈抚其孤，扺于成立。洁白勤俭，抱一节以终身。寿五十二卒。卿士大夫多题咏之。

方　技

韩履祥 国初人，号采芝。读书能诗，工医，为太医院判。神于切脉，虽无疾壮夫，能隔岁断其死期，亦绝艺也。淮南蒋用文赞其“气清而质臞，德充而道腴。探洙泗之正学，通岐扁之异书”，吴郡赵友同赞其“歆然若有慕乎前修，淡然若无求乎当世。行端而士仰其风，业精而人获其利”，可以知其概矣。

朱洞玄 江西贵溪县道士。幼皈依龙虎山三洞法师李自中为师，戒行精专，修炼既久。正统改元，浪游湖海，越钱塘而经澉浦，爱其山海幽僻，遂寓延真旧院。大振玄风，祈晴祷雨，斩妖驱魔，无不响应。各府县争相迎致，卷轴甚多。方洲张先生尝言，长女病疟，洞玄适至，闻之，即取豆一粒咒之，以授方洲，曰："水吞之。"方洲不以为意也。明日，疟大作，方洲亦忘之矣。忽其豆自袖跃出于桌上，跳掷不已，急以水吞之，立止。疗病往往如此。后无疾而逝。

胡日章 澉之戎籍也。以星术决人休咎，乃有仙气，非学之所能。节妇虞氏初生时，以命扣之，即题四句云："移得名花向画堂，任他门外蝶蜂狂。只愁水涸春归早，香冷帘栊淡月黄。"竟以节终。僧明琇少日，父母将遣之出家，扣之，题曰："小小鱼儿数寸多，而今且自在清波。待看头角峥嵘日，一跳龙门出爱河。"后果官为僧会。杭州一人来问，批之曰："根基牢固正青年，花月盈盈两斗鲜。自是豪华多乐事，元宵灯下蹴秋千。"其人果于明年元宵止妻观灯，不从，相殴，缢死。嘉兴一人生二子，戏水边，同日溺死。其妻痛切，亦自缢。检其所批命，曰："一双紫燕入池塘，红粉佳人绕画梁。"如是者极多，不能悉录。妙处不传，故其后人忻、玠、瑾、琰，皆以医名，艺遂绝。

韩本 字克诚，号翠筠，履祥四世孙。能承其业，古心古貌，雅度隐德，疗人不责报。济贫忍辱，有长者风，以高寿终。传子昭、孙节，人称世医。

仙 释

谭峭 字景昇，南唐时人。父老相传，今谭家岭乃其得道处，故以名山。按史，峭尝著《化书》，宋齐丘欲窃为己有，乃醉之以酒，贮以革囊而缝之，投于江中。流至金山，渔者得而剖之，见峭醒于其中，曰："齐丘夺我《化书》，今盛行矣。"遂去不复见。齐丘谓其死也，乃始以书刊布，而卒不能掩焉。

康僧者　吴赤乌间，自康车国来江东，大显灵异。游方至金粟寺施茶，因名茶院。后立化于天禧寺，遂漆其真身，忽腾空入海盐之秦川，众力请之，皆莫能举。惟金粟请之，则至。我太祖高皇遣使降香，舁还天禧，详胡濙《碑记》。

准高僧　僧名良准，有塔于法喜寺。司空曙寄之诗云："昨闻归旧寺，暂别欲经年。樵客应同出，邻僧定伴禅。后峰秋有雪，远涧夜鸣泉。岂藉公卿论，人间已自传。"

僧明本　号中峰，钱塘人。幼聪悟博览，为文援笔立就，四方士夫从游者甚众。元仁宗赐号"广惠禅师"，文宗赐谥"智觉"。元统中，诏以其所著《广录》入梓，命学士揭奚斯序之。尝住持本镇祐福禅庵，即今海门寺是也。

惟则　字天真，号冰蘖道人，姓费氏，其先吴兴人。父君泽，母潘氏梦异僧纷卫，遂有娠而生。七岁出家，礼寿公为师，往匡庐参无极禅师，启发玄奥，诸方闻风畏服。洪武初，召天下高僧作大法会，师与焉。洪武癸酉，沐浴告众而逝。有《语录》行于世。师发留数寸，不去髭须，为头陀状。初，澉有胡秋碧者，善传神，师尝令画己影像千副，欲以施人，画将半而师卒。俄而日本夷人至见之，皆罗拜曰："此吾国祖师也。安得在此?"竞以金售之。秋碧由此致富。

景隆　号空谷，天真高弟。有《语录》行于世。

法聚　本邑人，姓富氏。读书穷理，精于禅学，戒行清苦，妙契密旨。初出家于资圣寺，嘉靖初结庐荆山，修习禅定，芝生榻下。从吾道人题之曰"玉芝庵"，因以"玉芝"为号。初以诗谒阳明夫子，甚见许可。后与从吾募建禅悦寺钟楼，晚入武康天池山隐焉。

良民如**陆英**之公直，是宜乡饮；**姚艮**之忠厚，允有遗风。**刘旻**居市而敦庞喜施，不吝于财；**蒋鲁**工医而知诗好学，教子成业。是皆畏法循理，足称善人。录之以厉薄俗。

续澉水志卷之八　杂记

公　移

结勘永安湖责说

德政乡十二都澉墅、石帆村住坐社长张千五等，今蒙本都里正奉海盐州指挥该为照勘本都永安湖有无违碍公事：今来千五等从实照勘责说得，本里古有永安湖三千七百亩，积诸山之水，灌溉澉浦、澉墅、石帆三村官民田八千三百馀亩。此湖原系民田为湖，其税均于湖侧田上输纳。就湖东际石砌斗门，木板为闸，以时启闭。每遇天旱，开闸放水，下流灌救田苗；或天雨连绵，湖水涨溢，却有东南葛母山下古置浑水闸放泄入海。是以三村农田税虽繁重，岁无水旱之忧，百姓均受其利，见存亡宋《武原志》书，该载分晓。至元十三年归附初，镇守管军官王招讨，分付骆百户，监督隅、保、塘长起差乡夫，将永安湖西南际湖面筑捺围裹，成田三百八十亩。于官司投告文凭，虚指湖面，欲作天荒砟草地段，即非有主民产，亦非系官地土，自此作骆兴名字，抱佃送纳官粮三十八石。于后至元二十六年，有王招讨男王四万户，将上项湖田过佃澉浦镇杨招讨召业之后，却于湖田南际掘开海塘，创造石闸。逐年每遇春水泛涨之时，不顾此湖积蓄救田水泽，以备天旱，但恐掩损湖田菜麦，却将湖水昼夜放泄入海；及至夏旱，要得湖水灌田，又被管佃户朱六十二坝塞，不容水源通流。致有三年两旱，田禾不收，百姓陪纳官粮，并老小口食不给，典妻卖子，流离死亡。为是豪势，畏惧不敢言告；民受其害，冤抑不能上闻。若蒙官司，将上项湖田仍旧开掘为湖，积水灌田，实为民便。今蒙体问，所责是实，伏乞详情备申。

大德十三年六月初一日，县押司吏余志远押

军民利便呈

嘉兴府海盐县十三都东南区粮、里老周璋等，承蒙本县委官主簿樊帖文，为军民利便事：准本县牒抄，蒙本府帖文，该奉浙江等处提刑按察司副使沈钧帖，仰府速行，本县即委的当官一员，前去永安湖地方，聚集粮、里老，从公丈量。本湖周回原深阔若干顷亩，即今淤塞若干亩，今用疏浚若干亩。仍勘南、北二湖，何者急当先浚，何者缓宜后凿，务要逐一体勘明白，取具地方粮、里老委官人等，不扶重甘结状，画图帖说，一样三本，依限随帖呈来，以凭施行。

备蒙帖仰勘报遵依，会同本都递年粮、里老金付二等，跟随本县委官主簿樊，前诣永安湖，从公相勘，丈量得本湖通行三千七百四十三①亩，中有官塘行路一条。古分南、北二湖，南湖计有一千三百三十三亩，北湖计有二千四百一十亩。二湖周围，俱系山海。北湖口原有古闸一座，樽栉水利，遇旱起开，放水闸下，四散河港，车荫官民屯田八千三百馀亩。本湖并河港，自洪武年间，有老民张小五奏准，起夫开挑，各深五尺，四时不旱，田禾有收，本境居民二千四百馀

①三，原文作“二”。据文意及后文改。

户，俱得安生。到今八十馀年，其湖、河、港、浜、溇，俱各淤塞浅窄，遍生墅草，遇旱俱如平地。湖底与田，仿佛高低，无水车戽。似此荒多熟少，连年亏欠税粮，民食不给，流移逃窜，即今止有三百馀户。见在地广人稀，兼且连年旱灾，以致税粮拖欠，俱是见户陪赎，人民困苦，官府被累。后于正统十年，得蒙本县县丞龚潮达奏，奉工部堂字三百七十一号勘合，行仰委官踏勘，量计人夫一万八千五百馀名开挑，至今未蒙起夫开浚，田禾愈加荒旱。今蒙勘得本湖南、北二处，俱各平浅，闸下通湖河、港，高如湖底。如蒙查照原奏勘合事理，起夫将闸下河、港、浜、溇急当先浚通，接六里堰下河、港。接开北湖，开掘之际，倘有雨水不常，先将闸下河浜沥去水浆，庶不失误工程。以后，方开南湖。若得开完河湖，田禾有收，粮无拖欠，人民利益，逃者思归。又通澉浦千户所军馀屯田，俱得利便。行申间，即不扶捏如虚，甘罪所申是实。

今开勘得：永安二湖，古该三千七百馀亩，今量计三千七百四十三亩。南湖一千三百三十三亩，每亩用夫五名，共夫六千六百六十五名，开深五尺，计工二个月可完。北湖二千四百一十亩，每亩用夫五名，共夫一万二千五十名，开深五尺，计工二个月可完。闸下河、港、浜、溇量计五千九百七十九丈五尺，阔狭不等，每丈用夫一名，共该夫五千九百七十九名，开深五尺，计工二个月可完。

天顺三年十一月廿六日递县。

嘉兴府海盐县主簿李为水利事，奉本府治农通判郑帖文，该蒙钦差提督河道、浙江等处提刑按察司佥事吴案验前事：据本县十三都粮长老徐信等呈，切照本区地临海岸，田土高阜，不通下河，止靠本境永安二湖取水救济，经今年久，湖河俱已淤塞，积水无多。先于正统年间，本县县丞龚潮达奏，奉工部堂字三百七十一号勘合开挑。至天顺三年，才蒙布、按二司分巡副使大人沈等官，亲临相视，起倩本府七县人夫二万馀名到区，将南湖靠边开挑。不期冬月雨雪连绵，不能施工，停歇到今。切有北湖并闸口及近闸近田河道，反再高浅，未经挑浚；其南湖里深外高，难以并放通河。似此不得灌济，即今连年荒旱，如蒙乞赐，照详疏通，以苏民困，实为便益。具呈到司。参照所呈，缘于疏浚旧湖事，理合行勘报定夺。为此，仰抄案回府，即便转行嘉兴府着落当该官吏，行委堂上公正官一员，督同该县并澉浦千户所，各委官一员，亲诣永安二湖，拘集彼处粮、里耆老人等，从公踏勘。的于何年月日、奉何明文、曾否开挑、因何歇工，即今有无淤塞、应否疏浚？如果相应于民有益，就与量计长阔丈数，斟酌合用人工若干。取具官吏委官人等，不扶结状缴报，以凭施行，毋得违错不便。抄案官吏先具不违，依准呈来。蒙此拟合通行除外，备关前去，请依案验内事理施行，准此。照得本府通判郑在任及管治农，合委相应，为此，除行澉浦千户所委官前来会勘外，合行移牒前去，请照案验内事理施行，准此。照得本职见今督充军粮，难以亲诣踏勘，及照本职在任，合行转委。为此，帖仰照依案验内事理，拘集该管粮、里老人等，即便前去，会同澉浦千户所委官，公同踏勘永安湖，有无淤塞；如果相应，就计长阔丈数，斟酌合用人工若干。取具委官粮、里老人等，不扶结状，一样三本呈报，等因奉此，拟合就行。为此，该职合下帖文，到日，仰该管粮、里老人等，速照案验帖文内事理施行，须至帖者。

右帖下十三都东南区粮里老徐信等，准此。

成化八年六月初九日　押

海宁卫澉浦千户所承奉本卫指挥使司帖文为公务事：准杭州前卫关经历司案呈，蒙钦差提督河道水利、浙江等处提刑按察司佥事吴，案验前事，节该钦奉敕书："直隶、苏、松、常、镇及杭、嘉、湖七府并苏州、镇江等卫所地方，应有河、港、沟、渠、湖、塘等项，尽行壅塞，或被豪强之人占为己业。今特命尔专一往来前项卫府，提督各该治农管屯官员，趁时修理，禁治豪势，兴举水利。合用木石等料，于各该田多有力之家，从公劝谕，或别为措置，量起所在附近军民人夫，相兼整理，选委官员耆老，分投提调。敢有不遵约束，不行退出原占湖渠等项阻坏水利之人，尔就拿问如律，应奏请者参奏处治。钦此钦遵。拟合通行除外，仰抄案回卫，并转行镇江等卫、湖州等所，各行所属，着落该管官吏，照依敕书并案验内事理。各卫所委堂上公正官一员，速诣所属，同各掌印与治农管屯官员，选取各所众所推尚有德耆老一名，于各该地方，遍历踏勘河、港、圩、岸等项。除完固深通外，凡有壅塞损坏应修者，就与丈量多寡，斟酌工程。少者着令派取本处料物，即便趁时修理完备。其工程浩大，卒难成者，亦要督令上紧修理。如果本处人力物料不敷，备由作急开报，以凭定夺。务俾河道疏通，圩岸高厚，水利兴举，不为后患。按临至日，逐一看视，中间有被豪强之人侵占、干碍水利者，即拘该管官吏旗甲人等，从公审勘是实，取具明白供给，就令退出改正。若或恃强不服者，指实呈报。如是委官人等，扶同容隐，并挟私妄害平人，及因时科扰，朦胧作弊，怠慢误事者，拿发通行，参问不恕。各将委官治农管屯官员职名、耆老姓名，及应修河道塘岸等项地名，长阔丈数，同依准结状，各另缴抄案。官吏先具不违，依准申来，备蒙到卫，拟令通行除外，请依文施行。"准此。拟合通行除外，帖仰本所当该官吏，速照案验内事理，选取众推有德耆老一名，于各该地方遍历踏勘河岸，上紧修理完固，具委管屯官员职名、耆老姓名、应修河岸丈数，依准结状，星火缴报施行。毋比常违误不便。奉此，前事拟合就行，为此除外，文书到日，仰照案验内事理，从公踏勘该修河岸丈数，上紧修完数目，呈报施行。须至帖者。

右帖下耆老李端，准此。

成化八年三月十九日

海盐县十三都东南区粮、里老徐信等呈为水利事：切照本区地临海岸，田土高阜，不通下河，止靠本境永安二湖水面救济。经今年久，湖河俱已淤浅，积水无多。先前正统年间，本县县丞龚潮达奏，奉工部堂字三百七十一号勘合开挑。至天顺三年，才蒙布、按二司分巡副使大人沈等官亲临相视，起倩本府七县人夫共该二万馀名到区，将南湖靠边开挑。不期冬月雨雪连绵，不能施工，停歇到今。切有北湖并闸口及近田河道反再高浅，未经挑浚。其南湖里深外高，难以并放通河，因此不得灌济。即今连年荒旱，似此春农有劳，秋成失望。缘因各圩河道粮多，工程浩大，如蒙乞赐照详疏通，以苏民困，实为民便，理合具呈施行。须至呈者。

嘉兴府委官海盐县典史柳为公务事：据本县十三都东南区管业老人张呈，该奉钦差巡督河道水利、浙江等处提刑按察司佥事吴案验事理。蒙县着令管理，务俾河道疏通，水利兼举。蒙此，除依遵外，切有本区地方边海高阜，原有六里堰坝，不通下河活水，止靠本境永安湖并闸下近田河漤积水灌济。湖有南、北二处，各置闸口，以时开放荫田。缘因无人看守，又经年远，闸座灰石坍损，致被近其闸坝豪顽大户之家，贪图小利，不思田粮为重，恃势无时，夤夜将湖闸、并六里堰转水河闸、并各坝偷开，张捕虾鱼。遇其夏秋，无水车救，以致连年荒旱，粮草无征，区民缺食。今有近闸民人朱敬等，住近相应，着令看守。如蒙乞给，仰各人务在用心看守，遇有坍损，随便叫同地方人夫修筑，使夏秋用水之时，拘集粮长，并治水老人、总圩长等，以时开放，车荫田苗，不容豪横张网捕鱼，偷泄水利，实为便益。据呈得此，拟合就行。为此除外，文书到日，仰本役照依帖文内事理，所在闸坝，务要用心看管，如有坍损，随限与同本坝人夫修理，坚完积水。如有豪强偷闸放水、张捕虾鱼者，指实呈凭究治，毋得违错不便。须至帖者。

澉浦千户所申文

为复故道、通水利、便粮运、足税粮以苏军民困苦事：切照本所城池，设立澉浦镇地方，旧有水门一座，通流城中，以滋灌汲，直抵常积仓前，运粮上纳最便，商货亦通。后被淤塞，栅门朽烂。前该官军虑恐盗入，私将顽石填塞。自此，一遇水涝，则淹没军营；一遇火灾，则无水救济。运粮者脚价烦难，粜卖者肩挑困苦，以致军储久缺，士卒逃亡。近年以来，十分狼狈。及有永安一湖，灌溉田亩，钱粮动以千数。今被浮沙四塞，浅与田平，未秋先竭，十年九旱，民食既匮，国课亦亏，官民两失其利，此地方之患，已非一日。及今不为处置，必致流移殆尽，贻累官府，为害非细。呈乞自六里堰疏浚，以致绕城；开通水门，以复故道。永安湖则量度旧迹，务令深广，庶可救一方之生灵，贻万年之永惠。某职虽管军官员，军民有此困苦，触目伤心，不能缄默。合行关烦转达，委官踏勘，疏通施行。

正德十一年九月　日

议曰：人皆知澉之贫，而岂知贫之自哉？在古之所以富者，百货来于海中，而无事于稼穑；在今之所以贫者，四体尽于地力，而尚艰于饔飧。非其民之惰也，盖食之所资者农，而农之所资者水，其山四塞，其水无源。故东西皆膏腴之田，而取足于一湖；东北多斥卤之地，而仰给于天雨。湖既淤浅，雨复不时，则环镇秋成皆失望矣。大率十年之中，旱者六七。食既不敷，而粮复不免，此贫之宜有也。疏浚之议，起于天顺三年，彼时已受灾伤，迄今又百年矣，其浅塞可胜言哉！斯民如之何而不寠也。昔杭州西湖积葑盈满，东坡先生开之，因以其土筑成大道，至今谓之“苏堤”。数百年来，功炳如也。澉之水利，申呈勘实，非一次矣。安得忧民忧国如眉山氏者乎？余日望之。详具末卷水利书中。

古迹

禅悦寺钟 元中大夫杨梓以倭铜铸成，重五千四百八十斤，款识极佳，其声清和洪壮，甚灵异，常好出神，时不受杵。事详跋记。

大悲阁 在海门寺。规制宏丽，结构骇目。右前一柱，年久挠侧，拔缝且尺许，阁微偏矣。嘉靖辛卯秋，一夕大风雨，居民闻阁上喧哗声。向晓视之，柱正复旧。其异如此。内贮《大藏经》两函，万馀卷也。其字卷卷相同，殆类一手所书。其纸幅幅有小红印，曰“金粟山藏经纸”，间有元丰年号，五百年前物矣。其纸内外皆蜡，无纹理，与倭纸相类，造法今已不传，想即古所谓“白麻”者也。当时澉镇通番，或买自倭国而加蜡欤？日渐被人盗去，四十年而殆尽，今无矣。计在当时，縻费不知几何，谅非宋初盛时不能为也。今惟铜钟一具存焉。

塘门街 在城小街市中。宋时坊巷俱无查考，惟存此街，犹见运河遗迹耳。

义井巷 在小街市中。乃宋古井，阑上有“义井”字犹存。

梳妆楼 又名十间楼。事详延真观注。

招宝闸 在今南门外，近龙眼潭。客舟番货，皆入此闸至六里堰。今闸柱没土犹上出，可验也。

石帆 在长墙山外水中，有立石如帆，潮汐往来，不为增减。详旧志。

穿山洞 在长墙山，外临大海，有石岩。按旧志，洞有神曰“陈都监”。

龙眼潭 在黄道山下。宋元时，水兵番舶皆聚于此。国初禁海，潭亦沙涨。嘉靖癸丑，潭复故。详《显应庙记》。

艮泽 在显应庙后山上。详见旧志。

灵潭 在石帆山下，白龙母居焉。每秋，龙来视母，必大风雨。

洗马池 在磡头门山下，莫考其所以得名。岂古昔贵宦之家，于此洗马故欤？

长眉庵 在罗汉湾山上。古有长眉大士庵基，故名罗汉湾。与董镇墓相近。七十年前犹在，今不存矣。

花溇井 在罗汉山下康氏墓前。水甚甘美。

常氏坟 县志云，常氏坟不一处，横山、荆山、雪溪、吕冢皆有之。今在泾塘桥西者，不知何人所葬。相传尝为苗军所发，后子孙徙居郡城，遂成荒丘。今按常同七世孙所立碑，云“常氏六世显祖少师谥忠毅公，邛州人也。建炎南渡，子孙遂居海盐，本末载存家传。高祖□□令孙晦迹澉川，曾大父□□营葬先人于八都平陆，曾叔祖上舍棠营葬先人于十三都飏山之原。本派乏嗣，过□父宣教庶承继。恐后不知二茔创业之艰难，故述各坟本末，刻石以贻诸后”云云。馀皆破碎不可读。今飏山之坟，华表、墓道见存。

宣慰坟 有三所，一在杨山，一在荆山，一在吴家山。其在吴家山者，弘治间为人所发，夜入，见以柏梁、柏柱、铁索悬棺。金果五盘，以一大渔簏满装之出。天明视之，皆土果也。众目夜视甚真，信变化矣。止馀一砚，甚佳，形如风字，卖于天宁僧舍，今归嘉禾项笃周氏。

望湖亭 在永安湖西。经始于元时，今遗址犹存。

孟姥泉 在南湖之西，麂山之麓，自鹰窠顶来，山厚而源深，故有瀑布如悬匹练，四时不竭，久旱稍微。

苏骠骑墓 旧图经云，名举，字子羽，晋时人，封乌程侯，葬金牛山北。宋高祖梦其神，因赠平南大将军。明帝加赠持节都督、征北大将军。坟今无存。

朱府君墓 据志铭，葬澉墅村之原。今无查。

望夫石 事详旧志。

黄巢衖 在六里堰南。唐贼黄巢兵过山下，遂成蹊径。山颠有石屋，疑古人避兵处也。

落星石　在茶磨山，下临水。相传以为星陨所化，因谓之落星浜。

石碑　在茶院市南，详旧志。今有桥，讹呼为石牌。

天子墓　在石碑桥南。旧志相传有石碑二，高可丈五，乃戚夫人之墓。今不存矣。但不知何以谓之天子墓也。有二冢，大可数亩。又按，长安塘河下施笕洞，旧志亦以为戚夫人过此，教民为之，不知其何人也。

六里山石刻　云“天册元年，旃蒙协洽之岁孟冬阳月，日维壬寅朔，石篑神道忽自开发，拾得青石玺符，云‘吴真皇帝’”，共三十八字。唐太和四年闰十二月，苏州刺史崔铣贴县取此石，县令程某差人送州。今不存。按，今义兴山中，孙氏封禅碑下，载此玺文，皆相同。然未几而皓灭于晋，符瑞果安在哉？千馀年后，我圣祖高皇帝吴元年定鼎金陵，一统天下，乃始当之。盖自嬴秦望气，赭衣凿脉，固已长发其祥。历代偏安，皆不能及，岂独一孙吴哉！

陶给事墓　在夹山。祖贯，松江人，永乐间任前职。墓前有刻石。

准高僧塔　在法喜寺。飞鸟不栖，时有舍利放光，高僧良准所建。宣和元年正月，自东廊移就西廊，袈裟忽飞去，集僧诵《楞严经》，衣复归。有颂刻于塔，云“宣和年中重移塔，舍利乘空暂腾跃。众讽《楞严咒》得归，永降佛日辉无着”句。

石屋　按邑志云，丰山上有石屋，旧传秦始皇屯兵之所。然亦有数处，皆置于山顶，用大石垒于土中，深如堂室，不知古人何为如此。疑是避兵，非屯兵也。

雅鹊墓　在六里堰下泊橹山后，墓前有桥。详见旧志。

秦驻古碑　按《武原志》载，秦驻山有古碑，赵宋时已不存，见于志者，惟六十八言。其词高古，颂美功德，真先秦文字。考之《史记》，始皇二十六年，初并天下，自号“皇帝”。二十八年，东行郡县，上峄山、泰山，并海以东，登之罘，又作琅琊台。二十九年，登之罘。三十年，至碣石。三十七年，上会稽。并刻石颂德。凡七处。史载其词者五，东南惟会稽、秦望者尚存，则此碑乃《史记》所失载者也。岂遵海而南，先登秦驻而后登秦望欤？

石桥柱　在秦驻山，始皇于此作桥渡海而无成。旧有石柱十二，今尚存一，没于沙中，千八百年遗迹也。

秦溪馆 在秦驻山下古津亭。宋知县祖求修，李直养重修，今不存。正德癸酉，上虞朱衮提督水利，至此，创亭曰“望虞”。

宋亭村 即旧志所谓东亭也，与秦驻山相近。今有聚落，乃宋时亭户煎盐处。

沈孝子墓 在丰山。孝子名寿康，墓久荒，无知者。正德末，知府徐公盈考郡志嘉之，移文邑宰张公廉访其墓，已为居民所占，求其后给还之。仍进祀乡贤。

音乐墩 与小步山相近。每阴雨夜静之时，居民闻其有音乐之声，故以名之，不知其确实。

义冢 二处，一在青山之麓，一在北门外。地名秋仗墩、荷花池。

董仲真墓 在罗汉湾。

祥 异

澉地高阜，不通下河，水无活源，十年九旱，往往灾患。不能备书，聊记其尤者。若正德十一年大旱，颗粒无收；十四年大饥，银一两买米七斗。嘉靖二年大歉，米石一两四钱；二十三年禾皆蟿死，谓之“牛沉”，颗粒无收，税粮不免；二十四年春，澉民食草根、树皮，黄豆、大麦价石皆一两一钱，米石二两，饿莩盈途，妻子卖于他乡者无算。故每概县皆熟，此地独荒，而东南一区为尤甚，民无所控吁也。

秦驻山阴兵。父老相传，成化、弘治间，屡见金盔金甲盈山满谷。近于嘉靖三十一年二月隐马山东嘴，白日远村望见军马纵横，金戈闪烁，疑是操军，追而视之，无有也。至八月，亦然。海上夜行者见之尤明。如是数次，卒致海寇之祸。二十四年六月白日，人在城上，望山上有大汉如天兵数辈，骑马出入，既而贼不敢犯。岂亦有所见欤？

嘉靖八年，宋亭民朱彩家马夜产一驹，红光满室，家人疑其怪也，急击毙之。次早见之，乃马头龙身，鳞甲遍体，信龙种也。

洪武中，倭夷屡寇，筑城御之，久无边警。嘉靖二十七年七月，秦驻坞海寇登劫。三十二年夏，海贼屡寇，杀官民。三十三年四月，贼至屯石墩四十馀日，俱歼于海。三十四年，贼大至，破硖石。二月初九以后，有黑光犯日如斗者数日，不可胜计。贼连月搅害，杀人而去。十一月，贼一伙歼于六里山。三十五年，贼以万数过澉，攻图桐乡县，久之乃解。

弘治十八年九月廿三夜，地动。嘉靖三年二月十五，地动。八年六月，蝗入境；七月，妖魔入城。十九年，蝗蔽天，稻如剪。

嘉靖三十二年，乡民为讹言所惑，卒然惊扰，自礦头门山东西南北三十馀里内，奔逃避者，男妇大小，莫知其数。四月廿五夜二更时起，至次日未时始定。既非倭寇，又非土贼，竟莫知其所为。虽有见者，亦惑之。异哉！是亦人妖者欤?

嘉靖三十四年，李树结实，状类黄瓜，中空无核。三十五年春，河中忽泛红水，色俨如血，数日忽不见。咸塘港、横泾河、大河堰、泊櫓山下数处皆然。俄而贼至。

澉虽多山，虎不常有。间有，必在秋时。往往皆海中沙鱼变化而成。登岸入山，因无林木，不久即去。止于正德十三年，东门外伤一人。

嘉靖三十五年十月，有一大獐，可重五六十斤，自葫芦山来在南门，逾濠，援城而上，入城，行至东门，为兵杀食。

续澉水志卷之九　艺文纪

诗

金大节宅观牡丹　山阴　胡隆成

雪晴曾探紫金芽，烂熳东风拆绛葩。池馆买栽能有几，老夫今日醉君家。

夜坐　天真则禅师

茶罢焚香晏坐时，金莲水滴漏声迟。夜深欲睡问童子，月到梅花第几枝。

自赞小影　天真

海宇清宁瑞庆多，巍然石榻坐头陀。吹毛横按祥风起，触着机锋悟刹那。

偈语　天真

天工未生我，冥冥无所知。天工既生我，生我复何为？无衣遣我寒，无食遣我饥。还尔天工我，还我未生时。

黄鹤山中樵者王蒙画天真上士像并诗

至人遗庶类，建道开鸿濛。云销纤翳尽，廓如太虚空。微笑举世人，尽为尘所蒙。高山安可仰，欲追杳无踪。千春桃华岩，宴坐谁与同。

山中有一士，白发垂两肩。手弄石上云，默坐无一言。泉响茅屋下，花落石岩前。众人汨颓波，彼独全其天。骑鸾雾中客，胡乃称神仙。

久滞京师忆澉上亲友相叙之乐写寄吴允中见意 韩履祥

绿阴门巷昼迟迟，正是诸公燕集时。春酒杯行红琥珀，薰风曲度玉参差。鲜鳞旋出银丝脍，团扇新题白苎词。今日羁栖江海客，暮云南望不胜思。

寄友人唐士幹 韩履祥

忆昔垂髫日，辛勤力学时。研磨同苦志，谈笑共襟期。早应金门诏，荣登丹凤池。宦游逾岭海，声价动京师。未就陶潜赋，空吟韩愈诗。不才甘自弃，多病负相知。岂料功名逼，频经道路危。怀忠期报效，竭力自驱驰。不畏官僚忌，长忧民力疲。青蝇虽若玷，白璧自无疵。从役荒山里，娱亲沧海涯。乡关难会面，风雨易成悲。圣主恩颁重，吾侪志未衰。但存心似铁，何虑鬓如丝。倘遂归田愿，重歌《招隐》辞。

奉怀则天真二首 韩履祥

海门昼永白云深，绕屋潮声答梵音。莲社肯容陶令饮，茶瓜忆诵杜陵吟。三生石上当年话，万里天涯此日心。王事勤劳归未得，登高望远益沾巾。

每忆幽寻到上方，铜炉石鼎漫焚香。天花满座雨晴雪，松翠扑衣生昼凉。龙化老翁求法语，鹤如童子守禅房。别来江汉频回首，尘劫茫茫道路长。

京中述怀寄乡友 韩履祥

正拟归来访旧游，永安湖上买扁舟。黄粱忽误功名梦，白发翻为吏役囚。千里云山征雁断，五更风雨故园愁。何时笑把尘缨濯，醉和沧浪一曲秋。

寄悟空寺乐庵宁上人，兼怀李彦庄、何士安 韩履祥

草堂清似赞公房，几度联诗夜对床。醉捧酒杯招李白，笑将汤饼试何郎。一时交谊星分散，千里怀思路渺茫。湖上新居应更好，绕门花柳自生香。

游秦驻山 黄岩 方行

此地曾经驻跸来，始皇遗迹尚崔巍。采穷沧海无灵药，归到骊山有劫灰。万里黑风迷鬼国，一杯弱水隔蓬莱。诗人吊古多荆思，落日高丘首重回。

石帆别业 顾孟时

买断西邻水一湾，开门正对马鞍山。半茆半瓦屋不漏，一咏一觞心自闲。牧笛雨中春鸟散，钓丝风里暮潮还。更无豚犬平生累，肯信桃源隔世间。

题水仙花　顾孟时

宴罢瑶池曙色凉，凌波仙子试新妆。金盘露集珠襦重，玉珮风生翠带长。万里弱流通阆苑，一帘疏雨隔潇湘。岁寒林下花时节，只许梅花压众芳。

送澉川唐士幹还贵州　海昌　胡虚白

别情何草草，倾盖苦不早。睽违三十年，隔越万里道。昔如东冈日，彬彬丽文藻。子少我当壮，子壮我复老。人生百年内，安得长美好。故交曙星稀，先哲流电扫。岂无杯中物，与子一倾倒。昨游玄都观，共觅安期枣。挂弓扶桑枝，洗剑沧海岛。酒阑别我去，何以慰怀抱。楚山郁丛丛，巴水深浩浩。愿言崇令德，黄发永相保。

登海门寺大悲阁二首　胡虚白

宝阁凌空十丈高，倚栏南望际鲸涛。天花散处纷晴雪，海月生时见玉毫。夜气澄清龙在窟，秋声萧爽鹤鸣皋。丹梯咫尺诸天近，香雾濛濛湿苎袍。

日照绀园秋，登临阁上头。云随飞鸟没，天入大江流。华盖瞻双阙，金沙见十洲。龙王宫里月，夜夜白莲浮。

大悲阁上咏海　胡虚白

一气洪濛混太虚，天吴簸荡撼坤舆。千年木石劳精卫，百谷波涛会尾闾。月下明珠蛟女泪，云中飞观羽人居。秋风吹老珊瑚树，不见麻姑锦字书。

中秋与宝幢宿怀猷玄中、东既白，时玄中在京、既白在杭

禅悦　释志恂无言

不见风流玉一双，夜深吟坐对兰缸。山遮京国云千里，潮落钱塘月半江。驻锡定分何处榻，钟声空倚旧时窗。离怀客况谁相慰，白雪高歌有宝幢。

述怀　刘敬先

名利烟波久绝缘，石田茅屋旧相传。阎摩鬼面虽云丑，妙觉心王本自妍。紫陌春风常淡荡，碧潭秋月倍婵娟。天香一瓣无穷妙，不向金猊宝篆然。

赠友人陈尚礼　刘敬先

灯火凄凉集草堂，遣怀犹藉酒盈觞。鹊孤翻恨婵娟月，花老徒悲窈窕娘。青鸟有书通阆苑，彩鸾无梦入昭阳。朱颜自古多流落，莫怨秦楼薄幸郎。

呈则天真老师　刘敬先

扫除心地重提撕，旷荡曾教七圣迷。是处绿杨堪系马，春风何必武陵溪。

感遇三首　刘敬先

暑退凉生换夹衣，少年知己老年稀。悠悠今古关心事，化作朝云暮雨飞。

杨柳依稀草未齐，东郊春色尚迟迟。牧儿有笛非无曲，不遇阳春

不肯吹。

江上清风六月寒，野人无梦到长安。乾坤不若扁舟大，容得闲身把钓竿。

寄杨彦常郎中 吟松虞烈

鬓脚吴霜日渐侵，床头秦火尚追寻。高眠已遂希夷志，长啸徒悲越石心。烈士义轻双白璧，故人情重万黄金。朱弦一曲清商调，今古廖廖绝赏音。

赠别朱洞玄 吟松虞烈

坐石谈玄引兴长，兴阑分袂出河梁。独骑白鹤归何处，夹道青山半夕阳。

手笔绘《澉川图》并诗寄韩国医 方洲张先生

澉湖新涨碧潺湲，秦驻高峰紫翠间。拂曙烟云苍压水，过春桑柘绿弥山。海门桴客浮何在，石屋棋翁去不还。欲趁兰舟一登望，杏林深处草堂闲。

游金粟寺 陈善

海上名山金粟寺，偷闲一过远公房。云吞落照千山暝，风撼长松六月凉。袖拂翠丝萝磴滑，茶烹紫笋石泉香。笑谈具在烟霞里，扰扰红尘是下方。

送海门福上人还澉川 牛循

玉节当年镇海陬，琴尊闲倚海门秋。青山映阁寒潮远，绿树依桥拂地幽。飞锡备尝云水味，传衣还赖祖师留。林间若与诸贤会，为道羁人已白头。

感怀寄溆川萧以信、康养之 都司陈文

一叶孤舟载此身，海乡随处问通津。谁知霄汉求名客，翻作崎岖失路人。阮籍猖狂怀转放，杜陵憔悴句犹新。升沉荣辱都休问，且醉云间曲米春。

感遇 诚斋萧孚

海门桴尚在，念动欲何之。旧疾三年艾，春蚕二月丝。花残蜂散早，梧老凤来迟。枭獍乖伦祸，斯须不待期。

题画竹 萧孚

错刀零乱拂檐端，翠黛凝愁泪不干。梦断彩鸾栖未稳，夜深风雨作春寒。

鹰窠顶赠松庢道人 虞勋

幽人结屋悬庢颠，古松千尺盘屋前。凌空怪石根半露，巢鹤老树枝相缠。层峦醉踏苔云滑，洞门长啸萝月圆。偕君九节碧玉杖，同探昆仑十二天。

留题金粟山 阳明王先生

独上高峰纵远观，山云不动万松寒。飞崖溜碧雨初歇，古涧流红春欲阑。佛地潜移龙窟小，僧房高借鹤巢宽。飘然便觉离尘世，万里长空振羽翰。

寄题玉芝庵　王阳明

尘途骏马劳千里，月树鷦鷯足一枝。身既了时心亦了，不须多羡碧霞池。

书扇送董萝石还澉川　王阳明

君家只住海西隈，日日寒潮去复回。莫遣扁舟成久别，炉峰秋月望君来。

中秋泛永安湖七首　关中孙一元太初

中秋此地成高会，山雨初收澉墅隈。望里星河舟楫近，坐中沧海酒杯开。月明静抱鼋鼍出，树色晴浮岛屿来。烂醉狂歌真自得，回头天地莫生哀。

其二　东山许瀹

两湖新水欲平桥，未破清尊兴已豪。潮上海门千浦白，月明秦驻万峰高。长空露下秋无际，落木风寒首独搔。无数眠鸥傍柔橹，不妨纱帻坐轻舠。

其三　九杞许相卿

喜君来值中秋日，抱病同登澉墅山。泽国风涛悲夜永，海门云月破天悭。抚时长剑虹光动，寄兴沧洲鹤梦闲。良友百年能几会，清歌剧饮未须还。

其四　紫硖沈拓

月上千林风露清，放舟与客澉湖行。东溟秋阔瞻天柱，北极云开忆帝京。山迴静闻枫叶下，波寒遥带布袍明。酒酣鼓枻长歌起，不信人间白发生。

其五 勾溪陈鉴

百年高会沧溟夜，璧月鲸波万里秋。避地衣冠天下士，傍湖尊俎水边楼。松杉谷应闻清啸，砂碛潮回卷漫流。不用乘风跨黄鹤，人间随处是瀛洲。

其六 从吾道人

八月十五弄扁舟，海色湖光并作秋。午夜云山悲玉笛，九天风露湿琼楼。直凌牛斗同清泛，应有鱼龙识醉游。万里长空传浩啸，冷然鸾凤在沧洲。

其七 释石门明琇

人物百年沧海上，钓竿袅袅拂珊瑚。前峰吹笛月在水，中流放歌秋满湖。尊酒鱼龙回浦溆，布袍星汉动菰蒲。山川胜概真难会，天柱洞庭还有无。

湖海山居答从吾 释玉芝法聚

无住生心了未空，移家又入水云中。晴峰远落晚湖碧，寒寺半藏秋树红。岂为疏慵求僻地，欲从真朴尚淳风。采芝问我长松下，更有沧洲绿发翁。

宿宁海前峰山房 九杞山人

独客迷津舫，清宵古寺门。灯明深树阁，僧遁远人村。烟月犹春夜，江湖且醉言。云泉有旧癖，投老此中焉。

湖外郊行　九杞山人

青鞋短策湖云东，漫搜妙语酬春工。野云漠漠吞江树，晴雨丝丝织晚空。

宿云涛庄　明琇

桂树石床云雾深，柴门天风鹅鹳临。野寺晚花开落日，小山春日动高吟。衣裳自带烟霞色，江海犹存献纳心。十载著书征不起，羡君裹足咫峰阴。

怀董山人溆上　明琇

两湖草堂城之阴，桂树天寒希过寻。嗜酒岂为河朔饮，著书剩有虞卿心。寒机锦绣秋灯永，铁网珊瑚沧海深。忆汝南山久岑寂，柴门落叶满秋林。

登秦驻山　青山范言

海上名山亦自高，秦皇曾此驻旌旄。百年王气今谁在，万里巡行奈尔劳。丹药无凭龙已化，铁锥初试鹿先逃。寒厓古庙游人少，落日西风漫野蒿。

再游永安湖　嵩阳徐定夫

湖上千峰开锦屏，东山寺下石泉鸣。晴波叠嶂参差见，斜日轻纹溆滟明。鹭过翠微翻素影，松传苍籁作涛声。孤吟自惬重游兴，尽日还如画里行。

游延真观 崔乎

蓬莱何处访延真，翠幕朱扉碧海滨。僻地烟霞宫殿古，清朝香火岁时新。星坛剑气寒冲夜，玉洞琪花暖媚春。更爱栽梅仙客雅，只应原是种桃人。

游澉上海山，时嘉靖壬辰秋季，与两湖董子、雨川王子同行 沂阳王文禄

澉上新晴秋正佳，乱峰云日荡精华。鹰扬碧汉风涛落，姓纪平崖笔阵斜。断岸海南无渡楫，炊烟山外有人家。翻手高攀虎豹穴，赤脚下踏金银沙。

湖上晚眺 陈策

醉倚危栏出两湖，若耶风景辋川图。霜酣远树秋浓淡，云过层峰日有无。幽鸟忽鸣山寺静，怒涛欲上海城孤。夕阳更发高吟兴，萑苇萧萧落雁凫。

柏庵罗先生祥八旬授徒，阅世久矣，因赠 从吾道人

黄发萧萧色冻梨，山城屈指此翁稀。临流一杖生微笑，多少浮云水面移。

赠福庆端师 从吾道人

万千庵院万千灯，云水高闲见一僧。留得梅花伴明月，夜深还照《法华经》。

游鹰窠顶　柏庵罗祥

翠微高处有僧家，出郭跻攀不惮赊。石甃泉香烹惠茗，云林春暖发昙花。仰观碧落天疑近，俯瞰沧溟日未斜。安得投闲来此地，焚香洗钵了年华。

秋夜　东洲康穆

屋角云开月逗光，小庭秋老自生凉。推窗不寐思方永，黄叶初飞吹到床。

董怀山人　僧石林永瑛

江汉独为客，凄其隔暮年。最怜青玉案，一寄白云篇。野日生寒夜，江鸿落暮烟。萧斋溪上月，迟尔对谈禅。

游海门寺　南白闻华卿

横斜古柏寺门偏，杰阁初登思惘然。白浪接天元气混，青山过海岛夷连。函空大藏经何在，碑碎前朝事不传。纵目荒城更寻胜，杖黎春在墅湖边。

澉川八景诗

前八景

东浦寒潮　白峰孙肯堂

鸿濛元气浮沉里，浩渺烟沙岛屿回。几度夜深随月上，满城风雨动楼台。

西湖秋月　丰厓徐泰

澉湖湖上桂花秋，海月当年满画楼。仿佛钱塘六桥夜，至今人说小杭州。

又　石洲崔鼎

秋风湖上月娟娟，十里蘋花一钓船。孤鹤梦回双镜晓，恍疑人在六桥边。

海门高阁　东滨徐咸

海门高阁碧岧峣，曾凭雕阑望海潮。黄鹤飞来月明夜，欲邀仙子共吹箫。

又　孙肯堂

巍巍高阁俯丛林，朱栱生寒白日阴。却忆青莲李居士，吹台何异此登临。

禅悦疏钟　海村刘锐

钟声送曙出云间，名利奔驰夜候关。惟有道人机事息，卧听几杵梦初还。

又　西皋钟梁

禅悦钟声出海城，紫烟苍霭晓冥冥。梦回高枕湖山下，不是枫桥夜半声。

秦驻孤峰 通江李弁

壮志驱山到海东，祖龙千古信英雄。三神童女成虚望，独有崔嵬倚碧空。

葫芦叠翠 李弁

浦溆南来山复山，望中出没海潮间。蓬壶咫尺云涛外，疑有仙人采药还。

巫门渔笛 李弁

雨歇潮平海上村，数声长笛下江门。梅花落尽青山暮，晒网斜阳柳树根。

泊櫓樵歌 后林朱陵

松林深处发长讴，宛转山椒响暮秋。应笑秦人遗缆石，翠华千古望仙舟。

后八景

茶磨松风 南野鲁汀

茶磨如磐石，牵萝壁藓班。秋声号万壑，仙乐下三山。醉洗耳尘静，坐吟心地闲。山中有弘景，乐意正相关。

石帆蜃气 秋园王伟

海市登州夸幻相，石帆此日亦奇观。青红顷刻何须讶，便作人间万事看。

石屋仙踪　释虚堂守节

昔人避兵处，累石为隐居。仙去遗踪在，地荒生业疏。桃源世非有，风俗想周馀。

龙潭海眼　鲁汀

尺木沧溟上，蜿蜒光怪沉。山空月窟小，云护石潭深。潮汐高秋信，风雷永夜吟。济时当旱魃，一跃九垓霖。

孟泉瀑布　横谿张中孚

飞瀑下九曲，洒然河汉流。玉龙据苍巘，水帘明素秋。庐山岂专胜，此地足淹留。

又　崔鼎

飞泉百丈度层云，一望青山白练分。却忆高人栖隐处，草堂风雨隔溪闻。

又　释平野戒襄

山头望夫女，裂下寒机帛。一片冰玉心，化作琼瑶液。滔滔下湖去，大旱滋稼穑。

文坞夕阳　刘锐

海上深山与世违，时平不采首阳薇。村村箫鼓儿童喜，斜日枫林社散归。

又　虚堂节

重叠开岩径，苍翠凌石壁。千层列画屏，独对宜晚色。幽人探胜还，半岭斜光入。

龟阜春云　鲁汀

峰结孤城秀，山连岛屿青。盘旋雄地势，隐约肖龟形。雾霭生春黛，岚光湿翠屏。登临嵯屃赑，千古镇沧溟。

鹰窠晴雪　戒襄

牛背披簑上，许孟山争高。鹰扬发天风，不损孤凤毛。杞山先生雪中乘黄犊登绝顶，故云。

又　徐定夫

峻岭千寻玉笋，寒葩万树璚梅。踏雪来穿危磴，呼鹰吟立层台。

续八景

医灵圣水　释少林戒言

古甃沉沉不计年，传闻仙叟浴丹泉。一瓢剩有刀圭妙，不羡如船玉井莲。

宣慰妆楼　徐泰然

画楼高压浦云苍，上有蛾眉斗晓妆。二百年来无海舶，断垣荒址自斜阳。

前题 钟梁

行人指点十间楼，宣慰风流迴未休。荒草凄凄环珮冷，断云残雨不胜愁。

前题 石溪陈金

彩鸳飞去曲池荒，栏槛依然绕绿杨。春色不知歌舞尽，野花犹学美人妆。

杜曲云涛 鲁汀

前湖杜曲冈，休沐即山庄。飞涛卷白雪，散落秋烟苍。

飚坡石马 环川蔡翀

异代豪华已不知，尚馀蹄鬣在山蹊。千年故物埋荆棘，风雨时闻半夜嘶。

祖龙古祠 朱朴

只有荒祠对碧峰，更无文字纪来踪。山氓罔识君臣礼，辄把椒浆奠祖龙。

天真塔院 鲁汀

幻居无色相，了却一枯翁。蝉蜕栖真处，塔寒山月空。

雪堂春社 东圩钱琦

海门月出候潮生，三世音从此处听。直指梯航开一路，为驱波浪破千层。老师说法言言佛，童子焚香步步经。般若台边春草色，肯分馀绿到闲亭。

湖海山居 从吾道人

山居星汉边，湖海望中连。鹤立冲潮石，僧看挂壁泉。本非修福侣，聊记种松年。了了无文字，惟应卦画前。

和题 龙川顾邦重

高卧白云边，虚窗绿荫连。道通云岫石，心澈澉湖泉。论性开来学，参禅了暮年。锡飞何处去，花落梵王前。

文

秦驻山古碑

前览灼灼，后圣茂哉。始皇承天，越授帝命。业超上古，歼周灭郑。七雄靡馀，六国是并。功齐太古，道深前王。埒炎均昊，美冠颛黄。通灵七代，敬构商堂。纵圣凝神，将纪百几。晻蔼馀辉，蜚声万祀。

右判史敬素立石（其碑不存）

义忠国佐正匡国功臣、故节度左押衙亲卫第三都指挥使、静海镇遏使、银青光禄大夫、检校尚书、右仆射、御史、上柱国朱府君墓志铭

府君讳行先，字蕴之，吴郡人也。曾祖凭皇，不仕。祖真皇，不

仕。父敬端皇，不仕；妣陈留阮氏太夫人。扬名立身，光于祖宗者，唯府君耳。府君少亲戎律，长习武经，有摧锋破敌之坚，蕴戡难济时之策。猿臂燕领，完备将材。始隶职于建宁都，从高公彦所在征讨，累有功绩。寻高太傅分符霅渚，府君亦随于治所，太守用为心膂。或邻境有寇，总握兵柄，仗剑前驱，无不望风瓦解。减灶之谋，投醪之义，备尽其妙。以是闻于圣听，叠被宠嘉，荐历珥貂，累升八座，盖为霅守所重。自渤海公厌世，高澧乱行，府君奋臂一呼，率众归国。时天下都元帅、吴越国王亲统全师，抚宁郡县。以有功者宜加爵赏，遂封协力勤王功臣，寻封佐正匡国功臣，加封右仆射，仍委之静海剧镇。府君之屯细柳也，锄耰荆棘，版筑城垒，不日而就。不恃其宠，不劳于民，卒乘辑睦，镇县和同，商农工贾，不改其业。亲载耒耜，遍植桑麻，以备祇奉。使臣供承南北十五年，内外无间言。盖恩威并行、缓猛得所矣。以宝大元年夏四月得疾，弗兴，至秋七月二十三日，终于静海镇之官舍，享年七十有二。府君娶汝南周氏、陇西彭氏、清河张氏，三夫人皆肃雍和鸣、内外婉顺。主丧祭者惟彭氏，张氏居其右焉。有子八人：长曰从训，耽味云泉，不乐仕宦，侍膳于周氏之侧；次曰智绍，在方袍之下；次曰元晟，节度使正散将，为人温恭，尤尚儒雅，娶诸暨镇遏使楚牧韩章司徒爱女；次曰元杲，节度正散将、银青光禄大夫、检校太子宾客兼监察御史，状貌瑰伟，智略出众，识量宏博，不拘小节，亲族间咸曰有父风，娶闻人氏；次曰元昇，节度下将，犷悍好勇，真将军之器，娶郑氏；次曰元宝，娶章氏；次曰元胜、元赟，未娶。皆堂堂之驱，或亲弓马，或阅《诗》《书》，分掌家事，无不干济。女三人：长适颍川氏西都军将都都知兵马使、明州罗城使陈师靖仆射之子□，先府君逝；次适清河氏建宁都虞侯张全尚书之子□；次适上亭镇遏使翁锡尚书之孙、节度讨击使上亭镇遏将元昉之子继贞。弟三人：行存、行勤、行忠。初，府君之寝疾也，殿下遣中使三赐汤药，及启手足，命侍臣持祭奠，厚加赙赠。内外亲戚，莫不感泣，有以见君亲之道始终两全矣。明州郡侯太傅奠赠尤异焉。府君世墓在湖州乌程县，不克归葬，续致桑梓在开元府海盐县。以其年岁次甲申十一月乙未朔六日庚子，厝于本县德政乡通福里澉墅村之原，礼也。鹗与府君，幸同王事，备熟德美。洎有葬日，令子元晟、元杲泣血而拜，请予撰铭志，坚免不从，遂命笔聊纪年代。安敢饰词，乃摭实而为志。铭曰：

挺生英特，邈尔奇形。素蕴豹略，能精武经。戈铤再举，氛祲廓清。从兹勇冠，大播佳声。盛绩既彰，威名遂振。静守谦敬，动知逆顺。惟此侯王，赏其忠信。不有殊功，那迁剧镇。匡吴志大，佐越功全。一人注意，百辟推贤。方务剖竹，宜分重权。孰谓梁木，俄随逝川。生作忠臣，没留遗策。眷彼令嗣，恭承常泽。丹旐斯引，玄宫已辟。万岁千秋，芳尘永隔。

题金粟维摩像

昔有僧至龙潭，问云："久向龙潭，及到来，潭也无，龙也不见。"潭云："却是子亲到来。"余寓海盐，闻金粟之名久矣。暇日，陪二公泛扁舟，由支流断港而至。乃见此寺在山林间，松桧萧森，金碧辉映，真伽蓝胜处也。周行殿堂，欲见如来，推求寻觅，了不可得。退坐丈室，冥心息虑，瞬息之顷，维摩现前。复见狮子之坐，乘空而来；香积之饭，应念即至。心生欢喜，顿还旧观。因问老人曰："如来即已见了，未审此处金粟之名，何自而得？"答曰："经云，凡所有相，皆是虚妄。故三世诸佛，皆以假立名字，引导众生。只据土俗所传，乃金玉山也。玉与粟，声相近，语转而然。"余因念大隐堂中，曾命画师作净像，不若将错，请此居士来至山中，使游观者瞻仰礼拜，发恭敬心。一念回光，则可入不二法门矣。毗耶城中，何远之有？宫使提学中丞常公、提宫太丞陆公偕游。时绍兴壬戌十月望日也。大隐居士李正民题。

宣慰杨公斋粮记

敕授嘉兴路海盐州儒学教授徐思敬撰，将仕郎、嘉兴路海盐州海砂场盐司丞江正书，朝散大夫、嘉兴路海盐州知州兼劝农事朱维桢篆。

盖孝为百行之原，居五常之首。自天子至庶人，虽尊卑有差，壹是皆以孝行为本。扩而充之，塞乎天地，横乎四海，至于鬼神之秘、禽鱼之微、草木之无知，莫不感格，甚哉孝之大也！昔子路事二亲以至孝闻，亲没之后，南游于楚，从车百乘，积粟万钟，累茵而坐，列鼎而食，喟然有欲为亲养而不可得之叹。夫子称之，曰“由也可谓生事尽力、死事尽思者也”。前浙西道宣慰少中杨公，其居海盐之澉川镇，孝行纯笃，根于天性。事其考安抚总使杨公、妣太夫人杜氏，冬温夏清，昏定晨省，甘旨之奉，靡所不承，州里乡党咸称之。安抚公不幸弃养，少中耐翁擗踊哭泣，毁欲灭性，奉侍萱堂太夫人愈笃。至大辛亥，耐翁改任海道都漕运万户，督粮赴都。太夫人不疾而逝，耐翁闻讣星驰，寝不安席，食不甘味，弃官读礼，视富贵利达澹如也。追慕二亲劬劳之恩，如子路之欲奉亲而不可得，遂捐舍宝钞于杭之灵隐、钱塘之万寿、姑苏之承天、余姚之云顶、永嘉之江心，普结善缘，祈求福利，资荐二亲。而耐翁之心尤以为未也，复捐钞米，浼本州天宁住持曰永模讷翁补增《大藏经》文，重建观音宝殿于寺之东庑，朱甍画栋，俑壁菩萨、诸大圣像，焕然一新。计其僧行之众寡，喜舍斋粮为长生夏供，选僧之廉洁者掌之。每岁自结夏至休夏，瞻僧诵经，永贻不朽。吁，耐翁之志，非欲为己求福田利益，惟在资荐考妣、庄严佛土而已。其为孝行，庸有既耶？浮屠氏谓南阎浮提以财为命，今耐翁能舍斋粮，不厌不烦，既广浮屠之居，又益浮屠之食，可谓孝矣，可谓诚矣！异时，衲子登灵山之堂，饱香积之储，能思耐翁普施之心，据菩萨乘，修寂灭行，则耐翁所以上答二亲之恩者，岂少补哉！方丈讷翁久历江湖，戒行冰洁，实宣政中丞□□、禄公□□□杖与余为同乡人，三载往来，言其事甚悉，愿为长生斋粮记。余既嘉少中耐翁之克尽孝道，又喜讷翁能成其事，于是乎书。

皇庆三年岁次癸丑结制日，天宁永祚禅寺住持讷翁永模立石

永安湖记

国以民为本，民以食为天。而民食又以潴水为先，盖水居五行之先，而典六府之首。自古帝王平治天下，莫不先化为务。钦惟皇元，抚育人民，兴举水利，开无遗则，盛矣哉！海盐本嘉兴之属邑，比升为州。州南四十五里，有湖曰永安。周回十二里，原以民田为湖，潴水灌溉澉墅、澉浦、石帆三村农田八千三百馀亩，均其税粮于田上。时潦则东南注入于海，旱则水泽仰给于湖，遂变斥卤为膏腴。时和岁丰，家给人足，兹有祀矣。归附初，至元丁丑，澉浦镇守王招讨熔假军权而淫毒，纵己欲以诛求，力逼乡夫围湖成田三顷八十亩，令骆兴立户，每秋输粮三十八石。至元己丑，归之杨招讨思谅。未几，濒湖居民效尤，尽欲决而田之。是以三村屡经旱患，民食不给，老小凄惶，行流四方。大德己亥，里人王仁状具于州，虽鞠治焉，犹未削诛也。幸赖澉浦寓居宣威将军、前南宁州安抚使王君济勇于为义，闻之朝廷。由是省台委官，公同莅政，目击斯害，昭然孔彰。大德乙巳秋七月，浙江行省平章政事彻里荣禄偕都水监官及本路、本州官，亲临纠恶，

廉明公正，遽令疏浚为湖，开除元立佃米，一改而正之。于是，狼吞虎噬之徒为之敛迹，斯湖得以复旧。噫！不有废也，成之名不彰；不有坏也，立之功不著。今废而复立，使斯民享悠久无穷之利，岂曰小补哉。人皆举手加额，击壤歌讴，得以遂仰事俯畜之愿，顾不伟欤！兹刻于石，庶来者知斯湖源流有自云尔。

至大四年二月　日，前权东坡书院山长赵若源撰

从事郎、鲍郎场盐司令金汝砺书

承务郎、嘉兴路同知海盐州事赵泰篆

奉政大夫、嘉兴路兼劝农事朱绪立石

重建金粟广慧禅寺记

天下之禅刹，往往专山水之胜，然其能化蓁莽之区为金碧之宇，易麋鹿之场为龙像之筵，与胜境名于悠久者，由有以启于前而继于后也。武原之南，距城邑一舍馀，有山曰金玉，有寺曰广慧，枕麓面流，树石岑郁，禅寺之绝，冠乎一邑。原其所自，岁在赤乌，有神僧号康僧会，自康居国而至江东，显其灵异，诚感舍利之祥，塔启长干之号。康僧既而游方至海盐金粟寺山，时值炎暑，构亭施茶以济渴。朝廷闻之，赐名茶院，已而建寺居焉。宋祥符间，赐名金粟广慧禅寺，高宗有御书之赐。稽之于昔，康僧立化于天禧，以漆固其像。未几，像忽腾空入海盐秦川，缁素力请之，皆莫能举。惟金粟请之，飘然肯就。至我太祖高皇帝定鼎金陵，遣使降香，畀其像还天禧。合睹聚观，舆情允协。由是僧徒弥众，规制益宏。殿则如来、观音之争雄，堂则“含晖”“正受”之俪美，杰阁之藏御书，山门之标宝地，则当时之伟观可知矣。洪武戊寅，道雍住持，未几示寂。后之继者，曾不加意。宣德三载，正传膺荐领众，毅然以兴废为己任。逾岁，粟盈帛积，工

善材良，像设殿宇，复还旧观。正统辛酉，宗源继主猊坐，克成师志。藏殿钟楼，摩切星辰，山门以峙，岩廊载新，可谓完矣。噫！兹刹之兴，自禅院跻禅寺；住持之贤，自文登而至传、源。其来非一代，其传非一人，始克无憾，亦可谓难矣。后之踵武者，诚恳正传之心，视其废者举之、故者新之，则兹刹之与兹山，可以并传之无穷矣。因源师之徒惠钦求记其事，因书此以授石工。传师别号祖庵，吴兴人，常师事天界默庵云。

资德大夫、正治尚卿、礼部尚书、前太子宾客兼国子祭酒毗陵胡濙撰文。

大明正统十四年岁次己巳，住持沙门祖源立

海门禅寺碑

海盐县南去三十里少东，有澉浦，在两山之间。山据陆而趋海，相峙如门，潮汐所汇滀，故其地多斥卤不食。元之时，镇设宣慰司以抚制之。皇明有天下，更制千户所，莅海宁卫以守。正统中始城。其地居民鲜少，市井廖廖，无游观之胜概。镇使官属至，辄止海门寺，召寺僧为客主少休；舍是，无宜人之地矣。寺相传始宋宝祐二年甲寅永固禅师所建，号祐福庵，岁久沦替。至元乙亥，高林善寿禅师开广故址，构殿宇，置佛世尊像，演法授徒，人用皈仰，一时善士如宣慰使少中杨公、大姓顾氏文聪，皆奉宅地以从。弟子天真惟则禅师奥通内典，超越宗乘，行戒修洁，无贤愚少长贵贱，皆尊信向往，声望所置，虽倭夷险绝之国，至有图其像供养者。永乐甲午，其徒景南永忠禅师肇创大悲观音阁，刻千手像于其中，金碧交辉，仰薄云汉，周堂翼室，种种咸具，人更号曰“天真庵”。宣德乙卯，天真第三世孙东济宗福禅师杖锡走都下，请额于朝，敕赐海门禅寺，仍给部檄，命东济住持，寺至是始克有成矣。宁尚忆二十年前，从雪溪、雪壑二苏先生邂逅林间，登大悲阁，瞻天真像，周览山海，笑语移日。相去绝几何，二先生皆不作，东济亦化去！缅想旧游，往来于怀抱。今年秋，适其徒善祚偕总戎刘瑄廷器，征余文刻石，将示久远，遂不辞而为之铭。东济，邑人，族姓徐，生于洪武己卯，示寂于成化丁亥，世寿六十有九。僧徒四十有三，可谓无愧天真诸孙者矣。铭曰：

浙海之濒，水汇山峙。城阛壑藏，亭障鳞次。斥卤苍莽，奇秀弗彰。中有胜境，禅林佛场。小白花岩，□□毒国。恍焉示观，潮音海色。永固浚源，高林导流。百川委顺，天真其尤。景南再传，承先启后。东济集成，净业益阜。始宋宝祐，及元至元。天祚皇明，鸿名乃宣。世历三都，人更五代。善祚图永，历劫弗坏。

时成化四年戊子九月重阳日，赐进士第、中顺大夫、福建汀州守、前礼科都给事中、赐一品服、邑人吴兴张宁撰。

《澉川钟楼图》跋　从吾道人

澉浦，乃滨海一隅之地，宋元时因通番舶，地方庶富。入我朝，禁革海道，自是居民惟赖田产。缘因四周皆山，状如天井，不接下河，常遭旱患。商货不通，名为绝地。洪武、永乐间，城中虽静，然南有海门高阁，北有禅悦钟楼，照映山势，风水相称，人无灾难。一自钟楼前后二次倒废，先出侏儒，后患黄肿，十年九旱，灾难相仍。余每思之，深有妙理。盖五行之性，惟在均平，方得无事。今既山广地高，土胜于水，水被土克矣。所赖五千馀斤之钟，悬于十丈之楼，以为镇压。盖钟本金也，金能生水，可助太阴，以敌旺土。若楼倒钟埋，水既无助，土反蚀金。夫土者，水之所忌也；黄者，土之色也。今土既偏重，安得不旱而肿乎！余恻然于此，虽以衰暮之年，欲为地方成此胜事，乃同信士胡瓒辈，礼请禅师法聚图之。结集众缘，铢积寸累，六年而始有成。又请于总戎杨侯中夫，开通水门，以泄壅滞，而助生金气。于是，自戊子至甲午，岁岁丰熟，病者亦痊。盖土本生金，金为土子，子实则母虚，土势方得其平矣。此实阴阳之正理，岂谬诞哉！楼既成，余述是钟灵异始末，图而刻之，使人皆知其关系地方风水之大如此！庶后之人同此心者，继而葺之，以传于有永也。

与吴南溪先生论水利书　从吾道人

沄自奉别以来，更四年矣，缅惟先生以体用之全学，为国家造福于八闽。正期入相一人，活百姓，而能以无荣为荣，急流勇退，可谓平地神仙者矣。出而经纶海内，归而矜式邦人，无任健羡！沄一病三秋，迄今不能离褥。小儿縠，衣食奔驰，馆塾束缚，虽承远贶，尚迟谒谢，感愧何如！沄颓朽之龄，惟存馀气于身，家事去心久矣，独耿耿于垂尽之年者，惟以民吾同胞，不忍地方生齿衰落。戊子年建一钟楼，以挽回风水，今经六稔，果见军民稍乐，病者获痊，信非诬也。近有人自邑中来者，传闻先生舍一金带与僧人造桥。比之留镇山门者，其有益与否，相去远远矣。先生利物之心无穷，有如此哉！沄缘是而有感焉：澉之水利，其议昉于敬先刘先生，述于方洲张先生，笔于虚斋祝先生。先生受方洲之托者也，沄领虚斋之命者也。自岁丙子移文，经今十有八年，竟成画饼，言之可叹！窃详斯议，其来已久。洪武年间，有老民张小五，奏准开挑，各深五尺，自此田禾有收。至正统年间，八十馀年，湖、河、浜、溇俱各淤浅，人民困苦。本县县丞龚潮奏、奉工部堂字三百七十一号勘合，量起人夫一万八千馀名，未蒙开浚。至天顺年间，才蒙布、按二司亲临踏勘，起夫二万馀名，到区开挑。不期连月雨雪，不能施工，一回停歇。至成化间，有本区粮、里老徐信等具呈勘实，俱有抄白旧案存证，竟亦停歇。弘治间，有民人卢孟斌具奏，欲自礀头门洗马池开出盐仓以达城河，最为便益，竟亦停歇。正德间，掌印千户杨玭为见湖河淤浅，田稻无收，粮运不便，将情备申合干上司，已经勘实丈量估计文卷见证，竟亦停歇。嘉靖三年大旱，军民耆老陈缙、陈绅等，将情告所，备申察院，批府行所，姑候秋成，民力稍裕，查照施行，竟亦停歇。嘉靖七年大旱，耆老汤沐等告府，行县勘实回答，竟亦停歇。嘉靖九年，军馀胡瓒为众建言，被责几死，竟亦无成。此亦可以见民情矣。年年刷卷，只作故纸，奈之何哉！夫以百六十年大患，屡经勘准，而竟抑不行者，其故何欤？一则地方僻处海角，府县隔远，上司不到，危苦之状不能上闻；二则吏胥之弊非钱不行，而地方公务，钱何从出？三则间有数辈奸黠细民，侵占填塞，深惧显露，多方阴阻；四则粮塘里老明知疏浚于己有益，但惧供给，因小失大。见当身役，含糊禀歇，及至交替，便望举行，逐年延捱，以此堕误。殊不知图大事者不惜小费，矧兹所举，因旧为功；建大业者不辞小怨，矧兹流言，怀私幸免。事在智者决之而已！昔邵信臣所以谓之父者，以其所至，兴举水利；而朱子提刑浙东，即开黄岩河道，民到于今称之。近者，薛中离先生于广中平地凿渠八十馀里，数府之民免于浮海之险。诚以位高望重之贤，加志于斯民，折枝而已，宁复有难事哉！窃惟先生于此一十八年之间，虽于当道屡尝言之，终以宦辙四方，有志未究。今则解组于家，优游绿野，克终初议，兹非其时耶？矧先生名耸天下，心切颠连，有闻必举，有举必成，沄安敢以老自诿，不以闻于左右哉？且幸今岁天雨及时，成熟在迩，水可放泄，夫可起拨，但图之在早、持之在坚耳！先生其有意乎？沄已老矣，澉人数举不效，无肯言者矣。述方洲之事，继虚斋之志，以慰二夫子在天之灵者，不有在于先生乎？先生而弗任弗图也，沄之望斯绝矣。沄与先生有社末之爱，与闻道义之风，辄敢以狂直之词上渎，百惟矜其老愚，恕其僭妄，俯察之。幸甚！幸甚！

南游海上诸山记

嘉靖壬辰秋九月九日，沂阳子约雨川子游海上诸山，雨川子约陆子移舟来。明日，登舟，饮陆子宅，游丰山，登觉林佛阁，下见南山苍翠、东海汪洋，日浴波间，恍然想像扶桑蓬瀛之胜。下阁观雨川子前度纪游诗，沂阳子赓之书左方。访孝隐山人不遇，游秦驻山。登山岭，南望赭门，诸山自天目来，奔若万马，攒若青螺，横若蛾眉，变态莫状。下山瞻始皇庙，古松号风，香火寂寥。追昔驻跸时，登望徐市，雄威盖世，且将羽化飞升，乃今相传，雨黑夜尚闻戈甲挥霍声。可慨也已！登舟，次茶院，游金粟山，登僧楼，观阳明先生诗，赓之书左方。倚阑南望，群峰拱抱，起伏若城堞然。下楼观门旁丰碑，因感康僧神异，曾寓此，暑月施茶，以故名茶院。明日，进舟游茶磨山，舟次山下，舍舟登山。山若磨，以近茶院，故名。澉志曰“黄巢屯兵处，下若磨盘，殆营垣”云。海昌许九杞徙宅山阳，其阴飞岩高竦，旷若亭宇，刻曰“天南第一山”。东偏一岩，每占冰泽注丈许，则年丰，刻曰“丰岩”；山顶刻曰“天只峰”，峰前刻曰“云起处”。俯视卧稼若黄云，其疆理经纬，又若平铺万席。下山憩水月庵，九杞至，造之，携饮云涛庄。薄暮，别九杞，游澉墅湖，湖景类钱塘西湖，湖上群山四围，南向豁开若门，海潮渺茫无际，湖心方台亩许若印，绿草碧波，荡映云日，惜无一棹泛而登之。抵悟空，访玉芝道人不遇。登荆山，时月霁烟消，行歌递响空然，天宇高虚而万象沉沉，若与尘世隔。下山宿寺中。又明日，晓起寻玉芝精舍，门扃不得入，观从吾道人诗，雨川子、沂阳子各赓之书左方。问途游澉城，沿山徐行入北门，访从吾道人不遇，遇碧里子，曰："昨游海山得奇处，未及题名，若有待然，且游历得无诗乎？"请书。遂书之，乃袖笔墨请行。经禅悦废址，观草间断碑及玉芝、从吾、碧里子新建钟楼，因谈钟制极工，天顺间尝浮声海潮中，以显神异，今已悬架，惜不得一摩玩也。出北门，东折至海口青山，山若伏龟，又名龟山。山根受潮冲啮，石齿然丛立，复有悬生海潮中者，盖沙土融尽而山骨独存，望之散布若林木然。时潮落，雨川子蹇裳以涉，陆子从之，碧里子、沂阳子循平崖行，观之。既而得径，会石林中，乃题名石上。沿山根行，又得高峻而壁立者，相讶曰："江流有声，断岸千尺，山高月上，水落日出。"遂洒墨大书石上。薄暮入南门，登海门禅寺大悲阁，绘漆华丽，雄拔一方，遥见明、越诸山，青翠若云，浮海潮中。碧里子指小山曰："此上虞下盖山。相传，沙岸未崩时，清晓闻海南鸡鸣声。"指近城高山曰："此郭老山。幼时见山顶平甚，今反觉尖竦，则土石亦有长乎？"又指阁中一柱曰："此柱与版相离圻尺许，大势亦东偏。近一夕，忽闻阁中若人众声，晓起视之势正，版柱遂合，抑岂有人以转之也？"相视城中，草木蓁莽，圮屋颓垣，数椽支倚，而未尽朽者甚多。于是叹息水道不通，日就荒废。回想胜国以前，置宣慰时，富甲海内，容讵知有今日乎？殆亦地气盛衰之运。有力者能通水道，则尚可耳。下阁，宿碧里子宅，对烛高谈，几以达旦。又明日，晓起微雨，于是归兴发矣。雨止言归，碧里子陪出西门，过鲍郎场，遇从吾道人于舟中，急呼邀止之，恳之宅，又辞，遂相饮于芦花洲中。饮已，乃别。道人曰："此热别也。"遂乘道人来舟抵六里堰，过原舟乃还。其未细游者，若澉墅湖山之胜；其未及游者，若长墙山、龙眼潭、谈家岭、鹰窠顶、金牛洞、瀑布泉、紫云诸山。盖留不尽之景以待重游云。沂阳子海盐王文禄世廉。

神钟记

海盐禅悦寺神钟，胜国时，宣慰杨梓以海外铜铸，建六丈楼悬之，声闻数十里。国朝天顺中，忽无声，渡海者睹其影波间，浮屠用其法慑之，乃复声。成化初，楼圮，浮屠啬于财，建之卑，邑产悉侏儒焉。今上之六年，楼再圮，钟沉涂，邑复病尪。于是董隐君从吾先生，偕厥子进士穀，进浮屠法，聚氏相谓曰："夫楼卑而侏儒产焉，涂沉而病尪焉。钟之神，其关于民之戚休也。若此楼，曷可弗兴?"七年正月壬午，乃盟，将鸠四方之乐施者。庚子，钟忽自声若扣百有八，给事杞山许公宿荼磨闻焉。于是钟之神益显。南宫子犹闻而叹曰："钟，冶物也，而关乎民之休戚，将怪耶？诞耶？繄象教之显耶？其诸山川之灵钟于斯耶？吾弗得而知也。"从吾子非诞者也，尝学于圣人之道而非惑也，而唯斯钟之神，殆必有说。惓惓焉民之戚休，志则可嘉已。古之君子，其学也，凡以行其道也，其于民喘息通焉。故有呱呱弗子，昧爽俟旦，席弗暖，突弗黔者也。今之君子，殆其不然，下乃牧伯守令，完簿书，塞厥责，斯良矣。其有志乎民之戚休者，乃为迂、为矫、为狂、为戾，泽固未民逮，而斥且去矣。是以仕者，其来也若燕宾，其去也若弊冠。民亦罔离厥里，下乃顾为雠焉。夫若此者，将斯钟弗若耶？进士穀固将仕者也，从吾子则固隐君也，而弗忘乎民若此，吾用益愧有位者，无惑乎董子之神斯钟也。使有位者恒董子之志，肆宏厥施，发仁捐厉，滋殖笃材，庸辅天地，赞化机神，将在其人、在其钟耶？从吾先生逌然兴曰："善！善！子之言广矣，邃矣。"吾将碑之为《神钟记》，俾闻之有位者。

是岁九月己未，前进士、天官、尚书郎、四明丰坊记

游龙眼潭记 董榖

龙眼潭，在澉之南二里许长墙山下，黄道祠之前。余为土人三十有四年矣。幼事讽诵，壮事进取于四方。盖尝观于钱塘，又自润州抵建业，北涉彭城之险，旋涡逆湍，蛟鼍所宫，咸亲试之。独兹潭在郭门之外，曾未得一投足、一营目焉。异哉！余也岂向之远览而大观者，夫亦道经云耳。乃乙酉二月望日，同前峰、少林二禅子登荆湖之飏山，指点前潭，相去数里，兴虽浩然，而足力未任。归而语诸学徒，期以厥明从事。翌日，遂将王生、杨生、周生，拉李光德为引导，及僧秋林携榼以往。春风甚颠，午潮怒长，粘天陷日，奔雷走鲸，来如崩山，去欲缩地，石崖林立，莫可名状。深者如室，削者如壁，广者如车，狭者如带，完者如怒猊伏虎，碎者如断剑折戟。洪涛吐吞，万皱鳞集，虽鱼贯却立，俯视数丈，而浪花仰激，洒然着面。大巫山去潭可百五十步，址若积铁，乱流环射，如沸汤然。草色纤碧，杂树婆娑，对视可枝数叶辩，而不能飞渡也。怅望久之，徒乱人意。前癸未六月，有两巨鱼东西来，适会于此，仅容过之，掉尾激水，至于山椒，业海者千百夫皆见。余时欲观，以鱼亡而止。今偶忆之，谂诸光德，曰："信。"小巫山在大巫之外，相距寻丈，其广视大巫四之一，颓然居乎湃湃之间。正西一山，去此如三十里者，茫茫于烟云水气中，不见其麓，的然纯黑，上平下均，如帽屋者，上虞县下盖山也。白塔之左为秦驻峰，大巫之右为葫芦湾，绵亘围绕，隐若金城，而澉之形胜尽矣。尝考诸《水志》，有仙人洞，在长墙山之后。是日，由潭左遵海而东，蹒跚坡陀，扪历窟宅，至缥冈憩焉。南见四明，群峰列岫，霞腾云倚，旗张笏拄，罗布于数百里外。而天吴奋首，飞廉矫翼，簸荡大气，渺焉际空。奇哉，兹游也已。于是光德进曰："洞尚远，风恶崖危，往往沙鱼变化成虎叵测，请俟他日。”遂越岭而还。所谓黄道祠，不知何神，其来甚远，今惟数楹，岿然丛竹中。《水志》又有弦风亭、美固堂，皆在长墙山下，兹不可考矣。嗟夫！昔柳柳州始得西山游宴，因作记。余居兹土凡若干岁，始于兹潭游焉。山灵有知，应笑余之兴之卑也。故叙其事，且贻二禅子云。

黄道山重建显应庙记　董穀

按宋《澉水志》，黄道山在镇之南，下枕龙眼潭泊舟处。旧有水军寨、造船场。山之颠立烽燧，山之外捍大海，统制官总领之。有庙在山之腰，为黄道大王，不知何所始也，敕封曰显应侯。庙中有神，曰杨太尉，尤为灵异。意亦石帆村聪明正直之人。遵海而南，无不尊敬。志之言如此。余为土人，壮岁尝一游焉。尚有数椽，颓然篁翳中，俯视龙眼潭，久已湮塞为平沙，不复可泊矣。澉镇当赵宋时为最盛，贸易海南诸货，贾胡番舶交归焉。入招宝闸，盘六里坝，以出外河。明珠、文犀、异香、珍木，溢于吴下，流布中国，此其门户也。元末土官恣横，我圣祖奄有四海，恶其害民，而殴灭之。因置城戍，绝贡道，禁私贩，海于是乎不通，而庙之显于昔者，亦既樵牧所休、风雨所陵，废为荒基二百祀矣。覆载广远，民物恬熙，贪商岛夷，为逋逃薮。以岁壬子，盗弄黄岩，浙西告警。癸丑，遂犯金山，侵我海盐。卢参将镗以舟师守澉，鱼贯山外，无所湾寄。兵有登岩伐庙前柏为舵笥者，得热疾，神凭之言：“汝敢伐吾柏！即祀我，吾当福汝。”卢异焉，乃牲牷之，议创新祀。时惟守将指挥使徐君行健克殚厥心，鸠工聚材，冒暑董役，应梦架梁，越月而祠成。门堂庖湢，气象严整，缭以周垣，翼如焕如，卷阿增重。俄而潮冲沙碛，沦胥崩溃，内徙里馀，汪洋深入。龙眼潭者，复其故迹，测之无底，古岸宛然。艨艟战舰，始集祠下，风涛不惊，士卒得所。亶哉显应，岂人之能？自是寇经数四，卒不能犯，城市无虞，灵贶著矣。乃言于郡刺史唐岩刘公，为文遣祭。邑大尹壶阳郑侯亲诣而拜焉。原夫时有显晦，神无不在；数有兴衰，物终斯复。据古之图，证今之事，若合符节，岂偶然哉！於穆清庙，风气肇开。海阔山高，香火攸萃。奔走士庶，徼福遐迩。不有迎送之章，曷昭右飨之贶？爰书奇绩，用勒贞珉。词曰：

灵风兮凄凄，灵雨兮洒旗。侯乘潮兮下来叶，惠我蹇修兮无令孔悲。坎其我鼓，傞傞我舞。侯乘潮兮来下叶，惠我蹇修兮无使心苦。日黯黯兮云冥冥，羌肃然兮降户庭。嘉羞登俎进和羹，椒桂芬烈黄流清。吴巫起舞玉几凭，洞箫象板杂讴歈。武臣介胄弓刀趋，髦稚罗拜纷前除。宵长昼永乐嬉娱，灵保既醉颜渥朱。九献备矣，神筵起兮。鼓钟喤喤，不可以止兮。小大望瘗，稽首喜兮。神嗜我食，我酒旨兮。穀我士女，刀兵弭兮。山岳奠兮海波平，禾麦穰穰兮疵疠不生。惟神之庥兮赉我以永宁，血食千秋兮坐镇沧溟。

姚节妇传

节妇名福莲，海盐十三都文溪坞民周孟经之女。年二十一，嫁澉川姚琎。琎本农业，以耕稼养生。妇顺事，无所自遂。甫四载，琎有疾死。生女名孝，妇绝爱育之，常负抱不去体。家甚贫，数值荒歉阻饥，孟经因促归，与继母、诸嫂处。念姑老，行时检箧中故衣服，悉遗琎姝[①]，意甚怆绝。居，尝为嫂饲鹅，得数卵，寄澉，期生畜给工食，以葬夫骨。事尚未果，而澉之富人有求为妇者，孟经既许之，难为言，妇亦微觉，皆未白。一日，方聚食，幼女适啼呼颠仆，妇遽前

①姝，疑为“妹”之误。

抱抚之，已甚，终不止。孟经愠曰：“何物孽种，不久当送还汝家。”妇始凄然动色。退谓嫂曰：“顷见父言，事决矣。然我命如此，此足岂肯再踏他人门限?”遂抱女不复置，涕泗交颐，若痛楚不自胜者。众见其孀居常尔，不加省异。是夜更馀，母顾卧内灯未灭，呼令就寝，弗应。起扪其榻无得，举家惊求。忽僮奴曰：“薄暮田作归，见小娘抱女倚外户而泣，独不敢问故。”因烛水次，见遗履，亟求水中，得其尸，与女同溺死。翼日，具棺敛焚之。其姑匍匐至自溆，凭棺号恸，绝而苏，哭曰：“儿初丧吾子时，已有诀语。岂料亲家翁不谅其心，老身又贫不自存，致儿母子非命。孝妇已死，吾复何生!”木既毁，有蝶从烟焰中出，文采烂然，向祖墓飞入。邻里道路见者，无不惊异流涕。孟经收其馀骨，与琎同葬姚氏先茔。时年二十有七，弘治元年二月九日也。

方洲归叟曰：自古忠节蒙难，男子虽身受挫辱，顾其心无愧可也。女子以身为重，寸肤及耻，心事俱隳。故危迫之际，忠臣或可以不死为心，节妇要当以必死为事。姚氏妇家破人亡，去就险阻，非不预见，徒以姑老女幼，庶几幸存，卒全志节。不图祸速旻天，机形弱息，瞻前痛后，已直一死耳。区区婴孺，他日流离变故，将有不可测者。乃奋然与女俱沉，不俟终夕。阴阳刚柔，浑合为德，凛乎妇女中之烈丈夫也，视古之谭节妇何愧焉！血渍入砖，精化为蝶，皆不可谓无是理也。宁因谨述之，为司民风者告。方洲归老张宁撰。

胡孝子传　董榖

胡孝子者，溆人也，名栻，字敬之，上距其生四百四十五甲子矣。短发被肩，疏髯及乳，皆鹤鹤浩洁，肤肉消薄，丰骨棱起，容色慈和，言笑温雅，行必操一细竹以自扶，指枯杖轻，日砼砼里闬间。所至，无论少长妇女，皆礼貌亲爱之。留之坐则诺，馈之浆则受。去来翛然，如间云止水。其与人语，未尝谑浪阿比，亦不触忤。有不可，徐牗以理，未尝强人之从，无弗屈者。行己始终惟恕惟忍，资禀粹美，暗合圣训。性勤书史，记问颇赡，若无知者，初不以自炫也。其先来自台之巨族，曾祖淡斋，以训蒙起家。祖墙山，业渔务农，遂富一方。父源，号一竹，长身玉立，吐音如钟，充邑秀民，好华侈，早损家政于翁，日以所欲责之。翁方壮年，偕其室人顾极甘旨，尽惋愉，致宾朋，纵娱乐，惟务亲心之得。当其裕时，无难也。自裕而衰，衰而贫，人情所难也。而翁至家事落莫甚，虽菽水必欢，承颜益笃。一竹君春秋高，丧其耦，性嗜音乐，寂寥处鳏，长夜耿耿，翁思所以排遣之，乃自学歌曲，夕必同寝，以腋暖足，高唱清绵，感动邻里，盖如是者十馀年犹一日也。一竹君殁，室悬罄矣，乃鬻其所居以襄之，哀毁躬亲，罔弗成礼，人皆曰孝。虽传记所睹，未之能过也。既而顾孺人亦下世，翁独与一妾假人数椽榻焉。自号怀竹翁，以识其志。辟纻祝鸡，聊以苟生。终鲜兄弟，亦无子女。箪瓢屡空，人所不堪。履道坦坦，曾无戚嗟，盖天性然也。居数年，舍于其姻徐氏。一日，无疾命浴，既出，据胡床坐逝。

碧里子曰：先师夫子云："吾之于人也，谁毁谁誉？如有所誉者，其有所试矣。"走自早岁，习见翁之行藏，垂四十年，岂云试而誉哉？独怪夫邓攸之弃子全侄，后竟无嗣，人皆以为天道无知。夫攸犹可诿也，以翁之孝而得绝报，天道之难谌也甚矣。善人不易得，有之而弗识之，俾泯没无闻，仁者不为也。因敢表之，以阐其幽，俾与程本立先生所传武原沈孝子者同垂于不朽云。

韩氏仁术传　董穀

"仁可传乎?"曰："可。""术可传乎?"曰："不可。"济物之谓仁，通变之谓术。昔者，圣人忧斯民之夭疾，而医兴焉，故其说主于仁。虽然，刚柔之异质也，缓急之异势也，虚实内外之不同其形也，温凉寒热之不同其性也，君臣佐使之不同其用也。纷出迭见，若阴阳风雨之靡定，非术焉其何以裁之？故仁者，其体也；术者，其用也。体滞于迹，用妙于心，故曰："神而明之，存乎其人。"术可传乎哉？仰泉韩子节，世以仁术鸣于时，予知韩氏之深者也。盖自余之先世与韩之御医翁，土著于澉远矣。御医翁履祥，技精绝。国朝洪武间，以文章艺术受知太祖高宗皇帝，为太医院御医。太宗文皇帝尤加恩遇，公卿大夫莫不与交。后传至克诚翁，不独艺高，其心更仁。龄近九秩，陆舁水櫂，冲风带星，匍匐活人于四方者且七十年。不惜费，不责报，不知有争，亦无所思虑，质美貌古，暗合于斯地仙者也。石泉翁，仰泉之父，克缵厥业，远近迎至，市焉其门，坦易和乐，潇洒道术，有识者以是高之。《传》曰："积善降祥。"吾于韩氏征之矣。宁有济世厥美无所钟哉？仰泉，其宗子也，虽不事其事，亦当食其馀，况复究意运气，沉心参术，譬诸栽焉增培之矣，吾见其后之益昌也。余复喜仰泉资禀纯粹，性行畏谨，足称善人，无愧先世。然则谓之仁术传家也，讵不信哉！韩氏于予为世交，予知韩氏之深者也。敢以是而发其心传之蕴云尔。

续澉水志跋

《澉水志》，两湖董汉阳续也。事辞道法，存而不论矣。顾议者曰：省有省志，郡有郡志，邑有邑志，澉隶于省、于郡、于邑，而又以志焉，志之何为者？於乎，兹汉阳所为厚德哉！昔少原之野，有刈薪而哭其亡簪者，曰："非伤亡簪，不亡故也。"澉，故土也；澉志，故典也。忍使泯灭无传如少原所恨哉！矧夫一巷之市，君子且谓不胜异议焉。澉水古称巨镇，民风土俗，污隆美恶，与时消息者，可胜记忆耶？不胜忆记而欲以悉诸省与郡、邑，使之明白而详志焉。是以结风望于凝海之寒也，非其数之所塞者耶？幸有宋志抄本流传民间，固述史之饩羊已尔。非续而络之，锓以成编，数传后，将并宋志蠹烂焉。一方故实，邈不可知，后之惜今，或有甚于今之惜古，而抱亡簪之恨者，将与宇宙无穷矣。则斯志也，固期博物者图形于影，察火于灰，使得以拟纤丽而睹烈焰与？此汉阳所谓厚德也。

后学仰标虞志高撰

澉水新志

〔清〕方溶 纂
钱张建 点校

蓉浦先生遺像

畢福成敬繪

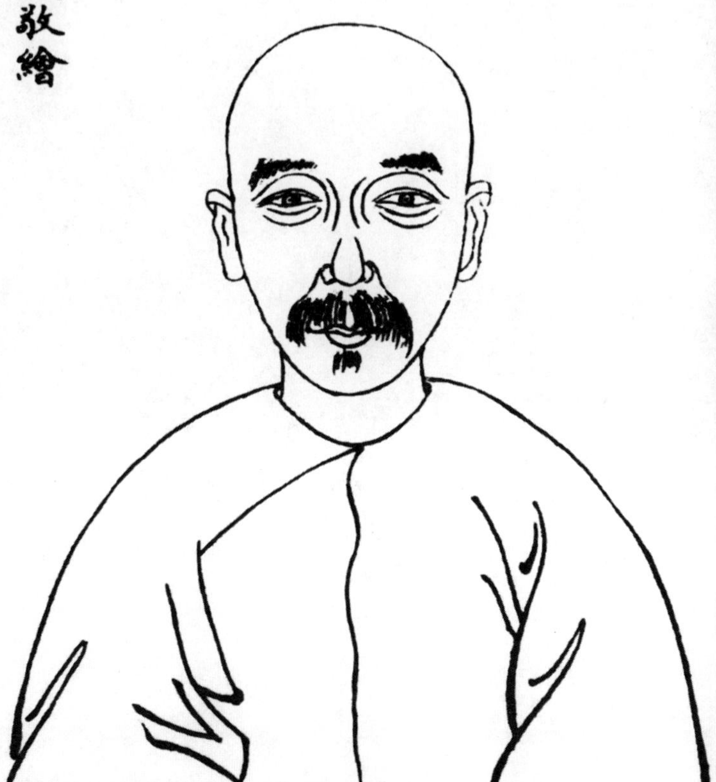

澉水新志序

志犹史也，非考核勾稽极其博雅、贯串断制极其精严，则不为天下之奇作。往者，嘉庆癸酉甲戌，尝应四川布政使方有堂先生之聘，与杨蓉裳、谭铁箫诸人纂修《四川通志》。凡古今郡邑志乘，无不搜罗捃摭；其间绝出千古者，常棠《澉水志》为最。而康海《武功志》、韩邦靖《朝邑志》，皆其流派之有典型者也。《澉水志》作于宋末，仅四十馀页；续之者为前明董穀，体例小变，卷帙倍增，已有明人自用之憾。顾其事增文繁，亦其势有不获已者。夫自宋迄今，天道变于上，人事更于下，不知凡几，非棠书之所备也；自明迄今，天道变于上，人事更于下，不知凡几，亦非董志之所备也。然则抱残守缺，知古人之简贵，而不忍易辙改弦；与夫博采广摭，补古人之缺遗，而不敢胶柱鼓瑟，其义一也。方君蓉浦，善人也，亦博物君子也，家无恒产，以砚田为业。于课读之暇，检阅群书，咨询父老，数十年之苦心，著成《澉水新志》。虽精简不逮棠书，而详赡过于董志。山海交错之区，上下七百年中，作者踵起，前后相辉，非偶然也。惜予调任钱塘，行将受替，不得就己意所未尽者商之，谨撮其大凡而为此序云。

时道光四年岁次甲申夏五吉日

敕授文林郎、知海盐县事、成都汪仲洋谨撰

澉水新志序

自宋绍定三年，隐君竹窗常棠始创《澉志》；迨明嘉靖三十六年，汉阳归叟董穀续之。古昔三百馀年，旧典简册流传，赖以不坠。然二书梓板无存，抱残守缺。乃自嘉靖丁巳以来，又历二百九十馀年，时代变更，事端繁赜，不有记者，征信无由，奚以昭垂来者耶！余壮岁困于场屋，家又艰窘，日以讲授生徒为业。嘉庆庚午，余馆于邑城李蒿园先生家。先生雅素好古，富有藏书。一日，偶览《盐邑志林》诸书，内有关于澉墅典故者，辄记录之；此撰志之始也。如是者有年。嗣是，客寓吴淞，为董朴园师，代阅娄东惠南书院课艺；此事中阁。比及还家，课学于邑城黄氏银花藤馆，复将志稿与黄子柳江重加考订。是时，邑侯汪公少海夫子弁以序文，编次卷帙。如是者有年。继此，就馆于篁里张氏八砖精舍。课文读书之暇，将是稿呈于叔未先生。先生见而悦之，于古迹、诗咏两门撰记作歌。已亥夏，太守于公下车，重修郡志，中尊杨侯招余至署，意欲将澉川旧典，审择数卷上呈。余与柳江重加订正，如命录呈，颇多采取，盖至是已三易其稿矣。如是者又有年。总之，我澉旧典得于耳闻者半，得于目睹者亦半。忆自纪年周甲以后，精力渐衰，常怯舟车远出，就近择主于茶院、通元、浦漾、夹山等处，依旧青毡。暇时，与诸友人散步村庄，游山玩水，辄多记录。是西南区一带，典故搜罗殆遍；至东北区，颇以遗漏为憾。十馀年来，老态益增，杜门不出。幸有亚兰万君，系诚之先生之文孙也。先生与余结文字交，互相砥砺。惜乎先生早游道山，余每以不得领教益为歉。亚兰不忘世好，屡蒙过访，与余谈经论史，考据详明，不愧少年英俊，遂联为同志。余将是稿付托亚兰，补所未备。亚兰于数年内，博采旁搜，以余所遗漏者，每卷补缀，始得观成。是曩日之缺憾，赖亚兰潜心修纂，岂非是书之幸耶！黄君鞍村学优好古，于余志中，或有未足信从之处，必代为核查切实而增损之，亦大有禆益于是书。吴子棠园、朱子鹿宾，一出仕于闽中，一出仕于黔地，先后谢政告归；二子博物君子也，亦文坛之契友也。余与亚兰就而咨商，审辨体例，务使完善而后已。书成，爰仿张铉《金陵新志》、谢铎《赤城新志》之例，定其名曰《澉水新志》，并取简编定为目录，曰地理、曰职官、曰堤海、曰水利、曰课税、曰名胜、曰选举、曰人品、曰列女、曰艺文、曰杂记，合之凡十二卷云。

道光三十年八月，蓉浦方溶自序，时年八十有七

溆水新志序

昔孔子尝曰："吾志在《春秋》"。《春秋》，鲁史也。史而曰志，其为作者心之所之乎？《汉志》五行，首曰"志"，体一准乎史。宋真宗诏诸道修郡乘，亦曰郡邑之志，昉诸列国之史，则是记载谓志、征信谓志，非徒沾沾托为一家言者矣。《春秋》二百四十纪，五等诸侯皆自为政，职司掌故，爰有"方史""外史""南史""小史"诸名号。而其间若富辰述封建，胥臣论学校，蔡仲详城制，羽父溯宗盟，抑又有志之士，旁搜博访，考证古今，大有裨于史者所未及。士君子束身名教，万不敢轻举建议，惊为非常之原。惟以随时随地，殚见洽闻，凡所当传，笔之简端，厘然成编，而曰"姑志之，以俟太史辅轩之下逮"。嗟乎，此其志良足深人思矣！庚戌秋，予奉委权篆兹土。甫下车，即索邑乘，催之至再，乃得天启年间黄冈樊公亢宗氏所修《图经》，及国朝乾隆年间宛平王公桐叔氏所修《续图经》刊本，他若朱《志》、徐《志》、仇《志》、彭童《合志》、杨《志》云，无存焉。予以为征文考献，旧志所关甚巨，遍访邑中诸藏书家。久之，始得悉马君笏斋藏有徐《志》、仇《志》、彭童《合志》三书，皆抄本。惟朱《志》、杨《志》，则至今不获。更自王公越今百馀年来，未之复修。窃以为邑治之重且急者，修志为第一。今春夏交，漕事稽延，刻无暇及；仲秋之月，予又奉委专办塘工，瓜代人来，匆匆告退，怅怅然志自歉。适有万子亚兰来谒，袖出《续修溆川新志稿》，乞予一言。予正有欲言者，以予于斯经年矣。文物之地，著作如林，万一议成修志，得与诸君子访采观摩，印之以登秦岭、坐琴台。海潮望澎湃而来，山灵呼屃赑而出。其有益于见闻者何限。抑或更得诸旧志，规仿其体，取类远，垂宪周，甄藻严，一举而三善具备。即澉川斯稿，仍遵前轨，附登而入。是则后先斯事者，举各有以见志，而予亦藉以志一方之名胜为不浅，又何徒对澉川言澉川也。澉川距县三十里，为南乡大市镇，向因防寇，义建城垣。予初闻其镇民敦古，处士尚渊博，知名之彦，代不乏人。比到镇中，接见朱鹿宾老年伯，询悉近镇土著，素无游手；鸡鸣狗盗，罕有其事，心甚悦之。因更耳方蓉浦先生，重为曩时宗匠之名。是稿本，蓉浦先生手订于始，亚兰万子复补遗续广，扩而充之。总计十二卷，颇极详慎完善。令予一展斯稿，则既不啻如见蓉浦、亚兰二公之所为，有志竟成；窃又感悟斯邑之乘，予则有志未逮，朅当谆嘱后来者，尚取法焉。

时维咸丰元年季冬之月

敕授文林郎、知海盐县事，江西程文范西山氏拜序

澉水新志目录

镇人方溶修纂

卷　一　地理　沿革　风俗　境界　城池　坊界　山　水　堰闸　土产
卷　二　职官　监镇　军职　巡检　盐司　仓使　澉浦汛把总营制　海防左营把总营制　澉浦黄道关复设水师营制　谭仙岭筑城记略　鲍郎场盐大使
卷　三　堤海　海塘　禁止采石
卷　四　水利　申文　公移　给示
卷　五　课税　盐法　关榷
卷　六　名胜上　寺庙
卷　七　名胜下　古迹
卷　八　选举　荐举　进士　明通榜　举人　副榜　贡生　舍选　儒士　掾吏　散官　武进士　行伍　捐职　乡饮宾　武举人　封赠　恩荫
卷　九　人品　名宦　忠良　孝义　文苑　隐逸　流寓　艺术　耆寿　仙释
卷　十　列女　贞女　孝女　孝妇　节妇　烈女　烈妇　贤母　寿母
卷十一　艺文　文　诗　词
卷十二　杂记　祥异　轶事　琐说

澉水新志卷之一　地理门

镇人方溶修纂

沿　革

澉浦镇，唐开元五年，苏州刺史张廷珪奏置，属苏州府海盐县。会昌四年，置镇遏使，以乡土豪杰领之。监镇之官，北宋仍唐旧制。考《海宁县志》，硖石“紫微山”石刻三字碑，宋右班殿值、监澉浦镇税兼烟火公事樊世卿书，官衔可证。迨南渡后，以澉地近京师，商舶聚集，甲于诸方，镇极繁盛。元承宋后，定兵制，设镇遏，旋改镇守，即宣慰使。其时，招商云集，不减前朝，末后开衅番邦，倭夷滋扰。明初，禁海筑城，广设军卫，巡缉海洋。官皆世袭，所以备倭患也。国朝运际升平，治臻上理。顺治二年，裁汰军职，设立澉浦汛千总一员，统率兵丁，保护城乡，海氛以靖。

风　俗

澉浦僻在一方，俗朴而好文，俭而知礼。士大夫冠婚丧祭，率循典章，教子孙以读书稽古。田野小民，火耕水耨，兼以伐山煮海营生。

妇女善绩麻，纺纱者少，更以织苎布为业。傕科重而生计薄，习尚淳而盖藏少，未能家给人足也。

境　界

南至葫芦山界。东南至长墙山界。东至青山界。东北至秦驻山、丰山界。北至咸塘桥、梅园桥界。西北至鲍郎浦、通院六里山界。西至夹山界。西南至谭仙岭、黄沙坞界。自此沿海相接，即葫芦山。约计周围一百里有奇。

四至八到皆古镇境。明袭宋、元，国朝因之。境在县治之南，故称南乡，共计区图二十有八云。

城　池

自前明嘉靖三十年，倭寇复犯境，城垣重加修葺，历时已久，逐渐毁坏。至于濠河，面虽阔而底本浅，数百年来，淤塞更甚。六七两月不雨，水即涸，可行人，无险足恃，难云防堵，不特田亩无以资灌溉而已也。澉境数万生灵命脉，尽系于此；况乎黄道关口，实为浙省之门户。纵使海疆绥靖，外敌不侵，而金汤巩固，有先事预防之道焉。则修浚诸务，岂非营国之大者乎？

许九杞与胡梅林中丞书曰：尝闻苏子瞻曰："天下有事，则匹夫之言重于泰山。"斯言自昔有征矣。今日海寇弄兵，首尾三年，蹦蹂八郡，焚劫残毁，江南无完土，歼夷窜逃，万姓固无志，宁可谓无事乎？

相卿至愚无识，非敢自以其言为重也。窃谓于一时一事，或至切而甚要焉。夫澉浦一城，悬绝海岸，隔离卫所县邑，远者七八十里，近者犹四五十里。孤特独立，四无人烟，如倾巢之系危枝。有兵犹仅自保，人少特空戍耳。去岁五月，海寇数百，白昼猝来攻城。时有统兵徐指挥、公差李典史协奋乘城，牌石、滚木、沸油、毒箭，交坠如雨，贼众救死扶伤亟遁。自是以来，贼凡五六过城下，闻鼓疾走，不复敢近，盖惩前失利也。然识者以为，贼所必由熟路，不可一日无备，而又以兵少粮不继为忧。近乃掣去统兵并湖处兵往乍浦，存留老弱数百，城中无不自危。故昔者乡民日有千百，扶携入城，冀免死亡；今则城中日有十数商议出城，别寻活路矣。使贼陆行，犹倚卫兵先捍；使其舟至城边，可泊者不下三四处，维杙到城，直三四百步，竞进疾攻，欲御无人，求援无路，贼将为刀俎，人尽为鱼肉矣。执事虽甚忧，而欲拯之，其将能乎？徐行健者，不知其素，然统兵于澉二年，却能守法，亦知持廉，士心颇皆畏服。故今急乞钧裁，复调徐统原兵，更益兵千数守澉，则地理素谙，兵将相习，不特澉为可保，且声势连络海宁，亦自增气，执事可无南顾之忧矣。若只如空城饵寇，或入据之，则列屯丧气，省城亦且寒心，祸患未知所弭。相卿室毁肢残，然亦有水村僻境，缓急倚为三屈，实非全恃澉城，为全身保家室谋，而为此哓哓也。诚目睹千万生灵，不忍坐视其阽危。故不揣沉沦之陋，罔顾严重之威，而献其迂议于执事。又况执事敬承简拔，专制方面，宁忍谓弹丸之地非王土、创残之民非赤子耶？仁人必不然矣！伏维少留意焉。

吴贞肃公上熊抚军书曰：澉浦所斗大一城，屼冲海上，实东南之门户。先年屡经寇患，危而复安，以城垒高厚、守备完好也。自改里递为官修，城垣日隳，无过而问者。幸云怡蔡公祖，毅然振举，一时改观。今数载，复遭风潮之患，楼橹垣墙，雉堞台铺，在在倾圮。千百生齿，日夜孤露，寄命于盗贼之手。此地去县既远，情同孽子，不复关切，而天听弥高，众弁力微，徒作大声之呼，未闻流水之令。日复一日，究且无城。目今萑苻充斥，风鹤时惊，居此土者，惟有转徙一法。而人尽转徙，寇至曷守？恐非祖宗朝设立城池之意。所恃祖台在上，法令彰明，颛恳特委廉明，克期修筑。若止层累檄下本县工房，则挂壁置之耳。事关民社，佐所弁一言，采而行之，幸甚幸甚！

康熙十四年乙卯六月，澉浦士民吴坤釜、朱维新等为恳恩给示速通水利，下救民田，上裕国课，地方攸赖事：窃维澉浦地形高阜，水道不通泾河。田亩居多止靠城濠之水盘戽灌溉，设立水门，一以便民，一以救田。讵料上年十月间，突遭豪棍不顾地方利害，擅自钉木堆塞。目今干旱水断，无从车灌，田苗立槁。伏乞天台给示批，着位、图保长，即同业户，照旧疏通，复还水道。其水门启闭，仍循旧例，拨派门兵掌管。兴利除弊，民生仰赖，为此激切，连名上具。

奉知县张名素仁饬令，开通水门，照旧复还水道。

海盐县知县张名宗轼为严禁事：照得澉浦系滨海之区，最关紧要，是以设立城垣，以资保障。今访得有等无知愚民，罔知利害，偶需砖石，即于附近城身挖取。一经坍卸，关系非轻。现据绅士毕皆木等禀请，示禁前来，除移营一体严查外，合行出示严禁。为此，仰该坊地保、居民人等知悉。尔等须知城垣为地方之保障，窃取城砖石块，厥罪非轻。自示之后，倘敢复蹈故辙，一经访闻，立即从重治罪，断不姑宽。各宜凛遵。嘉庆十七年五月廿一日给。

坊　界

裳坊　陈湾

东至杨家团汤坊界，西至天宇圩位坊界，南至李家圩推坊界，北至杨山朝坊界。

推坊　城内外东北区

东至李家圩裳坊界，西至潘火六桥伐坊界，南至青山让坊界，北至双桥裳坊界。

位坊　城内外西北区

东至枣核桥推坊界，西至猫儿桥伐坊界，南至徐匠村国坊界，北至井亭庙裳坊界。

让坊　城内外东南区

东至青山下推坊界，西至浑水寨唐坊界，南至黄道山海洋，北至东门大街推坊界。

国坊　城内外西南区

东至大街让坊界，西至八字桥唐坊界，南至城外让坊界，北至北湖唐坊界。

有坊　邵湾

东至黄巢衖伐坊界，西至犒山枝吊坊界，南至北湖唐坊界，北至根竺大桥虞坊界。

虞坊　根竺大桥

东至独汇泾伐坊界，西至西安桥吊坊界，南至达王庙有坊界，北至石牌桥陶坊界。

陶坊　茶院

东至环桥民坊界，西至佛游墩海宁州界，南至沈家潭虞坊界，北至角里山拱坊界。

唐坊　葫芦山湾

东至浑水寨让坊界，西至莺窠顶海宁州界，南至海洋，北至北湖北岸国坊界。

吊坊　紫云村

东至邵湾有坊界，西至谭家堰海宁州界，南至乌龙井海宁州界，北至打铁桥陶坊界。

民坊 九曲港

东至九曲港瑞坊界，西至茶院市陶坊界，南至愚溪桥瑞坊界，北至匠人桥问坊界。

伐坊 六里堰

东至潘火六桥推坊界，西至黄巢衖有坊界，南至柳桥位坊界，北至朱王庙瑞坊界。

瑞坊 俞历庙

东至赵家桥周坊界，西至愚溪桥民坊界，南至虞家墓桥伐坊界，北至朱家栅桥问坊界。

周坊 葸山北白墙门

东至塘路口朝坊界，西至五河泾瑞坊界，南至葸山寺推坊界，北至亭子桥问坊界。

发坊 秦驻山

东至海塘秦驻山脚，西至东宋桥汤坊界，南至石鼓桥商坊界，北至姜家桥臣坊界。

商坊 长川坝

东至海，西至菜花浜汤坊界，南至海，北至石鼓桥发坊界。

汤坊 大步山

东至菜花浜商坊界，西至宋家浜裳坊界，南至林家衖裳坊界，北至沈家桥率坊界。

坐坊 雪水港

东至夏湾桥汤坊界，西至淡水村朝坊界，南至碧里山阳裳坊界，北至丰山率坊界。

朝坊 靠天荡

东至马鞍山坐坊界，西至金水堰周坊界，南至杨山裳坊界，北至咸塘河黎坊界。

问坊 浦港

东至窑墩桥爱坊界，西至六里山野桥拱坊界，南至朱家栅桥瑞坊界，北至戴家石桥道坊界。

道坊 通元南三官堂

东至窑墩港章坊界，西至栈浜上垂坊界，南至浦漾问坊界，北至通元镇字坊界。

垂坊 水北

东至通元字坊界，西至海宁州界，南至角里山拱坊界，北至潭桥服坊界。

拱坊 角里山

东至五河泾瑞坊界，西至海宁州界，南至茶院市陶坊界，北至圣驾庙垂坊界。

平坊 丰山

东至孝隐村坐坊界，西至报恩桥章坊界，南至利和桥黎坊界，北至南厢桥迩坊界。

章坊 梅园

东至报恩桥平坊界，西至窑墩桥育坊界，南至那思桥爱坊界，北至厚望桥育坊界。

爱坊 金家桥

东至积善桥朝坊界，西至东浦桥问坊界，南至金水堰周坊界，北至陈家兜章坊界。

育坊 广恩桥

东至张家堰壹坊界，西至庆丰桥字坊界，南至窑墩港问坊界，北至新丰庙迩坊界。

黎坊 管山

东至管山桥平坊界，西至沈家埭章坊界，南至西咸塘桥朝坊界，北至利和桥平坊界。

山

山之丈量若干，惟长墙一山，载于常《志》，高八十丈，周十九里馀，本《嘉禾志》所载，为补录之。

青山 高五十丈，周四里。

葫芦山 高六十丈，周五里。不知何年沙涨，半在平地。相传刘宋鲍陋子孙居焉。

飏山 高七十丈，周六里。

荆山 高四十丈，周三里。

鹿山 高六十丈，周四里。《一统志》云：以形似名。又伏狮山、鸡笼山，亦以形似名。

邵湾山 高七丈，周八里。一名木山，产茶名云雾。

吴家山 高五十丈，周五里。

凤凰山 高四十丈，周五里。山峰如凤凰之展翅，故名。

泊橹山 高一百五十丈，周四里。

礲头门山 高五十丈，周五里。

茶磨山 高二十丈，周三里。

金牛山 高一百三十六丈，周四十里。《咸淳志》云：高三百丈，周十九里。按《吴地记》，即会骸山。是陆华兄弟寻金牛，穴山被压处。与旧志言皋伯通事不同。

紫云山 高八十丈，周九里。

金粟山 高九十八丈，周六里。山之西有峰突起，名古杏山，统于金粟，前志多不载。适周六里，故亦名六里山。与市北六里山别。

夹山 高六十丈，周七里，一名中分山。《海宁县志》云：高六十五丈，南北长一里半。

大步山 高五十九丈，周三里。

小步山 高五十九丈，周二里半。

丰山 高一百三十二丈，周十二里。产石，色黄而坚，土人采为甃筑用。

秦驻山 高一百六十丈，周二十里。《吴地记》云：秦始皇时，有五百童女避难于此，后并得仙。

望虞山 高九十丈，周一十二里。

谭山岭 高二十丈，周三里。此山丈量见《海宁县志》，前志俱未载。

望夫山 高七十五丈，周四里。

黄山 高六十丈，周七里。按柳琰《嘉兴府志》，在县西南三十六里，近有高王山，与此相接，意此时犹为镇境，故并记之。其东麓即明都司周应正战没处，后人建庙祀之。

甪里山 杨雄云：四皓避秦居蓝田山中，盐有蓝田，疑四皓隐此，故名。孔安国秘记作“角蠡”，魏子作“禄里”，其称不一，盖声相假耳。《路史》同。

白塔山 在秦驻山东海上，有白塔，神仙所栖。唐至德初，徐正字巍，于山下得一桃核片，可贮米一升。宋建炎四年春，贼将徐大刀舣舟山下，见林木茂盛，有两道人弈棋，登岸就之，不见，遂不扰海邑而去。

大小巫子二山 国朝康熙三年丈量，计共四十二亩，征款输纳盐司鲍郎场。又东海口秦驻支山，亦名“巫子”。

山总论 澉浦西南诸山，从海昌尖山，自西过东，迤逦而来。最峻者为高阳山，磴道十二盘。其巅为鹰窠顶，十月朔，观海中日月并出处。高阳之北，为谭仙岭，通海昌，道颇险。过岭起峡，为木山，顶即邵湾山之正峰也。由木山而东北，为金牛山，稍东为观音山，又北为石屋山，又西北断而复起为茶磨山，山湾之中皆沃土，可居，总谓之邵湾云。又木山之西，迭起三峰，中曰紫云山，东曰大旗山，西曰狮子岩。而中峰之下迤北，曰小紫云山；大旗山之下又北卸二小山，曰萧家山、陈坟岭，总谓之紫云村也。茶磨之北，渡水四五里，复起三山，曰中分、曰金粟、曰角里。而金粟有二峰，其伏而右转横列者，名古杏一作古黄，又作古衡山，统于金粟，故曰“周六里”也。高阳当永安湖西南，自木山而东，有二峰相累而下，一饮湖、一临湖者，獐山、麂山也。金牛山左高峡，为野鸭岭；复起峰而南向者，九杞山也；又峡复起为大山而前蹲者，伏狮山也；稍折而东，复峡而南者，鸡笼山也。诸山在湖之右，起西南而迄东北。又自麂山伏脉过湖，夹湖闸而峙者，飏山如象峙其南，荆山如月峙其北也。荆山发脉断而复起者，凤凰山也。诸山在湖之左，起东南而迄东北。群峰环绕，而南北两湖荡漾于其间，昔人比之小西湖云。环湖之山既断，过六里堰，有山拔地而起者，名泊櫓山，土人谓之阁老一作阁老山。其南麓有横山、有泽山，与隔水凤凰山趾犬牙相错，关澉城水口而束其流焉。自是迤东为罗汉山，其阴曰翠屏山。翠屏之东，对峙如门，名礅头门山。折而北，其过峡处为井亭，又起石马山；山巅分支，横如复壁，中有文溪坞。其北麓有小山，名鲁家湾。又北复起，东西分驰，西为惹山，陆墓山附焉；东为杨山，石屋山附焉。又北迤东，为石塔山、马鞍山、碧里山。杨山、马鞍之下，南为陈湾水，北为雪水港。逾港之北，断而复起者，为葛山，土人又谓之银山。西为管山，东为小步山。又东为大步山，北为龟山，又北为丰一作枫山，皆不相连属。诸山断续复起，至丰山而尽。其山之沿海并行者，高阳发獐山、麃山，过湖为飏山。由西而东，有葫芦山、葛母山在城西南，有黄道山、长墙山在城东南。由是峰回峦转，自西南又东北，既平复而突起者为青山。青山东北为望虞山、秦驻山。秦驻五峰参差，既自南而北，复由东而西，有火炉顶直插至西北，环绕为秦驻坞。其南北各有小山为馀支，虽有分名而总可以秦驻该之。山从高阳发脉，至秦驻而尽，恰与丰山相为照应，成一方之垣局。故曰诸山乃是省会下手，由江入海关束。至长墙山之外大、小巫子山，及秦驻山之外白塔、韭黄门，俱在海中，称为海岛，无从知其脉络云。

水

大海，澉镇东、南、西三面皆环之，潮自黄盘洋起汛，过乍浦汤山，至秦驻山一当，直趋小海。又西南，曲径长墙、葫芦、高阳诸山，入海宁州界。海色昼如空，夜如合，春如进，冬如归，秋夏如骄。日海平，雪海深，雨海悲，风海怒，月海乐。《潮汛论》云：潮头朔望再至，馀日递退，半月复。三日、十八日再至潮旺，馀日递缩，亦半月复。

春、秋月

初一	十六	午末	夜子正	大
初二	十七	未初	夜子末	大
初三	十八	未正	夜丑初	大
初四	十九	未末	夜丑末	大
初五	二十	申正	夜寅初	下岸
初六	廿一	寅末	晚申末	渐小
初七	廿二	卯初	晚酉初	渐小
初八	廿三	卯末	晚酉正	渐小
初九	廿四	辰初	晚酉末	小
初十	廿五	辰末	晚戌正	交泽
十一	廿六	巳初	夜戌末	起水
十二	廿七	巳正	夜亥初	渐大
十三	廿八	巳末	夜亥正	渐大
十四	廿九	午初	夜亥末	渐大
十五	三十	午正	夜子初	极大

夏月

初一	十六	午末	夜子正	大
初二	十七	未初	夜子末	大
初三	十八	未正	夜丑初	大
初四	十九	未末	夜丑正	大
初五	二十	申初	夜丑末	下岸
初六	廿一	寅初	晚申正	小
初七	廿二	寅末	晚申末	小
初八	廿三	卯初	晚酉初	小
初九	廿四	卯末	晚酉正	小
初十	廿五	辰初	晚酉末	交泽

十一	廿六	辰末	夜戌初	起水
十二	廿七	巳正	夜亥初	渐大
十三	廿八	巳末	夜亥正	渐大
十四	廿九	午初	夜亥末	渐大
十五	三十	午正	夜子初	极大

冬月

初一	十六	午末	夜子正	大
初二	十七	未正	夜子末	大
初三	十八	未末	夜丑初	大
初四	十九	申初	夜丑末	大
初五	二十	申正	夜寅初	下岸
初六	廿一	寅末	晚申末	渐小
初七	廿二	卯初	晚酉初	小
初八	廿三	卯末	晚酉正	小
初九	廿四	辰初	晚酉末	小
初十	廿五	辰末	夜戌初	交泽
十一	廿六	巳初	夜戌正	起水
十二	廿七	巳正	夜戌末	渐大
十三	廿八	巳末	夜亥初	渐大
十四	廿九	午初	夜亥正	渐大
十五	三十	午正	夜亥末	大

永安湖 潴诸山之水，堤之为湖。周围一十二里，深一丈五尺许，三千七百四十三亩，南湖一千三百三十三亩，北湖二千四百一十亩。灌田八千三百馀亩。置闸启闭，以资蓄泄。明洪武壬申重浚，屡经申请修治详载董《志》。逮国朝，康熙十一年知县张公、乾隆三十五年知县鲍公，俱

亲临相度，筑堤疏湖，民赖以生。今又将百年，淤淀日甚，湖身日高。雨多则翕受无几，旱则涸辙为患。普大利者，非开浚不为功。

中河 自永安湖闸口而下，东过吴越王庙前，分为二支。一支西北流，自王家桥至孙家堰止；一支东南流，过八字桥，经三十字河至张老人闸止。又两处支浜，在西门外者，至油车堰止；在南门外者，至顾家堰止。统计河港浜溇，凡五千九百七十九丈五尺，阔狭不等。

濠河 亦名城河。势居上流，故城西设六里堰，城东设裘家坝，城北设滚水石坝。皆以蓄积濠内之水，以灌濠旁之田。

长河 在城濠西，濠河从日晖桥流出，西抵六里堰而止，故通称上河。堰外即下河矣。上下河高低悬绝，堰遏上河之水，河旁之田胥赖焉。如遇雨水过多，启堰南之转水闸，以泄入下河。

新河 在东门外。起自裘家坝，下至长川坝止。一以灌溉荡田，一以利济盐运，亦宜蓄而不宜泄。倘值雨水过多，涨溢为害，则开长川铺基闸以泄之。

大窋湖 在长山湾。明朱心泉于湖口建置闸座，以灌溉湾内之田。山湾支浜凡五，钱、王两浜及车水、西桥、卢家三浜。其水俱经教场东，至堂桥入城濠。道光八年，里人卢元熙开浚东南角城濠，并浚及湾内五浜，由是田畴利赖，舟楫亦通。

市河 古通海口。由招宝闸入运渠，经过市中。其间有湾曰“塘湾”，有巷曰“塘门衖”，有闸有庙曰“闸桥庵”。其水道，于前朝已湮塞，皆为民居。今按其地，惟海门寺后玉带河，纳东南隅之水，出板桥，经仓河塘，自东而北，过康家桥，又北至旧城河，过锦绣桥，入大寺河，出丁家桥，折而南，过盐司桥，又折而西，过西石桥，出水关门，入城濠。又南门内教场后大澎河，纳西南隅之水，傍西城下，过西桥、苏家桥，折而东，入小澎河，又折而西，由民地中央官水路出蒋家桥，向北去，再由民地中央官水路流入仓基河，径安德桥折而西，径西石桥出水关门入城濠。

煦按：西南隅水道，至西门蒋家桥，地形自高而低，水得顺流而下，是以彼处田畴，无虑湮没。且水源流通，气脉不绝，于阖镇大有关系焉。今西南隅之水，流入小澎河在赵姓住宅后面，折而西，先流入姚屋内天井中之亮水沟即旧时官水路，然后由西边墙洞流出到官水路，再过姚屋底暗阴沟即旧时官水路，始径蒋家桥，沿赵姓墙外官水路曲折而北，过民地中央官水路，达仓基河。其间易于堆积，故西南隅之田，常有湮没之患。尤恐迟之又久，逐渐改作，势必旧迹无存矣。爰详述之，以告诸来者。

邵湾 周围计田二千馀亩。其水道渐淤塞，遇旱即荒。乾隆四十一年，里人张彦远浚之，未竣事而卒。其子大经，承父志复浚。自南星桥至狮子浜，又绕东至邱家堰，计三里有馀。开深一丈六尺，广四五尺，遂足灌溉二千馀亩之田，遇亢旱亦无虑。

上下河水道总论 六里堰之水，源自永安湖之上山，有涧七十二道，皆穴石穿根而下，注汇为湖，惟长水涧为最大。湖水自闸而下，注于中河，形一横而四纵，如十字者四焉。孙家堰，堰水者也，勿泄也。混水闸，泄于海者也；今以海堤高，故亦勿泄也。于是众流合而东趋于张老人堰闸，入澉城濠焉。城濠者，上河也。城东隔濠，有长川，弗入于濠。其馀东南隅及城北之水，皆合于濠而西行，出日晖桥，由六里堰旁之转水闸，以入下河，而总会于张公桥港。自此有经流焉，有支流焉。经流折而北行，会于五河泾口，以五水所凑而得名。北出烂皮桥，经十字港，一分东行，出金家桥；一北行，乱东浦漾，出窑墩小桥，以入于秦溪。其支流逆而西行，为虞家墓桥。大河泾一名独汇泾之北，为横泾河，皆入愚溪桥港。港西抵角里山，东出九曲八字桥，皆北汇于浦漾，入秦溪焉。紫云村之水，源自紫云山，合海昌黄湾之水，会于西安桥港。邵湾村之水，源自邵湾山马驻桥、仁和桥两浜，分受南、西、东三湾之水；落星浜独受北湾之水，会于根竺大桥。而二村之水皆至留家桥十字漾焉。金水堰之水，源自惹山之阴，接金家桥水，迤北出广恩桥，入于秦溪。溪有十字漾。大河堰之水，源出隐马山之阴，杨山、马鞍山之阳，凡南、北陈湾之水，及文溪坞之水，合宋家浜西会雪水港、咸塘河，北出大步山、小步山之间，亦入于秦溪焉。秦驻坞之水，源自秦驻山南北两涧，合两涵洞，出祖龙桥西行，会长川，而总会于石鼓桥。其支流由白洋河循海而北，一十八里至邑城东南鲍家桥，入于城濠。其经流西行抵丰山，一循山之麓而北，一循山之东，横行过西，至通元镇，古皆谓之秦溪。《至元嘉禾志》称，镌石“秦溪”二大字于法喜寺前今石不存，东西横亘十馀里，故正南、东南、西南三方之水，源出自山者，无不统于秦溪焉。

堰坝　闸座

六里堰　此地上下河高低悬绝，故筑堰基，前志不言筑于何时。明万历间，知县李公当泰创捐修复，朱心泉于堰底创设瀛洞，蔽之以门。平时扃闭不漏，旱则开引下河之水，以灌上河之田，制甚巧妙。吴中伟撰碑记，立石堰上。国朝嘉庆二年，里人集资重修。

孙家堰　相传宋嘉祐间，邑令李惟幾筑。《图经》载“筑捺乡底堰三十馀所”，此其一也。《续图经》云：“孙家堰，堰水者也，勿泄也。”向系土坝，易于坍卸。国朝道光四年，知县汪公仲洋以巨石固基，水鲜渗漏。

油车堰 在西门外马路桥东，堰中河之水，弗入城濠。

顾家堰 在南门外近中立桥处，堰中河支浜，弗入于濠。

裘家坝 在东门外，一名中坝，又名新河堰。堰城濠之水，勿入新河，亦因地制宜也。

滚水石坝 在北门外顾家埭东。此处本系官路，后有人因地稍低，私自开掘，遂成沟渠。与新河通流。嘉庆六年，澉人两造争讼。蒙道宪袁公踏勘，起筑坝基，仍留水道，较行路减低二尺五寸为限。

长川坝 在东北海塘尽处。此坝邑志未载起始。考明百户《余氏家传》，言初开新河时，与白洋河一水相通，后因河身淤塞，南高北下；新河水无停蓄，荡田四千馀亩，连年荒歉。里人徐光治于天启七年，始起作长川坝，以阻捺之。倘值雨多水溢，则开长川铺基，以泄入下河。

北湖大闸 在飏山下悟空寺前。

小闸 在鸡笼山下吴氏宗祠之左。

二闸并蓄永安湖之水，灌田时络续起板，放入中河。国朝知县张公素仁、鲍公鸣凤、任公泽和相继亲勘修筑，并近湖闸。

张老人闸 在西门外城濠之西，蓄中河之水。水溢则启板，放入城濠。

转水河闸 在张王庙侧，关蓄城、长河之水。水溢则启板，放入下河。

以上四闸，司事者慎持管钥，启闭以时。水浅则扃闭不漏，水溢则启板有分寸，不可多放，所以节宣水利也。向来管理，苦无经费。嘉庆年间，朱笠渔创议与诸同人劝捐，资助湖闸镇田。

大窊湖闸 在长山湾内，明朱心泉建。启闭以时，一如永安湖闸。

大河堰

金水堰

王家堰 蓄惹山阳田原之水，弗入下河。

石泾堰 蓄惹山北溪涧之水。

李家堰 向有桥通水，今淤塞平为路。

杨家堰 今筑桥通水。

姜家堰 今筑桥通水。

八楞港堰 今筑桥通水，一名盔渡堰。

胜家庙堰 在通元市西南，今通水。

土 产凡旧志已载，不复赘

蚕豆 产丰山佳。

姜 新芽若指，名紫芽姜。

山药

百合 白花者味甘而香，名檀香百合。

笋 产古杏山，色香味俱绝，名兰花笋。

蕈 春生名松花，秋生名寒露。

马兰 气香，性凉。

西瓜

南瓜 黄癞皮者，味甘，腻且香。

槜李 有爪痕。

杨梅 并产邵湾山。

菱芰 四角而色红，产通元鲍郎浦。

野莲芡 产永安湖。

兰 产秦驻山，香更清幽。

夜合 产巫子山。

树兰 叶类桃，四月开花，大如珠，其口如瓶，旁有四小叶，色浅绿。

戎葵

老少年

蓝

淡巴菰

半枝莲　产鹰窠顶，治蛇螫。

寿星竹

凤尾竹

札山看火

叫天子

子规

獭

菜花鱼

鲟鳇

少阳鱼

呼炙

鳆肚

沙虎　产秦驻坞。形小如钱，以盐酒渍之，壳软而味甚香美。

茶　产鹰窠顶，类武夷；产木山，名云雾。

澹牛乳

烘鰕

酒发虾

澉水新志卷之二　职官门

自五代迄明，官斯土者，旧志或详书，或散见，尚未能赅备。兹就所知者，为补录之。

五代吴越

屠龙骧　澉川镇遏使。

宋

文及翁　**史宅之**　**陈肖孙**　并太守，节制澉浦金山水军。绍定、嘉熙、咸淳中。

胡全　澉浦统制，降于董文炳。元至元十三年。

汪元圭　婺源人。尝献《军国十策》，特补承信郎，监澉浦酒。宋末。

元

哈剌䚟　哈鲁人。至元十二年，统水军从海道攻宋，戍澉浦海口。后充沿海经略使，进兵福建、广南，多其功。终浙东宣慰使，赠巩国公，谥武惠。

隋世昌　栖霞人。涉猎书史，善骑射，身长八尺。锻浑铁为枪，重四十馀斤，能左右击刺。累战功至宣武将军。至元十四年，进安抚使，佩金虎符。镇澉浦十七年，以获海贼功，进安远大将军。卒，封定海郡侯，谥忠勇。

赵赍亨 字文甫，冠氏人。袭父职为行军千户。以平宋功，进宣武将军。至元十四年，盗发澉浦，赍亨时授处州路总管府达鲁花赤，未行间，行省檄为招讨使，率兵讨平之。后终处州路管军万户。

杨发 先世居浦城，以军功土著澉浦。父春，宋武经大夫。发初仕宋，官右武大夫、利州刺史、殿前司选锋军统制官、枢密院副都统。元初内附，改授明威将军、福建安抚使、领浙东西市舶总司事。卒，赠怀远大将军、池州路总管、轻车都尉，追封宏农郡侯。子梓，嘉议大夫、杭州路总管，致仕。节侠风流，尤善音律。卒，赠两浙都转运盐使、上轻车都尉，追封宏农郡侯，谥康惠。梓子耐翁、横。耐翁，少中大夫、浙西道宣慰同知，改任海道都漕运万户。横，敦武校尉、赣州路同知、知宁都州事。横子友直，字元坦，倜傥多才，好学不倦，官至常州通判。吴元年，籍没远徙。

陆桂 字廷芳，以修职郎监秀州芦苈催煎盐场。协赞杭州路总管、浙西宣慰使杨梓保障澉川，民感其德。卒，葬澉浦东塘。

金汝砺 鲍郎场盐司令。

明

澉浦所军职，董《志》所载事迹，视《图经》较略，因未任澉，无容赘补。嘉靖丁巳以后，悉本《图经》备录。

正千户一员

杨承勋蛮后，传承恩、州金、名显、廷献。

副千户四员

于守爵谊后，剿倭寇，累功升本卫署指挥同知。子时保，袭千户，传国柱。

李宪皋后，传国卿、时芳、经、国祚。

李景兴旺后，传璁、正华、逢春。

石銮玉后，传渠、万钟、如钢。

百户董《志》云见在十八员，余云、史章俱无传，绝，只存十六员

吕凤得后，嘉靖中，同子爵御倭于新塘嘴，并战没，崇祀英烈。爵子继忠袭升千户，传师望。

赵淮祥后，传加住、承印、廷用。

马聪福后，传勋、化龙、景援、之麟。

王家宾玉后，传学诗、之柱。

刘璠成后，传玙、志伊、志达、鼎铉。

左天祥贰后，传承明、士奇。

郎舜臣暹后，传一鹏、舜儒、一凤。

杨功遇春后，传国昌、接祖。

胡宠会后，传允升、宗宪。

朱震臣成后，传时宠、家麟、家凤。

黄钟子成后，传有光、元亨、元勋。

郭舜卿信后，传允隆、辅明。

陈九洲壹后，传嘉言、献廷。

姚岑禄后，嘉靖三十五年，御倭于新塘嘴，战没，崇祀英烈。子思舜，袭升千户，传国龙、大元。

徐汉彬后，传应毂、天麟。

余勋寿后，传腾蛟，建议开溆浦上河，军民咸享其利。传全金、鹏举。

镇抚二员

陈经兴后，传纶、洪道、大任。

林忠景清后，传鸣凤、万春。

巡检司

柯芬 大田人天启中。

盐课司

萧士贤洪武二十五年开设。

马出萃 新河人天启中。

仓大使

李文桂 瑞安人天启中。

周一诚 应天府人，武进士，任浙西参将。顺治二年六月，已送款陈洪范，阳修战守，断文昌桥，收斩他盗，多募家丁以自卫。澉兵以无饷哗辕门，一诚击杀数十人。营兵既散，澉人乘夜入城，一诚走，追杀之黄泥桥。

国朝

裁汰卫弁，设澉浦所千总一员，属海宁卫守备。

刘永德 宛平人，武举。顺治九年任。

颉圣谟 大兴人，将材。顺治十年任，旋裁。

顺治二年，创设副将一员，驻郡城，以偏裨分防沿海各汛。十一年，裁副将，改为游击。十二年春，移驻海盐。标下两营，守备二员；左营驻防郡城，右营驻防乍浦；其千、把各官，分防七邑市镇。康熙八年，题定右营守备，驻防乍浦；左营千总一员，驻防澉浦；派定目兵二百九十五名，分防沿海台寨一十七处，总计游击标下。五十年，总督范时崇题改游击为副将，驻札郡城；移中军守备于海盐，马步兵丁一百七十五名；澉浦所千、把总一员，马步兵丁一百名。雍正七年，改中军守备为左营守备，嘉协添设中军都司一员，左营守备辖属石门、桐乡、澉浦、新盛、濮院千、把各员。

按，宋时澉浦监镇，兼摄盐场。官长莅是邦，关市征榷，斥卤课程，素称繁剧。嘉定年间诏下，镇官兼烟火公事，免以盐场系衔，遂画然分为二职焉。又有舶门、酒官、木官、司警等职，分班佐理，设官可云盛矣。元承宋后，改设总管、经历、知事、提控、案牍诸职，备员任事，不减前朝。又有浙东宣慰使、佥都元帅，世袭厥职。招商云集，繁盛甲于诸方，盖亦地运使然也。明初禁海筑城，市井萧条，迥非昔比。除军职戍海外，惟设巡检司、盐课司、仓大使而已。

国朝革除前明军职，设立澉浦汛把总一员，鲍郎场盐大使一员。把总以下，派定兵目，守城守寨，外委分守沈荡镇，防卫綦严，此嘉协左营之官制也。

自营制更定之后，东门外青山寨、黄泥寨、姚官寨、大步门寨、秦山寨、三涧寨、二寨、大寨、落井寨悉属邑城守备管辖。

道光九年，甘肃增兵，澉浦汛奉裁兵丁四名。二十四年，为保护海疆善后事，奏请添设水师一营，澉浦汛又奉裁六名。按伊郡志新纂："战守兵丁八十九名"，与前所载马步兵丁一百名不同，未详何年裁减。今留现额兵丁七十九名。

澉浦汛把总营制

把总一员，俸银一百四十八两，养廉银五十两，草秆银三十六两，冬季借司库银三十八两冬季借司库银，于次年俸内银作三季扣除。外委一员分防沈荡镇，银三十六两，米三石六斗。马兵二名，每名岁给银三十六两连草秆，米三石六斗，冬季借司库银二两。战兵二十四名弓箭二名，鸟枪十五名，藤牌七名，每名岁给银十八两，米三石六斗，冬季借司库银一两五钱。守兵五十二名弓箭八名，鸟枪二十六名，藤牌八名，旱片刀四名，水片刀一名，帖写二名，字识一名。轿夫一名，在副将辕门当差；征磨一名，在嘉兴管兵器，每名岁给银十两八钱，米三石六斗，冬季借司库银一两。

公署 在东门内大街，头门五间，仪门，前厅五间，厅后东西厢房六间，后厅五间，头门外东首兵房三间，大巡船一只，小巡船一只，红衣炮七位，一千斤炮四位，五百斤炮三位，大马蹄炮三位。道光二十一年，奉巡抚刘韵珂将一千斤铁炮一位调赴镇海。二十三年，因防堵黄道关海口，极其冲要，不敷应用，经署千总张青选禀请各宪，添拨一千八百斤平夷铁炮三位，又请本协添拔右营七百五十斤红衣铁炮三位。演武场，在南门外，计六十三亩九分九厘六毫，周围二百五十丈七尺今水师营衙署建造此地。将台一座，炮台二座南总寨一座，西山角一座。

寨堠 东拱寨，平洋寨，西山角寨今即黄道关海口，总寨，浑水寨，大葫芦寨，小葫芦寨，小山寨，庙山寨。每寨皆有烽堠铺舍。东门铺十里至长川铺，十里至蓝田铺，交十四都界。西门铺十里至谭山铺，交海宁州界。东西门铺兵各三名，每名银六两。

职名历来掣签更换，汛守无定，不能备载

胡起蛟 嘉庆间　**邵棣莩** 嘉庆间　**傅光霖** 道光间

许万青 道光间　**张青选** 道光十三年任

海防左营把总既设复裁，前后异制。

澉浦汛 把总一员，每年额支俸薪、养廉并马干银一百二十五两零，米一十四石一斗六升零。额设兵丁七十九名，每名月给战兵银一两四钱五分、米三斗，守兵九钱七分、米三斗，为专管海塘设。考《海宁县志》，雍正十一年，为海溢侵入内地，题设陆营员，并分为十三汛。澉浦汛其一也，属兵备道标下，驻札秦山司城，建造营房七十八间，沿塘堡房六座。协防外委一员，驻札澉浦东门内，新建营房、住房一十八间，今俱坍废。

职名

胡　琮 山东滨州人，雍正十二年任行伍，十三年调任。

薛尚智 山阳人，雍正十三年任行伍，乾隆五年升任。

李　芬 仁和人，乾隆五年任行伍。

武定国

乾隆一十九年，奉文裁塘工员弁。二十二年，奉文复设。二十六年，更改营制，分为六汛，而澉浦汛把总亦在就裁之列。自后，澉浦塘工归并盐平汛管辖。今盐平汛塘工，西自谭仙岭起，东至金山县止，把总驻海盐，外委驻乍浦。

澉浦黄道关复设水师营制

道光二十一年，英夷扰宁波，犯乍浦，有窥武林之意。而澉浦南门外之黄道关，滨临海口，为省城门户，宜严加防御。于二十四年，经巡抚刘韵珂奏，奉谕旨，添设水师营。设都司一员，月支俸薪、心蔬、马干银十五两七钱八分二厘小月按日除扣，岁给养廉银二百四十两。

千总一员，月支俸薪、马干银六银小月按日除扣，岁给养廉银一百二十两。把总一员，月支俸薪、马干银五银小月按日除扣，岁给养廉银九十两。外委一员，岁给养廉银十八两，饷照战兵数。额外外委一员，不给养廉，饷照战兵数。战兵九十名，每名月支银一两五钱，米三斗小月按日除扣。守兵二百十名，每名月支银一两，米三斗小月按日除扣。巡船三只，四季轮流，派千、把带兵出洋，巡缉会哨。建都司衙署一所，左右建千、把署各一所，环绕兵房七十五间。另设演武厅三间、后厅三间、左右厢房各二间、外营房三间、火药房五间。鲍郎场盐大使金宗埒监工建造此项官员兵目，系内地大荆、盘石等营裁汰移建。按，陆营、水师军政并重。当南宋时，嘉泰三年始置澉浦水军。邢公子政建立美固堂，路公钤凿黄道山水池，皆以水师著绩者也。元初定兵制，于澉浦设中万户府，管军五千以上；达鲁花赤一人、万户一人、副万户一人、镇抚二员。镇重官盛，终元之世，无海夷患。明初，倭变猝乘，设立正千户一员，副千户四员，百户二十员。更番出洋戍海，不立水军之兵，实符水军之制也。成、宏而后，罢军所之戍海者，其时诸弁浸尚文教，罕言军政。至嘉靖中，倭变大作，于是募民为兵，设陆兵一营即今陆募营、水兵一营即今西山角黄道关，改备倭把总为钦依，以都指挥体统行事。遇汛率领旗兵轮番出哨羊山、许山等处，汛毕，各船回守本关。此故明黄道关军戍之大略也。

国朝顺治十二年，革除军籍员弁。康熙八年，设立澉浦汛千总一员，派定目兵，分守墩寨。内地营制备矣，而出洋戍海之典缺如也。考伊郡志云：澉浦白塔、巫子二山，乍浦水师兼辖，未有专职。兹于道光二十四年，澉浦黄道关复设水师，盖本向时巡哨之制。因也，非创也。

职名

都司

叶舞墀 黄岩人，千总。道光二十四年署任。

王廷鳌 定海人，守备。道光二十五年署任。

罗朝辅 黄岩人，道光二十九年任。

王维镛 黄岩人，世袭云骑尉。咸丰元年署任。

千总

王廷豹 定海人，道光二十五年任。

丁安邦 道光二十七年署。

把总

丁安邦 平湖人，道光二十六年任。

孙福昌 钱塘人，道光二十七年署。

刘文敏 镇海人，武举。道光二十八年任。

谭仙岭筑城记略

澉浦沿海官塘，北达乍浦。西经谭仙岭，直抵杭州，一昼夜陆行可到。前明倭寇犯境，由此过海宁界，下钱塘江，为害不浅。道光二十二年四月，洋人英吉利兵船攻陷乍浦，分队而来，意图进取。行抵海盐白马庙，其酋坠马死，遂退。二十四年，巡抚刘韵珂筹备海防，揆度形势，爰筑石城，高一丈二尺，周围七十丈二尺。内建炮台两座、官厅五间、营房十间。设兵固守，以绝匪寇进攻之路，诚良策也。

鲍郎场署 古在本镇通江桥侧，有秀野堂。前明迁出水关门外，临河以便拨船。门道、官厅、廨舍并仓屋，共计四十七间，右有分司厅。国朝因之，当乾隆朝，官员莅任，公廨犹存。迨嘉庆以来，厅堂栋宇日渐倾颓，只遗废址。道光十四年，详明立案，现赁民屋办公。

职名

王佳校 原任大使，顺治二年任，归顺札委。

范士英 翼城人，顺治十二年任，吏员。

赵良璧 宛平人，顺治十五年任，吏员。

王泰亨 博野人，康熙二年任，吏员。

刘启相 滑县人，康熙十三年任，吏员。

李定本 韩城人，康熙十七年任，吏员。

李明良 山海关人，康熙二十五年任，吏员。

祝延龄 醴泉人，康熙三十二年任，吏员。

申执中 垣曲人，康熙四十一年任，吏员。

林显耀 通州人，康熙四十九年任，吏员。

冯起铨 顺天人，康熙五十年任，吏员。

唐宏勋 陕西人，康熙五十一年任，吏员。

杨自俊 宜君人，康熙五十一年任，吏员。

吕贤臣 晋州人，康熙五十二年任，吏员。

叶显臣 顺天人，雍正二年任。

王一元 宛平人，雍正三年任。

刘志仁 饶阳人，雍正六年任，举人。

倪志本 桐城人，雍正七年任，协理。

汪天来

陈　式 并雍正十一年，协理。

陈光裕 钱塘人，雍正十一年，协理，监生。

杨遇时 雍正十一年，协理。

张　原 宛平人，雍正十二年任，监生。

陈　莘 雍正十二年，协理。

李　溶 金坛人，雍正十二年署，监生。

俞维墉 雍正十三年，协理。

庄楚宝 武进人，乾隆元年任，监生，县丞。

石　山 宿松人，乾隆元年，协理，监生。

李世球 乾隆元年，协理。

邓日琏 荆门州人，乾隆二年任，贡生。

翁　晟 乾隆二年，协理。

胡　儋 镇海人，乾隆三年署，举人。

朱景襄 乾隆三年，协理。

蒋蟾荣 乾隆四年，协理。

张中善 大兴籍纷阳①人，乾隆五年任，吏员。

章尧仁 会稽人，乾隆六年署，监生，州同。

田　开 德州人，乾隆九年署，拔贡。

成师灏 乾隆十三年任。

王起龙 乾隆十四年署。

王述裕 乾隆十五年任。

李兴让 云南人，乾隆十八年任，举人。

王文郁 乾隆十九年署，兼署海沙场。

方　琮 乾隆十九年署。

---

①纷阳，疑为汾阳。

王锡位 贵州人，乾隆二十一年任，举人。

王绍统 乾隆二十三年署，批验所大使。

蒋　照 常熟人，乾隆二十四年署，监生。

杨　泌 乾隆二十六年任。

宋成绥 长州人，乾隆二十七年署，监生。

汤　埈 江南人，乾隆二十八年署，举人。

王序端 奉天正红旗人，乾隆二十八年任，举人。

佟士苞 乾隆二十九年署。

曹世显 乾隆三十二年署，举人。

吴士英 上海人，乾隆三十三年署，举人。

虞绍麟 奉天正黄旗人，乾隆三十四年任。

查　涉 嘉善人，乾隆三十六年署，监生。

沈成元 青阳人，乾隆三十七年署，贡生。

夏朝栋 吴县人，乾隆三十八年署。

漆洛美 新昌人，乾隆三十九年任，监生。

四　德 奉天镶黄旗人，乾隆四十年署，举人。

金德厚 吴县人，乾隆四十年署，监生。

司马腴 江宁人，乾隆四十三年署，监生。

陆宗镐 昭文人，乾隆四十四年署，监生。

李名世 江西人，乾隆四十四年署。

路　錞 汉阳人，乾隆四十五年署，监生。

张永铨 吴县人，乾隆四十六年署，监生。

李　浩 奉天镶白旗人，乾隆四十七年署，举人。

吴　焯 江阴人，乾隆四十九年署，监生。

陈德纯 姚川人，乾隆五十年署，举人。

徐　绶　奉天正蓝旗人，乾隆五十一年任，监生。

张　增　桐城人，乾隆五十三年署。

孙永祺　吴县人，乾隆五十五年任，监生。

金　琯　宛平人，乾隆五十六年署，吏员。

张　珩　通州人，乾隆六十年署，监生。

沈成均　元和人，嘉庆二年署，附监。

任绍濂　宛平人，嘉庆三年署，附生，议叙。

张麟经　景州人，嘉庆三年署，监生。

董和培　奉天镶白旗人，嘉庆四年署，举人。

刘　魁　桐城人，嘉庆六年署，举人。

德　恒　内务府正白旗人，嘉庆十年署，举人。

费槐墀　吴江人，嘉庆十年署，议叙。

张星焯　山西解州人，嘉庆十年署，监生。

王　愉　河南固始人，嘉庆十年署，监生。

韩廷楷　大兴人，嘉庆十一年署，监生。

张贻燕　奉天镶黄旗人，嘉庆十三年署，监生。

杨　棠　江西新城人，嘉庆十五年署，监生。

阙光朝　湖南桃源人，嘉庆十七年署，监生。

李　蕙　丹徒人，嘉庆十九年署，附贡。

明　安　奉天镶黄旗人，嘉庆二十年署，监生。

黄　荃　桐城人，嘉庆二十年任，监生。

陈尚邵　江西崇仁人，嘉庆二十二年任，监生。

徐日照　大兴人，嘉庆二十四年任，监生。

赵　新　江西南丰人，道光二年署，贡生。

汪　煃　林宁人，道光二年任，监生。

姚　昀　江西南昌人，道光五年署，贡生。

黄道豫　福建长汀人，道光七年署，监生。

章道基　安徽绩溪人，道光八年署，附贡。

周曰坚　江苏太仓人，道光十二年署，监生。

金宗埗　吴江人，道光十四年任，国子监典籍改。

刘克壮　怀宁人，道光十六年署，监生。

陈延祺　江西人，道光十六年署，经厅。

秦　封　广西临桂人，道光十九年署，监生。

李承光　龙溪人，道光二十年署，兵马司副指挥改。

王劭定　陕西人，道光二十三年署。

胡树槦　江苏丹徒人，道光三十年署，监生。

徐钟桂　江苏吴县人，咸丰元年任，监生。

澉水新志卷之三　堤海门

海　塘

镇之东、南、西三面濒海，为三江之尾闾。赖有秦驻山、青山、长墙山、葫芦山、西山脚环立海口，石趾峙出，潮势至此而杀，是诚天造地设之海塘也。然游潮涌入内河，田禾受害，古人筑土塘以捍之。自西山脚至长墙山靠海，土塘一千五百三十丈；自长墙山至青山脚止，小块石塘二百十八丈五尺；自青山脚至秦驻山止，土塘二千二百二十二丈。秋汛大潮，或一到塘趾焉。惟西海里土塘最低，每值极大潮汛，潮涌过塘，流入人家，有二尺馀水，异常危险，亟宜加高塘面，补填塘缺，以杜冲入之路。

请禁长墙山采石　乾隆二十七年

具禀生员周玉濂，为石保长墙恳饬谕移凿以救生灵事：

窃澉浦有龙尾石峰，在长墙西嘴，一山浮海御潮。因思海潮汹涌，从黄盘洋起汛，直抵乍浦汤山一当，再至秦山，横截相峙起，至长墙、巫子要门更甚。塔山港狭潮急，全赖龙尾石峰，直冲抵敌。潮势直复东行，澉浦生灵赖此安全，关口船只赖此停泊。损去一尺，潮涌丈馀，民皆昏垫。康熙四十三年，业有故闻，若无此石，南冲上虞，北冲海宁，绵亘数百里，船只难停。不但客商难以往来，即澉川数万顷，伫见化为沧海矣。况潮势直奔塔山，全无阻碍。即令兴工修筑之塘，石块难停，亦加妨害。荡户、石工不思紧要，不通业户，无知私凿。殊不知凿石修塘，本以救民。今弃现御之塘峰，筑未成之石塘，彼未见利，此已受害。事关重大，理合呈明县主太爷，饬谕荡户、石工，石满群山，随处可采，移凿别方，无伤要石，保全万民，公侯奕祀。上具。按，是时，邑令沈全达移文，左堂雷亲临踏勘，申详批准，永禁在案。

永禁葫芦山采石

伊郡志“丛谈门”曰：澉浦介海盐、海宁之间，三面濒海，一线土堤，向无石塘，而幸免潮患。赖有高阳山、飑山、葫芦山、长墙山、青山、秦驻山环峙海口，足资捍御。乃乾隆五十七年间，有荡户承揽海宁塘工，于葫芦山开采石块。铲断山嘴，海水荡进，沙涂坍卸，至今私凿不已。伏读御制《海塘记》云：“南岸绍兴有山为之御，故其患常轻；北岸海宁无山为之御，故其患常重。”是海口之山，俱关保障。以山捍海，即以山为塘。况葫芦山嘴名狮子山者，形如挑水坝，尤关要害，所当查照雍正八年“禁止汤山采石”之案，一体请禁，以惩射利荡户贻害地方，民生幸甚！

永禁秦驻山采石 道光十三年

知县江名思濬为出示严禁事：

据绅耆等禀称，切防海之秦驻山，遭奸徒胡景龙等渔利妄为。始卖浮石，继思创开石宕。经绅耆等历陈利害，立即提犯惩治，燎原之火得早扑灭。惟查首恶胡景龙，实系倡始奸慝。前曾挈伴往省，并至海宁工所，钻谋成交，盘费出伊一人，妄思充当宕户之头，计船分肥以为利薮。今被兔脱，未受法惩，恐贪念未绝。山虽不敢擅开，或潜往海宁工所，与所识营私之人商生滋蔓，亦未可定。绅耆等思杜后患，叩请给示谕禁等情到县。据此，查秦驻山系天造海塘，载入邑乘，永禁开采。胡景龙等胆敢私取石料，业经讯明，惩处在案。兹据前情，合再出示严禁。为此示仰该处居民，及地保人等知悉：自示之后，如有不法棍徒，希图渔利，敢于该山私取石料，许即禀县，以凭严究，断不姑宽。各宜凛遵。

永禁高阳山黄沙坞采石 道光十五年

知县侯名承诰为严禁黄沙坞创开石宕、并饬议禁葫芦山采石事：

据澉浦绅耆等，本邑东南滨海，自秦驻山至高阳山下，仅用土塘。全赖秦驻山、青山、长墙山、葫芦山、飏山、高阳山等六山亘峙中流，层层抵御，始免潮势冲突。是此跨海六山，乃天生不敝之海塘，断无开凿之理。乾隆年间，曾被山户凿石私卖，后值海宁塘工效尤人众，遂成石宕。自凿断狮子山后，潮势斜冲西团，海塝坍毁过半。秋汛风驶，居民震恐，利害详载郡志。其馀五山，从无敢觊觎采凿者。道光十三年冬，有胡景龙等思在秦驻山开宕，经该所绅耆等查觉，禀蒙前主江提惩示禁在案。本年六月十四夜，潮借风势越塘，西海独甚。根究其故，骇在高阳山湾内黄沙坞等处，又被无知射利恶棍私开石宕，已非一年。该处湾深路险，人迹罕到，恶棍等狂称现系钦工，逢山开山，见石采石，谁敢拦阻？以致近地居民，无敢言泄。伏念塘工需石，断无命拆生成之塘，以供岁修塘工之令。且一山可开，势必山山可开。前年独禁秦山，何以折服顽愚。查人地俱隶灶籍，就近禀闻场主，饬传晓谕。业据自悔具结，但恐不受法惩，难免阳奉阴违。为此迫叩，伏赐严示，差谕立止黄沙坞创开各宕。至葫芦山，每日疏凿私卖船运，难再坐视。容即妥议封禁章程，呈请详准永禁，以杜后患等情到县。据此，除批示外，合行给示严禁。为此示仰该处居民，并开采宕户人等知悉：尔等须念跨海之山，以山为塘。自己身家所在，岂可止顾目前小利，致贻大害。此示之后，如敢再在黄沙坞等处开采石块者，查出定即拿案，从重惩治。至葫芦山，既系抵御海潮紧要之处，该地绅耆，应即会同妥议章程，候详请宪示，勒石永禁，以固保障。均毋玩视，凛之慎之！

溆水新志卷之四　水利门

水道总论

溆境高阜，不通下河。最上永安湖，其次中河，又次城濠及长河，又次新河。惟西境之六里堰下，东境之长川坝下，则为下河平水矣。此古人闸堰之设，所谓“因地制宜，以时蓄泄”也。

许九杞与嘉兴林别驾书

陈少尹承命来视湖田蓄泄事宜，闻之父老：永安湖田灌水，顷亩尺寸有限，故昔人远虑，刻石以杜后变。若欲决破数百年旧防而滥溉，下流之土自此岁岁雨病，必难兼济矣。此端一开，利害所迫，海民亦且日寻斗讼，不遑宁居。兹因父老摹石奉达，惟仁人揆势详定，以杜民患，幸甚！薄田绝无仰湖水者，居民地，知民害，不敢不告，秋成目睫，亟遣荼足之民归农，不胜大惠。

董汉阳与邓文岩别驾书

日者上谒，蒙谕以溆浦开河一节，此实千载之奇逢，一方之大幸。自古循良，未尝不以讲求水利为第一义。山林病夫，忍死以观盛事之成，岂胜愿哉，岂胜愿哉！是议也，昉于敬先刘先生、虚斋祝先生，继以都谏张公、方伯吴公。而毂之不敏，亦尝受吴公之托，经营于是且四十年矣。而民可乐成，难于图始。计小失大，偷安幸免，十年九旱，屈纳税粮。人民愈加贫薄，变成魑魅之乡，而不知悔，良可太息。原夫正德十一年大旱，澉浦千户所具呈申上司，其始欲开通六里坝周围城濠并南、北两湖，以御旱患。文卷具在，而竟不行。盖由地方奸民，惧妨己私，百计阴阻，以致好事难成。瑴因推寻水脉，所言六里坝，固宜开通，但自城抵县，水路几五十里，其道迂远。后据海盐古志，在宋名宦知县鲁宗道，自县治开通一十八里，抵蓝田铺。继以名宦知县李直养，又自蓝田铺开通一十八里，以至澉浦。由是地方富庶，比于杭城。以后年久，日渐湮没，而故道往往犹存。详其大势，盖有二路：其一自县治南门外兴福桥、缪泾河，南至巡检司等处，俱有旧迹，但加疏浚，虽有当开去处，俱是草荡平地，不伤民力，可以直抵澉浦城河；其一自县治天宁寺前，南至泾塘桥，斜进至雪水港，沿官山嘴以至澉浦城下。俱有旧迹，原呼为鲁塘河，此即是鲁宗道所开者也，不过一千馀丈，即抵澉河，别无妨害。但加疏浚，即便流通。自此至县，水路止二十五里，极又便益。比之缪泾河开凿，又为力省而功倍矣。动支官银不过数百金，可以竣事。顾小民无知，惟图延捱，岂知一劳永逸之道。今幸我公临莅，慨然有志于兹，复欲以官银召募，则不日成之，万世之利，虽郑国、白渠，其惠何以加于此哉！

又与杨秋泉参将书

夫君子之学，用其心于万事之中，而置其身于万事之外。视万事之于吾身也，犹浮云之过于太虚也。视吾身之于万事也，犹勤子之经理其家也。此之谓体用之学。若徒崇尚清虚，谈空说有，而无实用；在吾儒谓之死汉，在释氏谓之顽空。岂惟晋人之风流，即宋人之理学，亦多有之。诚何益于事哉！昨承谕开河事，此一城生灵之所系也，功德孰有大于是者。乡先达图之百有馀年而不遂，岂固有定数乎？但开深城濠，可以拒贼，而无益于城中之贫窘。惟开深上河，毁去旧坝，使活水流通，直进水门，则粮运时至，货物骈集，田无旱患，居民殷实。况因下为功，宜无难事，比之疏浚鲁塘故道为力较易耳。若并开之，使西通海宁，东通海盐，则地力当大富。恐山氓无此福耳。眊昏不尽所云，其详载《澉志》，仰惟原照不宣。

康熙二十一年五月日，奉巡抚王名国安批，分守杭嘉湖道确查妥议详报

分守杭嘉湖道右参议王，覆看得：海盐县所属之澉浦所，乃边海孤城。其城濠之水，盖藉以卫城，兼赖灌溉者也。但其地势南高北低，水流倾泻，故设立三坝。创自故明，原为停蓄流泉，可以随地灌溉，而有裨居民，其历年已久。不意康熙十四年，有黠灶等欲图运盐载薪之便，假公济私，以浚河建闸开坝，假捏绅衿公呈，矇控前令，申详前任抚宪陈。致蒙批驳，工用不资，乐输恐涉私派，复行府查议。而黠灶等又以商贾捐资，民灶助力，诳府详允。然其时众口喧咈，难以举行。至康熙十八年间，适值兵马经过。黠灶因统其族人，掘开旧坝，而各商灶也未与闻也。但其初议，原为先浚濠河，再建石闸，而后开中坝，则濠水下流，有所建之石闸为之拦抵，而不致尽泄。今黠灶不浚上源之濠河，不筑下流之石闸，而竟开中坝。则上源之水绝流，而下泄之水，势如建瓴，直至新河，倾泻无馀。于是濠水干涸，孤城无以恃险；田亩焦枯，穷民何以输赋？此澉浦士民，所以有巨蠹钳官殃民病国之控，而绅衿亦有检举，即盐商灶户等，亦未尝左袒于黠灶，咸称开坝泄水，徒有害于民田，而实无益商灶也。今蒙宪批，本道确查妥议，详报此案。前六月间，曾据该府具详议覆旧制。本道业经洞悉其弊，实系黠灶之利己妨人，捍造公呈，非由众议。已行令照旧填

筑，以利民田，永为遵守矣。今似宜准照该府详议，每岁长川、六里二坝，无使有崩溃之虞。其新河一坝，仍应照旧填筑，以复古制，使濠水不致倾泻，得以随地灌溉民田，而无干涸之患。则边海之孤城，既有所恃，而农田、而国赋，均有攸赖矣。缘宪批查议事，理合详覆。

康熙二十一年十月日

奉巡抚王批，如详

勘复新河中坝碑记 康熙二十一年十二月立

邑人彭孙遹碑记曰：

吾郡萃山水之胜者，惟澉浦地。环山抱湖面海，秀甲于东南。然终以阻山，故苦涸而民瘠。其载在邑志曰："澉地南高北下，筑为土坝以捺之。"原其上停为永安湖，湖有闸，减水于中河，以灌沿河之田。又降而为濠河，濠西距六里堰，东距新河坝，潴水以灌沿濠之田。又东而为新河，乃故户侯余腾蛟所凿也。久而河淤，水不复存。后更筑长川坝，其中十里皆草荡。向给灶煮海，以地舄卤，水咸不可灌，故荡税之输鹾司极轻，盖高下相因，若鳞次云。康熙十四年，其灶之桀黠者谋曰："盍溃堤引濠水以入新河，则荡悉为腴产矣。"于是创为浚濠建闸开坝之说，以告于前令君。而令君不察也，为之上请。比得请，遂汲汲毁坝，而浚濠建闸竟不行。是秋，荡大获，田不登。次年春，民不堪命，争担土石以塞坝，而黠者又复以之怒令君。令君曰："澉民之妨命也如此！"复命毁坝。民喙伏不敢争。二十年，新令侯君下车，民奔诉之。侯君曰："事在上尔。其上诉于府。"众因控于府。府君曰："噫！其信。岁庚申，予以事至澉，见濠底龟坼，车马从濠中行，职是故也。"因登进两造于庭，而谓黠者曰："坝止寻丈，昔之人能开河，而不开坝，必有不可开者。今尔以私意欲开之，何不先浚筑而遽开坝也?”黠者乃首服。公乃具详各宪，请悉遵古制，仍分三坝，随地灌溉，毋坏昔人之规画。因列上其事于都宪王公。都宪复下其事于守宪覆核。而守宪王公，更洞悉其弊。具详覆曰：“溆乃边海孤城，其濠非仅以灌田，实藉以卫城。濠涸则田赋既无所输，而孤城何以恃险？该府议仍旧贯，良是。”于是都宪俞其请，而各宪亦俱如详行焉。溆之民，自是得更生矣。其长老寓书都门，俾予记其事。予观古之善为政者，惟因与革二者而已。因所当因，则非袭陋；革所当革，则非咈情。然非本之公忠之心，未易有此也。今府君志在于利民，而守宪则更虑及于边海，其公忠为何如者？昔汉召信臣为南阳守，为百姓开渠溉田数万顷，民称为“召父”。今二公不为好名，惟求复古，迹虽异而心实同也。使胶于古而悖于今，岂所为因革之当乎？二公政在天壤，又何待于纪述，然纪之亦足以使后人知改作之未可轻议也。乃重为之铭曰：

谁与毁，卒乃复；繄我仁君锡之福。濠以存，民永宁；口碑万世逾贞珉。

守宪姓王，名永祚，辽东铁岭人，由贡监。

府宪姓袁，名国梓，华亭人，顺治己丑进士。其申详覆核谳语，暨各宪批允，具载于碑。按，《续图经》所载彭孙適碑记，两相协合。近见郡志有不同处，不知采辑何本，览志者不可不辨。

勘复张老人堰闸 乾隆三十三年七月

粮厅雷，勘得：溆浦之西，有永安湖水以滋田禾。向设有闸二座，一在悟空寺前，其二则张老人堰闸也。二闸俱为中河之咽喉，流入城濠。旧制原设木板启闭，今因人惑于风水之说，竟私去木板，用石堵塞。设遇水大，则迤南葫芦山一带居民受害；水乏，则下流不能积蓄。此绅士耆民所以请示禁约也。敝厅亲诣该地，细心查勘情形。旧制原系木板，且闸之左右，皆有下板之石槽可据。似应如所请，仍用木板，以复旧制。并请出示禁约，未便再任侵堵，妨害田庐。缘奉移勘，拟合绘图贴说，具文牒覆。伏祈堂翁给示禁约，仍用木板，立案永远遵行，实为公便。为此备由具册，伏乞照牒施行。

知县韩，为晓谕永遵事：照得澉浦西门外张老人堰闸一座，系永安湖及中河众流东泄之咽喉。向设木板，启闭以时，庶于军民田亩，水旱赖以无患。载在邑志，岂容更张，以贻民害。是以前县经示，历禁在案。今据该处绅士耆民，重向清理叩禀，再行严禁等情到县。除委勘外，合行示禁。为此示仰附近居民，及坊保管闸人等知悉：嗣后仍遵旧制，设立木板，以备启闭有时。倘有无知再肆侵扰，混行堆积，有妨水利，致害田禾者，许即禀县，以凭拏究，按律拟详，断不姑宽，各宜凛遵。

勘复孙家古堰 乾隆三十四年

嘉兴府知府李，柒月念五日勘禀：前奉藩臬二司转奉钧檄，内开水利事务，澉浦所绅士耆民上控盐邑，孙家古堰开通改建闸座，有无碍及民田水利等，因批饬确勘下府，令卑府赴盐邑盘查。即亲诣查勘。该处坐落切澉浦城之西，有永安湖，周回十二里内，田八千馀亩。西南北三面群山环绕，其东南、西南二隅，断山处土塘之外即海，海水不可为田用也。北面自东至西，有长河一道，势如建瓴，故筑六里堰以阻之。复为转水闸，使曲流而入下河；与长河高低悬殊，离田亦远，势必不能自下而上，取远水以灌田畴。中央虽有三十字河，纵横七十二浜，水无活源，一遇旱年，河干浜涸，田无灌溉。是以昔日有田之家，在于西隅田亩开筑南北二湖，以为蓄水。其湖之东，设永安闸一座，以为启闭。凡遇旱干之年，开闸放水，以资田亩。只因地势东南高而西北低，若顺水之性，则出自闸至八字桥折北下趋，从王家桥直下入长河，一泻无馀。其东南一带，水不能到，所以前人于王家桥河尾筑孙家堰，以阻其流，使北水盈满，方得回流到漾，徐至东南之浜，引用灌田。此以水蓄水之法。其或水多之时，启东南张老人闸，泄入城濠，从日晖桥折而复西，由长河徐入下河。总为蓄水计耳。盖此处田傍山麓，宜涝而不宜旱，宜蓄而不宜泄。前孙家堰改为闸座，自冬仍为民人填筑。即如今岁，雨多水涨，而现在该处田禾畅茂，倍于往昔，此明证也。所有勘过实在，民田水利情形，绘具图说，先行肃禀宪台鉴核。

巡抚永批：据禀已悉。仰按察司会同布政司，速饬遵照节次批示，秉公查审，妥议具详，由司会核详夺。

杭嘉湖道宁，勘禀：本年十一月十三日，准臬司关奉前院批司会详水利事务。澉浦所绅士耆民上控盐邑孙家堰改为闸座一案。今职道遵于十一月廿四日，自宁赴盐，查阅塘工。便道勘得，澉浦城之西，有永安湖，环绕地势特高，湖田约三千馀亩。湖之东口有永安闸，闸之下即中河，较永安湖低五尺。河水东注，至八字桥分支。其第一支折而西北趋者，自王家桥至孙家堰而止，堰之外即是长河，较中河低五尺，此即志书所云“堰水勿泄”者也。其自八字桥而东南趋者，有三十字河，纵横七十二浜，周回十有二里，军民田八千三百馀亩，鳞次栉比，均谓之湖田。是皆仰给于湖水以灌溉者也。极东尾间，旧设张老人闸。闸之下，即城濠。城濠者，长河之上流也。城濠浅而长河深。从日晖桥流入长河，步步下趋，至六里堰而止。六里堰之南，旧设转水闸。闸与堰之下，均系下河。下河者，四达之通渠也，较长河又低丈馀。湖河高低实在情形如此。总之湖田八千馀亩，皆依山傍麓，地势高阜，水无活源，全赖永安湖水放入中河，以资灌溉。而中河地势，东南高而西北低，中河田亩，东南多而西北少，必从张老人闸出水，则河水满而后溢。诚如该府所禀，西北之水盈满，方得回流到漾，徐至东南之浜。若从孙家堰出水，则河水就近直出，诚如该府禀称，顺水之性折北下趋，一泻无馀，则东南一带水不能到。此前人之定制，所以于东南建闸，于西北筑堰也。业经照旧筑堰相应，俯准筑堰，以顺舆情。是否？仰冀宪台鉴察施行。

巡抚永批：仰按察司会同布政司确核详覆。

布政司雷、按察司曾，会看得：孙家堰开通，改为闸座。该地绅士以堰内之田凡遇天时亢旱，湖水既由闸泄，不能灌溉，常遭荒芜，呈县拆毁，仍改为堰。二本司细阅绘图，复加查核。孙家堰本属官地，自宋迄今，永赖蓄水。志载“堰水勿泄”，班班可考。又孙家堰所建闸座，自二十四年以来，与该地民田历多不便，至三十三年，被旱尤甚，此其明验。现在道府俱经亲勘明确，该地形势宜蓄而不宜泄，未便开堰建闸，以致有害水利民田。今该地民人已将闸座填毁，应请准其照旧筑堰，以顺舆情。是否？仰冀宪察批示饬遵，所有绘图，一并呈送。

乾隆三十五年二月初四日，奉巡抚熊名学鹏批：如详饬遵，缴图存。

永安湖德政碑记　吴懋政

永安两湖之水，琛如醴酏，非时不敢轻泄。乾隆二十四年，有宦家惑于风水者，将堰水之孙家堰，改闸泄水，民甚病之。三十四年，蒙邑侯韩公、何公相继为民请命，蒙府宪李公、道宪宁公秉公勘详，重复古堰。十年疾苦，苏于一旦。盖自是田无漏卮之患矣，然水源犹未及议浚也。按《溆水志》，湖田三千七百馀亩，旧本是田，后遂潴之为湖。在当时，本不甚深，世代滋久，陂堤圮坏，水葑淤塞。殆有日涸之虞，亟须疏浚。而当事每以工程浩大，辄难之。三十五年庚寅，邑侯鲍公下车，慨然曰："此而不浚，吾民安有鸠乎？"爰召诸绅士民，晓谕一切利害，无不踊跃色飞。公乃捐俸倡先，详明上宪，按亩乐输。浚筑中湖塘、茅塘，增加高阔，重保障也。永安大闸及西北隅小闸、东南区张老人闸，均加修筑巩固，慎蓄泄也。两湖中间，开浚引河，接济大闸，便灌注也。大闸下七十二浜，谕令各佃开挑，通支流也。中湖塘、茅塘扦种杨柳、芙蓉、乌柏等树，分段佃管，并仿西湖之利，蓄养公鱼，取息贮公，以备修葺塘闸，且为逐年挑浚之费，美风俗亦以计经久也。自是年九月兴工，至十一月竣工，亲临七次，戴星出入，不辞劳倦。公之轸恤黎元，抑何委曲而切挚乎。嗟哉！吾澉旱乡耳，改闸泄水，澉之害也；筑堤聚水，澉千百年未有之利也。频年以来，害既除而利顿兴，是数公者皆大有造于吾澉，而吾澉所没世不能忘者也。于是澉之民佥曰："是不可不勒石以颂不朽。"惟是立法经久，始之难，终之亦不易。今两湖岁修之费，全赖公鱼。而养公鱼经营伊始，必重典守之人，慎经理之法，杜侵渔之弊，而后得取息存贮，以收将来全浚之功，其利无穷而其绩殊未易竟也。是更重有望于父母斯民者。

道宪宁公名武立，字正亭，满洲正蓝旗人。府宪李公名允升，字季猷，陕西长安人。邑侯韩公名本晋，字桐裔，山西太原人。邑侯何公名肇灏，字澣沧，福建瓯宁人。邑侯鲍公名鸣凤，字竹亭，安徽青阳人。

海盐县知县任，禀称：勘得澉浦迤西，环山负海，中有屯田、民产八千三百馀亩。向赖永安湖灌溉，且有堤闸，以时蓄泄。自乾隆三十五年挑浚以来，湖身日就淤塞，若再因循，势必渐成平陆。中湖塘长五百馀丈，茅塘长六百馀丈，系经由海昌大路，亦俱坍卸低陷。不特天晴无以潴蓄，农民尽力无由；若遇大雨，堤没水中，即行旅亦有病涉之苦。该处湖堤，允宜亟为浚筑。

奉嘉兴府知府伊名汤安批：据禀称，浚筑永安湖堤闸，俾澉浦一带屯田、民产，均资利益，殊堪嘉尚。仰即饬令首事，乘此农隙之时，亟为经理，并禁书差地保不得干预滋弊。

会次年正月大雨，水满湖，未果开，捐资修筑湖闸四座。

勘复顾家埭官路详文 嘉庆六年

县详：九月初一日，据该典史黄学温详称，切蒙发澉浦民灶等原被各词卷。下职遵即带同画工，亲诣控争处所。勘得新河灶户所控城河士民拆桥筑堰处所，系在澉浦所城北门外位坊顾家埭地方。顾姓住屋东南，有大路一条，路东系灶荡，路西系民田。路东有小浜，据两造佥称，是新河支浜；路西有小浜，称是城河支浜。惟中间石路一条，据灶户即指为是拆桥处所；而城河士民俱称向系官路，实地因夏间被黠灶掘洞放水，故此加土修筑。卑职细加履勘，并无桥面、桥桩形迹。复又细阅城河河身，高于新河数尺，若为城河蓄水之计，似难流通。复查灶户词控，拆桥筑堰之处，桥名穆家桥，离顾家埭约有一里，其桥现存并未拆毁。绕道勘至东门裘家坝，城河地形实系极高，且询伊水无活源，城河万亩民田，全赖堰坝关蓄，得以灌溉。又据称新河荡产有千馀亩，向来只种豆麦，不办正粮，每亩仅完场税二分二厘，且有长川坝蓄水，足资灌溉。所勘顾家埭情形，确与裘家坝无异等情，绘图贴说，议覆前来。卑职细加察核，两造控词，俱各指为风水起衅，但事关水利农田，彼此无容稍存私见。因查所呈《裘家坝碑摹》，内载："澉地南高北下，筑为土坝以捺之，俾得随地灌溉。"又云："澉乃边海孤城，其濠非仅以灌田亩，实藉以卫城，濠涸则田赋既无所输，而孤城何以恃险？"是以奉宪复筑，勒石永遵在案。若现在顾家埭石路之处，果系与新河相通，则从前裘家坝竟可无庸赘设。又检查卑县志乘《续图经》，载溆浦水道云“城濠者，上河也。城东隔濠有长川，弗入于濠。其馀东南隅及城北之水，皆合于濠而西行，出日晖桥，由六里堰旁之转水闸，以入下河”等语。查长川即系新河，既称隔濠，又言弗入，显系隔绝。今既勘明城河之身，实系高于新河，且并无拆桥确迹，裘家坝既经筑断，顾家埭自无通理。至《续图经》四处互异，而核之经文明载：“城北之水，会而西行，出日晖桥。”则顾家埭亦并无减水。其城濠之水，只由六里堰旁一处转水闸，以入下河，更属显然。又查新河，另有长川坝关蓄，足资灌溉。同属无源之水，自应照循旧例，各障高下之水，各灌高下之田，奚任徇私滋讼！除饬着两造，各将本处堰坝，逐年修筑，以资潴蓄，毋许更易旧章，致多妨害，一面遵取完案外，并城河士民请详宪，立案勒石，永远遵守。卑职因念水利农田，有关地方要务，拟合据情录案，绘图贴说申详，仰祈宪台察核，俯准立案，实为德便。

巡抚阮名元批：此案据该县具详，“查阅所送碑志图说，城濠之水，非仅以溉田，实藉以卫城。从前曾有毁坝浚濠，濠涸有妨田赋，无以恃险，议请仍遵旧制”等语，是濠水不便泻入新河，县详图志已属显然。仰杭嘉湖道查明呈批，亲履确勘。如果新河与城河，向系隔绝，并无毁桥形迹，应循旧章。具详。

澉水新志卷之五　课税门

盐　法

国朝灶丁三千一百四十一丁，额产盐五百一十万七千五百斤。配销嘉所正引二万二千五百道。荡地、埻垛、仓舍、团基、灶山、芦薪，共一万五千九百七亩一分二厘二毫四丝八忽，海滩四千三百五十弓一尺二寸。

旧聚团额　共一十九团，一百五十九灶。

现煎团额　共二十团，一百六十一灶。

头团十灶　**军团**六灶　**长川团**六灶　**新团**六灶　**北备团**九灶　**北正团**十一灶　**东正团**九灶　**东寨团**六灶　**周家团**七灶　**顾家团**七灶　**汤家团**十六灶　**小海团**五灶　**总寨团**五灶　**老舍团**四灶　**中立团**十灶　**金塘团**十一灶　**寨前团**十一灶　**长山团**四灶　**李家团**十一灶　**李备团**七灶

伊郡志曰："按场境，西至黄沙坞，东渡葫芦山，东南至长墙山，为南团。自小海团青山，北达周家舍，为西团。又北达东正团，为东团。又北极于秦驻山，为北团。析团内而聚落之，列为团圩者二十二。"又按本场审定，灶丁三千一百四十一丁，自宋时，官给卤地、山荡。于明、于国朝历奉清查，计丁均配。南团七百八十五丁，东团六百三十六丁，西团七百三十九丁，北团九百八十一丁。

场地　本场海滩、灶山、草荡，向给灶户樵采，计丁征课。雍正三年奉文，丁归地征，将丁课匀摊于原额海滩、灶山、草荡之上，计弓按亩完纳，共征丁课银三百五十两八钱七分七厘七毫九丝，符合本场原征丁课之数计每丁征课连珠银一钱一分四厘。其馀原额熟荡及新垦芦薪等地，亩升税照旧征输。

本场原额海滩四千三百五十弓一尺二寸，课荡一万二百九十亩三分四厘七毫五丝二忽。内原额海滩四千三百五十弓一尺二寸，征丁课银二百四十七两九钱七分四厘。原额灶山六千六百九十一亩一分九厘五毫二丝二忽，征丁课银六十六两九钱一分九厘。原额草荡三千五百九十九亩一分五厘二毫三丝，征丁课银三十五两九钱九分一厘。

本场各则税地七千六百二十七亩八分三厘一毫八丝六忽四微。内原额税荡四千五百五十四亩九分二厘，征课税银九十四两二钱八分六厘。墩垛二百二十亩，征课税银一十一两四钱一分四厘。芦薪一百九十九亩二分，征课税银一两九钱九分二厘。团基五十六亩六分五厘，征课税银一两三钱零五厘。仓基一十四亩四分五厘，征课税银八钱。巫子山四十二亩，征课税银四钱三分五厘。丈报新垦及加升熟荡、芦薪、墩垛、仓基、山等，共二千一十一亩七厘，共征新升税银一百二十七两七钱三厘。

本场续升草荡、熟荡、亭垛、芦薪、坟山等地亩，共一千五百一十三亩一分七厘九毫六丝三忽六微八纤。按前项续升地亩，即在原额草荡、灶山等荡内升垦输税，故现额亩分与原额同。又按新升税银自康熙六年起，至嘉庆二年止，谨依《两浙盐法志》。

本场额征备荒银即杂饷银三十一两六钱四分二厘。内原额备荒墩垛五百一十八亩五分四厘八毫四丝四忽，征银三十一两一钱六分二厘。黄沙坞备荒墩垛一十六亩，征银四钱八分。

以上额征正课银五百四十六两七钱二厘，额征备荒银三十一两六钱四分二厘。

二共银五百七十八两三钱四分四厘又正备银每两随征滴珠银一分，车脚银七厘，共该征珠、车银九两八钱三分四厘。

通共合征课税银五百八十八两一钱七分八厘。

锅盘 一百六十一副。每灶铁盘一面，锅二口。

盐斤 每卤一担，成盐二十五斤。

仓廒 二百六十六间。

掣期 一年两掣，每岁夏六月一掣，冬十二月一掣。

例限 本场各商赍领引目下场。入场例限五日，各所季掣引目，先期编定。盐道印给单引，各商赍领，下场买补单帖，入场以此为限。出场例限九日。各商在场买补既定，运盐听掣，并以号票实填，出场之日为始，以此为限。

运盐有二道。团在南者，由六里堰过坝，经通元港黄道河至欤城。团在北者，过长川坝，经黄油车海盐塘至欤城。巡盐官遣役，就欤城盘验，赴嘉所掣。

关 榷

澉浦黄道关税务，宋元最盛，自明时禁海，关遂废。国朝康熙二十三年，台湾既入版图，海氛尽殄，乃遣巡海大臣驰各处海禁，通市贸易。二十四年，部议覆准浙江照闽广例，许用五百石以下船只出海贸易。地方官登记人数，船头烙号，给发印票，令防守海口官员验票放行。建海关于宁波府镇海县，凡为口址十五，头围口黄道关其一也。时弦风旧址无存，因于南门外吊桥南，赁民房为收税之所，离关署七百里。海关监督，自康熙二十五年，俱差部员；至六十一年，始命巡抚兼理；雍正元年以后，题委道府护理。头围口向系海关遥领，稽察海舶，征收税课。自海盐至海宁沿塘一带，东自行素庵起，西至华岳庙止，皆所钤辖。乾隆十年，副使宁绍台道叶公士宽护理海关印务，详委海盐县监收，仍归护关稽核焉。仿乍浦宋景关志。

海船进口，各投牙行。牙行为具报单，将船户所赍来处县照，赴关呈验。照上开明船户、舵工、水手姓名、年貌、籍贯。次日领出，赴关登簿，续报水陆两口址，然后运货过塘。将部牌并红单，赴海关税口报验。红单载明某商某货，在某口报税若干。单上皆有各关口钤记，恪遵则例额征。惟浙东船止用验票，不更纳税。

按邑《图经》云："宋《澉水志》：淳祐六年，创市舶官，十年置市舶场，在镇东海岸，凡大食、吉逻、阇婆、占城、勃泥、麻逸、三佛齐诸番，并通贸易，以金银、缗钱、铅锡、杂色帛、瓷器，市香药、犀象、珊瑚、琥珀、珠琲、瑸铁、鼊皮、玳瑁、玛瑙、车渠、水晶、番布、乌樠、苏木等物。""番舶至，聚长墙山龙眼潭下，由招宝闸入运河，穿镇西出栅桥，发引收税，抵六里堰搬度下河，流通内郡。其税十分抽一，犀象角齿，十分抽二。"《元史·食货志》："至元十四年，立澉浦市舶司，令福建安抚使杨发督之。"时设庆元、上海及澉浦三市舶司，并发领其事。每岁招集舶商于番邦，博易珠翠番货等物，次年回帆。其税十分取一，粗者十五分取一，然后听其货卖。至大德二年始并澉浦入庆元提举司。明时罢设。胡职方曰："今考海盐市舶之设，惟宋南渡后最盛。缘宋都临安，四方百货所凑。澉浦近畿地，海舶由龛赭入钱塘者，阻于江湍，以收舶澉堧为便，番货因而毕集。"国朝康熙二十四年，复设海关，不及宋元之盛，而海舶往来，固已流通于内郡矣。

漕运则例

明制，于各卫选都指挥一员，统领官军运粮，又令南京二总各卫官军，俱与军政佥出，更番输运。后改令把总领运，其运丁即于各屯伍中拣择，不许卖富差贫。官军凡一十六万馀员名，盖于屯伍中抽选，别为一途也。

本朝以来，官则裁去卫指挥等衔，改为守备、千总、随帮等员弁，专司屯务。运粮丁，则因前明之初，有招集民人充实行伍，原系征战之兵，令指挥统领，得地即令坐镇，镇守年久，官丁皆与本地子民婿配，安居食业。后因本地营伍足资捍御，将原派镇守之兵裁其粮饷，难驱回籍，责令开垦荒田，以为生计。故凡属卫军，皆有屯田，今则谓之屯军，又谓之军丁。军代民劳，着令挽漕，即今之旂丁也。前领兵之指挥，并千、百户等官，当裁饷。屯田之始，承袭子孙，管理屯饷，至坐佥长运以后，以世职管辖运丁运粮。

本朝初年，用为押空随帮；雍正年间停止不用。乾隆二十八年，奏准行令各省，追夺委牌执照。此项世职子孙，谓之舍丁，名目虽有分别，总名曰军丁。每逢佥运之年，一体佥选。

溆水新志卷之六　名胜门上

寺　庙

城隍庙　在南门大街。国朝乾隆三十三年，道士钱迎安募资增广基址，重建前殿及门楼、戏台、廊庑。嘉庆年间，迎安徒黄正大相继募化添建后殿，并左右厢房、斋堂、静室。

海门寺　在南门大街。旧名祐福禅庵。详见旧志。明隆庆初，殿阁倾欹。万历二十年，僧守恩募化重修，起造方丈。许闻造有记，详载十一卷。国朝康熙十四年，僧恒可继修。乾隆二十六年，僧实智重修大殿。嘉庆二年，僧际性募修大悲阁。道光年间，僧宝清复募，重盖大殿。因工程浩大，自二十年至今，工尚未竣。

禅悦寺　在北门大街内。始建详常《志》。明洪武三年，僧善良建殿宇、方丈、库堂。董《志》载："寺废基存，惟馀钟楼在。"万历六年，风潮陡作，楼倒钟坠。百户余腾蛟、善士朱文才率僧募缘备料，迨三十二年，创造禅悦寺。三十八年，重建钟楼。国朝康熙十七年，僧道嵩募修佛殿、钟楼、毗卢阁。乾隆五十九年，僧惺尘重建钟楼，并起造功德堂。今楼柱蜂蛀，不胜重载，急需修整。

延真观　在西门大街，南即真武庙，俗称十间楼。详见旧志。按宏治柳琰《嘉兴府志》载，延真道院，元延祐间，里人杨枢创建。疑即宋真武庙废址，或别是一所。盖杨氏世居溆川，且延祐中，杨氏方盛。迨明初，革土官，杨氏远徙，改为延真观，塑真武像，而枢建之道院乃废。缘董《志》未载，嗣后修邑郡志，皆存柳说。改创为重，讹二为一，至今指为疑团。姑记以质博物君子。明万历丁未，里人吴中伟募修后殿，塑文昌帝君。中为真武殿，前为天王殿，左有三官火神及吕祖师神座。祖师签授仙丹，祈祷极灵。乾隆、嘉庆间，道士潘正中迭事募修。

嘉庆六年八月，奉上谕：文昌帝君主持文运，福国祐民，崇正教，辟邪说，灵迹最著，海内崇奉，与关圣大帝相同。允宜列入祀典，用光文治等因，部议以二月初三日圣诞为春祭。秋祭另行择吉，行文地方官，敬谨致祭。文昌祠所祀梓潼帝君，王世贞《宛委馀编》谓即张恶子。而引其所著《化书》谓，本黄帝子，名挥，始造弦，张罗网，因以张为氏。周时为山阴张氏子，以医术事周公。卒，托生于张无忌妻黄氏，为遗腹子，《诗》所称“张仲孝友”者也。寻为汉帝子，曰赵王如意。复生于张禹家，名勋，为清河令，卒。顺帝时，又生为张孝仲。西晋时，复生于越巂张氏，入石穴，悟道而化。姚苌入蜀，至梓潼岭，神令其还秦，请其氏，曰“张恶子也”。后苌即其地立张相公庙。唐僖宗幸蜀，神又出迎，封顺济王。宋咸平中，改封英显王。道家谓帝命梓潼掌文昌府事及人间禄籍。故元加号为帝君，而天下学校亦有祠祀者。明景泰五年，敕赐文昌宫。或又谓斗魁为文昌六府，主赏功进爵，故科名之士多事之。

吕祖师，向封孚佑真君。嘉庆十年秋，祖师御灾捍患，护国佑民，敕封爕元赞运孚佑帝君。吕祖师名岩，字洞宾，与《枕中记》中记述卢生遇吕翁事，非一人。按《宋史·陈抟传》云：“关西逸人吕洞宾，有剑术，百馀岁而童颜，顷刻数百里。”又按万鹗《宋诗纪事》考，是唐德宗朝吕渭之孙，懿宗咸通中举进士不第，值黄巢乱，携家隐居终南山，时至陈抟室。而稗史载《纯阳文集》，又称是德宗贞元十四年生，文宗二年举进士第。考其事迹，多显于宋，杂见于《蒙斋笔谈》《避暑录话》等书，去卢生遇吕翁时，皆在后百馀年矣。王凤洲《四部稿》有《过邯郸吕翁祠》古风一章，中云："误传兹事属剑叟，不识开元年为谁?"近又见凤洲读书后有一条云："《真仙通鉴·纯阳传》，不当入邯郸卢生事。邯郸吕翁，开元中所遇也，纯阳尚未生。"此二条最为有识。

关帝庙 在中市东大街。明万历间，里人吴道传建，为吴氏檀信之所。国朝乾隆十二年，重加修葺。五十二年，僧逸秀募缘重建巽峰阁，及起造后轩五楹。嘉庆二十一年，僧定修募资重葺大殿。二十四年，重建山门。

壮缪侯，汉后主三年九月追谥，载在《华阳国志》。而公之灵迹，至隋始显。宋崇宁元年，追封忠勇公，又封崇宁真君。大观二年，加封武安王。南渡后，建炎二年，复累加壮缪武安王。淳熙四年，加英济王。元天历元年，加封显灵威勇武安英济王。明万历二十二年，进爵为帝，庙曰"英烈"。四十二年，敕封三界伏魔大帝、神威远镇天尊、关圣帝君。又封夫人胡氏为九灵懿德武肃英皇后。子平为竭忠王，兴为显忠王。周仓为威灵忠勇公。赐以左丞相一员，为宋陆秀夫；右丞相一员，为张世杰。又崇为武庙，与孔庙并祀。国朝顺治九年，加封忠义神武关圣大帝。雍正三年四月，敕封帝三代公爵：曾祖光昭公，祖裕昌公名审，字问之，号石磐，父成忠公名毅，字道远。其礼仪俱照先师庙，每岁春秋并五月十三日，祠以太牢。乾隆二十五年，山东按察使沈廷芳疏请改壮缪之谥，部议改曰"神勇"。三十三年三月，加封忠义神武灵佑关圣大帝，其解州、洛阳、江陵三处，俱有世袭五经博士。

东岳庙 在北门内。详见旧志。明万历中，道士沈志远重修。国朝嘉庆间，道士王庆元募资重修。

天妃宫 在南门大街。详见旧志。国朝乾隆四十年，僧隐山募资重建，并塑刘猛将军于前殿。一在南总寨侧。国朝雍正十三年，像自海潮浮至，里人搭盖茅屋，供奉香火，祈祷辄应。鹾商恒号汪姓病笃，构地舍施，寻即痊愈。旋有苏人龚天益，募往来商资，于乾隆二年创造前殿、厢轩及门外凉亭，宁绍台道王公垣题“护国保商”额。十五年间，复造后殿，又于凉亭外甃井，以便民汲焉。嗣为白蚁所蛀，梁柱坍卸。嘉庆初年，僧载月募资重建。曾不多时，又为白蚁蛀啮，叠遭摧折。道光年间，僧庆元相继募资重建。董《志》载：“原设南门外操备厂。”故复显于此。

天妃，五代闽王时，都巡检莆田林愿第六女也。晋天福八年三月二十三日降生，预知休咎事，长能乘席渡海，人呼曰“神女”，宋雍熙四年二月二十九日升化。厥后，尝衣朱衣，飞翻海上，父老相率祀之。神始封灵惠夫人。宣和中，路允迪使高丽，中流震风，神降于樯，安流以济，还，奏闻，特赐庙号曰“顺济”。绍兴中，封昭应崇福。乾道中，加封善利。淳熙中，加封灵惠。庆元、开禧、景定中，累封助顺、显卫、英烈、协正、集庆等号。元至元中，封护国明著灵惠协正善庆显济天妃。明洪武中，封昭应德正灵应孚济圣妃。永乐七年，复加封宏仁普济护国庇民明著天妃。国朝康熙十九年，封护国庇民妙灵昭应宏仁普济天妃。二十三年，以收复台湾，加封天后。雍正十一年，载入祀典，春秋二仲上辛日致祭。乾隆二年，加封福佑群生。二十二年，加封诚感咸孚。五十三年，加封显神赞顺。嘉庆五年，加封垂慈笃佑。六年，追封神父为积庆公，母为积庆夫人。陆广霖云：“台湾往来，神迹尤著。土人呼神为‘妈祖’。倘遇风浪危急，呼妈祖，则神披发而来，其效立应；若呼天妃，则神必冠披而至，恐稽时刻。”妈祖云者，盖闽人在母家之称也。神之功效如此，岂一女子所能。盖水为阴类，其象维女，地媪配天则曰后，水阴次之曰妃，即谓水神之本号。可林氏女之说，不必泥也。张学礼云："天妃姓蔡，闽海中梅花所人，为父投海身死，后封天妃。"

秀州朱坤著《灵泉笔记》，引《怡庵杂录》云："宋景定四年，封故提举江州太平兴国宫淮南江东浙西置使刘锜为扬威侯、天曹猛将。"有敕书云："飞蝗犯境，渐食嘉禾，赖尔神力，扫荡无馀。"据此，则猛将乃刘锜也。锜字武穆，姑苏人。或以为宋绍兴中，浙东仓使干官金坛刘宰漫塘，并误考。国朝会典，祭猛将军元指挥刘承忠于各省府州县，神能驱蝗，元亡，自沉于河，世称刘猛将军。雍正二年，奉旨庙祀。十二年，奉敕岁冬至后第三戊日，准入蜡祭，正月十二日祝釐。

张六五相公庙　在关帝庙东，明时建。国朝嘉庆年间，关帝庙僧定修带管香火，募资重建。继又增广基地，兴造后殿，移神座于内，庙貌焕然。

《毛西河集》曰：张十一郎者，宋护堤侯张六五老相公也，名夏，萧山坞里人。初，以父亮为吴越王时刑部尚书，入宋归命，遂由故任子起家授工部郎中，称郎官。既而海溢，飓风发，钱塘、萧山堤坏，相公充护堤使者，统捍江五指挥，护海堤有功。乃以护漕当决河，覆舟，旗丁绕河觅相公，不得。翼日，有大鼋负相公尸，浮于沙，巫者狂言相公已为神。其尸归葬萧山之长山闸，而立祠闸旁，负山壁为楹，面海滔滔，每风雨歇，见神灯数队，沿山而归。宋景祐间，礼部请于朝，封英济侯。萧俗呼十一为六五，呼官为相公，以侯王故呼老相公，每岁三月六日系老相公生日。国朝雍正二年，封静安公，入祀典。

海昌许《志》：宋大观二年，封安济公。又《外志》，祀萧山布衣张六，溺海为神，俗称捍沙大王。宋咸淳间，赐额，有功海堤，祈祷甚应，并记以俟考。

广福庙 在禅悦寺后。详常《志》。柳《志》：“元至正六年建。”今寺僧带管香火，增建后殿。每岁二月十一日为神庆诞，居民咸集祝釐。

第六庙 在板桥北。明初建，塑关圣大帝。士民祈祷，签极灵验。国朝道光初，重建殿宇、山门，增高加广。

第七庙 在铁匠营。明初建，祀晏公神。

晏公名戍仔，江西临江府清江镇人，见《杭州府志》。神尝救明太祖毗陵覆舟之祸，又助筑江岸之功，乃封为神霄玉府晏公都督大元帅，见《七修类稿》。又《松江府志》云：“公名仔，元初为文锦堂局长，登舟尸解。洪武初，以其阴翼海运，封平浪侯。”国朝加封护国济运显应平浪元侯。

金王庙 在塘门巷。明初建，祀都总管随粮王神。神姓金，名文秀，敕封护国随粮王运德海潮神，见《西湖志纂》。

小寺 在北门大街。详见旧志。国朝康熙、乾隆间，尼僧迭事修整。

闸桥庵 在北门小街，即闸头庵。详见董《志》。国朝乾隆年间，尼僧募化，重建殿宇。

福庆庵 在城隍庙东。详见董《志》。国朝乾隆四十年，僧静安募资重建。

岳庵 在关帝庙西，内塑岳武穆王神。详见董《志》。今为吴氏家庵。

真君堂 在青山西南。详见旧志。明嘉靖时，倭寇至澉，真君大显灵异。沈友儒有碑记，详载十一卷。万历丁亥，道士沈岐山重建殿宇。国朝嘉庆七年，道士黄延年、董瑞徵募化，重建大殿、山门。按《十二真君传》，吴猛为许旌阳之师。董《志》载疑误，附正于此。

黄道庙 在长墙山上，即显应侯庙。详见旧志。国朝康熙二十四年，扫荡海氛，新设关榷。往来商客，乐为输助，频加修整。乾隆三十三年，僧悟空募资重建。寻患白蚁蛀啮，栋宇倾欹。嘉庆中，僧玉峰修葺。

吴越王庙　在西门外八字桥。常《志》据《吴越国王传》谓“钱镠孙钱俶，宋雍熙元年，改封吴越国王，意俶其神乎?”云云。今考《国朝祀典》，祭诚应王吴越国王钱镠于浙江临安县，则神镠，非俶也。乾隆八年，僧昙芳重建后殿。道光五年，僧清元募资，建前殿、山门。

云岫庵　在莺窠顶，一名云鹫。宋建隆间创。元至正二年，僧本原开山。明天顺八年，毁于兵。隆庆辛未，杭州百法寺僧明坚至此，里人许翺、许懋舍山五亩重建。沈友儒有记，详载十一卷。万历甲午，募资新之。垂成，缺二梁，海上浮异材至，分寸不爽。凡为殿十楹，阁五楹，右庑四楹，斋堂、静室、厨房共十楹，又请《大藏》，庋阁中。邑令李当泰有《藏经阁记》，载邑《图经》。国朝康熙二十三年重修，松寮竹径，迥在云表。

悟空寺　在荆山下，旧名永安寺。明洪武二十四年，定为教寺。详见旧志。天、崇间，大殿毁于兵。国朝顺治七年，重建。乾隆四十九年，僧实恒重建天王殿。五十四年，僧际乾募建山门。

金粟寺　在茶院市。详见旧志。按明宋濂撰《太平万寿寺记》，“当吴之时，佛法虽至中国，而大江以南，则无有也。赤乌中，康居沙门僧会实来，祈获释伽文佛真身舍利，始创三寺。其二即金陵之保宁、海盐之金粟”，可证金粟于吾邑诸山为最古矣。有宋绍兴二十五年七月，降御书法帖一十轴。又有藏经千轴，用硬黄茧纸，内外皆蜡磨光莹，以红丝栏界之，书法端楷而肥，卷卷如出一手，墨尤黝泽，如髹漆可鉴，纸背每幅有小红印曰“金粟山藏经纸”，宋时物也。今俱不存。明万历中，寺久圮，茂才蔡联璧感梦鬻田，偕广道本彦，重建正殿、大悲阁、禅堂、方丈、祖师堂及僧寮若干楹，延云栖大莲开堂说法。赵国琦有记，载邑《图经》。天启间，圆悟密云和尚重葺法堂。云间董尚书其昌题“狮子吼”额。天王寝殿樊维城有记，详载十一卷。国朝顺治己亥，敕赐寺僧圆悟之徒道忞“宏觉禅师”号，并赐“敬佛”二字，有道人宝篆曰“太和之印”。《金粟寺志》云：刊碑高六尺，阔二尺五寸，墨宝供奉宁波太白山天童宏法禅寺。康熙五年，重修山门。二十八年，赐金粟方丈僧天岸墨宝《心经》一卷。三十三年，敕进谥圆悟“慧空禅师”。雍正五年，颁赐金粟寺对联曰：“不佛求，不法求，不僧伽求，早已过去；无我相，无人相，无众生相，却是未来。”命文觉禅师敬悬方丈。乾隆十六年，巡幸浙江，天宁寺僧源瀚、金粟寺僧源达，在苏州观音山上恭迓圣驾，敕赐墨宝《心经》各一卷。

法喜寺 在通元市。旧名通元寺，吴大帝夫人舍宅置。唐载初二字未详元年，则天皇后改为重云寺，旧通元寺移鲍郎市。邑《图经》。伊郡志注载：“晋建兴二年，郡东南沪渎渔人，夜见海上光明，照水彻天。明日，睹二石神像浮水上，众入海迎之，载入郡城。像至通元寺前，牵拽不动。众议元像应居此寺，言毕，数人舁试，像乃轻举，便登宝殿。”梁简文帝制石佛碑曰：“有迦叶佛、维卫佛，梵字刻于像背。”唐东宫长史陆柬之书碑。又载：“则天皇后遣使送珊瑚镜一面，钵一副，宣赐供养。开元五年，赐金鱼字额。”以上所载，俱非鲍郎市之通元寺。似宜削去，免生后人之惑，不必博引，为“通元”二字推原也。断自移建鲍郎市之通元寺，始无疑矣。宋祥符元年，赐额法喜寺。绍兴九年，改禅寺。李正民有记，载邑《图经》。淳祐甲戌，僧文正重修门廊、楼殿、经纶法堂、留云馆、宣明院。杨幼度有记，载邑《图经》。明洪武二十四年，归并祐福、幻住、新坟、观音、贾泰、法铭、潮音、碧云、福惠等九庵院，以成丛林。三十年，僧处纯重建山门、方丈。嘉靖三十五年，僧戒楫重修，增建观音堂、达摩院。许相卿有记，详见十一卷。万历二十九年，里人顾所有捐赀建阁五楹，请大藏教典六千四百馀卷贮其上。徐绍曾有记，载邑

《图经》。又六年，前殿火所有，复捐赀鼎新。国朝乾隆五十年间，僧衡峰募化木石，创建后殿，至嘉庆时，僧巨慧鸠工始竣。咸丰元年，僧鹤松起工，重修藏经阁，未竣。寺有巽瞻堂额，良准题。

宁海寺 在法喜寺东。宋绍熙六年，赐额为宁海院。明洪武初，定为教寺。二十四年，归并云岫、白云、庄庆、惠泉等四庵，以成丛林。嘉靖初，寺毁，僧玉峰秀重建大殿、山门、两庑及宿云诸堂。娄江太史陆深有记，见徐豫贞诗序。嗣后，东岫、沧晓、体源递主席，有鱼天沙岸、松月海云诸胜景。见冯参政皋谟诗集。国朝乾隆五十七年，大殿毁于火。嘉庆元年，里人姜德周率僧朴贤、雨亭、大彻，募资重建，二十四年春，告竣。

岳庙 在通元市中，元至正间建。明万历壬子重建。国朝道光七年，住持黄熙载重建山门。

惹山寺 在惹山南麓，旧名普明院。详见常《志》。明洪武间，僧文序、宗正重建，后废。万历三十七年，僧守如重建。国朝乾隆三十八年，山门毁，僧松霞重建。道光九年，僧颖春重建大殿。

觉林寺 在丰山东麓，旧名实相庵。详见董《志》。明天顺二年，僧如性重建，请今额。吕原有记，详载十一卷。国朝雍正五年，邑人蒋达庵重修大殿、法堂、山门、楼阁。乾隆二十年，僧一清募资修葺。“震旦朝宗”额，明邑人漕储道沈允芳书。

礞王庙 在北门外。详见旧志。明万历间，僧西旨重建。国朝康熙中，僧存璞重修。道光中，前殿毁，僧永昌募资重建。一在文溪坞内，名小礞王庙。

张王庙 在六里堰西转水河上，祠山行宫也。明太祖定南京十庙，一曰祠山广慧张王庙，每岁以二月初八日致祭，用少牢，见《南京太常寺志》。宋讷碑记曰：“神为龙阳人，姓张名渤。发迹于吴兴，宅灵于广德，或以为西汉人，或以为东汉人，亦莫能定也。神避食狶，始自长兴县疏圣渎，欲通津广德。化身为狶，纵使阴兵。为夫人李氏所觇，其工遂辍。人思之立庙，是以祀之避狶。汉唐以来，庙祀不废。”元泰定帝，加封曰“普济”，而王号如故。所谓张大帝者，本流俗之称。一云乌程人。

实相寺　在斤竹大桥。南宋淳熙间，僧禅悦开山，本觉林庵也。元末兵毁。明洪武七年，僧法鼎重建。宣德、成化间，僧子源、惠源相济修葺。国朝嘉庆中，僧宗源募修。

达王庙　在实相寺南。元至正三年，僧永熙开山。明洪武九年，僧普润建佛堂、廊庑。

水月庵　在茶磨山东南。国朝乾隆末废。

落星庵　在茶磨山下。

皋苏将军庙　在金牛山。详见常《志》。《咸淳临安志》云：“庙在金牛山下。相传二将逐黄巢，死之，因祀焉。”绍兴十年，岁旱，祷雨应，敕赐“福济”庙额，伊郡志云：“金牛山顶旧有金牛庵，创自石晋，基址具存。明初，迁于二浪山之麓改建，殿宇伟丽，年久倾圮。”国朝乾隆三十八年，里人张彦远重建。嘉庆丙寅，重立皋、苏二将军神位，观察使秦公瀛题皋苏将军庙额。海昌明经吴骞撰记，详载十一卷。道光十八年，僧达性，号九如俗姓孙，海昌人，募化兼出己资，重建武帝殿。二十六年，建造廊庑数楹于庵旁，更建静室，兼植花木，橘柚百馀株，疏篱仄径，颇极幽致。

皋苏二将军庙，骞既得请于观察秦公书额，而揭诸庙矣。近见重修《嘉兴府志·寺观门》载：“海盐金牛山顶，旧有金牛庵，创自石晋，基址具存。明初，迁于二浪山之麓改建，殿宇伟丽，年久倾圮。国朝乾隆三十八年，里人张彦远重建。出《殷水遗闻》。”以上所载金牛庵之说，初未见于前志。按海盐旧《图经》云：“苏骠骑庙，在县西一百五十步，今废。惟金牛山有庙尚存，俗呼为皋苏二将军庙。”其考证甚明确，而并无所谓金牛庵者。且彦远之子静伦，亲为骞言之，亦如此。不知《殷水遗闻》何人所著？凿空为金牛庵之说。重修《府志》又于《坛庙门》载“苏骠骑庙，在县西一百三讹五为三十步”云云，下注出《至元志》。案，海盐仇《志》：“庙废，碑亦不存。今海昌吴骞重建神宇，撰碑记，按察使秦公瀛题额。”此条尤讹谬可笑。邑中旧庙，故址久远，骞又何从兴创神宇？《府志》所谓以无为有，以有为无，颠倒错谬，不可不亟为之辨。俟留心地志者，亟纠正之，庶不致以讹传讹也。嘉庆丙寅秋九月，海昌吴骞谨书。

永丰庵　在葫芦山上，俗称平山庙。向有小庙一间，内塑关圣大帝像。国朝康熙三十八年，里人沈氏舍山，僧惜珍募资创建前殿。四十八年，复建后殿。五十八年，又建斋堂、僧寮等宇。乃缁林名胜地也。道光二十八年，里人沈氏率僧募资，重建殿宇。

东山庙　在东拱山嘴，庙塑关圣大帝像，崇奉香火，岁久坍塌。国朝嘉庆十五年，庙僧募资重建，里人朱斌记，略曰：“长墙山东首高峰，为东拱嘴，山顶有大帝庙，不知建立所自。迩来住持乏人，渐就倾倒。嘉庆十五年庚午，会秦山渔者十馀人，共乘一桴，失风飘外洋，夜昏黑，无所归，见火光导引，顷刻达龙口，遂得泊焉。因演戏酬神，远近闻之，欣然乐助，未匝月而庙重建。爰序其事，以记其始末云。”

普济庙　在东门外。

惠泉寺　在观音山麓，宋南渡初，僧鲁一建。内供大士像，屡著灵异，祷雨尤验。国朝乾隆二十七年，山门毁，正殿亦废。三十三年，海昌吴东山、里人张彦远，率僧募资重建。

溆水新志卷之七　名胜门下

古迹　凡旧志已载，不复赘

茶磨隐居　《许黄门集》：云村先生弃官后，隐居此山。山形圆秀，盘旋如磨。先生周植竹树，剔石引泉，疏畦艺茗，极山居之乐。有高岩其上，广平可坐百许人；下空洞，可列十馀席。石上有题曰“天只峰”、曰“文昌星晶石”、曰“弄月台”、曰“枕流岩”，后悬崖昂首陡绝处，题曰“丰崖”，皆古好事者所摹。而岩下正北，大书深刻“天南第一山”五字，岩旁东向曰“独往”，皆先生所刻。岩背正南曰“清修壮节”，则海宁尹石首廉泉高尚志所题赠也。云村扇画赠丰崖，自题诗曰：“远路归来已白头，丰崖犹是旧时秋。长藤短褐行吟处，不道山翁是故侯。”

鹤田　在九杞山下，《许氏家传》曰：孙太白山人寓南屏山，畜一鹤，九杞先生入田数亩，额粟若干，每岁输南屏，以供鹤粮，谓之鹤田。券曰：“关中孙太白山人与九杞善，山人寓南屏山，一鹤自随，九杞为买鹤田，岁输粮于万峰深处。”而纳券曰：“太白山人鹤田，在九杞山书院之阳。倚山面湖，左林右涂，广从若干步，岁入粟若干石有奇。以其奇为道路费，而归其成数于西湖南屏山。歉岁汰其半，以九杞润笔费取盈焉。佃之者，主人之邻某；输之者，主人之仆某；董之者，主人之弟某。主人谓谁？山人之友杞泉子许台仲甫也。”后失鹤，太白书来，云：“鹤一夕忽飞去，竟不追寻，遂其物性耳。”附《招鹤诗》二首，一云：“只在秋江上，孤踪何所之？花间扶杖处，竹外听泉时。野客来元圃，山信寄紫芝。此时还忆汝，伴我夜吟诗。”又云：“只在秋江上，烟霞几万重。阶前留堕羽，苔面认行踪。云影忽傍水，月明犹在松。此时还忆汝，跨我出樊笼。”山人名一元，字太初，不知何许人。问其邑里，曰：“我秦人也。”尝栖太白之巅，故称太白山人。或曰安化王之亲支，有托而逃也。风仪秀朗，尝以铁笛、鹤瓢自随。按《列朝诗集小传》，王为明宗室，正德时作乱，为杨一清所平。

白鹤园 在管山。明参政冯皋谟归田，别业有壶觞亭、浮白轩、太白居、白云阿诸胜景。二鹤翩跹，甚适。皋谟自为记，详载十一卷。

萝补堂 在澉川北门内，董从吾道人读书处。《许云村集》有《萝补堂赋》，后吴贞肃公麟徵居此，改筑曰“安雅堂”。

率园 在澉川西门内。明中丞吴麟瑞自江西解组归，舟经彭蠡遇风，载山石镇舟以归。垒诸园中，极瑰奇之胜，有茧窝、浴鹤亭诸景。

华鄂楼 在宋亭村。徐应奎四子光治、从治、尤治、昌治同居读书处。

两垞 在黄山，西曰西垞，东曰东垞。明淮安太守许令典筑，自为记，略曰：西垞结茅三楹，曰蓧爰，径曰赢径，象其宜取浮沉也。径上小阁，昂首修尾，首倚山，尾依水，曰浮赢。前竹万竿，曰小云梢。竹尽松深，石拱立如丈人，曰拱辰石。坎下一楹，曰石丁垞。有长坡，可茶、可果、可蔬、可渔，曰寒林沼。坡而东，迄于东垞。度峪蹑磴上岭，面海屏山，越中诸峰，若在几席。海中帆影，出没如凫。堤植芙蓉、杨柳，可与西垞长堤埒。更度山腰，曰九杞山人读书台。稍进曰杨梅园，园内茅屋三楹，曰淮屋。潮声日夜吼枕上，曰枕涛庄。

松竹杨梅之凑，竹扉常扃，扉侧攀萝，累石而上，小阁倚树跨峪，曰婴巢。四牖玲珑，远近山容百出。巢西下曰玉厂，以茶梅名。渡小桥，环沟为居，曰荷馆，曰墨淓，此西垞之概也。屋宇无多，云山不碍，取适己尔。

宝纶阁 在鸡笼山之麓，明司寇吴中伟筑。前为宗祠，中伟墓在其旁。从六世孙熙诗："宝纶阁外涌松云，中是前朝司寇坟。落日凭栏秋水阔，芦花风起雁纷纷。"

贻经堂 在惹山之阳，王氏宗祠。额系相国王文端公杰书。

湖天海月楼 在万苍山之麓，秀州钱氏宗祠。额系乾隆时裔孙、礼部侍郎载乞成亲王书。

万竹楼 在葛山东麓，黄观祖筑。

穰园 在通元西菱角尖，明经胡文蔚读书处。中有梅花厅、爱好山庄、菊簃、望云亭、花潭、叶屿亭诸胜，又构列翠楼三间。自为记，详载十一卷。

陈文惠公祠 在金粟寺左。公讳尧佐，号希元，四川阆州人。中进士第，相宋仁宗。五世孙公辅，从高宗南渡，卜居茶院，遂建公祠。

双梓墓 吴黄龙中，陆东美妻朱氏，有容止，相爱寸步不离，时号比肩人。妻卒，东美不食死，合葬。冢生梓树，同根二身，相抱成一，每有双雁栖其上。孙权闻之嗟叹，封其里曰比肩，墓曰双梓。朱彝尊《鸳鸯湖棹歌》云："莲花细步散香尘，金粟山门礼佛频。一种少年齐目断，不知谁是比肩人。"可证里在镇境。

干莹墓 在金牛山南。莹字明叔，宝之父，仕吴为立节都尉。

天子女儿墓 在六里山下。旧传村民有侵犯之者，即有虫毒出焉《嘉禾志》。晋恭帝女封海盐公主，疑葬此刘《志》。按董《志》，天子墓在石牌桥南。郡邑志多女儿二字，未知是一？是二？今遍访金粟山及市北六里山，并无一大冢。止石牌桥有此大冢，前指为戚夫人墓，固非公主墓，亦未定为实据。澉川父老相传，为唐代紫云村女入宫，临卒，遗命归葬故乡，即此墓也。以何皇后陵例之，理或然与？

九母冢 在丰山石屋东南。昔有村人发之，蜂虿蛇蝎，不可响迩。

于府君墓 在通元西，未详其处。道光十二年，土人耕田，掘得墓志砖，文曰："唐故□川于府君墓志铭并序：感君子之风，履古人之道。怀仁义以安礼乐、立名节以善其始终者，则有武原于府君焉。君讳阳，字予美，曾祖副，祖对，父谊。或洁身于高土，或显志于明时。府君即谊之第二子也。幼敦孝悌，长睦归仁。清声既高，求闲林圃。何图灵芝见萎，醴泉成竭。以咸通五年甲申岁五月十五日，遘疾终于私第。以六年乙酉二月廿日，窆于县西南卅里尚父乡修化里通玄寺西新茔，礼也。夫人太原孙氏，承奉祭祀。有女三人。嗣子一人，曰行□，以仁孝亲乡党，以忠厚□□邦。泣血增哀，哀有馀礼。女三人，皆适名族。□恐年逾代远，地谷迁移，茹毒衔悲，请为□志。其铭曰：□□西□，武原之域。□葬其中，以流其福。□□□□，草木朝肃。将书永年，日明能育。"□其砖约尺半，纵横称之，厚约二寸许，碎而为三，胶合之。茂才顾兰似购藏于家。后硖石广文蒋光煦生沐闻之，以他物易去。

屠将军墓 在青山。正德七年，土人斸地，得碑砖，文曰：吴越故忠义军匡国功臣、越州都指挥使、前授常州刺史、特赠武康节度使、银青光禄大夫、检校尚书右仆射、开府仪同三司、上柱国、海盐屠将军墓志铭：将军姓屠氏，讳瓌智，字宝光。其先河东人，晋将军屠击之后也。大父某，避地于吴，家于澉川之青山，遂世为苏州海盐人。太夫人吴郡顾氏，梦抱璧有光，生将军，遂以瓌智名焉。将军生而姿貌伟杰，鹰扬虎视。少负勇略，更善属文，累举不第。历游名山，见疆宇幅裂，复还故乡。吴越国王初起乡兵拒黄巢，将军从之。时时以筹画进，遂与幕府谋议。董庶人昌僭号，将军首劝讨贼。昌诛，以功授指挥使。乾宁四年丁巳，同顾全武、王弟镇，自海道救嘉禾，生擒贼骁将杨胜、顿金等二十馀人。计功，将军得中上，遥领常州刺史职。明年春，再迁越州指挥使。光化元年十一月，衢州刺史陈岌叛，将军又同全武等讨平之。三年，调守湖州，受制于同郡高公彦。天复二年壬戌，武勇都指挥使徐绾、许再思叛于府城，将及内城。刺史高公闻之，遣子渭与将军同赴难，渭曰："今日不利。"彦曰："赴急难，何以吉辰为!"将军按剑曰："违主之命不忠，畏缩不前无勇。死忠死勇，丈夫分也。"偕渭直抵灵隐山贼垒。贼势甚盛，合围数重。二人自朝战至于日晡，身创百处，奋力一呼，手搏贼魁数人，即马上刃之。矢尽援绝，为贼伏兵所害。王念将军徒步从戎，卒死国难，以衣冠归葬于开元府海盐县南三十六里澉川之青山，德政归仁里开化村。今天宝五年，特赠忠义军匡国功臣、武康节度使、银青光禄大夫、检校尚书右仆射、开府仪同三司、上柱国。将军生于唐宣宗大中五年辛未，死事于昭宗天复二年壬戌八月庚寅，享年五十有二。娶钱氏，子三：长龙骧，授澉川镇遏使，娶闻人氏；次子昱，节度使，银青光禄大夫，娶都虞侯镇遏使郑公良女；三曰晟，吴兴刺史高公掌书记判官，娶同里许氏。诸孙皆幼。公尝有咏志诗曰："轻身都是义，狥主始为忠。"至是，竟符其谶云。初未有志，至是，龙骧属余为之，而复系以铭。铭曰：河山毓瑞，带砺钟英。徒步奋迹，赫声濯灵。么麽叛梗，九首凭陵。磨牙王国，吮血苍生。公怒飚发，挞伐击膺。矢屠猰貐，以身殉君。功高盟府，猷壮干城。光启前烈，垂裕后昆。忠孝缵袭，勋土褒旌。连岗崇窆，妥绥义魂。桓赳世选，焜耀贞珉。丞相皮光业撰。

宋太中大夫陈公辅墓 在古杏山。公辅字国佐，谥文德。中政和二年上舍第一。历官敷文阁待制，转徽猷阁。从高宗南渡，卜居茶院，遂葬此山。子世熙，字光斗，恩荫，官至工部主事，晋秩承德郎，墓在邵湾白术山。六世孙贵，字松庵，举人，墓在大旗山，世称陈坟岭。

陆尚书墓 在丰山，未详何人，疑即陆埈也。按，埈，高邮人，建炎初，徙海盐。乾道五年进士，官至尚书。

皇宋尚书徐胜二公木氏夫人墓碑 在徐湾南塔山河西。考《徐氏家谱》官尚书者，一处仁，字择之；一处中，字正之。二公随驾南渡，赐居馀姚。一邦大，字纯甫，处中子。此徐氏三尚书也。迨处仁四世孙彦明，字美卿，任嘉禾令。子廷言，字朝忠，任教授；廷圭，字朝佩，任殿直；廷选，字朝彰，仕元为同知，徙居丰山，为丰山派。彦明从弟彦昉，徙居徐湾，为徐湾派。今墓碑上名氏不见于谱，未敢确指为三尚书之一。或当时别有姓徐官尚书而葬于此地，记之以俟博物君子。

磨崖文 在西门外凤凰山。文曰："南国子华，营父坟于山南。淳熙六年春。"凡十五字。

元何处士墓 在金牛山下。相传为刘诚意伯所定。

贡尚书墓 在紫云山下，元礼部尚书贡师泰葬此。因兵乱，游寓硖石山仇《志》。考《海盐县志》，湖塘村，贡尚书隐此，周大参伯温题曰"小桃源"，后卒于门人朱镃家。镃割地以葬，捐田赡祭。其说不同，姑两存之。按，师泰号玩斋，礼部一作户部。

明何训术墓 在金牛山下坡，其名未详。墓旁碑有东轩何公像赞，文曰："清世衣冠，士林人物。和不同流，介不绝俗。言侃侃而不阿，貌温温而可掬。其仕也，不出乎父母之邦；其止也，优游乎山林之窟。振前业而有光，启后人而多穀。挺挺乎，如翠竹苍松；郁郁乎，若春兰秋菊。有子有孙，宜寿宜福。噫！若东轩者，可谓乐善而保令终，养真而媚幽独者也。嘉靖元年壬午三月吉旦，乡进士、钱塘福应麒题并书。”

从吾道人董沄、汉阳令榖父子墓　在罗汉湾，祔仲真公墓侧。

赠兵部尚书徐烈愍公从治墓　在大步山阳。崇祯六年，赐祭葬文曰：“绩著疆场，劳深海国。当烽烟之旁午，冒矢石以捐生。城头留化碧之丹，祠下泣招魂之泪。为营若斧，并锡偕藏。宠隆司马之阡，名重睢阳之节。载昭俎豆，永贲泉台。”

太常寺少卿吴贞肃公麟徵墓　在泊橹山之阴。国朝顺治十年十月二十六日戊申，谕祭明原任太常寺少卿吴麟徵，文曰：“褒忠扬义，帝王励世之权；尽节捐躯，臣子许国之谊。惟尔学窥性理，意笃忠贞。官秩贰卿，夙夜奉寅清之训；时当末造，寝食怀杌陧之悲。迨寇陷都城，君殉社稷。乃能从容就义，慷慨投缳。既大节之克终，岂幽光之莫阐。特遣官祭奠，赐谥褒嘉。表异代之英魂，流芳青简；昭荩臣之懿矩，贲宠黄垆。尔灵有知，尚其歆格！”

善士朱文才墓　在谭仙岭南麓。

举人祝渊墓　在鸡笼山。渊字开美，海昌人。崇祯六年，举于乡。乙酉，南都亡，自缢死，年三十五。吴蕃昌《再经鸡笼山酹祝先生墓》诗：“送子清溪月，当时鸿雁归。今嗟芳草绿，长与故人违。云冷青蝇散，林空白鹤飞。山阴回首望，同此一沾衣。”

孝子李商玉墓　在鹿山麓。

孝子方开基墓　在野鸭岭前。

孝女阡　在泊橹山之罗汉湾。孝女文溪坞人，州同知程韶长女，适海昌吴斑。韶卒，子夭，女身任营葬，手植松楸，里人称为孝女阡。见卢文弨《抱经堂文集》，吴骞兔床，即孝女之子。

博罗县知县吴懋政墓　在徐湾。

秦皇剑池　在金粟山上。

秦皇驰道　即山下沿海长堤。

衣云渡　在法喜寺西数十步。宋政和间，良准化身掷衣处。详后本传。

磨刀石　在泊橹山顶。俗传吴越王钱镠娴习武艺，曾磨刀于此。

棋盘石　在观音山顶。

焦石　在西海埻垛外波涛中。潮长则没，潮退则见。其色黑，故谓之焦石。

倒针石　在木山南侧。有巨石拔起三丈，其上宽平二丈许，中作微洼如盘。以罗经按洼处，即指而北，俗号"倒针石"。

狮头岩　合掌岩　雪窦泉　九曲径　初憩亭　三休亭　俱在鹰窠山。山顶产茶，类武夷。又山顶有石鹰，盖凿以镇魅者。见《墨麟诗》注。

鹰窠顶　可观日月并升。明陈梁有记，略曰："月与日隔金、水二天，日大二百倍许也。人目蔽于近，谓日月等。方升自殊，日光恒掩月，匪先匪后，两不相掩。惟十月一日之辰，《国语》"会于龙尾"是也。是日之前一日，会云岫快饮，漏四下，小憩，促栉沐，则星为雾掩，寒气逼人。行湿草中，达顶，雾益昏重。俄而，见一二星，又见雾如弹絮，如车轮，足下起。顷之，金光赤焰，如线横经于天，自喜日升。乃十百金线忽合，而蜃气城市万家，宫阙千门，层层阁道；复茂林崇山，村居屋角，窗棂清楚，傍有青色云，状如龙，鳞爪俨然，口吐朱云数丈。须臾，海底推出一轮，色若丹砂，心目晃昱；稍见红敷，谓常日耳。窃究合升必并见月，今天气如许佳，月在何处？方竞猜疑，而残蜃忽送，月印日心，二轮合体，雪里丹边相摩荡，还转不止，海天俱动，不可思议。目中或作黑日千百，或作黄日千百，或作白月千百，恒恐身为所摄，与山俱堕，抱石凝眸，啧啧。又二刻许，日光稍稍侵目，渐不可逼视矣。”

梅园 在通元东三里。按法喜寺幡杆石刻，云“梅园弟子周良弼，绍兴三十年”等字，其名已久。一云嘉熙中，许棐隐秦溪上，植梅成林，构屋读书，慕白香山、苏东坡之风，悬二像事之，后人名其里曰“梅园”。未知孰是，姑并记之。绍兴，宋高宗年号；嘉熙，理宗年号。

果园 在惹山北一里。孙氏世居此土，善植花木。相传前代尝以美果进上，上嘉之，赐以龙文，称为市魁，主上下其果之值，因名所居之里曰“果园”。明经孙映煜镌一小印，曰“果园”，其义本此。

高士湖 永安湖别名。《许云村家传》：正德十二年八月既望，先生偕孙太初一元、董从吾沄、朱元素朴、陈用明鉴、僧石门明琇游永安湖。先生举杯属太初曰：“昔有青莲居士与张谓游汉阳湖，遂改名郎官湖。今先生至此，可名高士湖矣。”

花婆井 一名范婆井，在罗汉湾董仲真祠之西、山下池半中。水满不见，水涸乃见，水色白而甘。井之大，径约三尺许，深约一丈五尺许，石底有泉眼三。遇旱年，远近汲之不竭。镶井之砖，长尺许，大二寸许，四方，横有一篆文，难辨，口上砖半为人取去，士人以近时砖补之。道光甲辰秋，余亲验如此。

马鼻泉 在文溪坞侧巨石中，有二孔，以形似名。深藏池底，恒不见；惟天旱池涸，乃滃然涌出。色白味甘。下有顿坎，约二石许，汲干即盈，不汲亦不溢，此为异耳。伊郡志载，二孔，一清一浊，一寒一温，徒夸以愚人。道光甲辰秋，余亲验而辨之如此。

音乐墩 在大步山北。董《志》载，每风雨夜静时，闻有音乐之声。迨康熙初年间，茂才张汝忠惮行路纡折，开掘其高凸处。中有坎，清泉湛然，有二黄颡鱼在焉。携以归。嗣后，绝无声矣。张家亦中落，故俗称鲅鲉墩。

放生河 即通元市河。康熙年间，宁海寺僧浮山、金粟寺僧宏觉及诸善士结放生会。东自宁海寺桥起，西至白虎桥止，呈宪永禁渔捕，谓之放生河。

湖心亭 在北湖中，旧时建，今废。

张公堤 即中湖塘。康熙十一年，知县张公开浚永安湖，修闸筑堤，有功水利。澉人为公立碑于堤上。张公名素仁。

鲍公亭 在北湖上。乾隆三十五年，知县鲍公浚湖筑堤，修砌闸座。里人感公德，为公建亭，与张公堤碑并列。鲍公名鸣凤。

毓秀亭 在西门外，基地二分二厘。康熙五十三年，里人公建，以便行人往来休憩之所，立有碑记。

报恩街 即市中街道。孝子李商玉积金所甃，名曰报恩街。

双孝村 在南城门下。缪姓遭火，两妇各弃其子，负姑以出，因名。

孝泉 在北湖夏湾山麓、海昌吴氏宗祠内，祠系吴正纯东山所建。初建时，庭下有泉濆出，其弟骞兔床有《孝泉记》，见《拜经楼诗注》。

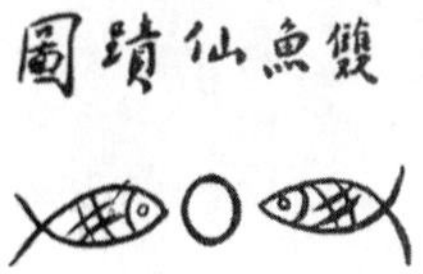

双鱼仙迹 在医灵院山门内。每遇天将阴雨，土面宛呈双鱼之形，晴则泯然无迹。方丰有记，略曰："医灵道院，在吾澉青山之麓。庭中常现双鱼形，并长尺馀，有规纹环绕其间。鱼若对饮于盆者，鳞鳍宛肖，跃跃欲动。然必现于将晴欲雨之候，平时则泯然耳。历询野老，知其由来尚矣。庙祝曾戏以钁头深镵至四五尺，绝无痕迹，复以土掩之，不弥月，仍如故，众甚疑焉。尝数往，而怅未一睹。庚申春杪，与王茂才纯同游其地，获亲见之，不胜叹异。考常、董两《志》，皆不及双鱼，或当时未有也。爰赋短章，补仙踪之未备。"又吴东发绘图，并为之说，云"天地间万物，皆气所为也，而鱼之得气为尤甚，故《诗》

云‘众维鱼矣，实维丰年’，此其征矣。而郑康成笺《诗》‘南有嘉鱼’，亦谓时和年丰，万物有馀之意也。然则此地有双鱼纹者，其天地之气之所结聚而形焉者与？或以为遷迹者，何也？《说文》，鮮、鱻皆古文鲜字，鲜与遷声同，假借而。○，太极之象也。仙家所谓“元之又元，众妙之门者与？”古文以遷为僊，见汉碑。

汉砖 横侧文云“五凤”。篆书，身磨纹，今藏丰山马氏。

晋砖 侧文云“太康九年七月己”。分书，反字下缺，今藏城湾周氏。

晋亿世典人砖 钱大昕铭曰：“两汉陶旊，多作吉语。典午未遥，工用旧槼。典人之官，为民父母。亿世银艾，希风卓鲁。得之何所？溆川海渚。谁其贻予？吴子芸父。”见《潜研堂文集》。

晋阳武亭侯砖 文曰：“永嘉六年六月庚戌朔，郎中阳武亭侯甍。世子淳于康所作。”吴东发跋云：里人陆云中，于角里山南，拾得古墓砖数块，贻张君文鱼，上有“郎中”“亭侯”等字。逾月，文鱼招同至山下，得全砖三，字多漫灭。既余道经此山，复得全砖三，悉拓而参观之，乃辨“六月庚戌”上为“永嘉六年”。《晋书·天文志》：“永嘉六年二月壬子朔”，推至六月，当得庚戌朔也。阳武，汉属河南郡，晋属荥阳郡。淳于氏，盖吾邑土著，故反葬于此。前年，嘉兴张君汝霖于吾邑海上得一砖，有“永宁元年六月十九日淳于□作”等字，为足证也。《续汉书·百官表》：“郎掌守门户，出充车骑。郎中比三百石；郎中有车、户、骑三将，秩皆比千石。”① 此但云郎中，则非三将矣。而系于亭侯之上，盖由郎封侯。犹汉滕侯更始，初为舍人、郎中；赤泉侯杨喜，以郎中骑从灌婴，共斩项籍封侯是也。《后汉书·百官志》：

①秩皆比千石，原文为秩皆比三千石。《续汉书·百官表》：“秩皆比千石”。据改。

“列侯以所食县为侯国，金印紫绶，以赏有功。大者食县，小者食乡。”亭侯虽次于乡侯，爵在关内侯上。且阳武亭侯由郎中封，必有功勋可纪，而何以不见于《晋书》耶？按，永嘉三年，平阳人刘芒荡僭帝号于马兰山。支胡五斗叟、郝索聚众数千为乱，屯新丰，与芒荡合党。征西大将军南阳王模，使其将淳于定，破刘芒荡、五斗叟，并斩之。可谓有功当封，而史失之。疑阳武亭侯即淳于定，以斩二寇封侯。盖自定斩二寇，以迄怀帝之终，洛京倾陷无宁岁，宜载籍之亡失与？又按《怀帝纪》云：“模使车骑将军王堪、平北将军曹武讨刘聪。”《模传》云：“模使帐下都尉陈安讨苞，遣军司谢班伐疋，使牙门赵梁戍蒲阪。”皆著其官。独至定，《帝纪》则曰“使其将淳于定”，《模传》则曰“模谋臣淳于定”，曰“使淳于定”。则定之官爵，史固莫得而详矣。淳于氏，系出姜姓州国，春秋时失国，居淳于，号淳于公，后因以为氏。氏族所载，周有淳于髡，汉有侍中恭、太仓令意，晋则日者智而已。爵如阳武亭侯，功如淳于定，并遗之，故为拈出，俾撰志乘及谱氏者考焉。按唐林宝《元和姓纂》，始皇时，尚有博士越。又，汉尚有扶风卫尉淳于长，《列仙传》尚有淳于斟。又按宋邓名世《古今姓氏书辨证》，《史记》有二淳于髡。其一齐之赘婿，在《滑稽传》。其一称先生者，在《孟子传》。唐贞观所定河内七姓，一曰淳于，至宪宗时，避御名，改于氏。

皋小郎碑　在金牛山下，绍兴初尚存。

米襄阳书“第一山”三大字石刻　在金牛山。碑上题名米芾书。八砖精舍《金石记》曰：“米襄阳‘第一山’三大字，原刻在安徽盱眙。而杭州钱塘紫阳山、温州瑞安集云山、台州临海皆从盱眙摹刻。此刻在海盐澉浦金牛山，系碑刻，非摩崖。半掩土中，友人方蓉浦明经搜出。笔势飞动，与他刻同。吾师阮宫保辑《两浙金石志》而未编入，异时可邮寄耳。道光丙戌十二月望日，嘉兴张叔未廷济记。”

准高僧塔 在法喜寺金刚殿东北。塔上题名云：“会首僧师约赎、僧清远赎、僧自宗赎、僧行本赎、僧□□赎、女弟子徐六娘、女弟子张九娘、女弟子潘廿五娘。”其第七层上刻：“准高僧舍利宝塔，圣宋宣和四年正月十五日重移。”

八砖精舍《金石记》曰：“唐准高僧石塔，在法喜寺斋堂后桑圃中，八角七层，约高二丈，周回约三丈。最下一层刻莲叶。二层刻兽。三层八角，多剥损。四层八角，每面中作佛像，佛首多损，其角刻僧师约、清远、自宗、行本、□□、女弟子徐六娘、张九娘、潘廿五娘，题名盖唐建塔时也。此重移年月，刻第七层东面。其西面刻二门形，又上作屋形，又上作莲台，又上作圆顶，俱已损。余于嘉庆辛酉九月十三日，架梯亲拓，始得其审，因详志之。道光四年甲申四月二日，叔未张廷济。”

又《至元嘉禾志》：“准高僧塔，在法喜寺，飞鸟不栖，时有舍利放光。高僧名良准，唐司空曙有诗寄之。宋宣和四年正月，自东廊移就西廊，袈裟飞去，集僧诵《楞严》，衣复归塔。有颂刻于塔，云：‘宣和年中重移塔，舍利乘空暂腾跃。众讽《楞严咒》得归，永隆佛日晖无着。’”嘉庆伊《志》云：“宣和四年者，则移塔时所刻。其塔至今无恙，并无颂语。《至元志》惑于传闻之讹耳。”廷济按：“伊《志》金石，出澉浦吴侃叔明经，东发手此条，驳《至元志》，极是。侃叔曾读书通元宁海寺，此塔曾目验濡脱，故不袭前人谬语。特题名僧实有五人，而云三人者，当由正北面之西角‘僧行本赎’、西北面之西角‘僧□□赎’字已磨蚀，目力未及，拓者遂遗之耳。廷济又记。”□其云某赎者，盖谓出钱建塔，为功德赎罪也，董《志》载良准所建，误。

溆水新志卷之八　选举门

荐　举

明

董文杰　允宗父，洪武初举贤良，秦王府教授。

沈继宗　穀子，洪武初举明经，国子监学正。

陆　定　能舒，洪武中荐授博士，擢监察御史。

陆　达　定之子，永乐时，荐授博士。

董　淞　宏治中荐试礼部，罢归。

进　士

明

费　滂　子雨，嘉靖辛丑，未授官卒，通元人。

沈　藻　隆庆戊辰，仕至河东盐运副使。

吴中伟　万历戊戌，刑部侍郎，加尚书。

徐从治　万历丁未，右副都御史巡抚山东。

王家相　万历庚戌，刑部主事。

朱泰祯　万历丙辰，南京畿道御史。

虞廷陛　万历丙辰，吏科给事中。

吴麟瑞　万历己未，右副都御史，巡抚偏沅。

吴麟徵　天启壬戌，太常寺少卿。

虞赞尧　崇祯癸未，广东番禺知县。

许令瑜　崇祯癸未，仙游知县，终吏科给事中。

沈孝徵　万历戊戌，副使。

国朝

翁自涵　顺治戊戌，志失载，刑科给事中。

钱之焘　康熙癸丑会魁，内阁中书舍人。

钱绍隆　康熙癸丑，刑科给事中。

王显一　康熙丙戌，陕西成县知县。

陈　鹓　复心，乾隆壬戌，山东寿光知县。

吴懋政　乾隆壬申，广东博罗知县，改府教授。

殷　辂　乾隆丙戌会魁。

朱毓文　鹿宾，嘉庆庚辰，贵州仁怀知县。

明通榜

明

吴之英 万历丁未，萧县知县。

吴晋昼 崇祯丁丑。

举 人

明

费 滂 嘉靖戊子。

沈 藻 隆庆丁卯。

顾可耕 隆庆庚午，山东蒙城知县。

顾所有 隆庆庚午，宜黄知县。

许闻造 万历丙子应天榜，贵州道监察御史。

沈宏遇 万历戊子，邳州知州。

沈孝徵 万历戊子。

徐文治 泰丰，万历戊子，广东德庆州知州。

王廷俊 万历甲午，高邮知州。

吴中伟 万历丁酉应天榜。

钟继祖 武山，万历庚子。

王家相 万历癸卯。

吴之英 万历癸卯。

徐从治 万历癸卯。

冯振宗 宗之，万历壬子应天榜。

虞廷陛 万历乙卯。

朱泰祯 万历乙卯。

吴麟瑞 万历戊午。

吴麟徵 万历戊午。

许令瑜 天启辛酉。

钟鸿颖 天启甲子。

徐昌治 崇祯癸酉，应天榜。

吴晋昼 崇祯丙子。

徐炳云 崇祯壬午，武义教谕。

虞赞尧 崇祯壬午。

黄耀如 渊明，崇祯壬午应天榜。

翁自涵 崇祯壬子北榜，见省志，邑郡志失载。

国朝

陈嗣华 顺治丙戌。

钱之泰 康熙癸卯亚魁。

钱绍隆 康熙壬子。

吴　炜 康熙乙卯，《续图经》作吴倬。

汤　叙　康熙丁卯，江西吉水知县。

徐景穆　复贞子，康熙庚午顺天榜，丽水教谕。

王显一　康熙丙子。

吴正心　坤釜孙，康熙己卯，常州府同知。

董树馥　仪三，鲲六世孙，康熙壬午。

董上容　吕音，学六世孙，康熙辛卯榜，姓倪。

朱　铨　康熙辛卯，镇海教谕。

徐肇遴　铨期，元昇孙，康熙辛卯。

祝尹臣　康熙甲午，授中书。

朱之溥　雍正丙午，潜山知县。

孙廷权　乾隆丙辰，湖北咸丰知县。

姚元模　乾隆丙辰。

陈　鹅　鳞七世孙。乾隆丙辰。

吴正乐　穆斋，士翘曾孙。乾隆戊午。

吴宗玠　玉舟，厚贻孙。乾隆甲子，钱塘训导。

吴文阵　乾隆丁卯，改名文晖。

吴懋政　乾隆庚午。

朱　篆　乾隆壬申，松阳训导。

殷　辂　乾隆癸酉。

殷瑞梅　乾隆丙子，选兰溪教谕。

朱大勋　乾隆庚辰。

祝橹良　乾隆乙酉，贵州天柱知县。

沈潜修　乾隆戊子，山东清平知州。

朱读泗　希时，乾隆戊子。

万肇培　耕修，乾隆庚寅。

胡以谦 乾隆庚寅，鄞县教谕。

王际昌 乾隆辛卯。

陈玉垣 九闳，鹅子，乾隆辛卯顺天榜，署知县。

吴　熙 乾隆丁酉。

陈元城 乾隆丁酉。

董德润 慕梁，上容子，乾隆癸卯钦赐。

张嘉珵 郢客，沅兰犹子，乾隆戊申亚元。

钱说曾 南白，绍隆曾孙，乾隆壬子，湖州训导。

孙驾鳌 跃渊，乾隆乙卯，处州府训导。

王陈培 麂山。

吴本佺 并嘉庆庚申。

吴　春 蓉蕖，嘉庆辛酉。

张天骥 嘉庆甲子，改名元煦，浦江教谕。

张纯熙 生梧，嘉庆庚午钦赐。

朱毓文 嘉庆己卯。

杨逢时 膏如，文云犹子，道光乙酉亚魁。

周鹏海 青上，道光戊子经魁。

杨以烜 宾嵎，文云孙，道光庚子。

杨润之 雨香，文云犹孙，道光庚子。

张　鼎 铭斋，咸丰辛亥。

副　榜

明

陈　幹　高阳，亮采弟，科目未详。

顾尚闻　惺庵，师孟子，乾隆庚午。

顾可渔　乾隆庚午。

顾云程　霓山，万历丙子。

朱正学　中甫，两中，科目未详。

孙见龙　辰山，林孙，科目未详。

国朝

徐益贞　海门，从治四子，顺治戊子充贡，授通判，改选江南布政司理问，署宁国知县。

高　和　立夫，康熙丁卯准贡。

陈光德　康熙乙酉榜，姓查，武康教谕。

吴正乐　雍正甲辰。

朱澜永　崐源，乾隆甲子，阶州州判。

王世超　半村，秉鉴从五世孙，乾隆乙卯钦赐。

张纯熙　嘉庆辛酉钦赐。

马玉堂　笏斋，人骥次子，道光辛巳。

吴世培 棠园，懋政孙，道光辛巳，福建西河关验盐大使。

朱维堃 梅君，道光己亥。

贡 生

明

徐 伦 文衡，号雪坡，嘉禾令彦元孙，洪武二十六年选贡，山东东昌府濮州知州，世居雪水港。

詹 文 洪武三十一年选贡，刑部郎中。

沈 盛 友云，继宗孙，宣德六年贡，任丘训导。

王 玫 宏治癸未岁贡，入国学，泉州府同知。

董 轼 一坡，沄犹子，正德辛巳岁贡，秦山人。

王 府 守愚，玫子，嘉靖壬午岁贡，处州教授，升乐昌知县。

陈 渭 清夫，瀛弟，府庠岁贡。

王应锦 朝华，玫从子，嘉靖癸丑府庠岁贡，安仁训导。

陈亮采 心斋，瀛侄，嘉靖己未岁贡，上海训导。

孙 林 双桥，岁贡，嘉靖中御倭遇害。

蒋 璠 仲良，隆庆丁卯岁贡，会稽教谕。

徐 兰 嘉靖辛酉岁贡，淮王府教授。

钟继儒 万历辛丑岁贡，由训导升陆川知县。

吴中伟 万历癸巳选贡。

顾可渔 万历壬子岁贡，南雄府教授。

朱文元 万历丁未岁贡。

朱正学 万历丁巳岁贡，崇祀乡贤。

顾在中 玉如，霑曾孙，恩贡，光禄寺丞。

许敦倬 叔启，天启壬戌岁贡，严州教授。

朱浩然 泰昌元年恩贡，金华府教授。

董虬祥 禹门，毂孙，天启癸亥岁贡。

朱豫祯 得朋，正学二子，廪贡。

徐同贞 天启乙丑恩贡，指挥同知。

王大任 劳人，廷杰子，天启甲子恩贡。

徐昌治 天启乙丑岁贡，通判。

朱丰祯 黄岳，正学三子，恩贡，宁州同知。

孙玉峰 酉山，林孙，岁贡。

徐元星 五乔，九牧孙，天启丙寅拔贡。

王秉鉴 清之，敬贤长子，天启丁卯恩贡，思南府同知。

徐有贞 君载，从治三子，附贡。

顾梦辅 崇祯癸酉岁贡，京学训导。

朱尔邺 选贡。

徐鹏翰 崇祯己卯岁贡，上海知县。

黄耀如 崇祯乙亥拔贡。

朱景肃 竹声，岁贡，入国学，顺治初，常山训导。

王秉铎 振之，敬贤三子，崇祯壬午恩贡，州同。

吴麟武 玉书，中任三子，庠生，入国学，崇祯癸未积分恩贡，由万年令升饶州通判，迁户部主事。

国朝

金　英　剑耿，顺治丙戌选贡，感恩知县。

顾尔澄　子静，尚闻孙，顺治己丑纂修贡，通判。

徐升员　外籍，拔贡，户部郎中。

徐钟元　外籍，恩贡，广西藩厅署藤邑令。

徐储元　翰飞，乾贞长子，外籍，拔贡，州同知。

徐恺元　厚躬，升贞次子，廪贡。

顾　宏　康熙庚戌恩贡，历仕至崖州知州。

祝寿祉　康熙癸酉岁贡。

祝寿祊　康熙甲戌岁贡。

冯昌临　冽泉，廪贡，桐庐训导。

孙　谋　贻芳，化麟孙，廪贡，新昌训导。

王　溥　韩城，府曾孙，廪贡，江山训导。

吴　荃　謇士子，商籍，岁贡，改名蒙育。

徐兆扈　素涵，复贞长子，廪贡。

顾东眉　亦苏，宏子，岁贡，己丑京学教习，候补知县。

王之枚　官谐，府元孙，例贡，授庄浪卫同知。

钱　钛　绍隆子，岁贡。

冯凤威　昌临子，岁贡。

吴思陶　共明，景晰子，乾隆庚午岁贡。

朱大勋　乾隆癸酉拔贡，寿昌教谕。

钟　绅　鼎调，府庠岁贡。

朱以权　巽廷，之溥犹子，附贡。

顾之楷 禹范，乾隆戊子岁贡。

陈坤元 元城兄，乾隆辛卯恩贡。

朱瀛求 在洲，澜永弟，乾隆壬辰岁贡。

张祖敬 湘佩，府庠廪贡，改名沅兰。

方士亨 廷杰，震龄犹子，附贡，迁居仁和。

毕师诚 万言，绍子，附贡。

毕星海 乾隆壬寅岁贡，咨部候补教职。

钱懋曾 钺孙，乾隆庚戌恩贡。

胡文蔚 乾隆壬子岁贡。

孙映煜 再中，嘉庆丙辰岁贡。

吴东发 嘉庆戊午府庠岁贡。

方梦魁 廪贡。

朱玉琏 鼎彝，读泗犹子，嘉庆庚申恩贡。

冯　钧 嘉庆甲子岁贡。

马玉墀 龙岩附贡。

王圣与 廪贡，入国学，选分水训导。

朱　模 楷林，嘉庆庚辰恩贡。

方　溶 嘉庆庚辰岁贡，选於潜训导。

万钱青 廪贡。

顾　经 韦门，东眉曾孙，道光壬午岁贡。

万鸿龄 例贡。

顾履祥 静山，附贡。

方家振 鼎三子，道光庚寅岁贡，官学教习，候补知县。

吴铭新 云楼，本侄子，咸丰辛亥恩贡。

舍选

明

王楫二 都察院都事。

顾　纶 继山，霑子，按察司经历。

冯嘉谟 铜仁府经历。

陈　滢 紫珩，瀛从弟，广西龙英州州判。

吴士翘 南中，兆祯子，山东胶莱分司摄府尹。

王廷杰 海澄，家相次子，两淮盐运分司。

徐允治 铭般，应奎三子，镇江府通判。

王敬贤 宾宇，府孙，福建运同。

吴中萃 禹蛟，希贤子，宗人府经历，钦差督修江西省城，转南康府经历，署星子县。

顾名端 正卿，广东都经历。

徐光治 应奎长子，庠生，入国学，光禄寺署丞。

孙允骥 不群，扔谦子，庠生，州判。

徐起淳 古生，兰孙，翰林院孔目。

国朝

徐豫贞 州同。

徐辅元 左臣，升贞长子，州判。

朱与兰 州同。

徐赓元 旸谷，乾贞次子，州同，改选宣化知县。

毕蕃昌 州同。

朱攀龙 鳞安，景肃次子，庠生，入国学，州同。

钱天麟 柽庵，万实季子，州同。

吴朝铨 州同。

毕国璋 州同。

毕国瑞 翰林院孔目。

方震忠 尚诚，开基三子，州同。

黄元吉 集三，钤子，县丞。

毕建元 州同。

程　绍 州同。

孙廷朴 醇园，谋孙，州判。

陈跃渊 渔浦，殿宣次子，富安场大使。

毕　绍 次山，建勋子，山东官台场大使。

毕　纶 荣溪，建元子，宣化府司狱。

沈南龄 嵩高，州判。

冯汝麟 开宗，凤威孙，广西龙门巡检。

陈玉墀 鲈庄，鹅长子，湖南平江知县，山西阳曲知县。

吴　芬 直隶武清巡检。

陈嘉生 稻芗，玉垣次子，福建武平典史。

沈庆和 睦斋，潜修长子，直隶获鹿县典史。

黄福谦 伯恭，武举，元吉长子，典史。

陈　开 恒贵，玉垣长孙，龙川江司巡检。

陈锡纶 开弟，直隶河间典史。

陈锡金 揭阳县北寨司巡检。

陈锡周 字五龙，云南景东厅猛统司巡检。

陈锡光 环印，锡周弟，山东济河县典史。

胡瑞昌 明怀，州同。

沈世奇 福建嘉义县巡检。

陈廷英 锡周长子，府知事，分发湖南。

陈廷俞 锡周次子，贵州署安平县典史。

儒　士 附

明

王廷望 应锦孙。

顾　钿 惟华，鳌子。

掾　吏

明

吴兆祯 凤仪，陈鲤母父，元玉曾孙，蒙城县丞。

吴希贤 心斋，黄县丞，升本县令。

王廷相 莲台，�贤同祖弟，由典史至延平府同知。

徐　勋 南溪，鹢从父，台州仓大使。

董廷策 毂从孙，省祭。

吴中仪 中智兄，萧县主簿。

朱国正 广东崇阳典史。

朱　钰 江南如皋典史。

顾　憗 震山府经历。

国朝

赵　燧 江西瑞州府经历。

赵　基 燧弟，睢州吏目。

朱还先 明卿，景肃曾孙，四川冕宁县典史。

顾大治 宗维，巡检。

孙德熹 浙闽部堂赍奏厅。

孙　坦 朝铭，德铭子，浙闽部堂赍奏厅。

翁　祥 仁中，江西巡检。

孙文君 兰台，廷朴次子，浙闽部堂赍奏厅。

散　官 附

明

董　慧 如鲁，助赈，授承事郎。

董　谦　知还，慧子，孝子，年例授冠带。

陈　澜　德扬，瀛从弟，助赈，授冠带。

陈　禾　邦昌，瀛子，庠生，弋阳府仪宾。

徐宗嗣　诚裕，鹍祖，年例授冠带。

徐　烈　东溪，勋弟，年例授冠带。

董　观　孟乔，淞子，医学正科。

董　启　惟忠，隆子，冠带儒官，寿八十七。

董　儒　伯醇，学子，庠生，授冠带，寿七十有三。

国朝

孙　焕　宗阳，允骥元孙，入赀授从九品。

陈国枢　年例授八品。

孙映熤　云亭，廷权二子，入赀授从九品。

陈起鹏　入赀授从九品。

胡舞青　入赀授从九品。

万景淳　少琴，鸿龄二子，助赈授六品。

孙颂壍　駉思，映熤子，年例授八品。

陈耀祖　永思，年例授九品。

武进士

明

郭启襄　崇祯辛未，广东参将。

国朝

沈嘉言 康熙丁未，二等侍卫。

翁　霞 康熙乙丑，志失载。

武举人

明

王学诗 本所百户，万历乙酉。

郭辅明 本所百户，万历庚子解元。

郭启襄 本所百户应袭，天启辛酉。

王有虔 衡之，敬贤二子，崇祯丙子武魁，苏松副总兵。

王永澄 御之，敬贤犹子，崇祯己卯，福建副总兵。

国朝

沈嘉言 邑增生，改试武闱，康熙癸卯榜，姓吴。

黄曹荣 康熙己酉，亚魁榜作曹荣。

翁　霞 锦雯，康熙壬子榜，姓陆。

朱　珩 楚白，康熙癸巳榜，姓胡，仕至游击。

孙　泰 裕源，谋孙，雍正己卯，嘉镇试用千总。

汪星五 乾隆庚辰，漕运千总。

黄元吉 坤和，乾隆庚子。

黄国泰 叔祥，坤和三子，嘉庆丁卯。

行 伍

王永清 咸若，廷相犹子，福建游击。

顾国藩 端吾，嘉湖道中军。

陆 鸿 乾隆间守备，加都司衔。

刘凤仪 蓉台，今任嘉协右营平湖汛。

捐 职

黄黼清 香粟，国泰子，国学生，营千总。

卢 震 采臣，元熙三子，武生，营千总。

乡饮宾

明

顾师孟 希贤，廪生。

董　启　庠生。

董　儒　庠生。

顾尔洽　养元，庠生。

王廷望　礼部儒士。

顾可模　秦观，庠生。

朱文才

朱文彦

徐应登　庠生。

徐应奎　庠生。

顾可渔　府教谕。

徐　莱　丰岩，兰从弟。

徐南杰　春所，菊子，庠生。

孙抝谦　冲吾，见龙子，庠生。

国朝

黄观祖

朱尔郰　贡生。

孙化麟　叔茂，玉峰子，庠生。

孙允骥　州判。

徐公玫　玉汝，行俭孙，庠生。

方震龄　与三，开基长子。

王观礼

赵乾行

胡朝楹

卢元熙 国学生。

吴本智

陈贻谋 国学生。

沈敦元 鸣先，国学生。

顾文奎

归开基 振初，国学生。

张纯炜 国学生。

澉水新志卷之九　人品门上

名　宦

范　梅　字元春，丰城人，进士。隆庆六年，知县事，明察如老吏。核诡没田，修筑六里堰堤蓄水，以忧去。

黄　清　上饶人。起吏员，由台州倅擢嘉兴府同知，加四品服俸。后迁运同，治高宝河堤，积劳卒，赠恤有加。

饶廷锡　字文命，进贤人。万历三年，知县事。后卒官，以劳祀海上。

陈　柯　当涂人，本县典史。后升高安主簿。

王三锡　临山卫指挥，备倭把总。后升浙江佥书都司。

马继武　本卫指挥同知。后升南京右军都督佥事。

吕继忠　本所千户。

余腾蛟　本所百户。以上七人，并万历五年开新河筑土塘，有功于民，详水利。

李当泰　字元祉，泗州人，进士。万历二十三年，知县事，捐俸增筑六里堰。详水利。

张应贵　字迈千，右营守备。顺治十年，驻防海盐澉浦。十五年，赴部改选。

王　标　号常山，山海关人。以军功授右营把总。顺治十七年七月，阵亡含山，马奔归，对其妻垂泣。三院题请，给银一百二十两，葬秦山。

吴天祐　顺治十七年，任澉所千总。慈廉清正，才具优长。统率兵丁，娴习勤而武艺奋。连任五载，海氛以靖，民皆安堵。康熙三年，奉宪移调他汛，合境士民，恳切具呈留任，仰若父母。

张素仁　字静公，辽阳人，荫生。康熙九年，知县事。是年夏，苦潦；次年夏，大旱。澉浦湖田七千三百馀亩，只因湖淤堤倾，秋成失望。十一年二月，公鸠工开浚永安湖，修整闸座，又培筑堤岸，以时蓄泄，一方利赖焉。澉人戴公德，为立张公堤碑，崇祀名宦。

申执中　垣曲人。康熙四十一年，任鲍郎场大使。明于鹾政，核查本场利弊，详诸上宪，革除公捐名色及差役陋规。有碑记，立石署外。碑文载《盐法志》。

曹秉仁　富平人，本府同知。雍正二年七月，风潮大作，海溢，塘多坍塌。公至澉，省视潮灾，倡先捐官银二百数十两，帮修小海石塘二百数十丈。

吴辉祖　高邮州人，武进士，左营守备。雍正十一年，监筑澉浦土备塘，著有劳绩，升象山都司。

王锡位　贵州人，举人。乾隆二十年，任鲍郎场大使。居官清廉，务以德化。解组日，囊橐萧然，商民醵金，赆以归。

王序端　字可堂，汉军举人。乾隆癸未，任鲍郎场大使。奉委，拨商捐公银，开浚新河，颇著劳绩。嗣升广西知县。

韩本晋　字桐裔，太原人。乾隆三十三年，知县事。时孙家堰改闸泄水，有害田禾，连年病旱，民讼于官。公为民请命上宪，勘明定案，填筑仍复古堰。嗣是灌溉有资，水得关蓄。

鲍鸣凤 字竹亭，安徽人。乾隆三十五年，知县事。甫下车，相度水利，鸠工开浚永安湖，筑堤修闸，疏瀹中河支浜。戴星出入，亲临溆浦凡七次，不辞劳瘁，功非小补。溆人戴德，为立“鲍公亭”。

吴　焯 江阴人。乾隆三十九年，任鲍郎场大使。时东团场及西海场，俱开浚修筑。公与溆浦绅士，亲督工程，不辞劳瘁，至今利赖之。

徐　绶 字印函，奉天正蓝旗人。乾隆五十二年，任鲍郎场大使。经理盐鹾，商灶俱蒙乐利。工诗善画，非风雅士不与交，人谓有赵潜夫风。

任泽和 字惠堂，中州人，由进士任县事。嘉庆三年，公捐银修筑永安湖闸四座。

董和培 字朴园，汉军镶白旗人，举人。嘉庆四年，署鲍郎场大使。惠商恤灶，宽厚和平，暇则乐以诗文。奖掖后进，一如师友。嗣调任东江，荐升江苏县令，历任金匮、镇洋、南汇，所在多惠政。年逾古稀，致仕归。

汪仲洋 字少海，成都人，举人。道光二年，知县事，亲勘溆川水道。四年，鸠工以巨石修筑孙家堰。

杨国翰 字丹山，云南云州人，进士。道光四年，知县事。甫莅任，严禁游赌及火葬。时溆城绅士，议集赀置买义冢一区，申请于公。捐银二百两首倡，资助营办漏泽园。嗣得官山十亩，定界并给示勒石，以杜后人侵占。

忠　良

屠瓌智 字宝光，世居溆浦，少负勇略。从吴越武肃王起乡兵，积功领常州刺史，越州都指挥使，副高彦守湖州。徐绾、许再思内叛，彦遣瓌智与子渭赴难。至灵隐山，贼围数重，以援绝，同遇害。王恸其殉国，以衣冠归葬澉之青山德政乡归仁里开化村。天宝五年，赠武康节度使、银青光禄大夫、检校尚书右仆射、开府仪同三司、上柱国。将军子三：龙骧，澉川镇遏使；昱，节度使；晟，吴兴刺史，掌书记判官。丞相皮光业撰墓志，备载第七卷。正德七年，土人劚地，得此碑砖。将军后裔，尚书康僖公勋曰："此吾先世祖也。"今演武场，相传即将军故宅基址。

沈　穀　字仲实，开朗读书。元后至元间，官馀干同知。弟孝子嗣昌，字寿康，已载董《志》。

王楫二　字素庵。始祖仕宋讳稟，谥忠肃，世居海昌。明初，始迁海盐之德政乡水北村。洪武间，以廪入南雍，补经历。永乐末年，饥，倾囷赈济，三院疏闻，授都察院都事。

詹　文　字好问，选贡。任刑部陕西司主事，升郎中。时有田青厓者，以杀俞一，坐死律。文疑其狱，按之。知俞少鬻身于孙扶则，孙以赀自豪，欲购田墓地，不可得，阴杀俞，移置田室，将以陷之。文得其状，即释田，坐孙死律。时同官有论主仆宜轻减，文曰："使田就戮，此命不当偿之耶?"文居官明峻，类如此。通元人。

王　玟　字休山，岁贡，楫二曾孙。选南京镇南卫经历，擢福建泉州府同知。刑罚不施，人民向化。升山西司刑部员外。解组归，与从弟洪研心理学，甘泉、姚江往复甚殷。太常钱懋垣尝诣斋讲学，有"吾乡人豪"之称，其见重如此。

董　淞　字子壬。宏治中，应荐陈十策，命下礼部试，罢归。衢州孔彦绳，至圣五十九世孙，沦于布衣。淞力言于衢守沈焘，奏袭五经博士，表章圣裔，厥功甚楙。著有《圣学全书》《真儒荩语》《紫阳正脉》。

冯　璿　由武德卫经历，升湖广沔阳州同知。

董　穀　字硕甫，号两湖，举人。官安义令，更汉阳，俱剧邑，绥以不扰。退而耕于海上，安贫自恬，好学不倦。先是，侍萝石翁游会稽，谒阳明先生，闻良知之学，喜怒不形，物我无间，称之为颜子。先生之学，超然尘表，一切视之浮云、太虚。每喜陶靖节“形影神释”之诗，取苏文忠“水月不变”之旨，知者以为陶、苏并埒云。著《性论》《续溆水志》《碧里四存》。尝自题其像云：“泊橹山下，有一叟焉。穿粗布衣，卧白木榻。出蟋蟀吟，做蝴蝶梦。坐颜子禅，守老子黑，把五柳杯。采东坡杞菊，使自己卖文钱，饱儿孙，种田饭。不知此何人哉？或曰，即帝舜所封豢龙氏一百三十世裔孙穀者也。”识者以为不诬。

陈　鲤　字子龙，举人。由上蔡知县，转任怀宁，颇著政绩，升山东青州府通判。少时，家甚贫。出就馆谷，束脩一毫不入私囊，悉奉其尊人。岁半归家，主人以钱千文为脩仪，其内人收之。时夏且无裈，欲以市夏布也。鲤怒斥之曰：“吾父老矣，方苦家用不足，奈何收之，以贻吾父忧！”索钱归父。嗟乎！世之好货财、私妻子者，视陈先生天壤矣。文川张希良，每为余称之。张杨园《近古录》。弟鳞。

徐　鹍　字鸣州，号前峰，进士。由部郎出为肇庆郡守，迁备兵湖南，俄中言者罢。初为南水部，值岛寇事起，董缮城垣，有劳绩，赐金绮。治郡，创条鞭法，后诸省卒通行焉。崇祀乡贤。子九容、九牧，并国子生。考《徐氏家乘》，缙、鹍均系丰山始迁祖彦明六世孙暹号云樵曾孙。董《志》载鹍，缙犹子，误。

冯皋谟　字明卿，进士。任广东左参议，分守惠潮。时贼张琏据饶平，西联大埔萧雪峰、程乡林朝曦，而外与倭夷及海寇相犄角。督府以皋谟行兵备事，先计招海寇王伯宣，协力逐倭，复用吴孝廉说降雪峰。琏势孤，遂成擒。久之，朝曦亦败，三穴尽平。擢为福建左参政。未几，复中言者，夺职，林居三十年。有《丰阳集》十二卷，崇祀乡贤。

赵黄金 字希重。由举人任舞阳、安义二县知县，升江西赣州府通判。今赵府审理正见仇俊卿《县志》，以后莫考。

董　鲲 号少溟，进士。由直隶巡按御史，出按陕西。以病乞归，适罹母丧。丙寅服阕，起河南道监察御史。署考忤铨曹，外补湖广按察司副使，旋免官归。凡三为御史，以廉洁称。卒年六十二，著有《怡闲堂集》。

董　学 号愚斋，进士。由行人司行人，擢湖广道监察御史，历按畿辅、宣大等处。乙丑，巡视京营，痛革宿弊。以积劳失聪，请告里居，卒年五十二。

沈　藻 字元明，隆庆戊辰进士。守泰州，以廉洁闻，多惠政。任仅二年，乃以折狱忤要路，迁河东运副使，即挂冠归。贫无以给，至教授生徒，佐二人甘脆。父仁，性卞急，稍有不怿，必泣跪，甚至受杖不辞。一日，郡守龚公勉过，候藻久之，不出，值父怒，跪不敢起迓尔。龚知之，深叹其孝焉。有薄业，悉让弟苓，勉慰父心，易箦之日，取故所蜕齿含口中，曰："此亲遗体也。当全而归。"时母尚在，向母叠诵"母氏劬劳"句而瞑。崇祀孝义。

顾所有 字谦叔。举隆庆庚午乡试，署休宁学博，擢令宜黄。居官务修实政，尝发伪印，革菜户、罢坊长，却宁都派均粮运，置社仓十三，积谷八千有奇，以防水旱。失郡理意，左迁归。

顾可耕 字虞叔，号宾麓，举人。任丰城教谕，署邑篆，擢蒙城令。满考归，析产诸侄。有义行，好施与，著《漆园归咏》。寿八十二。子名端，字正卿，国子生，任广东都经历，摄新安篆。清洁自矢，有政声。辑先世唐逋翁《华阳集》三卷、《文献录》、《商周鼎篆文》、《六书摘锦》。

许闻造 字长孺。父相卿，崇祀忠义。闻造由举人历河间、东昌郡推官，授贵州道监察御史。在职敢言，纠弹无所避。初以东封事，论劾石尚书星欺罔。上书赵兰溪相国，责其依违，无引救谊。出按甘肃，勘罚西宁失事诸帅。因宾酋远遁，筑松山寨，扃庄浪北门，边事大修。后因转饷事，攻泽州张少司农，疏再上，辞涉南乐魏中丞，谪判岢岚州，遂辞归。次子敦倬，贡士，严州教授。

沈宏遇 字际可，运副藻子，举人。选湖广石门县令，民猺杂处，抚绥无扰，蛮俗安之。嗣补信宜县，兴学校，均役赈饥。举卓异，升邳州知州。浃月，请告归里居。卒年七十八，崇祀乡贤。子延铭，字太常，成童采芹，肄业国学，数入棘闱，不售。遂隐居静园，专工草篆。吴贞肃公缘谱谊而缔姻娅，长君入赘，移家溆川。年七十九，生一子，至八十四而卒。

冯嘉谟 字猷卿，皋谟弟。由上舍选授铜仁幕府，郡在万山中，与苗杂处。民与苗市，互得窳物赝价，而利归市魁。公设法平之，苗感激。后黔帅以事袭杀苗，苗愤，群拥侵境，公驰单骑，谕之退。

王家相 字维枢，万历庚戌进士，任刑部郎。时有阉缚人马足，驰曳至死者，力请于上诛之。壬子典黔试，以劳瘁卒于官。兄子延俊，字海若，先家相乡举。官高邮知州，爱民礼贤，却暮夜金。升辰州府同知，称疾不赴。居乡乐施予，修官塘，浚城河，赈饥置义田。著有《读易解》，崇祀乡贤。

吴中伟 字生白，万历戊戌进士。授刑部员外郎，出督贵州学政，摄贵阳兵备道，进广东按察使。督师援关门，倍道疾驰，诸路兵无能及者。抵山海关，敌退，南还。击斩山东白莲贼数千，不上功归。粤香山岛夷，筑清城，窥内地。公驰檄谕诸番，毁其城。天启辛酉，升左布政使，所至皆有政绩。库有委库六万，额曰“膏薪”。故事，方伯所常需，公约事裁节，无所藉，临行，封识之曰：“以俟后人，可补匮课。”其清廉如此。入为光禄卿。尚膳监王体乾索怀宁太子四丧膳米二千石，援祖制折之，卒不与。晋大理寺少卿。时大珰逆贤贵宠冠朝廷，役使公卿，天下为之趋走。贤从子良卿为丞，入谒公，公坐受之，大惭恨。贤之私人相与罗织忠正，纠结枉案。公一意伸拔善类，与上官争短长，不少挠挫。郁郁不自意得，遂投劾请去。会宁远告急，廷臣多规脱边任。太宰追论公平粤绩，将以公镇抚蓟辽。寻得侦骑告围解，公重归寺门，擢少司寇。当时国事纰缪，令行私庭，而公怀抱洒然，一不染其钩致。因抗疏刺驳时政，期主上之一悟，不可，则去书连上，传旨下，姑留视职如故。越日，宰相画公名，密语于贤曰：“是落落士也，本不事东林，特言戆直忤人意，杀之无名。”贤曰：“不如以好语锢之。”遂诏褒清恬可嘉，加刑部尚书致仕。去国旬许，上设朝，遽问曰：“白须侍郎何在?”左右对以实，帝爽然移时。盖班行上卿多致良药染毛发，以示强壮，而公独不欺，帝是以识之。公自就班行，逮乎洁身恬退，凡先后官阶十有七转，历四十馀年，年已六十有四矣。卒年六十九，崇祀忠义。

徐烈愍公从治 字仲华，号肩虞，万历三十五年进士。除桐城知县，筑堤八万七千馀丈，以御水患。迁济南知府，以卓异晋按察司副使，驻札沂州。白莲贼徐鸿儒反郓城，连陷邹、滕、峄县。公请起故总兵杨肇基主兵事，献捣贼中坚之策，遂灭鸿儒。以功进右布政使，督漕江南。妖贼再起，巡抚王惟俭奏留公，仍守沂。诱执乱首戴世奎，馀众悉散。谢病归。崇祯初，以故秩饬蓟州兵备。蓟军久缺饷，围巡抚王应豸于遵化。公单骑驰入谕众，众散，于是应豸就逮，以王元雅代之。而公以元雅辈又皆庸人，不足与共功名，复病谢家居。而遵化寻陷，元雅自经死。言者乃颇推公才略，再起武德兵备、左布政使。会辽将李九成、耿仲明、孔有德反，执巡抚孙元化，乘势攻下济南六县。东抚余大成檄公监军，驰赴莱州。而登州已陷，大成削籍，遂擢公右副都御史代之，与登莱巡抚谢琏同日受命，即并入莱。而有德已傅城下，内薄环攻，不舍昼夜。筑三台西洋炮，击城楼崩一角，铁丸大于升；公命植栅补坏垣，募死士夜斫营，焚三台烬。又穿地穴城；公亦穿濠城中以断之，縋絙掷火罂焚穴中，臭达于外。穿地转深，縋石不陷；悬霤于堞，溆水注隧，中加溲焉。负涂出，皆击杀之。励将士多方守御，杀贼无算。贼殚于攻，漫书求抚。是时，兵部尚书熊明遇，惑大成抚议，命主事张国臣与公及链为贼求抚。公抗疏极言和讲之害，于是廷议更设总督一人，以兵部右侍郎刘宇烈任之。宇烈无筹略，日议抚。公坚守待救，而宇烈姑以援莱为名，兵次平度州不进。相拒凡三月，中飞炮死，守陴者皆哭。琏为辽将李九成所杀，而宇烈亦以兵溃被逮。诏赠公兵部尚书，赐祭葬。荫一子，建祠曰“忠烈”。大清嘉庆三年，追谥烈愍，崇祠忠义。

王廷杰　字海澄，刑部主政家相子。由贡监任盐运司经历，选两淮盐分使。疏陈盐法，切中利弊。及告归，见义勇为，戚族无力葬娶者，捐金以助。子大任，字劳人，贡南都，改北雍。甲子，拟元以策对，犯忌见遣。伯廷俊，授田遍三党，任独以五百亩辞。著有《云汉堂集》，续补刺史公《易解》。

虞廷陛　字乾阳，志高犹孙，万历丙辰进士。除徽州府推官，谳狱从宽大。摄郡及县赎锾，一无所入，修城积谷，赈贫饭囚，咸给于此。以卓异，补工科给事中。巡视皇城军营，巡省节慎库，孜孜公务，无不毖饬。风裁自持，中珰不悦。黄山之狱，株连者众。公驳正不挠，挽救良多。京营请为魏忠贤建祠，严拒之不听，遂不署名。文庙建忠贤祠，百官骇奔，公佯坠马，注籍。忠贤积怒，部疏题典试山东。矫旨廷陛久系门户，削职，追夺诰命。崇祯御极，录党锢诸臣复职。奉旨："廷陛坚持风节，屡忤权奸。复还原官，仍给诰命。"升吏科右给事中，转兵科左给事中，册封徽藩。闻父丧归，卒不起。遁迹村居，年七十卒。

朱泰祯 字道子，号白岳。万历丙辰进士，授福建龙岩县知县。时淫雨，山水暴崩，城堞尽圮，漂坏庐舍无算。公拮据救贷，发官粟，募穷民，即以充畚锸之役，百雉复完，民不流徙。举卓异，擢福建道御史。巡按云南，黔寇断滇道。公驻节成都，发蜀中兵开道建昌，逾大小丞相岭，绝金沙江，擒贼首乌利，长驱入云南。申约束，厉将士，战守毕备。三月，水西、东川、乌撒三大寇倾巢数十万，犯霑益。守兵仅六千人，公董率道将破走之，斩首数千级。五月，水蔺乌复大举犯炎方。无城郭，树木为栅，公监诸将设伏以俟。贼九十八营并进，俱死斗，诸军驱象横击之，惊溃，贼大奔，遂擒竜戈资俘斩之。筑四石城于炎方，为铭纪功焉。滇越在南服，夷罗苗缅之杂处，黔国公握强兵，世镇抚之。滇夷不知有天子，惟黔国是听，不甚奉法。公念遐方安危，黔国是系，安黔国即所以绥诸戎也。乃奖掖之，俾毋蹈藩禁，而诸吏咸戢，人人得其欢心。增建学宫，捐俸请为既廪，猡狙杂部，多有遣子弟入学者。事竣还朝，道闻父丧，奔归里。服阕，补南京畿道御史，以他事谪官，寻迁南京兵部车驾司主事，以劳疾卒。著《巡滇纪行》《舆讴录》《赓歌录》等书，崇祀忠义。

吴麟瑞 字思王，号秋圃，中伟从子。万历已未进士，授常州府推官。妖人叶朗生、马道人煽惑江南，常有陈鼎，阴结亡命以应。公计擒乱首，诛之，反侧始安。声誉藉甚，舆论以为旦暮必居台省。然豪右嫉公者众，乃转南仪曹主事，复历祠部，进司勋郎中。虽左迁闲曹，公毫不介意。寻擢右参议，备兵常、镇，以防莱寇之轶。浚丹阳练湖，以备水旱之虞，皆有功地方甚大。迁江西按察司副使，分巡湖东道，与提学侯峒曾、都司邱上仪并号“三清”。建昌为益藩封国，宗室众多，官其土者，皆俯首下气，莫敢与较。歙阳渡当盱江孔道，益藩惑于形家言，禁民不得建桥，民因风波覆溺者无算。公启告益藩，至于再三，感公之诚，亦为转圜，首分禄以倡。公悉捐俸以助，士民鼓舞乐输，桥遂得成，长一百八十丈，名曰“万年”。士民生为公立祠桥畔，尸祝焉。崇祯乙亥，迁参政，分守九江道，丁内艰归。除丧，补江西参政，分守湖西道。时流寇扰三楚，而湖西之袁邻楚，新燹于寇，临江旧为驻节地，公至，即移驻袁州，严战守之备，一如江阴之防东寇。以故，终公任，湖西无患。迁按察使，公屡秉宪纲，一以察吏安民为要。俄升右布政，作《瞽论》数千言，极陈时政之弊，不得进，请告归。会廷议擢用西江抚军，西江士大夫咸持旧方伯宜，谓公也。相君格之，阴发沅楚告难，疏改抚偏沅，意以相厄。时三楚已陷，势不可为。公归已一年，忽闻是命，义不顾私，破产募兵，促装就道。既而司马适上条奏，请裁楚抚军之二。比至沅，沅兵已归郧抚矣，遂回籍。凡公居官，两定变乱，一弭内难，两靖外患，一浚河渠，一建桥梁，俱系国计民生之大者。迨后闻弟磊斋殉难，痛哭曰：“吾弟丈夫哉！我焉能独生！”郁郁，久之成疾，遂不起，作自祭文卒。

吴贞肃公麟徵 字圣生，号磊斋。天启二年进士，除建昌推官。擒大盗何继竹及藩戚黄孟嘉于朱邸。朱邸遗酒八罂，启之，黄金也。饮酒，返其金。卒置二人于法，江西之人始得安息。父忧，归。服阕，补兴化府，摄符视漳，转而视泉。二州之民，更相为贺。闽俗多弃儿，公捐俸哺之僧寮，全活甚众。毁巫蛊淫祠。当是时，廉正之名传动天下，授吏科给事中。章数上，虽被诏温慰，而温体仁当国，虞论建渐广，将不利于己，于帝前辄中阻之。疏请罢中官，再请罢缉事厂臣，留中不报，遂以改葬乞归。戊寅，召补吏科，奉使鲁藩，谢病归。壬午，周延儒再起为首辅，尊幸殊绝，乃征耆旧塞人望。刘宗周及诸正人以次登用，擢公吏科都给事中。梦汉寿亭侯饯行，故慷慨赴召。三载，公凡历陈时政纰缪，条策甚备，而相君中枢皆以为迂议，俱寝。劾吏部尚书田唯嘉赃污，罢去。行人熊开元、给事中姜埰，奉诏求直言，先后疏弹延儒，逮下狱。总宪刘宗周前奏得失甚力，以次复及熊、姜之事，竟触帝怒。公上疏三救，直言不听。宗周既放，十七年春，推太常少卿。贼薄京师，公守西直门，以土石坚塞其门，募死士缒城袭击之，贼攻益急。公趋入朝，欲见帝白事，至午门，遇相魏藻德引之出，遂还。明日城陷，乃入道旁三元祠，作书诀家人曰："祖宗二百七十馀年宗社，一旦至此！虽上有龙亢之悔，下有鱼烂之殃，而身居谏垣，无所匡救，法当褫服。殓用角巾青衫，覆单衾以志吾哀。"解带自经，家人救之苏，请待祝孝廉至一诀，许之。孝廉名渊，字开美，号月隐，尝疏救刘宗周下狱，与公善者也。明日渊至，公慷慨曰："登第时，梦隐士刘宗周吟文信国《零丁洋诗》，今山河破碎矣，不死何为！"酌酒与渊别，遂自经。渊为视含敛去。赠公兵部右侍郎，谥忠节，建专祠曰"旌忠"。国朝赐谥"贞肃"，崇祠忠义。

顾可渔　字秦蛟，总角入泮。庚午副榜，与从兄可畊、所有同登，时称"三凤榜"。旋食饩膺贡，初任德清县训导，升南雄府教授。振兴文教，庠序之士，爱而敬之。晚居乡，人推耆硕，举乡饮大宾。及卒，私谥"贞靖"。

许令瑜　字元忠，号芝田，敦倬子。崇祯癸未进士，仙游知县。公久为孝廉，林居不入城市。登第治闽，清贫绝俗。莆田张岳，字亦五，作令吾邑，而不相闻问，无所请谒。时人两贤之。乙酉，弃官归。未几卒。高风全节，士林所希。子龠，晦迹著书，有《铁函子集》。

徐同贞 字伯圜，忠烈公长子，恩例充贡。父殉难，公徒步伏阙上书，遂以公袭锦衣卫中所戈戟司。寻升都指挥佥事，北司案牍，力为平反。积劳成疾，乞归。甲申，留都起公锦衣卫指挥同知。是时，贵阳专政，一切绳以严刑峻法。公秉正不阿，不可干以私。遂以病乞休，杜门谢客。未尝有富贵之容也。卒年六十，崇祀乡贤，墓在徐家桥东。

徐鹏翰 字九南，世居徐湾。崇祯己卯岁贡，廷试第十六名。初任仁和教谕，升金华府教授，并振文风。擢江南上海令，到任八日，值鼎革，弃官归隐，以节义自持。林居读书二十馀年，教子侄循循有法，先后悉游庠序。寿八十有五。

虞赞尧 字亮工，崇祯癸未进士。两粤底定，谒平、靖二王于广州，授潮州府学教谕，兵阻不行。摄番禺令，有以婿贫负婚讼于县。公摄女至，支库中俸钱，即公庭结褵，命吏送归，行合卺礼，番禺以为美谈。大兵渡潮阳，随军之任，寇陷潮阳，殉难卒。

徐炳云 字三孺，号讷庵，南杰子。崇祯壬午登浙榜，武义教谕。为文章尊宿，司铎僻壤，人文一变。贫士不能婚与葬，皆助之。旱潦，诸生逋粮者，令绳以法。公请捐俸代偿，令雅重公，皆免之。士类莫不感激，肖其像以祀。康熙三年，裁缺归，诸生追送，多出涕者。

徐钟元 字律斋，金吾同贞子。康熙八年，以乡进士授粤西藩幕，摄藤邑篆，著有政声。十二年，赍表代觐，值归涂兵燹，留用楚省抚院张朝珍军前。给咨赴部，改选。丁母艰，回籍，卒于家。王事勤劳，不惮间关跋涉，绰乎司马家风。

顾　宏 字药庵，恩贡生。太平教谕，地经兵燹，学宫倾废，捐俸劝输修葺，振兴文教。升山东聊城令，减耗恤刑。荐举行取，授崖州知州。黎猺差役供应，概行禁革，簿书鞅掌，卒于官。

徐升贞　字君阶。由拔贡授岳州府通判，摄篆澧州。时当乱后，抚字心劳，兼剔弊搜奸，豪强屏息。一日，泊舟新河，暮有二虎跃入舟中，眈眈良久，公叱之曰："莫伤我吏民!"虎弭耳曳尾，渡河去。澧署有魅为祟，历任苦之，公至绝响。调任长沙，听讼平允，丁大中丞有湖南第一官之目。升大理寺正，旋差通州坐粮厅。明季，民运白粮，官吏悉鱼肉之。国初，馀风未泯，漕白米到通，乃命干仆分置津梁，每石敛钱若干；积弊已久，公悉去之。升户部陕西司郎中，著有《逸巢诗文集》。

王显一　字鼎调，宋安化王讳稟后裔。康熙丙戌进士，授陕西成县知县。成故僻陋邑，又多规例非制。公至，减耗羡，兴学校，百废俱举，时号"只眼青天"。会西陲用兵，需饷孔迫，转运难其人。上官争重公檄出关，自西宁至塞外，长路八千，历沙漠苦寒地，计四年往返二次，最后至木鲁乌苏策。军中乏食，乃兼程进军，遂获济，抚远大将军嘉其功。公遂以积瘁卒关外，大将军班师，亲率属吊赙而载柩还其家。雍正二年，第死事功，荫子入监读书。公《西凉道中》诗云："风雪关山道，崎岖历九皋。未能辞禄位，岂敢惮贤劳。剑外军储急，云中雁阵高。西凉雄朔气，冷色上弓刀。"

钱之焘　字幼日。弟绍隆，字仲扶，康熙癸丑同榜进士。之焘善诗，古文辞与彭孙遹齐名，甫授官卒。绍隆知四川富顺县，时蜀中初定，一以宽仁抚爱，穷黎戴若父母。行取，升刑科给事中，世称"二钱"。

朱之溥　字沛苍，以举人知潜山县。邑苦旱，前明邑丞常公，曾开河四十馀里，至是已塞。公下车，即率民浚之。民为之歌曰："微昔之常，畴贻我康；微今之朱，畴恤我愈。彼吴之塘，为郑之白。漠漠涓涓，维二公泽。”

孙廷权 字天衡，号中罡。乾隆丙辰举人，湖北咸丰令。捐俸立义学，设养济院，禁溺女，民风一新。有土司秦姓者，为害于民，公申文数其罪。署施南府同知，调天门令，未莅任，卒。著有《宦楚吟稿》。

吴懋政 字维风，号兰陔，乾隆壬申进士。授广东博罗令，兴利除弊，视民如家人父子，有负冤者，必为昭雪，人以“佛子”呼之。比去，立祠以祀。改处州府教授。告归，以文章教后进。游其门掇高第去者，若秀水汪如洋、如渊，石门陈万青、万全等。著有《粤程稿》《八铭堂诗集》。弟懋敷，字舜徽，邑诸生，以兄为师，文章尔雅，艺林有“双丁两到”之目。丁卯府试，郭郡尊以国士待之，拔置第一。

朱澜永 号左海，由副贡选授阶州州判。服官廉洁勤敏，委署西宁丹噶尔主簿。值大兵过陕，军需繁剧，措置裕如。上宪保题，移驻白马关，以资弹压，锄奸祛弊，风俗一归淳厚。王事鞅掌，以劳瘁卒于官。

祝橹良 字东毓，乾隆乙酉举人。授贵州天柱令，迁麻哈知州。麻哈民苗杂处，最称难治。良至，以德绥之，土司感服，民情爱戴。署黄平州知州，大军征苗匪，转饷有功，候升同知，卒于官。

胡以谦 字允恭，号纪堂，举人。由教习历任淳安、金华、鄞县教谕。以经术训士，文风大振。修学宫，新祭器，废无不举。士有负累者，公必白之。工舞剑及棋，尤善琴，暇则古调独弹，极沂水春风之乐。解篆归里，艺菊自娱，不以片牍干当事。年七十五卒。著有《纪堂诗存》。

沈世奇 学仲篪。父潜修，举人，历任山东知县，颇著政绩，以疾免官归。世奇以典史署嘉义县巡检，差委赴台。适值逆匪滋事，协守府城，出力有功。以母忧回里，溺于海。上宪悯之，题请恩恤。道光十四年，赠县主簿，赐祭葬银。荫子入监读书，候选州吏目。世奇慷慨多大志，所交半游侠，惜未竟其才而卒。

孝　义

陆　达　永乐时，荐授博士。兄弟同居，数十年未尝析箸。庭有紫荆，一本数干，时人呼其里为“祥里”。

董　谦　字德元，仲真六世孙。儿时，父笞之，跪而授杖。迨长，定省，中礼节。居丧，哀感行路，苫庐旁木枝生连理，家有废井，甘泉涌出。每哭，慈乌绕舍啼，与哭声相应。宏治中，诏赐天下孝子冠带，谦与焉。子淞，字子壬；湄，字廷芳，太学生。

徐　澋　字汝器，号定溪。父璹病疝，危甚，操药以进，须发尽白。与昆季同爨，一钱尺布无所私。嘉靖中，避倭碧里山，倭舞刀登山，几得之，忽一倭疾呼去，获免。晚居宋亭村，万历乙亥海啸，急登山得免。人皆谓纯孝所致。卒年八十，崇祀乡贤。长子应登，号少瀛，庠生，诚心质行，风范高卓，治《易》者多出其门。所得月俸，以奉亲、字诸弟，不私一毫。季弟应奎，传其业，转授诸子侄，家学渊源有本。

徐　藻　号耻斋，诸生。少倜傥，具经济才。嘉靖癸丑，倭夷构逆，痛父司训缙，实与其难，遂矫首自雄，抗疏陈倭夷有可灭状。上壮其志，赐宴光禄，卒如其议以行，不逾年而尽歼焉。所集募乡勇，赐名“忠孝军”，不受赏而归，战功详载《浙西捷录》。崇祀孝义。

徐　兰　字子馨，号五山，孝子绅长子，岁贡。任宿州训导，升淮王府教授。少失恃，事继母朱，以孝闻。弟菊，字少丰，诸生，早卒，恤其室人子女有加。恩伯子藻，遗孤三人，亦仰给焉。学有卓识，尝参校《澉水续志》。卒年六十六，子行简、行俭、行伦，并庠生。

余腾蛟　字雨川，故户侯东瀛公长子。生而智慧，书史不再诵，十岁能文，见者惊异。嘉靖三十五年，公甫冠，是秋倭夷猝至，东瀛公请粮在郡。公狥于众曰："子权父职，应变之常，麾下能从我乎？"众许诺。遂集打手百名，伏西海山林阴翳间。先以游骑诱之，令曰："初敌不可胜，使倭轻我；我退，彼必追；追则以兵三百，从间道断其后。"分拨已定。倭果渡水而来，长驱直入。公以旗鼓督阵，伏兵尽起，斩杀五十馀名，溺死无算。次夕，倭进攻城。公缀松香于板，用火燃之，上覆以釜，及缒，烟起。贼眯不能仰视，城上矢石交加，倭遂引去。旋令闭门撤桥，舁大炮俟之。倭果大至，炮发，殪其酋一名，众三十二名，馀遁，后不敢近。或问其故，曰："倭虽小衄，其艘犹众，薄暮运石城上，知其来攻也。未攻而忽去，意欲懈我防御。我故先备，而幸胜之。"后奉奖赏，参军府辟为中营左哨，公辞焉。以屯壮百名募自屯之馀夫，素无恒产，今皆战杀著功，散之则可惜，聚之则无食。乃为申请总制胡公讳宗宪，允给口粮，每名饷银十两八钱。众皆欢悦，谓"微公之力，不及此"。万历三年乙亥，海溢，巡抚徐公讳拭省视潮灾，公出迓，一望枯苗白草。徐公惸然曰："民之昏垫若是，司牧之责也。"顾谓公曰："汝可具一条陈，以便入告。"公陈其略曰："澉居上游，为七郡之藩蔽谓苏、松、常、镇、杭、嘉、湖也。此地浸灌入内，势莫能御。今请筑塘，以卫塞上游，可以安七郡，劳一时可以逸万世。"徐公采议入疏，奏准起筑，又委郡丞黄清监之。初开沙土轻浮，人心惶惑，谓得尺寸之土，以筑塘基，而潮水一卷，尽废前功，言欲杀建议者。会本县与公不合，欲验役久怨生，嗾军诉词以便详免，因诬公徼功幸赏，献此狂谋。水利道汪公，亦请停止以安军心。惟徐公不允，判云："本官议开河筑塘，本为御灾安民起见。幸得一力主持，深可嘉奖。"复以温语慰公。并饬令大小官员，各受约法。于是集众鸠工，十人立卒长率之，二十五人立队长监之，五十人设催官一员，百人设巡比官一员，公以中军总督之。徐公檄藩司以帑金解至劳军，公悉面赏无私，军俱悦服；然亦别其勤惰，以为差等。次年告竣，嗣于万历八年，投簪谢政，迄今颂公之德不衰。本传注云："当日开浚新河，本一水相通，直达邑城。后因沙填土涨，天启七年间，徐型塘为濒河荡田。累岁水涸，始筑长川坝，分为上下河。"按，此坝起筑原由，郡邑两志俱未载。万历十三年旱，十五年旱更甚。公尝游龙虎山，习五雷神诀，人婁传之。参将李公遇文、邑令李公当泰，各以名刺聘公。公笑曰："以雨救民，吾之志也。"即赴邑，建坛于将府南。命取火砖十块，炉匠二十名，大瓮五具，列于龙王位前。次日公至，燃炉，丹书于砖，符焚于瓮。时烈日当空，公仗剑履罡，匠人钳砖入瓮，雷鸣云起，雨足而岁以丰。万历二十年，海门寺鼎修大悲阁。阁势倾向东北，公与朱公心泉首事营度。四方闻公名，施者辐辏。公命于东北柱下，内外各开一沟，以水灌之，又用大索系脊，远引之，日加数百斤于引处。盖土得水而渐濡，引加斤而力重，则阁自然平矣。邑城北有白苎河，波流迅疾，地当极冲，为舟楫害。绅士言于邑侯蔡公，蔡公命驾诣公及心泉门。公与心泉相度形势，先立大木于交界之中，用竹栈圈以绳四方吊准，随木放下，再以大石缒之，令善泅者取石挨傍其圈，唤小舟载土向中，一鼓齐覆。数日之间，基址顿成，名曰"螺星台"，建文昌阁于上。嗣后，文风甲禾郡。又于三十二年，创造禅悦寺，三十八年，重建钟楼，公与心泉之力居多。自是，澉民无黄肿、侏儒之疾。时有倪姓百岁者，公作

《人瑞赋》以赠之，为吴司寇所重，曰："先生之文，典赡清华，非某所能及也。"公著述甚富，惜为火所燃，罕传于世。

吴生白赞曰："公自舞勺蜚声，以济苍生为任。俘馘倭酋，早露干城之具；祛除海若，永消亿祀之祲。勇退急流，鸱夷再见；仁施甘泽，傅说重生。筑星台以作士，建鲸刹以和音。著无疆之炳炳，宜有后之森森。不忝宣谕使，立功于西蜀；有光右正言，开诚乎东京。邑《图经》只载百户余腾蛟呈请抚宪徐公开浚新河、加高土塘事，裨益地方甚大，他未之及，且无列传。兹本《余氏家传》节录之。

朱文才 字尚卿，号心泉，卓荦有奇才。慷慨好施，每以桑梓休戚为己任。溆地在四山中，不通泾河，屡遭旱患。其在永安湖下者，为湖田；依城濠者，为城河田；在长墙山湾者，为山田。湖故有闸，在永安湖下流，岁久废弛，公倡捐修复。堤高而蓄以深，闸固而泄以节，湖田迄今为一乡之最。城濠之支浜，接壤泾河，而亘以六里堰，高下悬绝，莫由逆上。乃于堰底创设瀛洞，蔽以铁门，平时扃户不漏，旱则开引泾河之水以入濠。濠旁之田，咸赖其利。当日吴司寇、许侍御为之撰记立碑，纪功绩焉。长墙诸田，北不通城濠，西不通永安，尤为槁壤。乃于山麓低洼处，筑堤为大窊湖，开浜数处，于其下设立闸座，一如永安湖式。又制陶器，如筒无底，埋伏地下，曲折以相接引，需水时则闸开水入，从筒涌出，浸灌田亩，不烦车戽，名曰"放水湖田"。至是，溆之旱患得以稍纾矣。溆之海门寺，有大悲阁，建自明初，高大冠一郡，欹侧将倾。万历二十年，百户余公腾蛟请公营度。公以大木丵之，丵凡数处，四面着力，应手而正。厥后，虽值风势猛烈，屹然不动，真有神斧鬼工，莫测其巧妙也。又有禅悦寺神钟，元杨宣慰使购倭铜鼓铸，重五千馀斤，建六丈楼悬之，晨昏击撞，声大而闻远。缘溆土旺水浅，藉以镇压，取金生水也。公谓余公曰："昔董从吾先生云，楼卑而侏儒产，楼圮钟沉而病尪焉。神钟之所以系于吾澉者大矣。”迨万历三十八年，相与出资鸠工，兼劝有力赞助，重复六丈之旧焉。公声名远播，于是邑大尹蔡侯闻而造请曰：“治北白苎河，波流冲突，时坏舟楫，商民病之。闻公有大才，敢请所以息此患者。”公诣其地，相度形势，告蔡侯曰：“直港不可以缓奔湍也，必积土以当其冲。急水不可以受委土也，必立范以固其址。”乃测浅深，立木桩，围竹栈，先纳以炭，旋覆之土，又以巨石镇之，基立屹然，不可动摇，而工告竣，即邑志所载“螺星台”是也。嗣后，水势萦纡，舟行安于枕席。松江为我邑邻省，金山、南汇、华亭三县交界地，名东乡，有朱仙人祠。土人谓此地本无河道，泖长则水深数尺，退即干涸，素病废壤。明万历间，太守宁公莅任，问民疾苦，勘得其情，乃访公，敦请公至其地，开此河。河从四围绕入中央，如旋螺然，当日朱公谓太守曰：“潮之来也，其退甚速。曲其势则退迟，退迟则后潮续而不竭矣。”今之沃野膏腴，皆朱公之赐也。询得朱仙人建洞所由来云：“太守下其法于他县，开河成田者十八处，皆有朱仙人祠焉。”嗟乎！公以澉川一布衣，乃能诚心济物数百里外，其经纬岂不伟欤？总其利泽及人，不胜枚举，所谓乡先生没而可尸祝于社者，此也。邑侯李公重公之品望，特举乡饮大宾。卒后崇祀孝义。邑《图经·孝义列传》载：朱文才甃六里堰，筑文星台白苎河，及支缉海门寺高阁，创造禅悦寺①诸废寺，具有巧思云云。第其巧思之运用，正复多端，兹本《朱氏家传》详悉志之。

沈宏逵 运副藻长子，性孝友。父病目，以舌舐复明。手足多所赒恤，异母弟宏键，生三日，父殁，逵受父托，与妻陆氏慈护备至，育之成立。尝还金折券，两台、郡邑并旌孝义。逵腰大十围，善奕嗜

①《海盐县图经·孝义列传》原文无“寺”字。

吟，好客，真佳公子也。宏键以父遗命，嗣长兄后，字鸣球，国子生。

赵士俊 字望之，角里山人。父其孝，万历间两次签北运白粮，士俊随侍。初以米亏，揭京债。继惩前累，多备米。官反呵其科敛，故浮于数，其孝抗辨，触官怒，捶交下。士俊时甫束发，急抱父，指臂几折，晕绝不放。官乃动容，称孝子，始得免归。念家破子伤，悲不欲生。士俊慰之曰："父何必悲，儿病必不死，自能养亲。"后果甘旨不缺，致其父得享高年。

吴 芸 字时美，尚侠好义。子霁，字惟采，善承父志。霁长子之英，字千朋，万历癸卯举人。丁未会试，明通榜，为萧县令。岁祲，煮粥济人，又设药局疗病者，人颂其德，为立去思碑。霁崇祀乡贤，之英崇祀孝义。

顾名俊 字敬南，性耿介，大体自持。乐善好施，族里尤为敦睦。室人徐氏，侍奉舅姑，不啻敬姜。子尚卿，能守父志，遇通元桥梁倾圮，即捐资修整。

徐应奎 字星鲁，定溪季子，世有隐德。父隆冬病，思食瓜，应奎泣祷西畴，瓜累累卧藁叶下，食之而愈，人呼为"孝瓜"。为邑诸生，有名，从游者众。训诸子以忠孝大义，从治殉难莱城，哭之恸。已而笑曰："真不愧吾子也!"崇祀乡贤。长子光治，字型唐，官光禄丞，精象纬学。著《究日捷简》，张奇龄为之序，梓以行世。

徐昌治 字觐周，考授通判，不就。仲兄从治被围于莱，匹马走山东，乞师救莱。列状诉当道，言督师刘宇烈挠怯，必误封疆。宇烈卒被逮，莱城获全。就试南省，登癸酉榜。以父老，不上公车。著有《周易旨》《纲鉴燦》《昭代芳摹》诸书。

沈德润 字而喻，宏键子，生而颖异。少为诸生，与嘉兴王庭、海昌朱一是、徐友贞、同里吴蕃昌为莫逆交。闻京师寇陷，愤懑增疾，呕血死。子嘉言，武进士。

刘鼎铭 字叔子，号六梅居士，百户志达次子。负奇气，具文武才，为人陈说忠孝事，亹亹勿倦。性孤介，不娶，事父母能得其欢心。明末，国事大坏，鼎铭念世受国恩，不可不报，拟战守策数十条欲上陈，而明已亡，闻信痛哭狂走。乙酉，大兵至溆浦，授命南门外，年三十五。弟鼎钟、鼎铨，亦与焉。

周　行 字子行。立品孤介，能诗善画，工山水花鸟。虽极贫，耻向人干泽，以此为吴贞肃所知。盘桓京邸，乘间微讽归隐，不从。迨贞肃殉节，与祝孝廉渊为含敛。仓猝之际，不敢草率，经营旅榇，间关南归，人咸称其高谊。

顾大梁 字惠侯。少孤，事母至孝，甘旨必丰腆。鼎革时，负母匿芦苇中，卒遇大兵，伤左臂，哀恳以身代母，兵怜而两释之。

吴蕃昌 字仲木，庠生，贞肃公次子。崇祯甲申，贞肃殉国，间行淮上迎丧归。遂弃诸生，绝仕进。师事刘念台先生，讲求有得。与海昌陈确、桐乡张履祥探讨精深，见诸践履。作《日月岁三仪》以自范，为《阃职三仪》范其家。族有贫者鬻女，赎归，养为己女，岁以米遗其父母。临殁遗命，择婿嫁之，恤其父母如故。著《只欠庵集》，乡人私谥"孝节先生"。

吴谦牧 字裒仲，庠生，中丞次子。整身修行，期为圣贤之徒，以"困勉"名其斋，遂弃诸生。事母朱恭人，以孝闻。初，尚书公子太学生麟趾卒，无子，嗣应谦牧，而生方一月，不能执丧，乃嗣蕃昌。贞肃公命中分其产，及长，约以二仲并继。中丞卒，谦牧执人子之丧。比太学配查孺人殁，人谓宜丧三年。谦牧曰："吾为父也三年，为叔也未之服。吾母在堂也，而人子养叔母。生也未尝朝夕养，今殁而母之，而因丧之，是利之也。"尽归其产二百三十馀亩，而为之服缌。蕃昌固不受，谦牧固以辞，乃以百亩为小宗义田，以百亩为大宗义田，以三十馀亩为族人义塾之田。人皆谓二仲善继述矣。谦牧体素羸，治母丧葬，哀动行路。病间手编父遗文成帙，卒至不起。世称“东海两孝子”。著《茧窝集》。

吴凤来 字鸣岐。值海寇窃发，父为所得。凤来遍访，日夜号泣。有告以在金山卫者，乃潜身其地，候寇尽出，负父逃归，为兵所获，疑其通海，下狱。凤来奔救哭诉，卒免父难。

黄观祖 字冲寰，禀至性，孝友笃行，隐德自腴。筑万竹楼于葛山，陶情琴酒，杜足不入城市。惟课子若孙，读书以克家。顺治年间，邑令郭尚信举宾筵，题赠为“天子宾”。年八十六而终，童松门私谥为“安白先生”。

平　章 字天衢。鼎革之际，道多饿莩，章独捐资收敛，深埋于山麓老鹳巷。子望，字茂功。里有买荒墩开垦，见骨殖数十埕，将弃诸水，望为收葬于乌龙湾己山，兼岁时祭祀。

李商玉 溆川笃行纯孝人也。痛父母俱死于兵，终其身哀慕不忘。深自刻苦，屏迹训蒙，兼习星家言。偕其妻节衣缩食，铢积累聚数十年，以营邱陇，犹以为未足报怙恃恩。更修砌溆城街衢，欲一城之中周道如砥，庶获报万一，以安其亲。里人名之曰“报恩街”，吴士旦为之歌，以纪其事。年至八十有八，崇祀孝义。

徐乾贞 字长善，号御六，以廪膳生入国学。性至孝，父昌治有疾，露祷请代，遂瘥。弟蒙贞，有出婢子。蒙贞疾甚，父命以乾贞次子为弟后。乾贞曰：“弟自有子，岂忍利其有乎？”招子归，蒙贞乃瞑目。他如施糜掩殣，善尤难悉数。崇祀孝义。子二，储元、赓元。

徐济贞 更名赞宸，字湄棫，庠生，忠烈公第五子。性慷慨尚义，避乱山居。忽念友人饥困，载米数十斛遗之。与弟复贞，字琯朗，庠生，友爱砥砺，时有“二难”之称。赞宸著有《澹庵自娱集》《霞蔚轩诗稿》。

黄　钋　字宗彝，庠生，丰山人。秉性正直无私。康熙二年除日，偶以事适邑城。日午，于西门外厕间，拾得金珠衮物。即于附近某店，默坐以俟。至晚，舟人促之归，公曰：“吾尚有事。”羁留二更许，见有人仓皇如厕，问之，答曰：“吾奉南乡徐氏命，赎取典物，经此溲便遗失。今寻之不获，必遭家主谴责。”公急问所失，悉符合，遂还之。越三日，公复至城，过徐家牌坊，如有人推而前者。忽闻震响，则坊石崩坠迮，衣裾尽裂，而人无恙，人咸谓善报之速云。子元吉，字集三，国子生，考授县佐，寿九十岁。

毕蕃昌　字尹兹，歙州人。父佩，醇谨朴茂，有长者风。业盐荚，遂卜居溆川。蕃昌聪颖绝伦，入安吉庠，晋国雍，廷试授州同知。生平仗义疏财，凡有利于人者，力行之。如新河中坝，关系濠田万亩，蕃昌目击苦旱，毅然同溆绅请宪重筑，卫城灌田，功非小补。此乙卯夏初事也。卒年仅三十九。子国璋、国端，并国子生。奉遗命，捐赀建重筑坝①，碑具，征其能继父志云。

朱维新　字康侯，庠生。性鲠直，有古君子风。溆城旧设新河中坝，蓄濠水灌濠田万亩。康熙十四年，有豪民某，绐县令请于上官，开坝决水。濠顿涸，田尽荒，溆民愁苦甚。然畏其焰，且挟吏势，莫敢谁何。新目击心伤，因偕同里毕蕃昌、吴孝贻为溆民请命于邑、于郡。讼数年得直，始奉上宪檄，如旧制，坝重设，民困以苏。彭孙遹有碑，纪其颠末。后人怀其德，为设主祀于坝旁普济庵。

朱尔郇　字子长，号紫球，御史泰祯胄子。孝友性成，髫年入泮，

---

①捐赀建重筑坝，“建”字疑衍。

试辄高等。督学李公际期阅卷，首拔之，寻举明经。事亲竭膝下欢，当御史按滇时，留家侍大父母，备极色养，以安万里亲心。他若捐祭田、建祠墓及诸善事，不可枚举。乙巳，举宾筵。所著有《曲台约旨》《苇读斋初问》。子与兰，字佩湘，亦以垂髫补诸生，由恩贡候选州同知。力学好文，兼精翰墨，著有《苇读斋诗钞》。

朱景肃 学子于，号竹声，泰祯次子。尚义好施，以臬司佟荐，授常山教谕。不数月，即赋遂初。康熙庚戌，苏湖大饥，流民来盐乞食以数千计。景肃捐粟百馀石，商之邑侯张公，集流民欤城镇，给米善遣之。后邻邑咸被流民盗劫，盐独无恙，人服其先见。子七人，皆庠生。长子毓甡，字素安，尤有名，读书过目成诵，长于诗，著《石笋山房集》。随外舅张螺浮给谏之荆南任，中途遇风覆舟，稿沉江中，归拾其馀，藏诸笥。孙冲，邑庠生，事寡母祝氏尽孝，五十馀卒。

钱万实 字鹤洲。六龄丧父，哀慕如成人。事母杨氏尽孝，母病辄吁天请代，母享大年至九十有五。母丧，庐墓侧尽哀，乡里重焉。连岁大饥，悉力输助，煮粥以赈，全活者多。延师课子，极恭敬，至为手涤溺器。子之燾、绍隆，同登进士。八袠兄弟介寿，轩舆云集，友人诗有云："称觞膝任东西绕，捧檄裾随伯仲牵。"传为美谈。享年八十有六，受给谏封。

姜悦周 长川坝人。性至孝，父母疾病，辄废寝食，亲尝汤药。康熙二十六年，就典吏于分台。考程未满，而思亲念切，遂辞职养亲。分台叹其孝，给以"百行首全"匾额。

张国臣 嘉标百总，分汛沈荡。康熙十三年，含山贼劫沈荡镇。先一日，贼贻国臣书，啖以利，令勿出击。国臣怒，欲执赍书者，已逸去。即遍告居民，严备器械以御。明晨，贼舟蚁集，国臣率汛兵张敬山、马百胜、张子云等，奋勇格斗，手刃数贼，力尽被杀，三人亦同毙。一镇藉以保全，居民为立木主于里社庙。

方开基 字德肇，歙人也。年十三，随父维新商于浙。闻母病，仓皇急归；母病亟，侍奉不少懈；母死，寝苫茹素，庐墓三年。复商于浙，遂家溆。后病笃，次子震旭，字东阳，百计以疗，又十二年而殁，咸以为父子纯孝云。

毕 璿 字舜元，府庠生。幼孤，家贫。年二十，母病笃，吁天愿减己算以益母寿，病遂愈。又一年卒，哀毁尽礼。

吴麟世 父中倬，字云伯，郡庠生，以名节自励，游学京师，殉甲申之难。麟世遇忌日，必流涕。事嫠母，曲尽其孝。一生言确行方，著有《澹圃诗草》，寿八十七。

吴晞渊 字元复，号克轩，裒仲长子。少孤，事母孝。长工诗文，不屑举子业。独体究濂洛诸书，造诣纯粹，兼涉医术，著《续名医类案》，卒年七十六。

南郭民某 市斗粟于邑肆归，倾其粟，有金二锭陷焉。徒步往，还之。肆之人德之，遂与往还不绝。《茧窝集》。

祝寿祉 字介士，镗犹孙。生姿杰出，诗文俱饶英气，食廪饩。幼失怙恃，从伯文学完和，抚同己子，所得廪俸馆脯，悉奉堂上。后罹伯父丧，哀毁骨立，事继母周承欢侍食，其匮乏不令母知也，以贡授学博候选而卒。

夏以松 字友梅，庠生。重然诺，敦实行，而尤笃于根本。其先世有未葬与族之葬而颓废者，咸安辑之。建宗祠于南湖舍侧，岁时奉祀。与吴晞渊为忘年交，晞渊之殁也，与同学张莘皋经理窆事。抚其孤，人人以为生死不愧云。惜年止三十有六。

祝寿礽 号松湾，镗犹孙。自幼失怙，事母孝，赋性颖敏。长而好学，训子有方，声噪黉序。襟怀磊落，闾党中凡有事，即为排解。

遇婚丧所不给者，不惜垂橐相助。卒年八十。

高崇厚 父和，字立夫，苦志读书，每忘寝食。康熙丁卯副榜，授贡生，家居荒凉，因劳病卒。崇厚哀感行路，竭力奉母，抚两幼弟备至。邻居老友徐豫贞，每月乞米五斗，以给其家。赠之诗曰："故人夙下世，淹忽垂十年。遗孤孱且贫，奉母艰粥饘。饥驱靡所适，辄复来吾前。逡巡未及语，心了知其然。升斗乞薄少，岂足拯颠连。负米弱未胜，遣僮为之肩。村庐隔阡陌，望望生炊烟。吾意良已恻，吾力殊亦绵。坐视妻子困，无由慰重泉。仰怀朱文季，千秋愧前贤。"读此诗可以见其苦孝，亦可见古人生死之交情终始不渝云。

胡子英 字伯华，承安子。九岁失怙，偶有口过，母杖之，终身不复蹈。及长，敬养寡母，备尽子道。性浑厚，与人无竞，邻有凌之者，亦不校也。年七十三卒。子炳文，有父风，事王母、父母能竭力。

周禹祥 六里堰人。亲族有急必赴，族有嫠妇无子，或劝他适，禹祥毅然曰："于吾乎养。"月给之，成其志。其他善事，不可胜数。

徐德瑜 字不瑕，增生。事母马氏孝，每日必亲自供奉，甘旨毕备。集古今嘉言懿行为一编，曰《含贞录》。

祝　晟 字野先，庠生，镗元孙。少孤力学，敦伦睦族，济困解纷。尝拾遗金，访还故主。中年无子，以兄子洪为嗣。三春，往南山，游人杂遝，见有珠帽遗于道旁，拾之默坐以俟。少倾，有老妪哭至其所，问之，曰："吾抱幼主，失去珠巾，寻之不获，恐不免于笕累。"遂出诸袖以还之。即于是年得子，人谓为善之报。晚年耽吟咏，有述怀诗云："少年志封侯，有剑鸣如吼。蹉跎意愿回，闲闲桑十亩。"卒年七十四。子二，洪，字肇州；景谦，字悦周。皆庠生。

王坤厚 字载宏，号鹤汀。庠生，积学工诗。出修资尽收族中之遗骸无主者，葬之阁老山侧。其生平敦行类如此。著有《蚓吟诗集》。

祝尹臣 字景和，号屏山。生有至性，事母以孝闻。端方正直，有古君子风。康熙甲午，登贤书。潜心经学，性理《周易》，研究不倦。著有《屏山心录》。

毕国瑞 字人表。幼失怙，事母至孝，奉寡嫂尽礼。由成均考授翰林院孔目，守令闻其名，造访询时事。康熙乙亥，制府檄修澉城，条其利弊，公私称便。初，环澉城地，民多树桑，邑奉宪府指，将尽芟夷，备驰道。国瑞曰："蚕桑民命所关。脱有急需，驰道旦晚可办耳。奈何无故先绝穷民衣食之源哉?"邑令然其言，事得寝。他如筑捍海土塘、修学廨、捐赈施棺诸利益事，皆踊跃为助。周恤亲族，不收其券。增置墓田，供祠事。人咸服其义。子建元，别有传。

刘瑞阳 秦山人。尝拾遗金，坐俟酒肆中，久不至，因嘱酒家而去。明日，其人号泣来，询之，乃鬻女以偿租逋者，亟还之。

冯凤威 字知三，贡生。博览群书，医卜堪舆，靡弗究心，尝值秋霖不止，风迅海溢，力请当事修筑防御。弟人佺，字南三，庠生，能文工诗。甲辰海溢，陈创修之策。有馀姚民流入吾邑，生者给口分得还，死者施棤椟以敛，人高其义。

胡若琴 字南珍，炳文次子，世居鲍郎浦。孝友成性，事母翁氏曲尽子职。母晚年婴痼疾，敬养罔懈。两弟早故，抚孤恤寡，以成其节。侄并得成立，又出己产以赡之。接物和煦，从不以声色加人。每岁必择上等之米，精之又精，务使洁净，以输冬赋。人称其善，答曰："古人有言，草莽中，惟此为君臣之义。吾以尽吾分也，何善之足云。"年八十六卒。

王之翼 字汝谐，庠生，廷望孙。少失怙，事寡母董氏，备极色养。家于佘山即葱山之北，有田数百亩。每年以役事与里书张某往来，熟张女殊色，已许字。张急，借宦仆银以女为抵。仆利其少艾，竟不往索。逾三年，计子母应若干，张不能偿，遂欲夺为妾。方在窘迫，适汝谐过其门，见张夫妇相对泣，询知其故，悉代为偿之。事得解，而女得于归。汝谐义举事，类如此。越明年丙子，其子显一遂发乡榜，丙戌成进士。

黄尧思 字云章，世居澮水村。力农桑，公平正直，扶危拯困，未尝有德色。尝输粟于常平仓，上宪匾以“乐善好施”奖之。孙克俊，字辅唐，国子生。睦族敦邻，捐田助祭，人有以缓急告者，必勉为周之，咸谓克绳祖武云。母寿终八十五，哭泣如孺子。旋卒苫次。

陈义培 字行可，号干亭，又号南林，大基五世孙。国学生，世居管山。貌淳朴，性豪宕，家小康而财不吝。戚族之贫乏者，婚丧咸仰给焉。闻人有燃眉事，急以白金往周之，无德色。每逢令节佳辰，约父老子弟辈，泛舟宴饮为乐。平时恒闭户读书，为文奔放，有轶群之目。两试棘闱，不遇。年二十七卒，时论惜之。长子兰森，字树堂，有父风，年亦不永。

张宗栻 字乾元。高祖洪溪，自海昌迁居淡水村，世以耕读为业。宗栻少孤，母万氏，抚训有方，纳粟列名国雍。性至孝，承母旨，睦族和邻，慨施行善，终身不吝。子国学生延龄，未婚卒。时年已暮，即择族弟宗鼎次子诸生纯熙，立为嗣。旋婴微疾卒，年六十有七。侧室生子青藻，才数岁，越三月，又生遗腹子纯炜。纯熙字声和，勤操家政，力学芸窗，遵父命，抚二幼弟，恩威并济，卒皆底成立。性刚直，遇不平事，必仗义力为剖白，远近钦其未采①。屡蹶棘闱，至嘉庆庚午科，邀恩赐举人，寿终八十有五。青藻字映辉，国学生，早卒。纯炜字玉辉，国学生，今咸丰元年，举乡饮宾。

①未采，疑为丰采之误。

祝　锟　字金也，寿礽孙。孝友著于乡里，推为祭酒。

吴文晖　字翼万，号灯庵，寿翁中智元孙。生而颖悟，甫为文，即惊其师；二十一入邑庠，试辄第一；及壮，举孝廉。积书数万卷，远近从游者，座常满，教之必竭其诚。远方厚币聘者，概谢之，曰："吾于桑梓则不可辞耳。"尝有人登堂再拜，曰："夫子之教，不徒文也。某子初不子，自游夫子门，始知为子。非夫子教，不及此。"平居入孝出悌，父病，日夜侍左右，衣不解带者累月。及卒，哀慕攀号，观者堕泪。母祝氏病，草青词以吁神，愿减己算延母寿，未几果愈。兄病亦然。不妄谒官府，所往还，惟一二故人而已。善吟咏，自出杼轴，著《灯庵诗钞》三卷，《溆浦诗话》二卷，《萝补书屋日记》一卷。卒年四十七。子以敬，字惺仲，事继母孝，早卒，著《匏斋集》。

赵廷玖　字佩醇，士俊孙。年十三，父亡，颠仆号恸，仅存残喘。母徐氏，勤劳成疾。廷玖叹曰："与其勤学以显亲名，何如辍学以代母劳。"先意承旨，靡所不至。及殁，丧葬竭诚。每祭祀，辄呜咽弥日，盖世济其美云。

马殿升　字翰昭。先世凤山，自海昌花山迁居丰山东麓，数传至应熊，字渭臣，即公之父也。孝友成性，父母去世时，家无中人产，遗四弟二妹，惟次弟已受室，馀皆童稚。公教之若严师，爱之如慈母，授田筑室，俾各成立。婚嫁既毕，而后析箸。性明决，能断大事。管山有何氏者，少丧父，族中垂涎其产，啧有烦言。公至，以片言决之，时何戚朱孝廉篆在坐，叹曰："吾不如也。"宗族邻里，奉为典型。卒年七十馀。

程尚良　字南麓，徽州休宁人，后迁居溆浦。倜傥有才略，明季倭扰浙省，胡总制宗宪用其策，诱致汪植、徐海等而去之。倭寇平靖时，力请阮督学鹗启武林门，民得入城避难，全活生灵数十万。神宗戊子岁大饥，倾囊助赈，不遗馀赀。傅巡按好礼，嘉其义，题授六品郎官，敕建尚义坊。当煮盐广陵时，建筑瓜州二堰桥；知山东临清州。告归，筑室于皋亭之山南，自号南麓。崇祀钱塘忠义祠，黄汝亨为作志传。

程斯英 字毅庵，孝性天成。祖病笃，奉养备至，刲股以代刀圭，诚感疾愈；人咸以“程孝子”称之。

程文锦 字介石，至性纯孝，立品端方，广西桂平县知县。莅任后，凡前案藏奸积弊，一经审断，皆帖服无遁辞。教民以孝弟力田，民知礼节，讼庭清静，囹圄空虚；时有“况钟复出”之称焉。任五载，告归终养，上宪慰留之。

程原洛 字理源。父文锦，出仕桂平，事祖曲尽孝谨。祖病笃，日夜祈祷，愿以身代，割股和药以进，祖疾得瘳。

董云斯 性孝友。事父效萝，竭力甘旨。两兄以不善生理致困，云斯辄周之。

祝乾锡 字磊人，诸生，寿祊孙。性慈惠，亲戚有告贷者，周之不责券。砚田所入，悉以分给匮乏。

祝乾镇 字绳武，寿祊孙。家素贫，授产无多，以少孤，产日益削。后乃稍稍振起，克复旧物。自奉啬而事母孝，待诸子侄，一如其子。又与族侄景濂，于永安湖祖墓，各捐置祭田，以备蒸尝。复申明规约，以相戒勿失，至今合族咸仰赖焉。

祝汝成 字道闲，锟子。性孝友，宗族及友戚中，有贫不能葬者，毅然任其事。又于祖墓续捐祭田六十馀亩，公产益饶，不特祭祀丰备，凡族中有正当支用者，咸取给焉。

胡　璋 字理中，国学生，好义。家中落，自奉甚约。而延师教子，必极丰腆，且尊崇备至。子瀛奎，字登云；淳，字学谦。并庠生。

学谦食贫而廉，以舌耕终其身，不苟取一介。

胡景澜 字观涛，国子生，彝仲子，嗣叔若琴后。性慷慨，薄有恒产，能急人之急。戚好有称贷者，应之而不责偿焉。一日入城，完地丁银，至县治前。有邻人戴某，疾行往东，神色大异。急招之，再三问其故。邻曰：“丝银输尽，无以为生，行将赴东海以死耳。”景澜倾赀与之，许其弗偿，呼之同归。邻大感悟，终身不复赌博云。子诚，字品金；煜如，字朴庵。并入成均，皆有父风，甚相友爱。亲戚有缓急，未尝以隔膜视之。煜如先故，遗孤五人并幼，诚抚之如己出。遇俭岁，辄首倡捐资，以周乡里。

吴龙辅 字楚材，诸生，士旦孙。少孤贫，兄病，授徒养母，具甘旨，与妻食粗粝。兄卒，养寡嫂及遗孤三人。生平不欺暗室，时以孝悌勉学者。尝与族叔懋政、从兄玉成，倡议兴复孙家堰水利，一方赖之。著有《函斋集》。玉成，字功茂，诸生。

赵乾行 字御天，乐善好施。捐山五亩，以为义冢。遇荒歉，出粟平粜。举乡饮宾。五世同堂，寿至九十一岁。子周彪，字文哉，武生；光裕，字谦益，监生。并有父风。

朱 烺 号柿村，邑诸生。笃于内行，事迈祖、寡母以孝闻。祖年八秩馀，目双瞽，烺左右色笑，无间晨昏。少受业于吴兰陔先生，门下多硕彦，先生独契重之。其为人沈静有卓识，每众议纷纭，恒默不发一言，及谋定，众咸韪之。孙家堰之役，竟复旧制，父老流传，至今犹谓非某不能折豪势也。以孙毓文贵，赠如其官。

朱以权 字巽亭，贡生。性至孝，父病笃，日夜侍汤药，遂获痊。勇于为义，永安湖、张老人、转水河三闸，独任管钥数十年。稽查启闭，应垫经营。一方利病，如在一身。环河田亩，常庆有秋，公之劳绩居多。其他地方利益公事，实心办理，俱类此。

吴秉均 字右箴，邑增生。父官粤，留事大母，曲尽诚敬。迨父谢任归，讲学里中，与从游者相切磋，学日益。忽遭父丧，哀慕如孺子，水浆不入口，卒于苫次，年四十二。

朱　昇 字应亨，与堂兄庠生城，友爱最笃。城病故，昇远馆他方，闻讣奔丧归，大恸致疾，越十四日亦卒。

陈连鼇 字柱沧。性孝友，遇人急难窘迫，必弥缝济之。家人化其行，雍睦无间言。

敖楚宾 以农桑杂贩为业。父彩云，事之孝，每夜归，必省视。家庭雍睦，五世一堂，世所稀见。

王从礼 字休度。家贫，有孝行，寿八十四。子允谐，性行克肖。孙文煜，太学生，亦孝友。

陈国枢 字起元，事父母孝。幼习举子业，家贫，弃而服贾。才识兼优，客朱司马澜永幕。司马卒于任，万里护柩以归，竭力营葬三世坟墓。从子佑周，负债数百金，代偿之，以纾其困。每遇歉岁，捐赀赈济不吝。蒙恩典，赏给八品顶戴。寿八十有六。

张　辅 字绍谋，武学生。精痘科，为人医治，不受酬。遇赤贫者，为构参苓药物，以疗其疾。所需药资，代应约以他日归还，即不归，亦不索。有时人延请至家视症，稍备酒肴款留，辄告辞急走，揽之不能驻。如是者数十年，济人不少。孙元煦，举孝廉，人咸谓为善之报。孙另有传。

杨文云 字景龙，太学生。郭九皋德和、典商高某，各捐赀买石，分段甃铺行路。自三官堂至六里堰，长河圩岸，向患天雨泥淖，铺后行者便之。文云孙以烜，字子瀛，道光庚子恩科举人，即于是冬遭母丧，以哀毁卒。时人惜之。

方　鼎 字养庵，国学生，士奇子。端正慈惠，每遇荒歉，捐输赈济不吝。亲族寡孤贫窘者周之，丧葬无着者助之。家居节俭，教子孙遵循规矩，未尝一日疏纵。晚年喜作大字，颇得吴香海先生宗派。闭户自精，七十三岁卒。

吴本佺 字典簧，号莱峰，龙辅子。读书明大义，精于考古。丁未岁试，出题“宁武子，邦有道则知”。通场皆主集注，莱峰独引阎百诗说，以有道属成公时。学使朱文正公珪大加奖赏，拔为第一，一军皆惊。年至迟暮，始中嘉庆庚申举人。岁祲，倡议捐济，活人无算。遵祖训，丧葬不作佛事，以期祝回世风。

万肇埈 字德隅，庠生。天性诚笃，力行孝弟。敦伦睦里，内外无间言。家有藏书。与弟肇奎、从昆肇培、迈征相勖，学有本源。生平仗义疏财，每遇岁歉，首倡捐资赈济，乡党咸推重之。建宗祠。寿八十有三。

陈克勤 字元良，滢八世孙。世居茶院，以经营勤俭起家。为人孝友可风，敦伦睦族，邻里无间言。曾于嘉庆初年，倡议葺先人文惠公祠，修刻宗谱，厥功甚伟。子起鹏，字云逵，承先启后，忠厚有馀。教子孙严而有则，闭户读书，先后并游庠序。

周汇吉 字莲斋，诸生，世居陈湾。族中贫乏者，周之不倦。凡邻里有嫠居者，必加意矜恤，以成其志。不治生产，萧然物外。晚年杖履优游，徜徉于翠屏、碧里之间，人咸知其为厚德人也。年七十一，以寿终。子知三，字石嵒，邑庠生。立品端方，克继先志，乡里目为长者。时与王赤霞、祝云林、吴芸父、杨聿修结文酒之会，吟咏终日，无倦容。孙坤、清、翰，并列庠序。

郭　二 无名字。少孤，家极贫，有一兄，不知治生。二日肩卖瓜果，得钱以养兄嫂。其兄八十馀，恩锡衣顶，日服之以婆娑于市，遇赌徒辄博，日以为常。而二亦年七十馀，服勤祗事不稍衰，未尝有怨言怒色，终其身如之。

马人骥 字呈才，翰昭孙。少孤，事继母王氏极孝，敬爱兼尽，终身无间言。博览群书，诗文磊落有奇气。慕族祖衎斋、素村二先生之风，搜罗古书、名画、尊彝、钟鼎甚夥。欲以功名自建，重违慈母，例入成均。好为诗，不轻示人，故知之者少。春秋佳日，与同邑吴平远太史，支鹤亭、吾梅汀两封翁，缪南溆广文诸公为文字饮，即席赋诗，同人折服。性慷慨，有求必应。舍旁马家石桥年久倾圮，捐资独建。乙丑大饥，斗米钱六百，民情汹汹，公首捐粟赈饥，全活甚众。有知人鉴，后进中如吾南园、顾茉圃二孝廉，吾笏山主政，皆于髫龄时所奖许者。其他善事，不可枚举。尝以母苦节，欲请旌于朝，母力止之，谓："未亡人守节，特常事耳，安用旌为!"及母亡，始议题请，已病笃矣。临终嘱诸子勉成之。年仅五十一，合邑为之悼叹。所著有《自怡编》。长子玉墀，庠贡生，忠厚有父风，遵遗命为继祖母呈请。嘉庆十五年，有司以闻，命下建坊。墀子若孙，咸以文学世其家。

孙丕基 号石林，州判廷朴孙。少颖悟，读书目数行下。天性孝友，痛生不见父。事母陈氏竭意承欢，病必吁天请代。兄嫂俱早卒，所遗子女，抚如己出。乾隆癸丑，邑试第一，郡试第二，受知于学使李云门先生。辛酉省试，本房力荐不售，遂淡于进取。喜购奇石，栽异花。家近小西湖，春秋佳日，必偕客游，亦游必赋诗。兼善画山水，尺幅中具千里之势，零缣断楮，识者珍之。卒年仅三十有七，惜无子。

孙复光 号东皋，国学生。读书识大体，少以节侠自命。兄复亨，字章德，邑庠生，嗣伯母徐氏后。夫妇年俱不永，光代侍奉，不异己亲。恤兄之子孙，终其身不懈。亲与伯母，俱享高年，先后卒，如礼丧葬，戚族咸称之。族兄驾鳌赴任处州司训，嘱以家事，慨许无难色。至若广交游，重然诺，急人之困，又其馀事耳。兼工岐黄术，年五十一卒。

顾角麟 号梅村，京学梦辅五世孙。性伉爽，立言侃侃，见义必为。乡里中有争端，必力为排解。好读书，慨想逋翁之风，冀绵读书台旧泽，故在后裔中攻制举者，无不谆谆劝戒，期以远到。卒年六十三。

顾遇贤 字以行，京学梦辅六世孙。敦孝友，崇礼让，处家朴素自安。戚族中遇吉凶大事、贫不能举者，有所告，必力为措施，无德色。至若修庙宇，建桥梁，除道路，亦靡不争先施舍。卒年七十六。

赵绳武 字芑崖，光裕长子，嗣伯父周彪后。邑增生，力学不懈，食贫，能介然自守。精医道，不问贫富，尽心治之。子玉田，传岐黄术；鸣盛，字桐岩，光裕第三子，诸生，植品方正，不与外事，善奖掖后进，不事声色，而无不率教；仲子清瑞；季子鸿烈；并有声庠序。

祝鸣梧 字凤喈，号吕巢，乾锡孙。生有异禀，甫成童，经史背诵若流，操管为文，有奇气。年十九，居母丧，哀毁骨立。父云林，喻之曰："汝衔哀捐生，其如老父何?"乃节哀读书，以承膝下欢。岁己未，邑郡院试，俱列第一，遂补邑诸生。嗣后，试辄高等，名噪甚，惜屡荐不售。迨父殁，绝意进取，专以启迪后进为己任。工八法，时人方之赵文敏。族有某，卒后贫不能葬，为经纪其事，始卜兆于泊橹山麓，咸服其义举。卒年六十有二，子若孙，俱能以文世其家。

吴本智 字与言。为人诚信笃实，筹公事，直如己事。六里堰瀛洞岁久坍塌，几等漏巵。嘉庆二年，里人公捐重筑，独任督修，著有劳绩。他若增置祭田，营造祠宇，其孝思不匮，尤为人所难。及举乡饮宾，名实相副，人咸推重焉。

卢元熙 字鉴清，国学生。性正直，乐善好施。尝出资开浚溆河支浜九百馀丈，铺北门外石道，远近便之。举乡饮宾。

朱和春 号笠渔，烺子，邑诸生。抱经济才，厄于遇，不得展夙志。于里社民生所关，无不悉心筹画。如禁石荡以重海防，置闸座以备旱涝，创同善堂以革火葬，其贻泽为尤久远。和春家无负郭田，力敦义行，遇族戚有告急必应，或丧葬婚嫁不能举，必力助以成之。虽负重累，不少衰。待人一以诚信，人咸敬服之。有忿争，欲赴公庭者，辄先相走诉。即非素识，必接见，曲为开导，并召其欲与为难者，两解之。数十年，吾溆几无邑胥持信符至者。没未逾年，聚讼日纷，人益思其德不置云。著有《板桥诗草》，以子毓文贵，赠如其官。

胡舞青 宇楚珩，璋从侄孙，职员。少孤，食贫，未尝妄干于人。及长，以勤俭渐裕。喜施济，凡恤嫠掩骼，建桥修路诸善举，皆出资以赞成之。每遇岁祲，不惜倾囊以赡贫乏。年八十九卒。

陈贻谋 字绎勤，号省斋，国枢孙。生八月而孤，母杨氏守节抚养，竭尽心力，延师课读。及长，自知家计之薄，遂弃诗书而货殖焉。居常入事慈闱，敬爱养三者兼尽。嗣后，家渐裕，即为母请旌建坊。并奉母命，纳粟成均。外祖母乏嗣，因继子膳养无资，邀至家中，终养三十馀年，殁后合葬于凤凰山。亲族邻里以急务告者，无不立应。道光十年，邓邑侯廉知其行，举乡饮，固辞弗许。藩宪给“成均硕彦”额。卒年七十有九。

胡　静 号愚山，煜如长子，国学生。少孤善病，未几，伯父又故，黠者多侵之。静善于解纷，独任诸务，而使诸弟得专志于举业。其诗有云：“一身多病后，诸弟发蒙初。”可想见其艰苦备尝矣。终其身不析产，无私蓄，壮年丧偶，不再娶。子麐，号柳堂，邑增生，早失怙恃。事祖母孝养甚笃，事叔如父。弟幼病剧，亲煎汤药数月，不辞劳瘁，弟赖以痊。宗族乡里俱称之。体素羸弱，年仅四十。将卒，沐浴，命家人取青衫，加身而逝。

徐　览　丰山里人。性至孝，母病，尝割股疗之，邑令旌其门。朱西村赠之诗曰："儿股伤残母命存，神功亦为感慈恩。悬知今日丰山里，不愧当年孝隐村。清誉只应敦薄俗，上书谁与乞旌门。由来此道无他报，会见传芳到子孙。"

赵志德　字心如，士俊子。生有至性，年十六，父疾危甚，默祷神前，刲双股以进，病即愈。

陈于王　字尔襄。子本虞，字子昇。俱刲股以愈母。明万历年间，钦赐"纯孝"匾额，至今犹存。管山农人。

叶有声　字向生。性孝，母患危病，刲股而进。及母卒，号踊不辍。终身蔬食，以羸病卒。

郭　介　字蓉皋。父早殁，事母孝。及母病笃，刲股煮药。

汤秉廉　字惟洁。家贫，耕田鬻盐以养父母。父年七十馀，病笃，医药罔效，刲股疗之。

姚士楷　字友端。年十八，丧父，哀痛不欲生。事母先意承志，母病，参苓罔效，刲股以进，病瘳。延五载卒。

朱尚俭　南湖人。父病疫，医药罔效，刲股和药以进。父嗜瓜，殁后，瓤尽白而味更甘美，呼为"朱家雪瓤瓜"。

文　苑

王　洪　字宗范，号明谷，世居通元。能书工诗，为塾里师。董萝石携引，道会稽拜阳明王公。公见貌伟仪修，虽眇一目，而善谈吐，令出接四方从游之士。与靖江朱近斋友善，以庶女妻其子大原。又拜从久庵黄公，久庵宦京师，携馆甥阳明公子正亿，从洪授书。久庵欲补一官，辞不受，人高之。洪本一布衣，奋起畎亩，鼓动缙绅，虽由得所宗依，亦杰然可尚云。王世廉尝对洪叹萝石高隐。洪曰：“隐与仕对，可仕不仕为隐。萝石原无仕，谓布衣可也。”又问仕不如隐之逸人，精力有不能堪仕者。洪曰：“否。尝见阳明讲学时，多病。朝命强之出，或不病。此自朝廷福，非一身事也。”言中窾多类此。乙卯夏五，海上寇乱，洪惊而殁。其子大原避依近斋。

闻华清 字南白，以经义教授诸生。父葬丰山，构庐于旁，奉母及弟居之。母殁，让其居于弟。

许闻过 字长复，诸生，相卿长子。性强识，日数千言诗文，皆超逸绝伦，自成一家。见挟富贵者，深鄙之。父诫以涵养，后更笃实。诸先达皆推之，阳明子尤亟称焉。再试再黜，遘疾卒，年才二十八，云村有《蘙铭》。

钟 道 字子由，光泽教授祺之孙。由训导升太平府教授。子二：继儒，贡为县令。继祖，字希绳，居家孝友，性侃直。诸生，从之授经者甚众，晚举于乡。计偕卒于途，而不得沾一命，人咸惋叹之。继祖子鸿颖，号海槎，天启四年举人。任上海教谕，升县令。有平寇功，擢济南府通判，未任卒。崇祀孝义。

虞志高 字子孝，弱冠登贤书。与弟文学志曾友爱殊常，共衾出入，宴饮不同赴则不下咽。志高早卒，弟亦年馀饮泣卒。志曾子绍唐，字忆兰，诸生。事节母至孝，博通经史，六入棘闱而终不遇，以子廷陛贵，受封，年八十馀卒。志曾、绍唐崇祀乡贤。

吴晋昼 字接侯，崇祯丙子举人，丁丑会试明通榜，中丞长子。天资纯粹，才大思精。为文浩瀚，有流水行云之致。诗拟长吉、少陵，书得晋人笔法。孝友温恭，清羸多病。病中不废温清，恐伤二人意也。卒年二十七，有《蓬蒿园集》。

吴壮舆 字伯载，邑廪生，贞肃公长子。生而神异，七岁读内、外《传》，一月而竟，终身不忘。从父宦游名山大川，发为文章，益闳放。高自许可，不妄交，交不数人。有《六经笺疏》《思居堂集》。季弟坤釜，字季雄，庠生，有《安雅堂集》。

徐元星 字远之，拔贡生，宪副鹍曾孙。家有园林池沼之胜，能文，好宾客，声通四方。筑书屋二十楹，招邑中名流张奇龄、冯振宗、彭长宜、谢锡命、沈允芳等，撰述其中。登其堂，若龙门云。著有《研园日笺》等书。弟元昇，字平之，内外醇谨，事母孝。因病弃诸生，究心岐黄术。元星子舜年，聪颖出众，目为神童。十三岁入邑庠，未娶，乙酉殉难丰山。

陈嗣华 字孟芳，天资英敏。博极经史，一览辄能熟悉。作文下笔千言，无烦思索，洵士林之翘楚也。敦里睦族，令闻远振。九龄入泮第一名，旋食饩。顺治丙戌举人，选授知县，未赴任卒。孙光德，字辉山，以副榜任武康教谕。

朱　千 字天声，明季庠生。性至孝，慷慨有志，与吴贞肃昆季相契，工诗文。

吴麟祥 字稚仙，海宁学廪生，转咨太学。有《吟住诗稿》，萧县令子。麟趾，字绿巢，邑增生，转咨太学。有《学稼诗稿》。尚书子。麟祥尝与麟瑞及余鹏举结率园诗社，有《浴鹤亭、乐志园集》。同时朱丝，字以陶，有《雪芽诗稿》。朱藼，字常伯，秀水庠生，有《鹿岩老人集》。工山水，间以淡墨挥洒，若不经意，往往得生趣。

朱光启 字菁岩，澉之高隐人也。以德行学问重于时，而肆志湖山海江之外。遇名胜未尝不游，游未尝不发为歌咏，故多篇什。有《懿戒堂诗选》。

吴麟士 字宏度，中任季子。世居澉川，匿影湖上，颓然穷老，有“吾本莲峰老布衣，与世不合长掩扉”之句。著《斫冰轩集》。

吴麟德 字元闻，中智子。郡庠生，积学工诗。尝登钓台，有句云“羊裘垂钓亦男子，肯与云台共画图”，为艺林所赏。著有《缫蕙集》《易经集解》《四书存览》。子二：孚爵，字处醇，庠生，自幼端庄颖异，沉静寡言，工制艺，精诗赋，名重胶庠，为多士楷模。孚贞，字应贞，亦工诗，有《偶村集》。

顾梦辅 字紫垣，世为通元镇人。生而岐嶷不凡，十三岁居亲丧，哀戚逾成人。淹博古今，名冠一时。仅以明经终其身，志不少挫。著述有《五经异同》《壁经指南》《种德家训》诸书。疾革，咏唐子畏“黄泉异乡”之句而逝。子三：之璧、之琦、之琰，俱庠生。

徐豫贞 字德宣，号沧浮，光禄丞光治子。监生，授州判。嗜学工诗，博极群书。游京师，公卿折节与交。晚归秦溪旧庐，怡情山水，吟咏不衰。工书法，有《沧浮子诗》《逃庵集》《怡老馀编》，其手订文集尚未刻。嗣子宏道，字梅和，廪监生，善属文。

冯昌临 字与肩，方伯皋谟曾孙。性好学，能文章，以岁贡生授桐庐学博。所著有《易学参说》《日省编》。居乡乐善好施，重修文庙，建文星阁。倡捐号召，工乃克竣。年九十而卒。子凤威、人佺，另有传。

祝寿祊　翼祊 镗孙。六七岁，俱善诗文。寿祊年十一，以第一补博士弟子员。翼祊十岁，亦以第一补弟子员。邑侯郭公深器之。翼祊著《愤乐诗稿》四卷，惜早卒，不克竟其绪。寿祊食廪饩，穷究经史，诸子百家，靡不淹贯。著《吐凤楼诗文全集》，以岁贡候补训导。

徐景穆 字臣飏，复贞次子。天资颖敏，攻苦力学，小试俱以五经艺冠军。庚午登顺天贤书，任丽水教谕。长于诗，公卿折节与交，木天一席亦多出其门下。有《蓬庐诗集》《柘塘游稿》，又有《拙存》

《金台》两集、《渌水词》。

毕宏述　字既明，号念园。其先歙人，父粹涛，始迁滶水。恬淡寡欲而好施与，于昆季间解衣推食，曲尽友爱。馆于淮阴，亲朋过往以缓急告者，无不拮据以应。家徒壁立，处之晏如也。能文章，工诗书，图章棋画无不绝妙一时。而篆隶尤直逼秦汉，片纸只字，世得之若拱璧焉。著有《六书通》，已刊行世。与同时蒋湘帆、王虚舟为金石文字交。藏古刻甚富。作《夏承碑考》，《两汉金石记》引其说。学博而行优，为士林推重云。长孙星辅，字西躔，邑庠生，克承家学。庚午，郡尊李清时拔为案首。

吴士旦　号托园，邑庠生，贞萧[①]公第五孙，蕃昌子。天性醇良，温恭坦易。其制行卓荦，则有確乎不拔之风。善属文，理法精密。居恒闲旷，惟以吟咏自娱，故富于诗编。工书法，兴致林漓，尽得古人之妙。得其片楮者，咸珍重之。寿至八十有六。弟恢贻，号半村，作诗潇洒出尘，尤工山水，直入元人之室。

吴曰夔　字汝典，号采山，孝廉晋昼长子。恬澹闲雅，绰有古风。工书，能诗，兼精究岐黄术。著《物表亭诗文集》。从弟景晰，字孔与，以古学相尚，不屑屑于时艺。著《韵类》《武库经纬》各百卷。

吴为龙　字汝纳，号思云，曰夔弟。博综群籍，尤好读史，与徐孝绩、查韬荒、李武曾昆季为莫逆交。康熙戊午，当事欲荐举鸿博，力辞不赴。著《读史拾遗》《树萱轩诗文集》。卒年六十三。子朝铨，号山启，入成均，考授同知。诗宗香山、剑南，著《已晚亭诗集》。从子正心，字心存，由举人仕至常州府同知，著《兰友集》。

董上容　字吕音，号海峤，御史学六世孙。以举人授诸暨教谕，

---

①萧，为肃之误。贞肃即吴麟徵之谥号，见吴蕃昌传。

广置学舍，集诸生讲诵。尝作《良知辨》，与姚江异旨。

万高芬 字豫章，宁邑廪生。行止朴茂，性恬静。舍后辟地为圃，栽桑莳菊，颜曰“澹园”，以自明其志。其偏为东溪亭、三友亭，俱觞咏处也。陆昂千、沈自超、杨近仁时相往来，有江左孟尝君之风。师徐沧浮，书“风物南阳”四字，扁所居。享高年而终。著《皆山堂诗钞》。孙光祖，字民表，庠生，精痘科，远近延之。

朱　鋆 字贞庵，号古愚，文玉长子。天资卓荦，具不羁之才，经史一览成诵。总角补邑增生，久困棘闱。中年思以异路立名，应同里明府王显一之聘，客塞垣，发为咏歌，直逼李君虞之室。后家居，扃户课孙，绝不问世间事。工书，以自娱。寿终八十五。

吴正乐 字夔典，乾隆戊午举人，分司士翘曾孙。博通古今，尝与姚德音分纂《续图经》，征文考献，与有功焉。

毕建元 字乾三，号兰岩。太学生，考授州同知。嗜古工诗，与吴夔典、灯庵两公同纂修《续图经》，考据精当。工书法，笔墨流传，珍如董赵。尤喜购书，不遗馀力。花山马氏道古楼藏书散出，其精华半归毕氏。赏鉴之精，罕有其匹。

吴仪洛 字遵程，诸生，同知朝铨子。力学砥行，私淑张履祥。少尝历游楚粤燕赵，征文考献，不遗馀力。留四明，读范氏藏书，所寓目者，辄能暗写。中年，欲以良医济世，博览岐黄家言，遂精其术。所著《成方切用》《伤寒分经》，阐明仲景，发西昌喻氏所未发，采入《四库全书》。又有《春秋传义》《周易注》《本草从新》等书。

朱　权 字仲谋，号可与，丰山人，御史泰祯元孙，国学生。幼时曾病死，越宿复活，故又名更生。好古能诗，同邑马观察维翰未第时，尝主其家。权与从兄上舍作楫、族子孝廉谟烈及许明经元文、维翰结五子社，读书管葛山房，倡和成帙。观察极推重之，惜中道殂谢，士林扼腕。《观察集》有《闻仲谋讣诗》，词极酸楚，其女后适观察长子中骥为室。著《枕山楼遗集》。

朱作楫 字立庵，号梦斋，国子生。与仲谋为同祖兄弟，结五子社。诗初学李长吉、卢玉川体，好作沉博绝丽语。后闻新城王文简公士祯谈诗，诗格为之一变。易箦时，悉付焚如，族裔孙美镠《文会堂诗钞》中所载二首，乃其犹子大勋得诸敝箧中者，虽非全豹，然亦可见一斑矣。

朱大勋 字巽峰，号南稜，尔郧元孙。少孤，赖母时氏教以成立。乾隆十六年，高宗纯皇帝南巡，大勋以诸生献赋，受赏。侍讲朱佩莲纂修《幸浙盛典》，分纂者四十九人，大勋暨侍讲犹子景杭与焉。癸酉选拔贡生，学使彭公芝庭极称其有佩玉鸣鸾之度。后选任寿昌教谕，庚辰恩科，复中举人。适逢秩满，大宪以卓异荐需次知县。卒于旅邸，临终惟以不得终养老母为恨恨。甫莅任寿昌时，顾东南一峰甚高，问峰名，曰“巽峰”，叹曰：“吾官其止此乎?”竟成谶语云。卒年四十一，沈文恪公初哭以诗云：“童稚亦知朱孝子，春风传遍小兰亭。”盖纪实也。小兰亭在寿昌。

朱　纂 字人龙，举人。授松阳训导，迁太平。家故贫，以抗直罢归。日与诸生方士高唱和，有《澹远堂集》。士高，字翼庭，有《竹村集》。士高弟士奇，字谔庭，有《桐溪集》。

殷瑞梅 字讷夫；辂，字敬舆，并庠生山子。山字四雍，世居甪里山阴，耕读相兼，庭训不稍假借。瑞梅带经而锄，攻苦夜分不辍。未壮登贤书，立品端方，不与外事，以举业诲后进。年逾强仕，选遂昌县教谕，将赴任，卒。辂天资敏悟，善腹稿，父命每日必薙草以饲羊，虽文期不间。每命题后，辂即荷篑往来山麓，及腰镰归来，则一艺已成，伸纸疾书矣。弱冠应试，郡尊汤拔置第一，遂补邑诸生。明年，即领乡荐，文名大噪。取与不苟，崖岸甚峻，屡上春官，座师外未尝往见一人。捷南宫后，或以枉尺直寻之说讽之，辂谢以有命。既而廷试下第，名卿争延之课其子。辂设教先行谊而后文艺，尝谓门弟子曰："人生贵自立耳。余当时若稍贬其操，即步木天、登膴仕。而此心先不净矣，何以质幽独乎?"因自号"净轩"。后卒于京师馆舍，诸门人丧之如父，亦足征其德化之所致云。兄弟并有著述，惜俱散佚不存。

朱瀛求 字在洲。父镗，字鲁园，诸生，为人笃厚，不苟言笑，去世时，瀛求仅十岁。赖兄澜永教诲，始克成立。游庠后，遍访名山大川，为幕宾者十馀年。归乃专攻经史，论文必探其根原，每自诩为一生乐事也。外至勾股、测景、岐黄、堪舆、子平，靡不究心。兼工书，宗思白而少变其体。中年膺贡，将谒选而卒，年七十有五。孙熙然，字兰畹，郡庠生，乐道安贫，以舌耕为业，寿终七旬馀。

王兆鹏 号南浦，庠生。为人和厚简易，家泊櫓山阴，颇有幽居之乐。**朱肇楠**，号南贻，以布衣授徒里中。好苦吟，性耿介，非其人弗接也。**杨之淳**，号景澜，庠生。博雅多能，著述颇富。三人者，旨趣不同，率皆高风雅量，超然物表，惜俱无后。吴石帆订忘年交，为作《三高士咏》。之淳传有《铁岩诗钞》。

戈士忠 字进思，邑庠生，长川坝人。善作文，力追先正，无肤庸险怪之习，为同邑朱侍讲佩莲入室弟子。乾隆戊子，乡闱已定元。填榜日，拆卷见姓名，正考官以戈字非吉祥，语不可作榜首，欲置第二。副考官怫然曰："此卷岂可居人下！宁迟一科，不可作第二人也。"遂见遗。嗣后灰心进取，足不蹈省门，以授徒终其身。子凤喈、凤苞，俱郡庠生。

沈国蕃 字维岳，号松亭，邑庠生。世居孝隐村，孝子寿康后裔。

家有园林池沼，结构楚楚，扁以“介园”，先人遗泽也。性和平，无疾言遽色，制艺一本先民。暇则养鱼种竹，栽莲及时花，诗酒自娱。与戈士忠，万肇堎、肇培，马继昌，方外慧先时相往来，清谈竟日，俗客不得近焉。以寿终。

吴　熙　字太冲，号石帆，麟士五世孙。乾隆丁酉亚魁。少失怙恃，事继母至孝。勤于汲古，以作者自命。戊戌会试，途中坠车卒。从祖兰陔，哭之以诗，凄楚不堪卒读见《八铭堂诗稿》。著有《春星草堂诗稿》《采辑遗稿》。子春，号蓉渠，辛酉举人。

陈元城　字景阳，鳞七世孙，举人。著有《锦江集》。尝客秦淮，赋《焦烈妇诗》，为时所称。

吴　恺　字敦元，进士兰陔犹子，庠生。好学，颇有发明。著有《四书真诠》《渊鉴便览》。

毕星海　字崐源，宏述次孙，岁贡生。善属文，兼工篆隶，著有《六书通摭遗》。子楷，号杖林；梧，号琴川。俱庠生，世其家学。

吴连稔　字雨润，国学生文晖犹子。幼病，弃举子业。善植桑，著《栽桑诀》一卷，《补〈补农书〉》。工诗，有《栋园集》。**陈阿宝**，字石甕。自幼习贾，后从连稔学诗，出其上。弱冠卒，里人为刻《石甕诗草》二集，俱吴芸父为之序。

吴东发　字侃叔，号芸父，岁贡生。与兄庠生以敬，潜心经学，尤邃于《尚书》，兼通金石文字。凡商周秦汉之文，靡勿考究。制艺好高古，至壮年，始以第一入郡庠。嗣后，岁科试凡三冠全军，经古亦再拔其帜。王西庄光禄、钱竹汀宫詹，皆订为忘年交。仪征阮文达公延修《经籍纂诂》等书，有国士之目。然终于不遇，卒年五十七。所著有《群经字考》《读经笔记》《书序镜》《尚书后案质疑》《经韵》《六书述》《石鼓文读》《商周文拾遗》《钟鼎款识释》《尊道堂诗文集》《续溆浦诗话》。子本履，字少芸，有《诗画巢遗稿》。

王际昌 字虞弦，号兰村，文煜犹子。为人长厚静默，品行端方，工制艺。乾隆辛卯，登贤书，启迪后进，名著东湖。

陈 迥 字不犹，号萝隐，家甪里山西。以多艺入泮。性和平，志锐敏，博览群书。人问以经史事，无不条分缕晰。名与殷敬舆埒，而艰于一第。晚年以咏吟自娱，著有《咏史小乐府》二卷。

万肇奎 字西林，肇竣弟。专心帖括，神与古会。舒云亭明府县试，得其卷，击节不置，拔置第一。是岁，遂入邑庠，益励志攻苦，叠试高等。甲午乡试，已入选矣，卒以首艺小疵，竟遭斥落。嗣后，绝意进取，诗酒自娱。训子侄辈读书敦行，远近称之。遗稿甚夥，惜未编次。子三：钟侯、钟伯，皆庠生；丰年，武生。钟侯，字燮堂，长身方面玉立，仪观甚伟，天才亮特，不屑屑寻章摘句。嘉庆丁巳，与内弟朱虹舫阁学，同受知于仪征阮文达公，互相切磋，迨阁学以庚申、辛酉联捷入词林，屡掌文衡，自伤数奇，遂颓然自放，不问家人生产。四十后，访阁学于都中，公卿争礼致之。大宗伯龚公守正奇其才，延课诸子。终于不遇，倦游而返。兼精袁许之术。内侄朱昌颐方垂髫时，目为伟器，后果中道光丙戌状元，时人服其识。年六十九，赍志以卒。

戈凤辉 字翼舒，号桐村，增广生。少好学，制艺清真雅正，不屑诡遇求合。弱冠游庠，与蒋铨部泰来齐名。岁科历试高等，如学使王文端公杰、朱文正公珪、窦东皋总宪光鼐，皆器重之。尝馆于同邑韩介石明府家，潘荆山孝廉一见倾倒，使其子友瑜、友瑾从之游。文名藉甚，而独艰于乡试，仅以诸生终。性极廉介，取与不苟。晚年馆于马氏，师竹轩十馀载，从游日众。教学者必先行而后文，尝语人曰：“与其为庶子春华，孰若为家丞秋实。华而不实，非吾党也。”及门诸人，皆恂恂儒雅，无时下佻达之习。古所谓“经师人师”者，殆无愧云。

胡文蔚　字茂栽，自号六痴，岁贡生。工诗文，兼精书法。家筑穰园，额系相国王文端公杰督学时题。弟子负笈信从，桃李门墙，素称极盛。出门同人与张文鱼、吴芸父、石帆诸公交最契，每当春秋佳日，宾朋过从，饶有蒋径陶舆雅趣。尝建宗祠，设义学。子镛，诸生，性朴茂，有文名，惜年不永。

方晓峰　名梦魁，翼庭子，廪贡生。工时艺，诗赋每试辄列高等。太守方公、明府张公下车观风，俱拔置第一。兼工山水，雅好题咏。晚年自号天马山人，著有《晓峰诗稿》。弟丰，字玉年，国学生，亦工诗，著有《稼堂诗稿》。

孙映煜　字载中，号黼斋，天门令，廷权第三子。肆力于诗古文词，著作甚富，屡荐不售。海昌吴兔床明经称其雅博似刘原父，高深似魏仲先。罕与俗客交往，来者戈桐村、吴芸父及族弟菱江辈数人而已。性好奖激后进，里中马玉堂在髫龄时，尝与宿老张竦立同赋《登大观台诗》，黼斋并称之，玉堂从此名益出。晚号爱山居士，性又嗜酒，每月夕花晨，一咏一觞，陶然自得。自编《黼斋诗钞》，邑令张宗轼为之序，并律赋《沆瀣集》，吴兰陔为之序，俱刊以行世。

冯　钧　字赤葵，岁贡生。工吟咏，善书画，尤健于为文。癸丑督学李云门潢、庚申督学刘文恭公鐶之，俱拔置第一。尝馆于吴门印征君家，征君颇礼敬之。著有《贲湖》《吴趋》诸诗稿。

顾　毅　字近仁，号东庐，逋翁后裔。少聪慧，读书过目成诵，为文经术湛深，胡穰园首座弟子也。髫年即见知于朱文正公，补博士弟子员。甲寅、乙卯叠荐不售。后以历年多病，岁试两次不赴，遂被除名。诉于督学今相国潘公世恩，以原名应试，再入邑庠。时原名入泮者，殷承谟、陈雨生及公三人。性伉直，好义举，视公事如家事。尝与穰园呈请邑令，示禁放生河渔捕。著有《易经补义》，惜未竣而卒。

万钱青 字诚之，肇埈子，廪贡生。博通经史，家学渊源。数入棘闱，不遇。性孝友，以身化乡里。尝侍父往舅氏王赤霞家，赴文酒之会，青鞋布袜，旁观者咸目为神仙中人。卒年七十一。子鸿龄，字兰友，贡生。文行兼优，有凌云之概，惜年不永，未竟其才。

张元煦 原名天骥，字云程，号春屿，青山人。生而颖异，贯穿经学，尤长于《易》。弱龄下笔成文，未冠补诸生，海昌祝简田太史阅社课文，奇之，决其必售。中嘉庆甲子科举人，闱墨纯用《易》义诂题，为时传诵。屡赴公车，己巳在都中时考教习，为同人捉刀，日未昃，成三艺。昔人谓相如工而不速，枚皋速而不工，公殆兼之。既而两人皆取以教习，期满，官知县，而己独见遗。性本落拓，遂放浪诗酒。尝至江右，谒座主潘芝轩相国世恩，再至福建访同年郑梦白中丞祖椿。途中凡目之所触，意之所感，悉发之于诗文，虽无所遇，亦足以豪矣。年垂知命，始选授浦江学博。以实学课士，山城弦诵，骎骎乎与邹鲁同风。己亥，以疾卒于任，执绋泣送者，填塞街巷。著有《周易集说》《诗文稿》若干卷。

杨逢时 号莲农，性谦而和，行廉以洁，有古君子风。制艺之外，尤长于诗，与弟逢春诗，俱采入青浦周泉南名郁滨山人《旧雨集》中。舌耕四方，兼工医，以资薪水。登道光乙酉贤书，屡赴公车，卒少遇合，癸巳病殁京邸。子二，俱以哀毁卒，遂斩其祀，天道之不可知也如此。逢春，号杏桥，邑廪生，早卒，亦无后，著有《杏桥诗草》。

胡芝生 号香谷，诸生，煜如子，嗣子伯父诚后。性恬雅，泊然寡营。惟潜心于经学，朝夕丹铅，不间寒暑。著有《经义豹窥》若干卷，孙明经映煜有序。

周鹏海 号莲君，世居六里堰。生而聪慧，性豪爽不羁，为文如其人。应童子试俱第一，旋食饩，道光戊子经魁。善鉴别，人不妄交，受业亦不数人，若海昌祝孝廉葆慈、徐太史元勋、张别驾士宽，其尤著者。游京师日，高邮王文简公引之慕其才名，延课诸孙。文简精汉学，门下多通经之彦，互相切磋，与公子廉使寿昌尤契合，学益进，以候补官学教习。戊戌卒于京邸，士林为之惋惜。

胡 奎 号冠峰，诸生，舞青孙。天资纯粹，读书过目不忘。髫年游庠，年十九卒，士论惜之。著有《冠峰诗钞》。

顾履成 号兰似，邑诸生，世居黄鹤山庄。性豪爽，遇不平事，辄变色力争，不肯随声附和，虽权要不避。一应乡试不售，即捐弃俗学，读四部书。经疑史奥，往往发前人所未发。中年游京师，寓大司空王文简公第，见闻益广。归里后，续修《家乘》，重刊逋翁《华阳集》，刻意搜罗补遗，增原刻十之二三。著有《姓氏源流考》，惜未编次，年未知命而卒。

王淑纯 字依仁，国学生。天资英敏，博综经史，工制艺，卒以数奇不遇。教子弟专务实学工夫，从游者日众。卒年五十八。著有《史要》若干卷。家珍，字宪廷，庠生，著有《荷亭杂咏》《盟兰山馆诗草》。

王一飞 字翼丰，庠生。自幼勤学，性旷达，雪案萤窗，不为境缚。著有《事亲训》《孔怀训》《法祖训》《入官训》各一卷。

溆水新志卷之九　人品门下

隐　逸

钱　琦　字公良，号东畲。幼读书山寺中，一榻十年，衣不解带，灯帐如墨。举正德戊辰进士，历任至临江太守。解篆家居，仿《家礼》祀先，置义田惠族，遵蓝田乡约，教闾里晚习。静于溆之荆山精舍，与董从吾、方外玉芝游，究心性命之微。久之，恍若有得，视昔之勋名事业，梦如也。乃营别业以居终焉，有集十四卷。许闻造曰："先生少贫，裹粮往师祝虚斋，处之外舍。有妇夜奔，先生毅然却之，声色俱厉。虚斋微知，加礼敬焉。遂待为上客，令子继皋师事之。"

钱嘉徵　字孚于，祖居半逻，东畲兄珍子太常薇之曾孙，孝廉与映之孙，中书周之子。天启辛酉，中顺天副榜，以登极恩充贡。先达邹忠介、高忠宪咸引为同志。时逆奄魏忠贤盗窃魁柄七年之久，众正摧残殆尽。会崇祯改元，在廷诸臣无敢发其奸。嘉徵叹曰："圣主当阳，而不以丹诚上贡，非忠也。虎狼食人，而不徒手搏之，非夫也。草莽之臣，一言入告，虽横尸都门，获死所矣。"抗疏列忠贤十大罪：一曰并帝，二曰蔑后，三曰弄兵，四曰无君，五曰刻剥，六曰无圣，七曰滥爵，八曰掩边功，九曰朘民财，十曰通关节。纳言见疏，咋舌曰："书生狂耶！尔言上公耶?"拒不纳。嘉徵退而上疏，并劾纳言，于是二疏并上。帝览之心动，立召忠贤至，手疏付侍臣，当御读之。每读一词，辄呼问云何，忠贤伏地叩首，不能辨。帝乃降旨："魏忠贤事，朝廷自有公论，朕心亦有独断。青衿贡士，不谙规矩，本当重处，姑饶一遭。"盖阳斥嘉徵，以安逆奄心。当是时，直声震天下。嗣后，诛逆之书日至，卒致大奸正法，群魅披靡匿迹。而嘉徵策蹇归里，绝口不谈，谦抑益甚。谓其子孝廉泮曰："天下事汹汹，壮者宜负荷其艰。吾老矣，逸而休焉可也。"往来澉墅湖上，选胜于仙掌峰筑室，翛然有终焉之志。

沈纯禔 字受宜，号苍悦，参政允芳子。少豪迈，负异才，文章卓绝，中戊子副车。考授高阳邑令，罢一切苛政。宰辅李公霨，每称父母之邦得人。任满升潼川州知州，不愿就任，归里。晚年避喧，家于管、葛两山。年五十八，考终，有《尘埃喟》一集行世。

吴文冕 字从周，休宁人，杭府庠生，迁澉川。与吴中丞昆季称莫逆，以文章节义相尚。甲申之变，冕时年三十九，遂杜门不出，日以著述为事。有《四书不夜篇》二十卷、《周易燃犀》五卷，兼留心堪舆、岐黄、修养之术，著《三才汇璧》四卷、《医学指南》十卷、《元科秘要》四卷、《经验良方》十二卷、《幼幼心法》二卷、《元修最上乘》二卷，皆手自抄录。晚年自号"白岳逸民""真如子"，年七十五，以寿终。

祝　镗 字鸣宇，倜傥有智识。天启年间，魏珰专政，遂弃章句，绝仕进，啸歌自娱。喜与贤豪长者游，凡知交系官于朝者，为之陈利害，明去就，劝归林壑，不累党锢。教子孙以读书明理、忠信笃实为贻谋。

吴天瑞 字圣与。性纯孝，乐琴书，爱山水，事继母克尽诚敬。父其昌，由新安迁新市，与澉川毕氏有旧契往来，见六里堰风气古朴，山水秀逸，思居焉。父殁，遂迁葬于邑城西北二十里贺家滩，家于六里堰。不求闻达，以仁厚教子孙。

祝　孚　字信公，镗曾孙。甫生十月而孤，母许氏，以节孝闻。孚事母尽孝，每旦衣冠焚香，为母祈祷，虽盛暑严寒，无间也。读书能了大义，不乐仕进，自号“龙川居士”。爱山水，历吴楚诸名胜，有所思，辄援笔以记。并精风鉴，尤好施与，凡有婚丧不支者，每倾囊以赠。寿七十八。子尹臣，康熙甲午孝廉。

许令典　字稚则，海昌人。万历丁未进士，授淮阳太守。解组时，与司寇吴中伟偕隐溆川。筑枕涛庄于古横山，杜门不出。朱竹垞曰：“稚则散发归田，陶潜之屋不丰，范蠡之舟偏小。篮舆竹杖，纸帐绳床，雅饶乐趣。所谓爱官何似爱吾庐也。”

陈九歌　字云门，明季府庠廪生。工诗文，试辄高等。久困棘闱，遂淡于仕进。隐居洗马池村庄，以农桑教子孙，晏如也。

钱汝霖　原名青，字云士，诸生，嘉徵犹子。躬行孝弟，安贫乐道。晚年隐居邵湾山，学者称“商隐先生”。事母孝，受母命待姊加厚，凡母所遗，以半与姊。至母之兄弟，及兄弟之子，俱周恤。师嘉兴戚某，殁而无子，与其同学葬之，树碑其上。辛卯，米每石银四两，以所储米百馀石，尽遗亲党。张白方玙尝会远近士友于硖川紫薇阁，相期以考德论学，而始终不渝者，惟先生一人。桐乡张杨园赋诗以赠，秀水朱竹垞亦尝信宿其家。惜无子，平昔嘉言懿行，半多沦亡焉。

邬日强　字天则，性至孝。为人淡然无所营，躬耕养母。暇则授弟之子及子书，发明大旨。桐乡张杨园先生至溆，造其庐，相与订交，称莫逆。吴中丞闻其贤，延以教子孙。

马继昌　字越千，情性高逸，读书不求甚解。少慕陶靖节之风，喜栽菊，闻有异品，必竭力求之，得而后已。每九秋佳日，�牌分韵，竹叶流觞，与诸名流宴赏，乐而忘疲。人皆以“菊隐”称之，以寿终。孙介廉，字师展，工吟咏，论诗以《唐贤三昧集》为宗。尤精八法，得苏黄笔意。与再从兄呈才相友爱，情同手足，衔觞赋诗无虚日，时人目为“二谢”。著有《尚俭草堂稿》。

王　泰　字育春，号赤霞，邑诸生。家多藏书，淹贯今古。叔兆鹏，字从龙，名重士林，以才不得展，抑郁而终。泰遂淡于营竞，早弃举子业，莳茶种竹。栽花果鬻钱，以供宾客需，望之者以为山农也。构小斋于翠屏山下，时与名流觞咏其中。兼工医，以济世，远近德之。教子孙且耕且读，有庞老之风。寿过七旬，著有《屏山吟稿》。长子福成，字义方，庠生，有父风。

吾　点　字子与，邑城人，户部陕西司郎中祖望次子。质朴端方，无贵胄习气。读书稽古，有董帷匡壁之风。乾隆甲寅恩科，以第二人举于乡，第一人即汤敦甫相国也，主司吴白华总宪有瑜亮之目。嘉庆辛酉大挑，分发知县，自以非百里才，呈改教职。选任开化训导，课士以积学敦行，人咸重之。秉铎十年，引疾归。好校书，丹黄不去手。闻人有异书，必婉转借钞。藏书万馀卷，皆手自勘定。所注《杜樊川诗文集》，考订精详，有人持五百金购其稿本，不可。晚构别业于泊橹山西，抚松种菊，绝迹城市。所与游者，皆高人逸士。年八十卒。

朱石钟　字景苏，泰祯七世孙，诸生。幼好读史，留心经济。中年后专精心学，勇于自治。晚年渐近自然，粹面盎背，望而知为有德人也。然深自韬晦，不强与人言学，故人少知之者。隐于堪舆家，占天文多奇中。为人相地，得乘生气法。性喜游山，春秋佳日，半在九十九峰间。年七十一卒。子二：藻，庠生；佐清，传青乌术。

流　寓

姚桐寿　字乐年，桐庐峨溪人。博学多才，元末为馀干教授，与僚友盐人沈縠善，结婚盟。縠死，桐寿携子就婚。值世乱，因寓居丰山之阳。著《乐郊私语》一卷，吾盐宋元间故实得略存者，赖有斯编也。其叙略曰：世方扰扰，桐江迫处孔道，所必被兵。且此州僻悬海上，亦自可托，何必故乡。遂定居州城，往来丰阳别业之间，称此州寓公也。既而与新故知交，若云间杨廉夫，嘉禾贝廷臣、潘泽民、张子晦，本州杨友直，时于春林夏泽，寻讨旧迹，遣拨旅怀。凡耳目之所睹记，有触于中，辄为条载，不觉丛聚成帙，聊为编次，就正于后之博达君子云。

查志文　字鸣周，海昌人。仕为庐郡无为州守，仍晋秩本郡丞。买山角里为园，且为生墓焉。曰："余爱风土乐，愿埋骨于此也。"

金九成　字伯韶。幼警敏，善属文，九岁题诗郡斋，为太守龚公勉所器重。十二补弟子员。万历丙子，举于乡。再上春官，再失利，当轴者欲因其困收之，慨然不乐。归卧武原之望虞山，自号"望虞山人"。著《史论》《史辨》各三十卷，又别为《元史考误》四十卷。诗格在高季迪、袁景文之间，五言近体尤遒上，有《怀春小草》《借竹轩稿》《望虞山人全集》。年仅二十九而卒，王世贞为作传。子寿明，亦有名，著《丽情杂录》《雪堂初稿、续稿》。

邱上仪　字维正，常州武进人，崇祯辛未武进士。由江西都司升海宁卫参将。辑兵安民，剔除营弊，廉能惠爱，甚得士民心。荐擢南赣总兵，见时事不可为，遂谢病不仕。军民共感公恩，立石卫署门外，曰“天下第一清廉仁爱真正好官”。《参府邱公去思碑》：“鼎革后，不归故里，隐居邵湾山。茅屋数椽，仅蔽风雨，卖浆为生，率其子躬耕奉母。”尝躬粪桑圃，山中人见之，骇曰：“公自灌，得毋臭乎?”答之曰：“不臭。尚有臭于粪者。”传以为笑。商隐闻之，叹曰：“明德之馨，先生有之矣。”有盗劫行舟，公彀弩射之，百步外中其目，盗乃遁。舟中人造谢，弗见。又尝负薪三百斤行山中，汛兵欲夺之，尽为所缚。兵乞哀，始纵之去。龙山祝眉老集隐君子十四人，计其齿盈千龄，目曰“千龄社”，公与焉。即席赋诗，援笔立就，推公为擅场。历三十馀年而卒，时已七十馀矣。葬邵湾小山，子孙遂家焉。公诗曰：“孤村冒雨垫纶巾，一棹冲寒破水沦。自是素心堪共侣，好将末俗使还淳。藏身曾学姚平仲，招隐谁呼祁孔宾。良会讵能夸竞病，举杯且尽瓮头春。”

吴普诚 前明隐士。读书谈道，不求闻达，托迹海上，世无识之者。其泛舟诗云：“扁艇泛河津，葛天上古民。忘机人莫识，鸥鸟偏相亲。”读此可想见其人矣。

冒　襄 字巢民，一字辟疆，如皋人，崇祯壬午副榜。甲申之变，挈家遁居盐官，寓胡职方孝辕家。凡书册器具，命姬人董小婉收贮。福王时召为司李，不就。移郭外大白居，又去至惹山，茅屋渔艇，或月一徙，或日一徙。卒于马鞍山遇大兵，幸得一小舟飞渡，而骨肉得全。

祝以真 字佑徵，号元岳，世为龙山望族。嘉靖辛酉，母居氏梦真武捧苍玉盘盛一儿趋寝所而生，故以为名。九岁入嘉庠，至年五十八，始中戊午应天举人。由嵩县学博升南丰令，裁马户之役，抑势豪之横。考满归，卜筑邵湾山。倡明理学。乙酉，闻南都亡，痛哭不食卒。子守巇，字仲基，庠生，转入太学。不乐仕进，高卧山中，种梅栽竹，足迹不入城市者三十馀年。曾孙琦，字留馀，丁巳解元，平山令，仍居龙山。琦弟琄，字宏方，世守山林，安于泉石。仿古倡为结甲，岁一修之，以御盗贼。其地山花倍于他处，至今称仁里焉。

徐 默 字墨丈，宁庠生，潇洒出俗，有孺子之风。自海昌塔下，徙居角里山，再迁茶院。祖孙父子，谈文论道，读书而外，不知其他。与彭羡门少宰交最深，延至京邸，唱和诗文，流传燕山。

龚 本 字培之，姑苏人，随父天益至溆经理黄道关税务，廉能公平。征榷验货之暇，与士林结金兰之契。旋与溆人缔姻亲，时往乍川及温州闽署襄理在公。天益字倚苍，殁葬于南门外青龙桥。本殁亦祔葬焉。

赖鹏飞 字程九，号豫仙，象山庠生。性廉介，好游览，与骚人逸士相往还。工书法，善吟咏。久客武原，时吹吴市之箫，不以为耻也。吴石帆赠诗劝之归，卒于通元法喜寺，胡穰园为之经营其丧。豫仙著《留溪吟稿》，有《对梅杂咏诗》七绝二首。阮相国文达公抚浙时，采入《輶轩录》，为世所称。孙黼斋有《吊赖秀才诗》云："曰归曰归胡不归，雪中游子尚单衣。吟魂此日知何往？应向高堂梦里飞。之子才华不自怜，白云出岫几曾还。此生似识真归处，慧业仍依净社莲。"鹏飞于省城乞食时，冲巡抚于道。将责之，诉以贫困，目昏不觉。巡抚曰："能诗，即贳汝。"命题"郑元和"，鹏飞应声吟，有"风雪有情随瓦罐，雨云无梦到阳台"句。巡抚叹赏不已，携以客幕下，逾月乃逸去。古人云"才子少福"，其信然耶？否耶？

艺 术

胡日章 溆所人。少学禄命术，遇异人海上，授之诀，因益精。与人言，必依于孝弟忠信。有后母者，尤谆切戒勉之。盖有道而隐于术者。尝随都指挥脱纲征金华贼，纲战没，总帅孙问日章："曾算脱公命否?”曰：“命书在公箧中。”孙取视，克期一无所爽。又判海昌一人云：“苦！苦！苦！只恐明年正月五，枯竹丛中苦又苦。”其人果以是日乘驴过谈家岭，驴惊坠，刺竹枝死。判沈氏云：“年年空佩宜男草，不见金盆浴凤雏。”竟无子。馀判已载董《志》，年九十馀卒。

韩德基 字卓甫，履祥后裔。少孤，年二十未知读书求友，负其膂力，豪于驰马击剑之事。尝走海上，纵辔三十馀里，每一日，必数往返。习射，欲求良弓，辄走数百里外求之，至数月，携数十弝以归，皆所自制也。盖性聪敏，故凡学辄精巧过人。久乃刻意改行折节，交贤友。专精于医，决人生死，多奇验。医穷人，多不受酬，暗以金置药中付人，呼为“元宝汤”，出有所得，必献之于母，或分与亲知。举祖、母之丧，营办皆竭己力，不以责诸父、诸弟。孝友好义，其天性也。卒年仅三十九，惜无子，以弟之子为后。

黄　谷 字彤庭，号松石，滇南世爵为将军。豪健勇直，尚意气，罹于狱，托绘事以得食。朱御史泰祯按滇时，购将军狱中所画，悦之，乃论出其事，因以自随，卒赖以平滇寇，与俱返武原，馆于家。将军为画，笔与气雄，不良于秀隽，故图山川不如沈周，图人物不如仇英，图人影不如曾鲸，而独长于貌蜀汉关侯。神宇轩豁，须眉凛然，名动公卿间，月可致千馀金，尽散掷于酒。吴贞肃尝以酒属之曰：“将军好状关侯，非其勇烈特类欤？而神浃于侯。”将军大喜，谢知己，遂饮尽醉。迨御史谢世后，将军发白，且目倦，不能以笔墨动人，时其困乏，惟御史子孙二三人而已。依门人张远以终。

徐　濡 字柳门，号右史，莱之孙，庠生。精通岐黄，广行医道，不受人酬，所活者无算，世号仁医。子作轮，字临远，庠生，凡人有急难，善于排解，咸怀其德。

万育和 精青乌子术。为人相墓，其持论与俗师异。谓出忠臣孝子者为上，出文人学士者为中，出富贵者为下。著有《形家五要补编》，海昌查慎行为之序。

朱逢吉 字谷怀，诸生。寄迹萧寺，泊然如浮屠。不轻为人作画，笔墨师石田，设色近衡山。

吴国梅 字调五，号鹤野，廛士元孙。画宗北苑，皴法稠密，善用积墨。北游燕京，拂旅壁作画。董文恪公邦达见之，大加奖赏，延为上客。

祝贻燕 字翼如，汝成孙。幼有文名，偶阅《人子须知》，因益取《灵》《素》诸书涉猎之，遂精医理。著有《治肝三法》《伤塞易知》《医案心法》诸书及《翼如诗文集》。

许 栽 字培之，国学生，吴遵程高弟。人品高洁，专精医学，所辨《伤寒分经》，实得仲景遗法。每有患症，他人束手无策者，投以药剂，活全不少。著有《古今名方摘要歌》《劳倦内伤论》《医案赏奇》《痢症述》《金匮述》等书。兼工诗，有《高阳山人诗稿》。

王尚贤 字典藩，号芗岩。邑廪生，工写兰。阮文达公督学时，兼以绘事试士。尚贤与吴芸父、天马山人皆录取。山人次子涛，号松壑，庠生，工山水，苍秀不坠家风。季子师禧，号书海，善写生，瓣香徐、黄。

胡钦止 字祖行，穰园长子。性落拓，好饮酒，不拘小节，时钓大泽中以自娱。父乃为之讲解小儿科，习以济世。工推拿法，人莫能测其妙也。斯时，远近儿罕夭折。次子源，字春波，性巧慧，工篆刻。以得羸疾，遂弃诗书业医，亦工推拿。惜中道卒，其术不传。

尹南湘 通元镇人，精伤科，善接骨。次子证源，益精其术。阮相国文达公抚浙时，封翁湘圃先生坠马伤足，官医莫能治，同邑张芑堂徵君荐尹至节署医治，遂获痊，相国大加礼遇，厚赠而归。

耆　寿

倪　翁　名仲仁，生正德丁丑，至天启辛酉，百有五岁卒。貌不甚扬，而精神特坚硕。以耕为业，于世事一无所营，暇则共群儿角逐为戏，或唱村讴自适。其斯为无怀、葛天之民而寿过其算者欤？

胡日章　寿过九旬。**赵其孝**，寿九十九岁。事迹见前。

徐应奎　生嘉靖丁未，卒崇祯丁丑，寿九十一。编修张瑞图为题像赞曰："古道禔躬，坦衷踽步。白首一经，穷年闭户。玉树蜚声，金茎入赋。被服恩纶，不殊寒素。宗党依之，有恃有怙。宁必有馀，割产而赴。宜尔方来，永绥福祜。"长子光治，季子昌治，俱年逾九旬。犹子文治，寿九十有四。一门耆英，自古所稀。事迹见前。

吴中智　字明台，芸犹孙。前明万历丁亥生，逮国朝康熙己未卒，寿九十三。山父公为题像赞曰："色若婴儿，心如冲谷。登斯上寿，备兹多福。饮和养恬，去殆远辱。曾叩厥要，事在知足。分勿求过，口不纵欲。道德五千，拜受三复。"

马万选　字端如，庠生庭坚字筠旃之祖。世居秦、丰两山间，以耕读为业。时值沧桑，不求闻达。持己则率真无竞，待人则然诺不轻。里党中有嗟半菽不饱者，无不赒给；有事势难支者，无不扶持。五世一堂。生于明万历丁未三十五年，卒于国朝康熙壬午四十一年，寿九十五。曾孙婿郑孝廉松英为文以祭，词颇典雅。

冯昌临　**黄元吉**　寿俱九十。**赵乾行**，寿九十一。事迹见前。

孙化麐　寿九十四。从侄允骥，寿九十三。俱庠生。

胡雍陶　字淇元，性和易，与人无竞，寿九十一。子燕昌，号南浦，邑庠生，克守素风，无机心，亦享高年。

孙宿耿 世兼耕读。晚年喜静，构精舍，中奉三官，日诵《步虚词》。寿九十。子尚芳，字廷槐，性谦和，蔼若春温，亦享高年。孙复亨、复光，俱名列士林。

陈悦高 家木山顶，以山农为业，寿九十有四。

杨　瞻 字聿修，杨家团人，少工吟咏。乾隆戊寅应院试，诗题“竹外山犹影”，官韵限“犹”字，得句云：“绿兮歌有斐，苞矣咏无犹。”学使窦东皋先生赏为通场之冠，遂补邑诸生。屡踏省门，卒不遇。至嘉庆时，循例重游泮宫。卒年九十有五。子琨，郡庠生，亦享高年。

张玉林 字洪源，配徐氏，年俱九十有二。白首齐眉，世所罕有。嘉庆时，恩赐银缎。今咸丰辛亥元年，恩科举人鼎，即其曾孙也。

仙　释

谭　峭 字景昇，号太极子，泉州人，国子司业洙子。夏裘冬葛，状类风狂，有《海上诗》云：“线作长江扇作天，靸鞋抛向海东边。蓬莱原是无多路，只在谭生拄杖前。”遂仙去。后人因名其处曰“谭仙岭”。莱阳于凤喈《嘉兴府志补》载：仙画在嘉兴府治西北会心道院。元统甲戌中秋日，有云水道人借榻投宿。至五夜，索笔于院主，因乏不与。至晓，示殿前元帝之两傍粉壁，挥洒六大雷神于上，威武奋扬，令人胆落。题云“云阳谭氏太极子苍岩作，元统甲戌中秋日谨题”。至今墨汁淋漓，光彩照耀，其被屋漏痕处模糊。

慧　稜 姓申屠《图经》作姓孙，本邑人。吐言质朴，谈理入微，时人号为“得意稜童”。龀日，于通元寺登戒。后游闽岭，谒雪峰，顿明本性。闽主召住长乐府长庆院，号“超觉大师”，得度者不减一千五百众。

自　恢　字复初，豫章人。元末住法喜寺；明洪武初，移住庐山。

楚石琦禅师　小字昙曜，象山人，姓朱氏。父杲，母张氏，梦日堕怀而生。七岁，灵性颖发。九岁，赵文敏公为鬻僧牒，弃俗入永祚禅寺，受业于讷翁模师。元泰定中，行宣政院命师主讲席。至正甲午，过丰山，爱其幽僻，结茅于此，名实相庵，后成丛林，即觉林寺。明洪武初，诏天下高僧作大法会于蒋山，师居第一。再召说法，赐伊蒲，供于文楼。三年秋，上问以鬼神情状，师应召而至，馆于大天界寺。书成，将入朝敷奏，忽以微疾，索笔书偈而逝。赐谥“佛日普照慧辨禅师”，著有《楚石语录》、和陶诸诗、《北游》《凤山》《西斋》三集。宋学士濂撰塔铭并序，备载邑《图经》。

萧炼师　未详其名。结庐莺窠顶山，工吐纳法，精炉火术。乐湖山之胜，罕与人接。明高启有《萧炼师莺窠绝顶丹房诗》云：“人间不可住，混浊同腐腥。一落三千年，尘梦无由醒。稍闻方士说，恍惚通仙灵。羡门与偓佺，相期饵芝苓。自顾真病鹤，秋风堕疏翎。碧海不得度，烟雾愁冥冥。师从天姥来，身佩豁落经。不邀五利宠，深栖炼神形。东观莺窠峰，中天插孤青。其下吐浴日，其高望飞星。昔有学道侣，井臼遗岩扃。爱兹绝俗地，遂尔留轩軿。太鼎生紫烟，丹成卫天丁。金骨坐可蜕，骑龙驾风霆。积水浮方壶，东望类点萍。紫台白玉榜，中有真人庭。飞游愿从师，往读新宫铭。”

宝珠和尚　常游杭、嘉二郡，惟念佛不绝口。后于海门寺，忽若颠狂者将半月，僧呵曰：“尔平生实行，当与世人作眼目，何得乃尔?”珠曰：“如是吾行矣。”浴毕，安然立化。

如　性　字觉轩，灵隐书记僧。行端望重，为觉林主寺事。毅然以兴修为己任，建造殿阁，规制大备。遂请于朝，赐额“觉林禅寺”。

宋　觧　幼聪慧，十一岁出家硖石广幅寺。因无际禅师引，参海门天真和尚。和尚举“狗子有佛性”语，言下大悟，深得圭峰禅师之奥旨。《图经》作比丘尼。

明　秀　字雪江，又号石门子，尝住锡海门禅寺，楚石琦公九世孙也。俗出本邑王氏，与孙太白、郑少谷、方棠陵、沈石田善。王伯安谪龙场驿丞，雪江送以诗云“蛮烟瘦马经荒驿，瘴雨寒鸡梦早朝”，一时传诵。又与处士朱朴、陈鉴游。有《雪江集》三卷。

金粟寺僧永瑛　字含章，号石林。工吟咏，尝与小瀛洲诗社，士林重之。有《石林集》。其后斯德能嗣音，著《金粟漫稿》。

文　湛　字秋江，族姓通元顾氏，祝发天宁寺。著有《芦苇亭集》及《江海群英集》行世。

明　坚　云岫庵僧也。庵初废。隆庆辛未，坚从百法寺来，卓锡于此，庵复兴。精严戒律，经年闭关趺坐。其徒如元，萧山史氏子，少有室，弃之。投坚公披剃，参宏法师，受具足戒，力修净土。有《山居诗》云：“枝上两三声巧鸟，窗前五七片闲云。山翁潦倒无筹算，尽把生涯诉与人。”为世传诵。

圆　悟　字密云，荆溪人。自幼出家，即豁然大悟。遍参诸方，上天台，探禹穴，继席龙池，游匡庐，之南岳，住天台通元寺二年，迁海盐，主席金粟。缁素云集，檀施山积，大厦鸿构，食堂尝万指。金粟故有千人井，盖前定云。住五年，复自闽省入天童。宗风远被，王公将相，下及韦布、狪獠、倭蛮，重译问法。晚居太白山，示寂化去。金粟有悟衣钵塔。

通　乘　号石车。年十七，偶阅“庞居士问石头，不语万法为侣者是什么人话”，大起疑情，遂往天真庵请益海藏师。至玛瑙寺剃发，遍参江湖耆宿，益精元旨。嗣主席金粟，法化大行，其付法弟子，自金粟出者二十馀人。有《语录》行世。

道　忞　字本陈，潮阳林氏子。甫冠，弃弟子员，为密云悟和尚嗣，主席金粟。顺治己亥，世祖章皇帝召见万善殿，赐号“宏觉禅师”。继住天童，法嗣天岸。再主金粟席。康熙中，亦召见。

觉　元　字沧晓，朱孝廉瑞岩子。自幼披剃宁海寺，得法于天台祖宪。道风高洁，士大夫乐与之游，有《语录》行世。

超　海　字四航，俗姓陆，溆人。始生，啼不止，有老尼抚其首曰：“汝可仍入清福中，毋苦。”即不复啼。自幼出家紫云庵，以师祖雪如为法。静摄好学，尝咏里社古罗汉松曰：“不羡大夫褒上国，愿将罗汉老尘寰。”其素心如此。及长，游参四方，开堂杭之福严、龙泉等寺，最后鼎建崇福寺。年六十六，预示期而化。后赐紫禅师，亲承世宗宪皇帝明问，具言其贤，因已殁，饬其嗣僧住扬之天宁寺。

溆有**张道人**者　慕道出家，澄心默运。从桐柏宫学道还，结茅于乌龙井之山岭。庚申、辛酉夏秋亢旱，溆民群请于道人，遂露顶跣足，偕众行田间，雨旋至。酬以钱帛，毅然却，人益重之。当冬月，积雪没胫者累日，人疑其冻馁死。道友端凝上山探之，见其趺坐。人目为张半仙云。

体源　字浮山，俗姓马，郡城人。年十八，出家于宁海寺，四航海之法嗣。后驻锡邑城西关外春林庵，遂终老焉。僧腊四十有八，世寿六十有六。性耽吟咏，所著有《历游草》《笑我集》。

释氏雅擅工诗者**戒襄**　字子成，号平野，石林瑛之法孙，有《平野集》二卷。能书，兼善兰竹，从文徵仲游。**如观**，字蕴虚，有《梦华》《幻住》《禅馀》等集。

金粟寺**德容**　字费隐，著《语录》及《渔樵》《挂瓢》等集。**琈**，字石庵，著《法语》并诗偈。**浮石**，号“青莲禅师”；**通乘**，字石车；皆工吟咏，随本师密云和尚付法《槜李诗系》。**海岳**，字中洲，有《绿萝庵诗稿》《田衣生诗话》。**源瀚**，字觉海，有《水云集》。浮石又尝结刹秦山及莺窠山。

实　智　字心如，溆川祝姓子也。幼剃发于海门禅寺，后受天台万年寺本觉禅师衣钵，深得定慧之学。幼未读儒书，悟后辄工吟咏，兼善古文，能作大字。晚年住持金粟方丈，著有《闲斋诗稿》。

马玉山　字麐书，住通元岳庙。性潇洒，工吟咏，具出尘之致。构万绿山房，日与名流觞咏其中，吴石帆、胡穰园诸公订莫逆交。石帆《寄胡穰园并示马炼师》诗有句云：“他时万绿轩，春禽鸣格磔。寄声狂道人，沽酒梅花夕。”盖纪实也。著有《万绿山房稿》，惜散佚不存。

法　源　字东麓，住秦山茅庵，善画梅、龙。慧先，字云峰，又号苍岩，俗姓谢，出家三郎庙。时邑城俞维翰，号沧洲，又号墨林，善画人物，工山水，用笔淋漓，卓然名家，侨居于此。苍岩因从学焉，尽得其秘。

明　毓　号乔松，本邑沈氏子，列庠序，有声。一日与子六如，同往探亲。未及呼渡，猝然大风覆渡舟，无一生者，遂大悟，携六如剃发于金粟寺。精求律学，道行卓坚。后主席嘉善慈云寺，景附者众。圆寂趺坐龛中，当暑蝇蚋不集，数日不坏。先是，六如参花山云岫长老付法归，乔松喝曰：“汝爱野鹜，厌家鸡耶？”

惺　尘　禅悦寺僧，当湖人。乾隆五十七年，至溆住持。菲衣粗食，力修净土，募化鸠工，重建钟楼，极有劳绩。

朱汉翀　字素珩，号乐真，御史泰祯七世孙。广颡大颐，骨相端庄，语默举止，咸称为神仙中人。讲求元理，悉得其要。凡岁遇旱潦，步祷辄著灵应。授赞教厅，著有《水月轩续吟》。

溆水新志卷之十　列女门

卷内除请旌外，凡书已题者，俱本郡《邑志》所载。于咸丰元年呈请各大宪汇题，次年命下，一体准旌。

贞女　孝女

朱贞女　溆浦朱文仪处士女。处士见同里吴措史八叠秋兴杜韵，以女许字。未婚而吴远游不归，迨处士死，或欲夺志，贞女坚不从。吴之兄闻之，同族人公请至家，为之立继。乾隆七年没，年四十有八，守贞者三十年矣。邑令周公宣猷给匾表其门，并为作传。备载十一卷。已题。

祝贞女　字朱维垣。未成婚而维垣游粤东卒。姻党有劝女父母别许者，女觉之涕泣，且出袖中绳一具，曰："倘事与愿违，惟毕命于此耳。"因呜咽欲绝，父乃弗之强。朱之族闻而义之，议以维垣兄子为之子，请迎养焉。女慨然蹙而赴，为其子营婚娶，襄祭葬，有不足则取办于十指。机声绩火，寒暑无间，数十年苦守，卒遂其志。乾隆六年旌。

陈贞女　许嫁北团吴箦基。闻箦基讣，自誓归吴守节，毁容截发。邻里罕见其面者四十馀年。已题。

陈贞女　许字吴德昭子。至十七岁，将行聘，德昭子死讣至，女即促舆往奔丧。时亲戚皆劝止之，不可。比至，凭棺大恸，见者掩泣。直以妇道自处，事舅姑尽孝，年至五十七而没。已题。

周贞女　文溪坞人。早失怙，为同里吴姓养媳。年十二，吴姓子夭。舅姑怜其少，欲嫁之。女愿代夫奉养，矢不易志。年至八十二，预示死期，沐浴更衣，坐而逝。女本家贫，又在弱龄，顾能皭然保贞，至死不渝，尤人所难及。平时坐一木杌，履足不易处，板为之穿，至今吴姓犹宝藏焉。已题。

胡贞女 雍陶孙女。字诸生陈迥三子敬敷，童养夫家。年二十，敬敷故，未成婚，守贞不嫁。有议婚者，女潜知，剪发。舅姑愈珍爱，视如己出，命以侄为嗣。矢志冰霜，五十馀年。道光十五年旌。拱坊人。

方贞女 张祥林聘妻，童养夫家。未婚，夫故，女年十九。誓不再适，抚侄为嗣。道光三十年旌。

汤贞女 父沛叙，寨圩里人。年未笄，父母俱亡，遗弟妹三人，无所瞻依。女因矢志不嫁，为主家事。抚弟鸣谦及二妹，以次毕婚嫁；殡葬父母；里党称之。族中欲呈请旌表，以力不能逮，私拟“贞孝可风”匾，悬之于家，欲志之不忘也。卒年五十有一。已题。

马贞女 方应泰侧室。应泰娶韩氏；马，媵女也。应泰早卒，韩亦相继卒，遗孤佑诚弱小无依。马立志抚孤，誓不他适。方族义之，为立木主，择日设祭拜奠，立为侧室。日夜纺绩，勤俭苦度。抚佑诚至十八岁，将成立，又遭夭。至今女仍坚志守节。道光二十一年旌。

陈贞女 兰森女。继母吴氏。女孝而慧，自悲幼失怙恃，恪遵慈训。长字万钟佑。闻万生夭折，恸哭欲自殉。母解之再三，始强起承欢，毁妆茹素，矢志守贞。积悲成疾，不数年亦卒。道光三十年旌。

陈贞女 马介廉侧室。介廉娶邑城副元尤鸾女；陈，媵婢也。尤氏长女归吴，早寡，遗孤周岁，陈佐女抚孤成立，始返。寻以主人无子，侍奉乏人，誓不嫁。介廉卒，尤氏义之，命拜木主为侧室，佐嗣子持家不少怠，贞义可嘉。寿至七十二而终。

徐贞女 戈恒元聘妻。未婚，夫故。女年十四，奔丧成服。事堂上尽妇道，抚嗣子成立。现年六十二。道光三十年旌。

孙贞女 方起宗聘妻。未娶，起宗卒讣至，女年二十一，恸哭，悲不欲生。

母劝慰之，女以大义自持，立志守贞，决意归方养姑。未几，姑又卒，女益悲痛，志逾坚。方族义之，择日备舆往迎。女髽而来，抱栗主展拜成礼，为夫及姑服三年丧。家居节俭，拮据购买坟山，为翁姑及夫意图安葬。茹荼饮冰，闭户纺绩，外人罕见其面。以侄连熊兼祧为嗣，现年四十三。道光二十九年，学宪赵公光给“志节冰清”匾，表其门。

陈氏 世勋女，仙游令许令瑜妻。读书明大义，事翁姑至谨。父初艰于子，母周性褊。氏请父取任姬为贮别室，生男至五岁。母周病，氏归省，乃涕流为言任姬生子事。母喜，即日置酒召任姬，令儿上寿，里中传为盛事。二老相继即世，抚弟赞皇底成立，始出数箧示弟，曰：“此先人所赐之物也。”弟感泣拜受。

胡孝女 太学煜如女。事母甚孝，母尝有疾，侍奉备至，含涕减食。父故，佐母抚育诸幼弟。未字而卒。

孝 妇

林氏 百户虚宇女，陈鳞曾孙衷蓄字玉如妻。衷蓄性至孝，妻化之。明末有兵变，姑老龙钟，妯娌凡六人，林独负孤避难。病不能速，猝遇众军，以身蔽姑，被七刃，血晕而死。冥中称孝妇，宜增寿二纪，次日复苏。后果寿八十。贡生坤元、举人元城，即元孙也。已题。

朱氏 中丞吴麐瑞妻。年十六，归吴。时中丞曾大父、大父母俱在堂；氏色养备至。及中丞贵，既绝请谒。一日，有以主鱼馈者，谓中丞曰：“奈何以小物坏其操乎?”及相励严谨类如此。后居舅姑之丧，笃尽诚敬。训子孙以无忘先德，待下有恩。终身疏布，寿六十有八。至今溆浦传其家训焉。已题。

陈氏 缪振美妻。 **马氏** 成美妻，妯娌也。姑病在床，其夫俱赴田中操作，忽邻火延烧其舍，烈焰甚。二妇见势急，各弃其抱中子，争从烈焰中负姑出，姑全而二子烬矣。呜呼！舍其子，救其母，非有至性灼知大义者，其能然哉！且出自村民之妇，尤所难及。此康熙四十年闰四事。因名村曰“双孝”。已题。

莫氏 沈九范妻。世居六里山。九范有孝行，事父母几席之间，冬燠夏扇，有不愧古人风。父或戚赴里饮，无论醉与不醉，必负以归，防颠踬也。九范身羸多病，氏每济其不及。及九范病，不起，叹曰：“我身后，谁与奉二人如吾者。”氏泣誓曰：“不敢忘事舅姑。”悉如九范，历三十馀年，丧葬俱尽哀礼。后藩宪徐公以“桓陶并美”旌之。已题。

吴氏 太学徐中道妻，婺川令吴叔献女，侍郎曹溶外孙女。自幼育于外家，习闻闺训。事姑孝敬，亲操井臼，必洁必诚。卒年六十一。长子敦彝，妻谢氏，见姑殁，一恸遂呕血死。人咸谓“徐氏两世孝妇”。已题。

张氏 朱宽洪妻。事嗣姑孝。甲戌秋，姑病笃，祷医罔效。氏乃刲股调羹以进，姑病遂愈，复得久延。已题。

节 妇

向氏 名妙莲，费逵妻。年二十三，守节。成化中旌。通元人。

陈氏 百户胡伟妻。年十九，伟卒。子靖方八月，抚以成立，袭荫。寿六十三卒。已题。

翁氏 蒋杰妻。年二十九寡，止遗一岁孤。苦守五十馀年。已题。

马氏 邑廪生陈大基继妻。早年守寡，备尝艰苦。大基攀竹植地，复生成林，因以“瑞竹”自号。子应运。

陆氏 庠生冯春旸妻。婚仅岁馀，夫亡。翁参政公怜其单寡，以幼女女之，后适氏侄进士陆鏊。天启中旌，建贞节坊于西门内仓前。

金氏 沈宏逵妻。年二十，宏逵卒，母欲夺其志，终身不相见。宏逵有女，嫁朱万言，三年而寡，即屏居小楼，不归母家。万历中，县并匾旌。已并题。

常氏 顾尚德妻。早寡，抚遗腹子嘉声成立，苦志终身。

顾氏 宜黄令所有女，字当湖陆佥宪梦韩季子尧俊。所有无子，因入赘焉。尧俊豪华公子，幼孤，家业几荡，寻得瘵疾死。氏抱尧俊兄子鉴为子，存其祀，而身侍养于父若母，终天无阙礼。女子之遇如氏者为最穷，而节孝亦最为两尽。已题。

王氏 礼部儒士顾钿妻。夫亡，苦志抚孤。各大宪旌以匾额。

步氏 庠生虞志曾妻，紫云村人。早寡，守节。崇祯五年旌。建“天朝旌宠、柏舟媲美”坊。

许氏 祝懋功妻。年十八，夫亡，子孚甫数月。孝养祖姑二十馀载，营两世窀穸，苦节五十八年。康熙五十二年旌。卒葬时，有白鹤翔绕，因名鹤来墓。

曹氏 祝宗箓妻。年二十二寡，子甫生。力养祖姑、舅姑，寿八十。巡抚王公度昭奖之。道光三十年旌。

盛氏 郡庠生吴中倬妻。倬游学京师，甲申之变，贞肃既殉难，倬亦遇害。盛年二十四，欲自尽，姑曲慰之，乃强起事舅姑。子廛世，甫三岁，训之不少姑息。卒年八十一，人称节孝。已题。

董氏 孝廉吴晋昼妻。年二十六寡，抚二子曰夔、为龙，心力俱瘁，有人所弗能堪者。已题。

项氏 庠生吴壮舆妻。年二十五而孀，教诲遗孤，不堕家法；孝事舅姑，始终无间。已题。

李氏 吴蕃昌继妻。年二十一，夫亡，抚庶子士旦、恢贻，恩义兼尽。**沈氏 金氏 倪氏** 蕃昌侧室。俱苦节自矢，拟之张黄门之寒香、晚翠，真不愧也。已并题。

朱氏 吴谦牧妻。年二十八，夫居母丧，哀毁卒。抚二子一女，经营窀穸，苦节三十馀年。已题。

翁氏 刑科给事中自涵女，文学吴鼎象妻。鼎象为别驾廛武子，性豪迈，跌宕诗酒间，家日益落。没时氏年二十九，无子，止一女。茹荼饮冰，三十馀年，已题。

沈氏 国子生冯春晖继妻。年二十六，夫没。沈故吴兴名家，素明大义。清操自励，疏布纴绩，以终其身。教二子景裕、珍聘，名著四方。年七十馀。顺治八年，知县郭公旌其贞节。景裕嗣振宗后。已题。

董氏 庠生王大纶妻。年二十九，夫殁，抚三孤建斗、成轸、之翼，教以义方，俱入庠。建斗早世，妇董氏，即氏之侄女，遗孤继殇，遂绝粒殉夫，时年二十七。姑以生守节，媳以死全贞，时人方之“二姜”。康熙庚戌，当事给奖其庐曰“东海女宗”。孙显一，之翼所出，丙戌进士。并题。

陆氏 庠生王臣妻。性贞静，不苟言笑。婚甫二载，臣卒，遗孤茕孑，训育成立。适舅姑遭飞殃，几不得出，氏脱簪珥救之。舅姑及父母窀穸，亲身经营。年至古稀而卒，参军邱上仪私谥之曰“节孝”。已题。

吴氏 运同士翘女，郡庠生彭孙振继室。结褵二载，生子甫及期月。乙酉，孙振奉父携家避兵丰山，三世同被害。氏矢志励节，历四十年，悬舅姑像，晨夕奉之如生。邑令张素仁题“彤管清芬”奖之。已题。

赵氏 挥同徐同贞妾。年二十馀寡，无子。或劝再适，赵叹曰：“守志在我，何论子之有无!”卒年九十有二。道光三十年旌。

徐氏 郎中升贞女，印鸿玉妻。鸿玉父廷荣，为奴所弑，惊痛得痫疾。议罢婚，氏坚从一，卒归印。奉姑甚孝，姑疾，抚妇泣曰：“吾儿有托，吾目可瞑矣。”遂卒。既终丧，携鸿玉同至升贞家，产薄不给，女红佐之。鸿玉虽废疾，时其饥饱寒暖几微，无愠色，人皆贤之。郡县督学皆旌表，额题“瑶池冰雪”。已题。

吕氏 水北舒葵妻。年十七适舒，逾年夫亡。子笙，甫三月。氏拮据养姑，教子成立，守节六十二年。已题。

吴氏 歙邑庠生毕文耀妻。夫亡，子粹涛甫六岁，训能成立。后迁居溆水，卒年八十五，世称节寿。已题。

孙氏 胡承安妻。年三十寡，遗孤甚幼，有利其孱弱而谋侵者。孙即卜吉兆于翠屏山阴，以葬舅姑，并祔夫，罄产不惜，而觊觎者息。勤俭率子，逾三十年，遂起家。今子孙蕃衍，书香不替。咸丰元年题旌。

马氏 庠生庭坚妹，适海昌查翰芳。年二十四寡，上有白发，下有黄口。亲族诸人，力为慰藉，勉进粥糜，以代夫职。及舅姑卒，丧葬尽礼。遗二叔尚幼，氏抚之如子，卒皆声振士林。卒年五十有七，族中哀之，若培继、慎行、嗣璪、嗣珣、祥为文以祭。

祝氏 庠生王显清妻，守节三十五年。万氏，庠生显良妻，守节五十一年。一门双节，俱蒙乾隆二年诏旌。

平氏 缪君巍妻。十九岁夫亡，苦志守节。上宪以“操励冰霜”匾旌之。

吴氏 州同毕蕃昌妻。夫早卒，秉家政，御外侮，绰有丈夫风。已题。

钱氏 给谏绍隆女，毕蕃昌子舍选国璋妻。年十九夫亡；生一子，殇；继侄，又早丧。氏矢志守节，孝养孀姑，抚孙成立。雍正八年旌。

徐氏 毕国璋子郡庠生建勋继妻。婚半载寡，恸不欲生，姑谕止之。抚前子如己出，学使李公表以“泛柏齐馨”额。已题。

沈氏 赵志禧妻。夫亡，无子。抚夫弟志裔，娶娣富氏，生子而志裔夭。妯娌同心抚孤，奉养翁姑。已并题。

陈氏 赵廷璧妻。年二十六寡，抚子成龙成立。治家严整，尼觋不许入。金粟等近寺，不佞佛一往。已题。

钱氏 朱之堂妻。少寡苦守，抚孤成立。乾隆元年旌。

吴氏 朱觐光妻。抚孤，营两世窀穸，苦节五十馀年。乾隆五年旌。

祖氏 庠生朱之棅继妻。青年守节，皓首完贞。

敖氏 吴澄怀妻。苦节三十五年。乾隆六年旌。

廖氏 赵坤玉妻。二十九岁夫没，抚孤麐章，事姑嫜惟谨，苦节自守，七十五而卒。**张氏** 麐章妻。结褵四载，生子百日而夫亡。青年守志，上奉祖姑，下抚孤子，娶妇成立，卒年六十五。乾隆十五年已并旌。

韩氏 周雍伯妻。年二十九寡，亲老子幼，力耕躬绩以养。守节四十八年，卒。已旌。

顾氏 黄有严妻。年二十一寡，无子，遂绝食。迨姑许守，始强食。嗣侄汝龙，督课游庠，苦节不二。已旌。

郭氏 周广文妻。夫亡无子，触阶誓殉。父郭尔升以养姑力劝，得止。迨姑没，鬻田以葬两世棺。已旌。

唐氏 王汝臣妻。**朱氏** 汝琏妻。兄弟相继没，唐年二十六，朱年十九。妯娌全操，冰霜共洁，数十馀年。孝养舅姑，义方训子。巡抚常公以“一门双节”题旌。乾隆七年进主节孝祠。

裴氏 钟典徽妻。夫亡，训子其英，甫冠，即能文，游庠。已旌。

汤氏 李绍飞妻。婚八月夫亡，得遗腹子，藉十指为活，孝养孀姑。乾隆三年旌。

虞氏 吴应泰妻。年二十五，夫亡。孝事亲，事翁姑亦如之。嗣侄宏行。学使帅公给“操凛冰霜”额。已旌。

冯氏 监生吴振泰妻。年二十七夫亡，训子严而有法。乾隆二十九年旌。

张氏 胡克荣妻。年二十夫亡，孝事翁姑不懈，守节四十年。乾隆五十年旌。

戈氏 孝子李商玉侄某妻。早寡无子，守节，抚侄君义为嗣。孝养翁姑，及卒，丧葬尽礼。以寿终。已旌，建坊于宅。

詹氏 陈光贞妻。年二十八寡。氏幼失怙，事母至孝。及事舅姑，备尽孝养，抚遗孤成立。乾隆七年旌。

许氏 廪监生徐乾贞继妻。夫故，抚前子如己出，训以义方，不坠家声。以寿终。已题。

万氏 朱佐民妻。年十九寡，子女均无立，承祧子为后。乾隆二十七年旌，建坊鲍郎浦南。

万氏 监生张文渊妻。年二十九寡，抚孤宗栻成立，守节二十馀年。乾隆三十八年旌，建坊淡水村。

项氏　曹氏 朱鸿妻妾也。年俱二十六寡，苦守。项卒年七十，曹卒年六十八。道光三十年，并旌。

朱氏 举人徐肇遴继妻。甫婚，即北上，客死都中。氏闻号恸欲绝，孑然归依母家，苦守五十馀年。已题。

谢氏 步验林妻。年二十七寡，事姑孝，抚孤成立。雍正二年，海溢，谓子隆裕曰："汝为诸生，宜筹御患之策。"爰以筑堤捍海条陈吁宪，题请修筑，桑梓始庆安澜。雍正六年已旌。

翁氏　邬氏　贡生毕师诚妾。师诚没，翁年二十八，邬年二十三。并守节三十馀年。已并题。

吴氏　董友三妻。年二十二夫亡，守节终身。已题。

吴氏　庠生毕宏道妻。早寡，勤苦守节，人无间言。已题。

宋氏　朱之棋妻。早寡守志，抚孤成立。道光三十年旌。

冯氏　朱之来妻。年二十八寡，瞽目苦守，卒年六十。道光三十年旌。

赵氏　吴萼舒妻。年二十八而孀，上奉老姑，下抚孤子。子亦早卒，与媳许氏，两世苦节。已并题。

徐氏　王尔功妻。早寡，守节五十年。已题。

吴氏　邬永章妻。年二十三夫故，抚遗腹子成立。已题。

彭氏　朱洸妻。早寡，上事老姑，下抚幼子，以节孝闻。道光三十年旌。

张氏　朱洸子之棻妻。早寡，无子女，以苦节终。已旌。

陈氏　朱广焘妻。早寡，矢志不二。道光三十年旌。

苏氏　徐卓安妻。早寡，抚孤绳祖，艰辛备尝。已题。

王氏　吴佩音妻。年十九寡，苦守，抚嗣子亘山、孙守邦游庠。督学帅公旌以"节孝兼纯"，寿八十。已题。

刘氏　王禹侯妻。年二十寡，子成立娶妇，子又卒。则抚其二岁之孙，艰苦万状，数十年志不灰。已题。

陈氏　北团吴德璋妻。年十九夫亡，抚侄学义为嗣，卒年四十九。已题。

殷氏　周锡成妻。年二十二夫亡，无子，姑亦没。抚字幼叔，爱而有礼，以侄为嗣。已题。

步氏　吴士葵妻。夫亡，守节终身。已题。

徐氏　吴绍京妻。夫亡，训子有成，守节不渝。已题。

崔氏 吴峻峰妻。夫亡，誓志守节。已题。

顾氏 胡若瑛继妻。**朱氏** 若琯妻，娣姒也，翁即炳文。顾年二十九夫亡，朱年二十八夫亡。食贫守节，迭抚其孤尽瘁，营葬翁姑。并守节三十九年卒，姚孝廉元楧为作《双节传》。道光三十年并旌。

许氏 庠生吴旌宇君厚妻。年二十九寡，苦守养翁，及没，丧葬尽礼。以堂侄诸生赓云为嗣。已题。

莫氏 胡文思妻。年二十六夫故，抚夫兄之子本椅为嗣，不异己出。以苦节终其身。道光三十年旌。

顾氏 胡恒可妻。年二十五寡，抚侄为嗣，事翁姑尽礼。卒年四十六。道光三十年旌。

周氏 胡庭瞻妻。二十六岁夫亡，励志抚孤守节。已题。

毕氏 陈二思妻。夫故，事姑抚孤，不愧节孝。已题。

王氏 顾振元妻。时振元扶病成婚，十七日而亡。氏笃志守节五十馀年，嗣侄为后，真人所难。已题。

查氏 庠生吴尹耕妻。年二十八夫亡，无子，并未有侄。妯娌四人，氏居长，姑殁翁老，氏顺翁志，和睦勤俭，为诸妇式。后嗣侄为子，抚养成立，年近七旬卒。已题。

顾氏 汤靖山妻。年二十三夫亡，守节。已题。

沈氏 汤玉峰妻。年二十馀夫亡，坚操守节，八十令终。已题。

甘氏 汤留馀妻。年二十四寡，翁姑早亡，遗幼叔岐丰八岁，抚以成立、完娶。卒年六十二。已题。

沈氏 马庭玉妻。年二十七寡，抚子之瑗成立，生三孙。至暮年，子及两孙相继殁，惟次孙国学生任洲在。茕茕孤苦，拮据终身，卒年七十有三。

祝氏 庠生周光海妻。姑老瘫疾，赖左右扶掖。姑殁，三世七棺，拮据以营葬。子永厚，庠生。嘉庆二十年旌。

祝氏 庠生朱犹龙妻。早寡，守节五十馀年，寿八十三。道光二十九年，学使赵公光表以“志节冰清”匾。

项氏 朱从龙妻。早寡，守节五十八年。道光三十年旌。

吴氏 许兆亨妻。年二十五寡，抚侄为子。已旌。

沈氏 吴揆旸妻。年二十七寡，守节四十馀年。已题。

倪氏 监生朱铎妻。早寡，守节五十馀年，寿八十八。恩赐粟帛。道光三十年旌。

汪氏 吴文衡继妻。年三十寡，止一女，以侄东发为后。守节三十馀年，嘉定钱竹汀宫詹撰传。已题。

王氏 庠生陈鹢妻。夫亡，守节三十馀年。已题。

赵氏 毕奇年妻。二十八寡，守节五十四年。已题。

朱氏 庠生祝桂发妻。婚二载，夫亡。以侄旦华为嗣，督训游庠。已旌。

王氏 监生林萃新妻。年二十九寡，守节三十三年。已题。

周氏 监生朱璞妻。早寡，贞节可嘉。道光三十年旌。

阎氏 监生吴礼庸妾。年二十六寡，抚子揆中，守节四十五年。已题。

吴氏 监生朱权妻。青年守节，寿八十又六。道光三十六年旌。

方氏 庠生朱桂陵妻。早寡，苦守终身。道光三十年旌。

陈氏 监生毕茂周妻。年二十八寡，守节三十四年。已题。

韩氏 庠生毕星辅妾。年二十三寡，守节不二。已题。

朱氏 庠生冯人佺妾。早寡，矢志不二。已题。

张氏 州判朱左海妾。早寡，生一子，寄籍阶州，列名庠序。已题。

苏氏 敖天纯妻。年三十夫亡，守节四十四年，已题。

董氏 敖惠年妻。年三十夫亡，节守四十年。已题。

俞氏 敖成连妻。年三十夫亡，守节三十二年。已题。

汪氏 毕衡州妻。年二十九夫亡，守节五十年。已题。

吴氏 陈宗贤妻。年二十五夫亡，守节四十八年。已题。

陈氏 吴文澜妻。年二十九夫亡，守节三十年。道光三十年旌。

陈氏 监生方震奎妾。年二十七寡，守节五十六年。已题。

董氏 王载林妾。年二十六守节。道光三十年旌。

忻氏 吴远模妻。年二十二婚，甫六月夫亡，抚从子礼嘉为嗣，守节三十九年。已题。

毕氏 朱东辉妻。年二十四夫亡，守节三十九年。已题。

吴氏 陈东娶妻。年二十九夫亡，守节。已题。

张氏 庠生吴以敫妻。年二十三寡，家贫，为人刺绣得值，以梓翁及夫诗文集，抚二孤馀庆、同春成立。道光三十年旌。

许氏 庠生吴莲伯妻。年二十四夫亡，训子世基，为诸生。已题。

韩氏 吴金声妻。年二十九夫亡，守节。已题。

费氏 步有仁妻。年二十七夫亡，守节。已题。

邬氏 汤又铭妻。年十八夫亡，抚遗腹子周有成立，守节六十一年。已题。

姜氏 顾玉廷妻。年二十八寡，抚孤昌成立，矢志守节。卒年八十七，学使刘公旌以匾。已题。

沈氏 顾东皋妻。年二十九夫亡，守节五十二年。已题。

祝氏 顾廷华继妻。年二十八夫亡，守节三十五年。已题。

顾氏 汤文侯妻。年二十九夫亡，无子，依从子世琏，守节五十二年。已题。

王氏 汤荆山妻。年二十六夫亡，守节三十二年。已题。

许氏 汤禹维妻。年二十八夫亡，守节四十二年。已题。

步氏 汤赓昭妻。年二十八夫亡，抚孤汝梓、汝楫、汝雯，守节五十四年。已题。

韩氏 监生汤应箴妻。年二十九夫亡，抚孤允际，守节一十九年。已题。

钟氏 汤汝安妻。年二十九夫亡，抚孤成立，克继家业，守节六十二年。已题。

周氏 吴李才妻。年二十一寡，抚伯子通伯为后，嫁二女，守节三十年。已旌。

步氏 庠生吴汝楫继妻。归吴二月，夫亡，抚孤熙成立，领乾隆丁酉乡魁。已旌。

某氏 姜悦周妻。夫亡抚子，学宪何公给匾旌奖。已题。

徐氏 胡茂林妻。年二十五夫亡，矢志冰霜。抚侄为嗣，孝事老翁，苦节五十三年。道光三十年旌。

孙氏 陈鸣岗继妻。年二十九夫卒，苦节五十年。已题。

阮氏 徐远声妻。年二十八夫亡，守节三十六年。已题。

殷氏 之辂女，庠生宋汉璜妻。年十九寡，抚遗腹子存涵成立，游庠。已题。

曹氏 李仁贤妻。年二十五寡，抚孤成立，守节三十年。已题。

朱氏 陆正章妻。年二十二夫亡，无子，孝养翁姑，守节三十年。已题。

蔡氏 中立桥袁某妻。年十八寡，无子。贫苦不堪，日夜纺绩度日，守节三十二年。已题。

李氏 余泰贞妻。早寡，抚子鼎成立，终身全节。已题。

查氏 吴天培妻。年二十七夫亡，抚养一子成立。已题。

蒋氏 杨汝舟妻。年二十七夫亡，无子，上奉老姑，纺绩度日，守节五十馀年。

吴氏 梅园冯师谦侧室。年二十三寡，矢志守节六十馀年。已题。

朱氏 孙秉中妻。年二十四寡，无子，上事老翁，无失礼。后因薪水无给，常寄居母家，苦节以终。已题。

赵氏 陈御轮妻。年二十四寡，继侄为嗣，卒年四十五。已题。

唐氏 赵曾三妻。婚未一载夫亡，无子。孝养孀姑，抚侄为嗣，苦节终身。已题。

吴氏 朱沅如妻。年甫二十夫亡，守节终身。已题。

陈氏 职员钟乐成妻。年二十八夫亡，抚侄为嗣，守节三十九年。已题。

韩氏 周大赉妻。年二十五夫故，茹荼食辛，守节至八十一岁。已题。

周氏 朱富年妻。年二十二夫故，勤苦守节四十七年。已题。

汤氏 朱龙寿妻。年二十九夫故，守节四十四年。已题。

汤氏 朱金元妻。年二十二夫故，矢志靡他，守节至四十九岁。已题。

朱氏 陈凤池妻。年二十三夫故，抚子抚孙，守节五十六年。已题。

顾氏 王绍成妻。年二十七夫故，守节至五十七岁。道光三十年旌。

吴氏 梅园冯定国妾。年二十三寡，守节至八十八岁。已题。

茹氏 陈荣光妻。年二十五夫亡，遗孤开泰仅周岁，翁姑早卒。购地安葬，抚孤成立，艰辛备尝，守节五十四年。嘉庆十二年旌，建坊陈家兜。

王氏 监生马行龙继妻。年二十馀寡，上事翁姑，下抚孤子，备历艰辛，以寿终。今贡生玉墀、副车玉堂，皆其孙也。嘉庆一十六年旌，建坊分水墩漾。

韩氏 学生陈琪妻。年二十九夫故，守节以终。嘉庆一十八年旌。

曹氏 庠生王树勋妻。年二十九夫亡，抚侄为嗣，守节二十七年。嘉庆一十一年旌。

方氏 庠生王朝辅妻。年二十九夫亡，抚侄为嗣，守节二十五年。嘉庆一十九年旌。

陈氏 郡庠生顾任妻。婚甫二载夫亡，遗孤仅八日，抚养成立，守节终身。已题。

沈氏 方庆全妻。年二十九夫故，抚侄起宗为嗣，守节二十六年。已题。

杨氏 方淮妻。年二十六夫故，守节。家本贫，鬻产为翁姑及夫殡葬。无子，以嫡侄庠生履泰兼祧，以延祭祀。寿七十有八。道光三十年旌。

毕氏 监生方升妻。年二十七夫亡，苦志守节。抚孤长淇，监生；次瑞徵，庠生。嘉庆二十三年旌。

吴氏 庠生方骏妻。年二十七夫亡，侧室陈氏甫产子景禧，同抚养成立，苦节以终。道光三十年旌。

翁氏 俞源妻。年二十八夫亡，仅有一女，苦志守节，孝事翁姑。立嫡侄荣为嗣，娶韩氏，方一载，又卒。韩年二十三，抚遗腹子贻生成立。已并题。

顾氏 吴本履妻。年二十九寡，勤俭操持，抚孤成立，以苦节终。已题。

陈氏 敖载洪妻。年二十九夫亡，抚侄才良为嗣，茹苦尝辛三十馀年。已题。

严氏 沈全真妻。早寡，矢志不渝。道光元年旌。

周氏 吴德裕妻。道光三年，进主节孝祠。

方氏 海宁州庠生字菉女，庠生胡芝生妻。夫故，遗孤锡康、颂康俱幼，教育甚瘁，守节以终。中丞乌给以"冰霜劲节"匾。已题。

李氏 孙宇春妻。早寡，苦守终身，寿古稀。道光一十二年旌。

陈氏 孙映熹妻。早寡，孝事翁姑，抚孤成立，仲子丕基游庠。道光一十二年旌。

林氏 徐士廉妻。青年守节，教子成立。已题。

吴氏 庠生陈邦勋妻。年二十八夫亡，无子，守节终身。已题。

黄氏 朱祥和妻。年二十四婚，五日夫亡。家贫无子，苦守终身。已题。

陆氏 监生张青藻妻。年二十七夫亡，守节。孝事孀姑，抚侄履墀、履圯如己出。延师课督，履墀有声庠序。氏本名家女，明大义，性不佞佛。女适州同朱受埰为继室。卒年六十三。道光一十四年旌。

王氏 太学生周连珠妻。年二十九夫亡，抚孤履谦，教有义方，纳粟成均，年又不永。抚诸孙慈严相济，季孙鹏海，领道光戊子经魁，皆氏承先启后之力也。勤俭终身，寿七十有六。道光一十八年旌。

顾氏 朱懋焕妻。年二十三寡，子甫周岁，教养成立，艰苦备尝。寿至八十有一。已题。

朱氏 吴与龄妻。年二十六夫亡，纺绩度日，苦节二十八年卒。已题。

徐氏 孙辅成妻。年十八夫亡，抚侄复亨为嗣，教养游庠。一生苦节，寿至九十三。道光三十年旌。

金氏 黄克昌继妻。年二十五夫亡，孝养翁姑，丧葬尽礼。抚夫兄克俊子中理，兼祧为嗣，入赀列名国学。长孙履元，氏最钟爱，提携备至，后游郡庠。一身勤俭，苦节可嘉。寿至六十有一。道光三十年旌。

徐氏　监生朱涛妾。年二十四寡，孤甫四岁，抚以成立，守节三十三年。道光三十年旌。

万氏　监生徐坤扬继妻。年二十寡，守节三十三年。已题。

朱氏　吴寿龄妻。年二十八寡，守节二十八年。已题。

汤氏　庠生吴枚妻。年二十八寡，无子，苦节终身。已题。

蒋氏　陈理安妻。年二十八寡，守节四十四年。道光三十年旌。

顾氏　戈学言妻。年二十六寡，孝事迈姑，抚侄为嗣，守节二十九年。已题。

韩氏　沈如金妻。年二十五寡，守节至四十二年卒。已题。

朱氏　吴伯言妻。年二十九寡，苦节终身。已题。

吴氏　庠生陈德宏妻。年二十六寡，抚孤天球，早卒。媳吴氏，年二十八，抚侄孙英为嗣，苦守。已并题。

杨氏　韩肇奇妻。年二十八寡，无子，依食女家，寿六十馀。已题。

沈氏　步廷桢妻。年二十三夫亡，纺绩度日，苦守至七十二岁卒。已题。

步氏　张纶妻。年二十九夫故，无子，抚侄为嗣，苦节三十二年。道光十八年旌。

王氏　李若愚妻。年二十二夫故，家贫苦守，七十五岁卒。道光三十年旌。

祝氏　卢元显妻。年二十六夫故，抚孤成立，荼蘖备尝，守节五十馀年。已题。

孙氏　吴拱辰妻。年二十三夫故，守节终身。已题。

陈氏　吴会生妻。年二十五夫故，茹荼苦守终身。已题。

胡氏　许晋生妻。年二十五夫故，苦节以终。已题。

沈氏　陈播堂妻。　**沈氏**　凤浦妻。以姊妹为娣姒，并年二十四寡，苦节终身。咸丰元年，并题旌。

钱氏 王兑初妻。年二十一夫亡，劳瘁抚孤，守节四十八年。已题。

苏氏 庠生赵周彪妾。年二十五寡，抚侄为嗣，守节四十六年卒。道光三十年旌。

褚氏 王显达妻。年二十八夫亡，抚孤成立，守节七十一年。已题。

钟氏 王五峰妻。年二十八夫亡，守节，抚侄为嗣，寿至九十。已题。

董氏 殷念庵妻。年二十三夫亡，矢志冰霜者五十六年。已题。

王氏 徐世禄妻。年二十一夫故，无子，苦守终身。道光三十年旌。

俞氏 监生陈柏松妻。早寡，同侧室张氏抚孤成立，心力俱瘁，卒年五十六。已题。

张氏 监生陈柏松妾。年二十五寡，事嫡抚孤，无失礼。六十三岁寿终。仲子赐隆、孙廷熊，俱邑诸生。道光二十七年旌。

陈氏 柏松侄女，适海昌监生朱维鏋为继室，年二十七寡。葬翁姑，抚小叔及一子一侄，以次完姻，艰苦倍常，卒年四十有五。道光三十年旌。

吴氏 方师禧妻。年二十馀归方氏，事姑孝，未周一岁，姑殁。师禧以家道艰窘，就长沙郡尊恒公之聘，游幕十九年，未尝一归，卒于旅邸。讣至，氏悲恸欲绝，妯娌劝解之，始苏。妐溶恳朱氏姻亲，由木渎陈氏麻船将柩载归，次年择日安葬。然氏以夫之客死他乡，朝夕悲哭以成疾，又二年卒。以侄孙文彦为嗣。道光三十年旌。

舒氏 陈泗妻。年二十九寡，事翁孝，以夫兄淦次子锡蕃为嗣，游庠。卒年五十三。道光三十年旌。

何氏 庠生陈锴妻。年三十寡，孝事孀姑，纺绩糊口，训子深以义方，入邑庠。苦节。道光三十年旌。

毕氏 庠生陈锠妻。年二十九寡，守节二十一年。道光三十年旌。

徐氏 庠生孙丕基妻。夫故，以侄为嗣子，苦守，卒年五十六。已题。

沈氏 陈名德妻。年二十三寡，事衰翁，抚幼子，苦辛百倍，卒年五十二。咸丰元年题旌。

汤氏 陈汝霖妻。年二十六寡，抚侄期元为嗣，卒年八十有三。已题。

孙氏 顾炳如妻。二十九岁夫故，子一，教养备至。矢志不二，勤于耕织，家稍裕。卒年五十九。

朱氏 尹理傅妻。年二十九夫故，抚孤巽廷成立，娶媳朱氏，俱年不永，以侄孙为嗣。茕茕自吊，习伤科以营生。晚招侄朱丹成同居，以便扶持，兼传伤科。寿至八十一。已题。

张氏 祝贻燕继妻。年二十九寡，家贫，竭力养翁姑，抚孤成立。营两世葬，未竣而卒，年五十一。已题。

许氏 孙桂妻。婚甫一载，夫亡，旋翁姑双亡。孝养祖姑徐，抚小姑、弱叔尽礼，以苦节终。

吴氏 顾武德继妻。年二十五夫故，无子女。饮冰茹蘖，茕茕苦守，卒年三十八。

马氏 介廉长女，归监生吴某字楠溪为室。年二十三夫故，生一子一女，抚以成立，卒年四十三。

马氏 董一妻。早寡，贫无立锥，依母家居，耕织度日。抚孤茂成立，娶妇生三孙，寿至七十二。

陈氏 张兴馀妻。年二十七寡，一子殇。苦志冰霜，抚侄近春为嗣，卒年六十一。

以下道光三十年旌

韩氏 顾瑞兴妻。年二十二寡，抚遗腹子信义成立，列名国学，苦节至七十六年。

姜氏 戈梦兰妻。年二十五寡，苦守，孝养翁姑，卒年五十馀。

沈氏 杨玉成妻。年二十三寡，苦守，卒年四十一。

沈氏 顾玉妻。二十二岁夫故，无子。苦志守节，以侄发源为嗣，寿终六十八。

任氏 庠生毕应槐妻。年二十五夫故，守节十八年卒。

马氏 庠生万肇坤妻。年二十九夫故，守节四十一年卒。

储氏 戈鼎元妻。年二十四夫故，抚嗣子恩义甚笃，卒年六十三。

顾氏 戈敬章继妻。年二十六夫故，夫兄欲夺其志。潜归诉父，呈县究治，遂得坚志奉姑。卒年五十五。

丁氏 庠生汤际震妻。年二十六夫故，守节四十四年卒。

吴氏 庠生汤槐妻。年二十八夫故，守节五十二年卒。

吴氏 监生汤维妻。年二十六夫故，守节五十九年卒。

祝氏 汤绎妻。年二十七夫故，守节六十一年卒。

李氏 庠生汤齐继妻。年二十六夫故，营葬两世，守节四十八年卒。

沈氏 祝亦妻。年二十三夫故，守节至七十三卒。

朱氏 祝瑞璜妻。年二十九夫故，守节十年卒。

陈氏 祝枚妻。年二十七夫故，孝事老姑，抚嗣子成立，守节三十六年卒。

顾氏 朱启良妻。年二十三夫故，营葬舅姑，守节五十九年卒。

顾氏 吴心传妻。年二十二夫故，祭葬极诚，孝感里党，八十三寿终。

黄氏 胡敦仁妻。年二十九夫故，抚嗣子成立，守节三十九年卒。

俞氏 朱咸停妻。年二十四夫故，守节五十年卒。

吴氏 傅祥明妻。年二十九夫故，守节四十六年卒。

许氏 周官林妻。年二十五夫故，守节四十六年卒。

陈氏 傅学昌继妻。年二十六夫故，守节四十一年卒。

朱氏 张天福妻。年二十夫故，守节十六年卒。

董氏 孙濂妻。年二十九夫故，守节三十三年卒。

宋氏 武生郭春林继妻。婚甫数月，夫故，年二十九。守节二十三年卒。

冯氏 许春熙妻。年二十九夫故，守节二十九年卒。

周氏 祝德修妻。年二十五夫故，守节二十二年卒。

李氏 卢庆云妻。年二十三夫故，守节十三年卒。

黄氏 朱寅妻。婚甫数月，夫故，氏年二十四，抚侄成立，守节五十二年卒。

顾氏 朱健侯妻。年二十二夫故，哭几失明；姑又没，痛哭，遂两目失明。抚嗣子成立，守节至五十七卒。

董氏 殷绳武妻。年二十四夫故，抚育弱女，以俭约自守，寿至七十七。

翁氏 俞本初妻。年二十八夫故，抚侄为嗣，教义成人，守节十六年卒。

黄氏 职员孙映熤妾。年二十一寡，事嫡谨慎，佐嗣子勤俭，卒年五十八。以下俱咸丰元年题旌

陈氏 吴士桂妻。年十七寡，孝养翁姑，抚侄景荣为嗣，寿至六十四。

莫氏 赵廷章妻。年三十寡，尽瘁纺织，以抚遗孤，卒年六十。

徐氏 赵文富妻。年二十八寡，遗孤数月，抚以成立。茹荼含辛，立志不二，寿六十一。

唐氏 陈尧天妻。年二十四寡，遗孤仅四岁，抚以成立，守节四十四年卒。

敖氏 杨畲田妻。年二十八夫故，守节三十五年卒。

戴氏 钟永皓继妻。年二十九夫故，守节三十四年卒。

吴氏 陈敏生妻。年二十五夫故，守节二十九年卒。

李氏 杨西成妻。年二十九夫故，守节三十六年卒。

范氏 邵履元妻。年二十九夫故，守节二十八年卒。

徐氏 夏赐福妻。年二十二夫故，守节十八年卒。

沈氏 马介惠妻。年二十婚，甫十八日，夫故。以从侄为嗣，守节至七十五岁卒。

陈氏 兰溪教谕廷献次女，黄祖恒妻。年二十二夫故，止生一女，孝养翁姑。抚侄世钧为嗣，延师督课，有声庠序。女适庠生张邦彦。道光二十一年旌。现年七十有四。

干氏 张德林妻。年二十四夫故，训子力田苦守。现年五十八。已题。

吴氏 毕秀堂妻。年二十九寡，苦志守节。现年七十四。已题。

马氏 周敏生妻。年二十九寡，苦守。现年六十一。已题。

严氏 卢丹蓉妻。年二十一婚，甫一载夫亡，无子，矢志苦守。现年五十三。已题。

崔氏 孙芗年妻。早寡，苦守。现年七十二。

陈氏 黄中原妻。年二十五夫故，一子旋殇，朝耕暮织，一生苦节。现年六十六。

赵氏 朱师濂妻。年十九夫亡，抚遗腹子成立，守节已四十年。已题。

张氏 周谨堂妻。年二十八夫亡，守节已四十二年。六里堰人。已题。

钟氏 苏绍良妻。年二十七夫亡，抚孤守节。姑卧病，一夕邻火延烧，氏负姑，冒烟突出。及没，如礼安葬。现年七十。

以下俱道光三十年旌

徐氏 陈乾贞妻。年二十夫故，孝事翁姑，守节。现年六十八。

陈氏 毕长发妻。年二十五寡，苦守。现年七十三。

朱氏 李廷堃妻。年二十一夫故，守节，抚孤成立。现年六十八。

顾氏 张二妻。年二十二夫故，贫无立锥，誓志不二，抚遗腹子成立。现年六十五。

舒氏 陈其恩妻。年二十六寡，孝事舅姑，甘旨不缺，子女俱无，苦守。现年六十一。

张氏 陈育馨妻。年二十四寡，孝事姑。止生一女，适千总黄黼清。抚侄梦熊如己出。现年五十九。

陈氏 庠生方骏妾。年二十寡，抚孤成立，备极艰辛。现年五十八。

陆氏 吴槃妻。年二十九夫亡，三子俱幼，训教有方，以次婚娶。现年六十五。

彭氏 顾瑞凤妾。年二十八寡，子俱幼，苦志持家。现年六十二。

陈氏 张如山妻。年二十五寡，苦守。现年五十九。

谢氏 张景山妻。年二十八寡，苦守。现年六十七。

顾氏 庠生周纯熙妻。年二十八寡，苦守。抚侄兆鹏为嗣，入邑庠。现年六十八。

周氏 庠生汤沄妻。年二十九夫故，遗三孤，抚以成立。竭力营葬两世。现年六十四。

俞氏 庠生吴世基继妻。年二十九夫故，姑殁，力营葬事。现年七十五。

汤氏 陈尧春妻。年二十九夫故，苦守。现年八十七。

蔡氏 富关通妻。年二十九夫故，苦守。现年七十五。

王氏 陈荣昌妻。年二十九夫故，苦守。现年七十四。

张氏 周克君妻。年二十六夫故，苦守。现年七十四。

金氏 徐长壬妻。年二十九夫故，昼夜纺织，为夫营葬，抚嗣子成立。现年七十九。

徐氏 周永林妻。年二十八夫故，苦守。现年七十。

朱氏 胡光廷妻。年二十三夫故，苦守。现年六十九。

孙氏 监生许嵩继妻。年二十九夫故，抚前子如己出。现年六十七。

诸氏 朱凤林妻。年二十二夫故，抚嗣子成立。现年六十七。

沈氏 顾有祥妻。年二十六夫故，苦守。现年六十六。

韩氏 金荣春妻。年二十三夫故，苦守。现年六十五。

赵氏 朱芸晖妻。年十九夫故，苦守。现年六十四。

黄氏 黄敬宗妻。年二十四夫故，苦守。现年六十二。

朱氏 徐进元妻。年二十八夫故，苦守。现年六十二。

吴氏 胡福寿妻。年二十七夫故，苦守。现年六十二。

孙氏 许德凝妻。年十五夫故，抚嗣子成立。现年六十一。

翁氏 任胜贤妻。年二十五夫故，无以为殓，典质嫁资，始得就木。现年五十九。

王氏 杨庆墉妻。年二十八夫故，苦守。现年五十九。

宋氏 陆三元妻。年二十一夫故，抚嗣子如己出。现年五十九。

黄氏 胡颖伯妻。年二十九夫故，苦守。现年五十八。

陈氏 陈敏生妻。年二十七夫故，抚嗣子成立。现年五十七。

郑氏 吴乾吉妻。年二十九夫故，家贫，矢志守节，有助米者，拒不受。现年五十六。

李氏 陈来章妾。年二十八夫故，苦守。现年五十六。

朱氏 郭衡堂妻。年二十六夫故，姑患恶疾，为之洗毒，不避秽臭。教子极严，灯下亲辨句读，毋稍舛，子弱冠游庠。现年五十五。

刘氏 吴绍芬妻。年二十八夫故，抚侄为嗣。现年五十五。

梁氏 周维桢妾。年三十寡，同嫡抚嗣子，教养成立。现年五十五。

谈氏 祝学恒妻。年二十四夫故。现年五十四。

沈氏 吴蓉芳妻。年十九夫故，抚嗣子成立。现年五十四。

王氏 杨適骏妻。年二十四夫故，结褵甫九月，苦守。现年五十四。

杨氏 周宗濂妻。年二十八夫故，苦守。现年五十四。

郭氏 陈顺有妻。年二十八夫故，抚嗣子，教育备至。现年五十三。

屠氏 谢左才妻。年二十九夫故，孝养继姑，能代子职。现年五十三。

胡氏 郭署卿妻。年二十九夫故，姑患恶疾，侍养汤药，寒暑不怠。现年五十三。

陆氏 朱品享妾。年二十九寡，无子，父劝改适，呼天自誓不二，事嫡甚谨。现年五十三。

王氏 陈松妻。年二十三夫故，抚嗣子成立，营葬两世。现年五十三。

陈氏 朱本清妻。年二十九夫故，苦守。现年五十二。

俞氏 陆可仁妻。年二十九夫故，苦守。现年五十二。

周氏 陆二生妻。年二十九夫故，苦守。现年五十二。

吴氏 黄维镛妻。年二十五夫故，孝事翁姑，抚孤成立。现年五十六。

以下俱咸丰元年题旌

吴氏 顾学文妻。年二十六寡，生遗腹女，事姑孝。姑殁，茕独愈苦，赘婿陈圣元为后。现年五十四。

姜氏 孙元垲继妻。年二十九寡，止生一女，苦守。现年五十。

马氏 国学生张祖猷妻。年二十九寡，子二，教养备至，得成立。现年五十八。

沈氏 胡芬妻。年二十三寡，遗腹得女，又殇，矢志守节，抚夫兄静次子保滋为嗣。现年五十六。

万氏 王翊怀妻。年二十二寡，家无甔石，矢志不移，抚遗孤备尝艰苦。现年五十一。

黄氏 王仲云妻。年十八夫故，矢志苦守，以堂侄熙文为嗣。现年五十一。

张氏 王本立妻。年二十七夫故，矢志苦守，以胞侄熙寿为嗣。现年五十五。

马氏 张德基妻。年三十夫故，矢志不二，孝养翁姑，以侄为嗣。现年六十。

步氏 陆福元妻。年二十九夫故，子女俱无，苦守。现年五十一。

林氏 陈锷妻。年二十八夫故，苦守。现年七十一。

陈氏 朱三公妻。年二十五夫故，苦守。现年六十七。

祝氏 王芬妻。年二十九夫故，苦守。现年六十四。

姚氏 张美忠妻。年二十八夫故，苦守。现年六十一。

严氏 黄耀中妻。年二十九夫故，苦守。现年五十九。

郭氏 金生妻。早寡，苦守。现年五十七。

以上咸丰元年已题旌

吴氏 步昇安妻。夫亡，抚遗腹子，守节以终。已题。

沈氏 陈吕其妻。年二十一夫故，代事翁姑，无不尽礼，守节四十年。**胡氏** 子英女，吕其子奕增妻。年二十六而寡，事孀姑沈，抚幼嗣幹贞，苦守二十七年。乾隆十一年并旌。**杨氏** 幹贞孙典文妻。年二十七寡，遗孤贻谋，甫八月，教抚成立。奉养翁姑，母乏嗣，迎养至家，各尽其礼，邻里称之。守节五十馀年，寿八十。嘉庆十二年旌，建三世节孝坊于刘家堰桥北首。道光十年，进主节孝祠。

孙氏 朱迎安字宁安妻。夫亡，止遗三女。抚夫从子瀛求为嗣，拮据以葬其夫。年五十八卒。已题。

胡氏 杨西崑妻。年二十寡，抚继子娶媳。继子夭，复抚孙以续宗祧。乾隆四十二年旌。

吴氏 陈兰孙继妻，进士懋政女也。年十九寡，遗孤仅二月，复殇。抚侄柏松为嗣，卒年四十有四。进士有传，纪其略。乾隆五十二年旌，建坊于报恩桥侧。

万氏 张宗鼎妻。二十馀岁寡，抚孤以成，寿终。仲子纯熙，出嗣族伯，钦赐举人。乾隆五十九年旌。

朱氏 张嘉玢妻。年二十馀夫亡，抚侄为嗣，主理家政，严而有法。已旌。

郭氏 祝橹良侧室，贵州人。时橹良为天柱令，纳氏为侧室，在署数年，颇资内助。橹良卒于官，氏为扶榇归里，急图安葬。橹良乏嗣，氏归后，即请命族中，议为立后，得延宗祀，可敬可嘉。已题。

赵氏 汤远昭妻。年十七而寡，恸欲殉节，翁姑以年老曲谕，始改颜承欢二人。守节七十馀年。已题。

陈氏 顾宗维妻。年二十九夫故，抚孤训女，备极艰辛，卒年四十九。女适邑增生周光锡。已题。

许氏 汤汝能妻。年二十馀夫卒，苦节，抚孤有成。已题。

吴氏 陈云仪妻。年二十八夫卒，苦节三十馀年。已题。

陈氏 学义女，归茶院钟。二载，夫死，年十七。贫无所依，乃返母族守节，相其弟以成家。寿八十。已题。

张氏 周似坡继妻。年二十五夫死，守节五十馀年，六里堰人。已题。

顾氏 吴惝庵妻。年二十七夫亡，守节十五年卒，六里堰人。已题。

顾氏 庠生舒云球妻。年二十七夫故，苦守。现年五十四。

钟氏 姚烈宏妻。年二十九夫故，苦守。现年五十二。

马氏 沈士庸妻。年二十一夫故，翁欲嫁之，诱以下船，氏觉，奋身入河，遂得脱。力耕自矢。现年五十一。

年未五十及年三十外，夫故守节，例宪旌

吴氏 庠生方有壬妻。年二十六夫故。现年四十六。

舒氏 朱本仁妻。年二十四夫故。现年四十五。

朱氏 郭时和妻。年十九夫故。现年四十五。

董氏 陈坤妻。年二十二夫故。现年四十五。

周氏 谢庆云妻。年二十一夫故，抚承祧子。现年四十三。

以上道光二十九年，学宪赵公光并给“志节冰清”匾。

徐氏 周兴妻。年三十三夫故。现年五十二。

郁氏 庠生陈濬妻。年二十九夫故。现年四十九。

冯氏 金应士妻。年三十七夫故。现年四十九。

杨氏 诸嘉亨妻。年二十七夫故。现年四十八。

朱氏 姚烈成继妻。年二十五夫故。现年四十五。

杨氏 庠生吴源嵋妻。年二十五夫故。现年四十五。

万氏 庠生吴源崙妻。年二十，甫婚四月，夫故。现年三十五。

以上咸丰元年，学宪吴公钟骏并给“志坚从一”匾。

董氏 海宁州庠生时春妹，胡文澜妻。文澜积学功深，郡邑试屡列前茅，不售，赍志以终。董时年三十，孝养翁姑。无子，抚侄为嗣，如己出。守节已十九年，现存。

金氏 庠生胡奎妻。年二十夫故，矢志不移，事姑能尽妇道。守节已十九年，现存。

王氏 国学生信如女，胡文江妻。幼娴母训，素明大义，年二十四而寡，矢志不二。守节已十馀年，现存。

王氏 胡舜青长子国学生炳星妾。年二十六寡，事嫡恭敬，矢志不渝，勤于力作。守节已十七年，现存。

张氏 乡饮宾纯炜次女，有淑行。适海昌国学生章敏为继室，孝养翁姑。夫早故，翁以哭子兼年饥民扰，惊得痫疾。氏时其饥饱寒燠，侍奉益谨。抚二遗孤，宽严并济，延师督课，不少事姑息。井臼亲操，备尝甘苦，不愧女中丈夫。守节已十馀年，现存。

烈　女

林烈女 夫家失考。德清戚芸生《澉浦林烈女诗》云："痛心举室媚金夫，百世休教白玉污。不少林间姑恶鸟，听来海上尚慈乌。"见《宝砚斋诗》。已题。

陆烈女 涧云女，李玉如聘妻也。未婚而玉如卒，女时年十九，闻讣号恸几绝，请命于父，将归李守志。事不允，退而荆钗孝髻，投河死。道光三十年旌。

方烈女 监生启文女，吴咸淳聘妻。未婚夫故，女闻讣誓死，以父命未决。越两月，有议婚者，遂绝粒七日，卒年二十八。道光三十年旌。

烈　妇

朱烈妇 步桥妻。嘉靖间，遇倭寇欲污之，不从，抱幼子投愚溪桥下，母子同死。已题。

某列妇 失其姓氏。吴麐士《斫冰轩诗集》曰：节妇者，澉之角里山人也。父兄家世儒。妇年若干，归龙山某。伉俪甚笃，与夫同植二竹于庭。俄而，夫所植之竹死，妇并斩其一曰："安有同生而不同死者?"后夫病，妇日夕祷，愿以身代。夫竟死。妇恸哭，凭棺自刎。家人抱持，得不死，久而颈痕不减。会岁荐饥，悉出簪珥付老仆营息供爨。而利其所有者，因劝令改适求活。妇初峻拒，后审其有所诺，遂默不语。其人谓有去志，私自喜。或告妇以某日来聘者，妇不答，其人益喜。届期，委禽者在门，雉经者在室矣。因作《悼节妇诗》曰："一死何难万古香，谁家红粉荷纲常。蛸蟏早决甘同穴，耿雉终悬恨绕梁。吹断紫箫休引凤，滴残清泪尽成湘。护持白璧原归赵，笑向泉台觅阮郎。"〇按，《续图经》引《斫冰轩诗》载：某烈妇，未详姓氏。后读吴采山《物表亭集》，有《冯烈妇传》云：距溆浦之十里，角里山人也。方知烈妇姓冯。已题。

张烈妇 溆民祝文先妻。文先病剧，妇祷于天，愿以身代。泣告夫："愿相从地下。"无何，文先气绝，妇急投后池死。妇既死，而文先复苏。则妇果代之矣。已题。

朱烈妇 杨廷锽妻。崇祯癸未、甲申间，所在寇盗窃发，随夫避处丰山。俄而盗至，见妇有色，杀廷锽，逼取妇。不从，贼支解之，骂不绝口死。已题。

崔烈妇 诸生黄一卷妻。乙酉，避兵石马山，闻兵至，与一卷哭别曰："事急矣，若挈二子，以存宗祀；我偕二女，以存节孝。"先投幼女于莲花池，与长女奋身跃入水死。已题。

朱烈妇 绛州知州学忠女，廪监生徐乾贞妻。乙酉，避兵丰山，同二婢商氏、顾氏伏草中。兵登高见之，执朱，朱曰："我徐秀才妻，誓不辱。"问秀才安在，朱詈之曰："我安知!"兵露刃牵之，詈益厉，遂见害。二婢亦不屈死。彭孙贻有诔词。顺治三年，巡按御史王公旌表。又有干氏女，兵牵发而走，引手夺其发，殒而发犹握也。康家桥妇与姑俱执，而嫂不行，抱桥骂之，兵贯以镞，沉水死。已并题。

钟烈妇 归紫云村采昭，客死，妇年二十六，一子幼。族有强为媒而匹之者，遂自经死。已题。

某烈妇 姓氏不详。《茧窝集》云："甲午之冬，极寒，野泽多坚冰。有某村娶妇者，驱车过其上。婿前，冰裂而陷，死焉。妇车至，止岸侧，众皆惊失措。妇呼于车，欲出观。启车出之，则一跃投冰，亦死。共哀异焉。”

朱烈妇 吴巨川继妻。念夫未得子，劝纳前室王氏媵婢蕙兰为妾，相处无间言。及巨川猝病垂绝，妇自缢死。学使金公给“节烈可风”匾旌其庐。时年二十八岁。蕙兰姓沈氏，痛夫主、主母同日惨死，恳夫主仲兄进明次子绍思为嗣，以终主母之志。时有族人因其年少，将强之使嫁，沈吞钱及碗锋求死，亦不害。族人惊异，遂寝其事。无何，绍思又故，贫窘益甚，艰难守苦五十馀年。一门双节。〇按，《续图经》，只载朱烈妇事，沈氏从略，兹从采辑遗稿，详悉补之。已并题。

孙烈妇 潘文昇妻。紫云村农女也。舅姑早亡，夫妇力耕自给。生一男甫二岁，文昇死，孙年二十二。夫有叔二：日昇、叔明。叔明周以钱粟。日昇无赖，潜许嫁于钟。孙瞰知，即绩麻为绳，匿之。一日，日昇来曰：“我怜汝少，已善为汝地，今日当娶汝。”孙默不应，设杯羹奠其夫，自缢死。有顷，日昇偕娶者至，披其帷，已气绝矣。时康熙壬申八月二十二日也，去文昇死才一月耳。海昌编修沈珩有传。已题。

王烈妇 庠生采荣女，儒童周璥妻。甫婚而夫亡。有强为媒者，投缳死。咸丰元年题旌。

姚烈妇 方大玉妾，湖州人。时大玉贾于湖郡，年逾五十，无子，纳姚。未几，以疾终于旅次。姚悲号几绝，既而扶柩归溆。才二月，自经死。嘉庆十一年旌。

祝烈妇 国学生高群女，诸生胡鹤妻。鹤号蔼人，锐于进取，文日益工，大为邑尊卢公昆鋆所契重。秋闱报罢，怏怏失志，遂病不起。祝时年仅二十三，水浆不入口者数日，誓以身殉。姑百计劝之，勉强进粥。未几，竟以哀毁卒。

查烈妇 庠生王梯妻。梯病笃，查日夕不安，但云：“余心已碎矣。”夫卒，遂吞金以殉。

卜烈妇 胡毅之妻。婚甫一载，夫故。服阕，绝食卒，年二十六。道光三十年旌。

贤母　寿母

王氏　处士吴少梅母，令尹之英、司寇中伟从大母也。隐溆湖上，自食其力。岁己丑，母寿百岁，齿足以咀盐梅，明足以手针缕。处士寿七十岁，心貌若童子。族人相率绘《母子杖履图》以祝，蕃昌为作序。

朱氏　太常寺卿吴麟徵妻。幼有女德，父有庶子，氏爱之有加恩。太常居官廉苦，氏佐以淡泊。后闻太常殉难，惊号不食，濒死。母氏强以溢，未进。蔬食终身，越十五年而卒。

齐氏　徐钟元副室。随钟元之任粤西。因钟元赍表至京，值兵变，挈幼子饥走荒山，辟迹獞箐，历尽艰苦，十年始归。长子中道，随嫡母朱孺人在家，甫十岁。又侧室王氏，子甫二岁。迨归时，钟元已卒，朱、王亦相继卒。氏抚养己子及王所出子，俱至成立，不坠家声。真女中丈夫。寿八十二。道光三十年旌。

沈氏　朱成妻。生有淑德，相夫教子，不愧班曹。邑令张公素仁题“冰壶玉映”匾，寿八十一。子文玉。

杨氏　封刑科给事中钱万寔母。早寡，抚孤。寿九十有五。

杨氏　庠生徐葆元妻。早寡，抚孤，寿九十。道光三十年旌。

宋氏　陈尚谦妻。青年孀居，历尽艰辛，冰操逾凛。寿九十有六。

吴氏　乡饮宾方震龄妻。幼慧，父训蒙，与妹刺绣堂后。听所授书，皆成诵。归方后，妯娌议析产，涕泣劝止。震龄客他方，有所入，分赡戚族之贫乏者。妹寡，周之终其身。夜集子妇及诸生，论说古今。嘉言懿行，以为劝戒。子士高、士奇。

徐氏　胡子英妻。性纯粹，敬奉孀姑，能先意承志，姑亦爱之如女。夫妇相敬，终身未尝反目。接人和煦，姻娅贤之。寿八十三。冢媳陈氏，彝仲妻。逮事王姑无失德，勤操作，寡言笑，闽范肃然，寿八十四。历任鄞县教谕以谦，即曾孙也。

吴氏　诸生乔妹，国学生胡景澜妻。性淑慎，有口德，事姑能曲意承欢，敬夫如宾，与物无忤。善御下，不事鞭扑，而无不率教，婢妪咸感其恩。少时，日者皆谓年不逾五十，后至六十五终。群以为厚德所延。

吴氏 陈殿宁妻。年四十一寡，教二子鹓、鹤游庠。寿一百一岁。乾隆五十五年诏旌“贞寿之门”，建坊。

王氏 吴乔妻。有淑行，生于康熙三十三年，卒于嘉庆七年。寿一百九岁。

陆氏 乡饮宾吴本智妻。亲操井臼，佐夫治家，渐臻饶裕。本智故后，教子孙宽严相济，未冠，皆游庠。七秩诞期，戚族馈祝分，悉却之不受。以所积金，铺市中街道。

褚氏 王显达妻，寿九十九。

宋氏 郡庠生沈应泰母，寿九十一。宋老桥人。

徐氏 孙辅成妻，寿九十三。

沈氏 郡庠生濂女，国学生胡煜如妻。淑慎性成，敬翁姑，和娣姒。夫故，遗孤五，并幼，尽瘁抚育，教以义方。子静、芝、生、敬、钊，孙廥、肇基，并列庠序。兄家及姑家皆贫，周之不倦，丧葬咸取给焉。凡恤孤、施材诸善事，无不举。学使卓公秉恬给“怀贞履洁”匾，因以表之。寿九十有二，已题。

周氏 庠生光海女，钦赐举人张纯熙继配。幼承父训，长化夫行阃范，邻里称之。寿九十一。

舒氏 郡增生云和姊，胡朝楹妻。朝楹性纯粹，未尝有疾言遽色，接人以诚，终其身不为一己甚事，举乡饮宾。舒治内有法，恩威并济，家范肃然。喜俭素，勤操作，和于妯娌，雍雍如也。闻有同室相争者，必以戒子妇。佐夫教子，子若孙多列庠序。寿九十三。

戈氏 增广生凤辉从侄女，嫁为小山张某妻。家贫，自食其力，绝不闻交谪声。惜子早卒，寿百有五岁。

胡氏 王思岩妻，庠生树勋母。寿九十有三。

顾氏 张振奇妻。夫故，无子女，茕独自吊。寿九十有三。

邹氏 俞德全妻，现年九十四。

滶水新志卷之十一　艺文门

文

良准大法师传　失名

良准大师，法喜之神僧也。不知何许人，失其姓族世系。及出尘入道，礼师授度，年代时处，或以良准称之，盖其形迹隐显不常，疑为圣贤之应化者焉。谨按经幢石刻，大中十四年庚辰、咸通五年甲申，俱有老宿良准题名。复考《景祐重修寺碑》云："异人间出，有如良准。业四分律，慧行精通。"并参诸《武原图志》所载陆伯镇之言、司空曙之诗，若合符矣。塔在寺之东廊，距殿五十步，飞鸟不栖，游尘勿立，时时舍利放光现瑞。宣和四年王春正月，欲启塔亭，迁就西庑。灵像袈裟腾掣远去，光怪烨煜，贯穿户牖。众惧祈诵，方复如初。然是寺也，历祀浸邈，无所稽证。创于萧梁以前，莫究始名；修于大同之间，锡号广福；杨隋践祚，更名延福；武唐天授，敕置通元；祥符改元，始赐今额；绍兴纪历，肇成禅苑。遗老相传，旧为房院，僧尼混止，外观侮焉。政和岁，闻有乡媪持幡入施，命僧挂扬，僧索金钱，媪怫而去。至桥之西，睹一穷衲，贸贸然来，诮其吝心。媪即实告，蹙额同归。忽引长臂，高逾刹表，悬所施幡，飘飏天半。媪大震詟，修斋忏愆。时会暑炎，艰于往涉。僧乃取衣，掷布虚空，变作盖云，荫被归路。遄觅是僧，不见其处。斯则准之出神以护教也。逮今泥龛塑像，作为掷衣之势，以旌厥异。淳祐甲辰，仲夏既望，窣堵流晖，弥月竟夜。姜氏子南苦风痺疾，准为示梦，授以药丸，梦中服之，痼即随愈。喜捐橐金，奂新祠貌。大德七年，一女比丘拜瞻堂下，摩抚相轮，获设刹罗，五色交晶。四众肃观，佥赞灵贶。若夫平居暇日，示真阐幻尤多。或踌躇伽梨而婆娑殿庭，或绕旋绝顶而玩弄神机。虽史失其书、寺泯其记，而乡原老儒，称道颂述，犹咄咄然不离口也。吾佛灭度以来，大法东渐，得道圣师，未容概数。如梁宝志、唐万回辈，皆以神机列名青史。较之准之遗事，大率颇亦相类。而乃僻堕海陬，至篾没无闻，庸可惜哉。赞曰："先佛有言，贤圣应身，化度有情，散入诸趣。现行同事，慎毋显异，轻泄密因。唯除命终，阴有遗付。今观良准，奇踪伟迹，潜德秘行，近似圣贤。然生不知其所自来，死不闻其所遗付。严持一种身语秘密，三昧超于圣贤，境量远矣。"

大德九年结制日立石

敕赐觉林禅寺记　吕原

嘉禾地多夷旷无山，金刹宝坊，往往阛阓中杂建。而属邑海盐之南可二十里，有丰山焉。秦驻屏于左，秦溪带于右，其地最为幽深，而无市井之嚣。元至正甲午岁，浮图师楚石琦公过而爱之，创庵于山麓，名曰"觉林"。皇明洪武初，琦公即世，继席者敬中纯公、用愚哲公，经营综理，增其规制。宣德戊申，哲公既逝，住持虚席，而庵之廉隅摧毁、图像崩坠者过半。众以灵隐书记如性觉轩，行端望隆，荐补其处。觉轩莅事，毅然以兴修为己任。乃裒众施，益以己橐，市材诹日，召匠僦傭。首成大佛宝殿，次建山门、树法堂、崇佛阁，及新藏殿、夹庑、库庾、斋庖、湢圊，靡不以次就绪。而佛、菩萨、阿罗汉以至护法天王之仪设，皆雕塑藻绘，如式妥奉。而又铸大钟，构楼悬焉。举凡法所当有，以供佛饭僧，仪物器用，无一不备。以宣德甲寅二月二十一日兴役，至天顺戊寅十月初十日，厥功告成。然后规制大备，轮奂一新，视昔大不侔矣。皇上光复大宝，毕举庶务，觉轩请于朝，赐额“觉林禅寺”，因旧名也，实天顺二年三月二十有三日焉。由是丰山之建，始得自为一大刹矣。觉轩以沿革始末，非有登载，则来者莫知所自，爰砻石，遣其徒走京师，求予记之。嗟乎！天下之事，成坏虽因于数，而废兴则由乎人。今觉林之得觉轩，其兴其成，殆亦数之遭遇也耶？矧夫化小为大，变旧为新，而壮丽显敞，倍胜于昔者，岂不以琦公克启于始，纯公、哲公克继于中，而又有觉轩克成厥终故尔乎？由兹以往，念创始之艰，是迓是续，以扶植教基于无穷者，诚在后之人。庸备述之，俾刻石昭示焉。而能协心赞襄者，同伦如修，其徒文学、文晋、文给、善寿，而施者皆时之著姓，则人所共知，兹不复赘。

时天顺三年，岁在己卯春三月上吉日

赐进士及第、奉政大夫、翰林院学士兼修国史，秀水逢原吕原撰

小瀛洲十老诗序　徐咸

嘉靖壬寅四月之望，予举社会于小瀛洲之时赏轩。维时灵雨初霁，凯风自南，栏药翻红，林篁挺秀。黄鹂载鸣于深树，紫燕偶语于重檐。物情咸忻，衣冠萃止。钟鼓既设，献酬乃行。童子歌《鹿鸣》《伐木》之章，继之以《南山》《有台》之什。四美具而二难并，三寿朋而五福介。盟申可久，事续香山。维我西村，清醇温粹，齿德俱尊；东畲，恭俭循良，乔梓济美；丰崖，多闻直谅，枳棘鸾栖；南溪，履道纯诚，

薇垣风翥；勾溪，清修固守，吟步少陵；古崖，慷慨赋归，兴侔陶令；海村，敦诗说礼，志乐林泉；西皋，邃学壮猷，道存经济；石林，静崇释典，雅有儒风；予则志在齐贤，躬艰寡过。皆荷朝家之作养，乐王道之平康；仕无愧乎轩裳，隐有光于丘壑者也。墨山陈子询，式瞻胜美，爰付丹青。冠服差殊，意态维肖。伫立相语者，为西村、丰崖、西皋；聚首阅卷者，为东畲、南溪、勾溪；挟童过桥者，为海村；欲行且止者，为古崖；坐以待奕者，为石林及予也。

东滨归叟徐咸识

《溆浦诗话》云："小瀛洲十老社者，皆名人也。溆之古崖先生与焉。古崖姓陈，讳瀛。"

医灵祠吴真人碑记 刑部员外郎沈友儒子真

嘉靖甲寅岁，倭夷猝至溆城东门，睥睨省会。意尚犹豫，乃入医灵祠，祷于神。先是，城中戒严，可给以挫其锋，示之吉卜；贼因薄城；将士击却之。贼不得逞而恚，纵火焚祠，火不能然，遂骇去。是时，入城避者以万数，众心摇摇。使贼趣城下，气不沮衄，阚我虚实，且守且攻，以老我师，安免叵测？计不出此，讵非神褫其魄欤？贼豕突鲸奔，乘锐而犯，居民窜易不及，荼毒更剧；幸牵制迟疑，旋得迁避，神之赐也。神早授邑人丁义符水疗疾，大行于吴晋间。嗣以授旌阳，诛蛇斩蛟，拯危袪害，益衍庆泽。其反风济舟，吁天活庆，画水渡江，于人为奇，于神为细。惟惧蚊噬亲，宁不去己，手不为驱。王敦称兵，"一木破天"之梦，首以"未"字为解；折其逆谋，非笃忠孝者乎？神名猛，吴其姓，字世云，豫章武宁人。宋政和二年，封神烈真人。开禧三年，溆人孟毅感梦，始于青山王家畈西，建殿崇奉，迄今灵贶益彰；福善祸淫之心，岂以地与时而间哉！虽然，昔人谓："屯守不于其安，则劳师溃财于非所用武之地。”又谓：“善用险者，常使险在我而不在敌。”澉悬绝海岸，浙西屏蔽也。倭一苇之杭，抵城直数百步，此其要为何如哉！吾兵控扼于兹，不特濒海一方可保，而声势联络，省会亦藉无虞。若空城饵寇，万一入剧，其患可胜言耶？许谏议云村先生，曩在围城，上书中丞胡公，增兵固守，恃以宁谧。而居安虑危，备之在豫，可终徼福于神乎？云村仲子星石暨孙荼山，业进士，间从予游。愿镌斯言于石，意有在矣。然则膺于城之寄者，尚念兹哉。

法喜寺修造记 许相卿云村

维明嘉靖三十五年冬，海盐秦溪之法喜寺，修造工讫。僧戒楫籍其往事近迹，而来请记其成。兹地之有寺旧矣。创于梁也，传闻无征已。唐宋赐额者再，南宋修复者再，断碣仆幢，薛书犹隐隐也。暨观杨幼度淳祐甲辰纪石，寺尝大备矣。今去昔二百九十又九年，寺则大坏，遗构尚存者二殿，一门中高方裸，风雨四面交入，将亦日以澌尽芜没而已耳。固事佛者之所宜动心，必有事焉而不容漫无如何也。是役倡始于闻道心，而楫承任力终之。肇工于门殿，易良增坚，涂以黝垩，饰以藻缋。昔颓圮者，今壮整；昔漫漶者，今炳焕。殿两楹，各辅翼殿，伟丽惟称。殿下旁对列修廊，拱卫壮观。观音堂在其东，达摩院值其西。安禅有房，延宾有馆。栋宇檐牙，翚飞鸟革。水益秀而林增妍矣。北构僧庐若干楹，法座斋庖，绳连栉比；井湢溷厕，位置序列。凡属奉生给用，无一外求者。爰崇教本，灵山大像，罗汉诸佛，以及高僧良准，秦溪所由寺也。庄严肖貌生韵神观，如欲作语，骇瞩恍顾，忘其为粉缋矣。费凡木石、陶瓦、冶铁、蜃灰诸直，计钱一百八万而赢；斧斤、圬墁、雕镂、缋画、负荷任力诸工，计钱十又八万而足，傭食称是；砖埴捏塑诸像，饰以黄金丹砂空青水碧，其直计钱二十八万溢于数。起工癸丑仲春，丙辰仲冬告成事。而后法喜光复旧观矣。是非楫与道心之劳也，佛之佑也，远近檀越施舍之力也。他述光景灵异，怪神响应，张皇口语间，勃勃欲吐，吾不能知已。吾所习知者，道心之诚不二，足以感人；戒楫之勤匪懈，有以集事。斯其纠众，力敛巨赀，举积废而终以有成也夫。夫天下名山胜水，域为佛地者十七八。至凡一泉一石，涵青露奇，差远尘坌者，靡不为桑门所蹈籍。由大都以及委巷，梵宇星繁，未可数计也。其新而敝，敝而更新，物理固然，吾何记！吾何记！不亦多言矣乎？然独于兹有深慨焉。而因忆尝所论著云："佛之生也，远中国二万里；其没也，距今兹几三千岁。且其教荒忽谬悠，未易方物。而流俗至今尊向之，过其宫则修容，瞻其象则伛躬。至于其徒，治其居，如欲以奉其亲，相与致志强力，持之克终，以必复其始而后已。是果佛之福田利物也广与？幻术震世也神与？无亦民生之无教而见异物以有迁也易与？"夫自王教熄而异说兴，人皆贸贸然诡驰横骛无已也。而佛氏宏诞之说入人尤易而深，故举世趋之若驱焉。吾道更千百年至于今，委弃郁塞，不复显行于天下也。然则彼之所以盛，不由此之所以教者，如其徒，治其居，致志强力，持之克终，以必复其始者之难其人耶？吾故究佛氏兴坏之端，而并识予之所感焉。

养浩斋铭有序　许相卿

秦溪黄翁汝温，生作起家，课诸子经，咸有专业。晚复名其燕居所曰"养浩之斋"。翁没若干年，翁之孙三锡，好文而与予游。间请予言，以诏后人，俾毋忘先懿，则为之铭。铭曰：

盈天地间，夫孰非气？曷主张是，惟一理懿。民受以生，同体罔二。惟习斯牿，惟欲斯昧。理日澌尽，气斯馁而。如卒无帅，横溃莫司。圣贤之学，立志为始。义集有恒，理全气裕。充塞两间，浩然无涘。洵美黄翁，好古远慕。养浩颜斋，弗阻迟暮。亚圣之养，勿忘勿助。遗训炳如，具存节度。后昆继志，遥遥上溯。

云岫庵记 沈友儒

武原南阳山云岫庵成，释明坚属其徒真虔征记，曰："南阳雄峙海隅，下瞰南湖，云聚即雨。古额有庵，因名云岫。且林木郁葱，有鸟翔集。顶者莺窠庵，肇于宋建隆间，崇奉观音大士。有祈辄应，宏慈普济，大众皈依。频圮，而治平元年复兴。迨我皇明天顺八年，毁于兵燹，成化八年鼎新，正德六年废。辛未岁孟春，邑人许懋慨然谓'庵创于我氏之先，兹当力复之'。于是延师广募，懋率宗门子姓翱德、懫信、天秩、天叙、天程舍山五亩，比邱刘真广、薛真海各置山五亩，占籍屠茹里。山极险峻，木石诸费，虔与真会、真理、真宏、真慈、如正、如胜、性静、性诚，重茧上输；悟空寺僧净源、海山等，亦为乐助。建立佛殿，前后共六间四披，左右斋堂、禅堂如之，匝岁讫工。仍奉观音大士，昕夕焚修，祝圣寿于万年，祈海宇之宁谧。"又曰："镇兹二梵之福，实藉一方望族。而具大根茎，堪任发菩提芽者，龙川孙步溟、董秋门、徐霖川、陈星石、许心泉、董少岳、项驾山、陆怀竹，于诸英达襄者，尤不可没也。愿丐一言证明，勒石贻后，幸莫大焉。"

予自庚午春，忆贝清江纪是山之胜，偕董南桥登览徘徊。谓必有高僧卓锡，庄严菩萨像，翚飞岌立于云烟紫翠中；不意转瞬果符吾言。斯明坚之贤足多矣，奚忍拒耶？是庵素奉观音，而明坚，当年杭之百法寺有戒行焉。缁衣所归，请译观音之义与戒之益，可乎？昔真西山以观音圆通为寓音，作一转语，以利欲熏心为火坑，以贪爱湛溺为苦源。一清净，烈焰可以成池；一警省，觉船可以抵岸。辞约旨该，诚入佛之梯磴也。味其语意，而寓言所以警世祈福，不有出于法轮莲炬之外者乎？抑宋何向对文帝曰："百家之乡，十人奉戒，则百家慎；千室之邑，百人奉戒，则千室善。"由此推之，天下不犹是夫。浮屠氏体大士之义，而垂其戒以广教，冥翊化理亦博矣。将与山并大，厥功可俾蔑没也哉！明坚号无怀，苏州府长洲人。真虔，仁和人。清江名琼，崇德人，居殳山。洪武初，佐成均，有集行世。

白鹤园记 冯皋谟

余谢粤中事归，为园管山。绕山植松篁桧柏，结屋二楹，左右杂莳花卉。日携书讽咏其中，二鹤翩跹舞弄，甚适，因以名园，而自称"白鹤园主人"云。余衰年意兴尽属之。兹园前通水，屈曲环流，栽菱芡芙蕖。门列佳树数行，编槿篱，入门为药栏竹坞。揉柏为亭，设石几，可奕。前二十武，夷道可壶，名其亭"壶觞处"。西穿竹径，宛委为庖湢，梅李桃杏郁茂。而蕃东为饮所，曰"浮白轩"。轩南累石为山，中开三洞，窈窕敞豁，夏凉冬燠。攀萝蹑级，延伫山巅，村落绸缪，原田万顷，秦驻、金粟、紫云诸山，悉来献翠。下憩小亭，四座皆山。东循墙而转，树木葳蕤。又进为太白居，居临石屏，嵂崒壁削。旁两室，斗大，一贮丹经道箓，一置龛床。余日面壁，跏趺瞑坐。间取证诸书，为养生助。迤西为白云阿，余生墓处。余间举酒属客，笑而指曰："吾以异日跨白鹤而游圹埌之野，宅兹元邱之宫，其将寻我于深松茂柏耶？抑飞鸣而过者，我耶？"客大笑曰："公善说幻。亟为乐，无负兹园。"

重建海门禅寺碑记

贵州道监察御史星石许闻造撰

乡进士逻南钱与映篆

粤稽舆图，东南称海国，而浙之盐官南道有澉水镇。我明兴，设为澉浦所而城守之。带海砺山，两湖朝会，诚扼要争奇之地也。时有僧从东南来，名则天真，世所称“沙门活佛”者也。量度形势，构如来宝殿，以镇压孤城；而大悲阁起焉。两殿当前，廊庑环绕，层层叠叠，耸翠冲霄。真世所希觐，屹然海上名山哉。而东南称最胜矣！及徒景南宗福请旨，敕赐海门禅寺。则是寺也，朝廷万祀香火，岂直保障一助耶？厥后随圮随修，代不乏人。隆庆初，倾颓更甚。寺僧守德当事，而不敢听，遍访云游大量禅僧，迎之修复。首得善士康谟子康槐捐赀领袖，而吴庄、陈佾、杨鸿等，则秉公募财以助之。另有钱氏、徐氏两夫人，绘饰佛像，一新庄严。而殿阁内外，焕然如再。顾地极边海，风涛冲击者，岁常数四。迨万历二十年间，飓风大作，栋宇折摧，间架倾倒，岌岌乎令人凛惧，而不敢投足。即素号良匠，莫可措手。幸地运复兴，神灵显赫。善士心泉朱文才，大发菩提，率僧守恩而重修之。其致仕雨川余腾蛟、怀山孙相仰、葵郎舜贤、小泉吴电、滨溪祝兰等，亦虔心募化，协助兴工。其经营劈画，增损机宜，令毁者完，仆者起，而雄固新丽，较前盖什伯焉。则独朱善士巧心妙算，若有神运而鬼输者，岂在公输下哉！此真功德之隆，盖不啻百金之费也。猗欤休哉！迩来习俗更淳，民风加朴，椎鲁者智，桓桓者文，而挺然儒林之士，尤彬彬焉。岂非地愈灵而人愈杰哉！则其扶持培埴之功，将谁属也？丁酉岁，功讫。守德徒云科议置膳田，康槐、朱文才、朱文彦皆以资助。共成膏腴六亩，以供焚修。守恩起造方丈。两者诚为美举。虑弗世守，置之碑铭，勒为永戒。后虽零丁无倚，毋起妄心，以隳先业，以致神诛。若里递借口徭役，霸占侵欺，则有三尺之法在，而彼苍弗佑矣。慎之哉！

万历丁酉岁仲秋既望，本山僧守德立

重建金粟山寺记 樊维城

世界建立，总是因缘。因缘之来，不可思议。初发一念，累劫不忘。念若未终，尘尘相续。犹木伐尽，但有根存，来岁复生，枝叶必肖。又如行路，未抵前途，今夕虽休，明当复往。故教所铨，谓之愿力。既坚所愿，业用是长。诸业之中，净业第一。净则俱净，不拣有为。果虽人天，报同尊胜。从古奇特，非止一端。平等南庵，位跻将相。文人彦士，高爵朊荣。方册所书，不可枚举。由兹世俗，实信神通。正法虽衰，持以不坠。当其不念，诸佛寂然。念若圆成，佛借其力。有如果熟，其香自飘。香虽借风，风无香故。人念亦再，具足众灵。佛虽不来，业能使现。禄位名寿，倏尔变迁。珠殿花宫，空中涌出。拈一茎草，建刹已完。布法掩泥，非图作佛。因非为果，果自同因；幻即为真，真原归幻。不得断减，妄谓之无；不得揣摩，妄拟因想。当知实有，不似凡夫。纵是原无，岂参二乘？百年一梦，几梦至今？梦在梦中，岂得为梦！佣人愿鬻，已作使君。此念满时，报宁遽毕。吾谓子縠，信报信僧。僧自何来，无端示梦。梦僧之语，谁识其真。再悟真僧，恍然如梦。十有四载，旦暮不殊。虽百四十，宁忘福报。是故子縠，此愿益殷。不为报兴，犹虞报尽。宰官居士，爰及沙门。随喜见闻，咸来普施。尚云气类，偶会行檀。大士行真，屡垂神异。救护子縠，及梁下人。谁布地金，急招舟子。谁忧天泽，急语遮寒。当由愿中，有此等等。吾谓子縠，勿疑前生。三世刹那，刹那三世。譬我昨食，至晚不饥。吾今恐饥，还须作食。日复一日，以塞饥疮。莫惮其劳，而止不作。子縠废箸，得饱有期。宏愿既圆，美报伊始。当持此愿，直尽未来。意口及身，无有疲厌。我观此寺，肇自康师。后数千年，放毫光相。是故子縠，亦摄彼光。能以文章，入禅观地。又观寺额，实表净名。示有妻子，而不染著。是故子縠，此义亦知。能以衣衾，作伊蒲供。吾谓子縠，吾不妄言。据子所称，而为之记。

时天启三年，岁次癸亥，长夏小暑之吉，真丹居士樊维城撰

新葺谷水吴越王庙记 吴蕃昌仲木

谷水，东海之支水也。其流环山而入，间畦而出，群峰之秀郁焉，宜为漱流枕阜者所适居也。比者，大舆颓倾，区夏纷沸。山海之隅，征樯戍堠，上下棋设，举目怆然。西瞩吴山，东聆越水，作而叹曰："嗟乎！安得贤者，一旦乐有此土，而使吾党锄锸无恙乎？"父老曰："昔之人已有思之者。"故滨西海，邻湖流，有钱武肃王镠庙在焉。考王受命于唐乾宁二年，其孙归命于宋太平兴国三年。初封吴王，再封越王，三封吴越国王，镇临安者百馀岁。拔棘铲寇，阅吏施刑，所以为一方高枕计者良久。其时，谷水之人三四世，行不必选日，居不必设门。拥耜镈，靡以暇日，聚谈中原战斗之事，如观狮兔。以彼怒惨，供我喜叫，诚不知有身亲之为创也。非忍也，其遇厚幸哉！夫人生不逢乱离，何知承平之欢；不经大乱，又何知偏安之适！今吾所遭，祸乱方沸，虽有膢腊社会，谁能长与父老兄弟载酒捧脯，登王之庙，岁或一至焉？知其事者，则击额出涕曰："王哉！王哉！可复生否？"退而分坐举馂，盖不能终觞而醉，已歌且相泣也。宁不悲夫！庙僧某者，欲俟镝锷之隙，稍稍为王葺故庙，且治庙后地，事佛及文昌、武安可与王共长久者若干椽谋父老。父老曰："昔谷水之人立庙，思王于太平

之后，喜也。今谷水之人葺庙，思王于奔蹶之际，悲也。”喜不若悲之易感而能触也，人不厌其劝。无何，庙工成，请予题岁月于石，因详其地与感葺之意。

凤岭亭记 吴蕃昌

秀州无溪山，有者，皆聚于武原之澉。未尝奥邃，特具湛秀，环海灌湖，可三十里而广。尝传青田刘先生过而叹之，曰：“此繇天目渡海以来，天下奇山第二枝所归也。”共数之，百有馀峰；分视之，约有三境。一为湖，尊高阳山为群山之长，鹰窠、鸡笼、荆、鹿之属，如群从之围绕，中养千亩泉，亦箕然亦网然。一为海，号秦望者之半，跨海欲涉，麓沿为塘，日出于顶，云迷其足，青者、墙者牵以环之。一为溪，其长六里，皆列山为屏，繇舟入郭，水道如线。溪之北，泊橹最峙；溪之南，翔为凤凰，首翼具动，状回顾湘墅，供饮啄焉。盖三境者，群秀众美，回踞于水，层峻荡击，相与倚伏。乍细乍圆，可续可裂。游人数武而改其目，得其一不知有它。幼负山中薪卖者，至老未能数其胜。四方之人，知有澉而来者，行赴湖上，必经凤凰山。山有岭数丈而平，堪且枕卧。凭石而坐，披草剡木，西可以望湖，自高阳以下诸峰，指点尽之。东观潮，则秦山以至海外，翠黛差池，供极目焉。北视即为六里溪，鼓舟而行者，出入桥岸，眉发照映，如在其掌。予尝登此，喜而叫曰：“是足以略尽澉之胜已乎！”樵者应曰：“行将亭之。”无何，或施力，或鸠镏，或肖佛居之左右。伸一椽，树竹摇缀，与山水益生发。土人皆乐其成，属予为记。夫以一席地收撷诸秀者，计得矣。且自有浮屠，土木之事，岂真其鬼能感动之哉？亦存乎人情欢乐肯为耳。属者荒殣，积年所兵镝遍乡谷。城阙寺刹，一切圮废。而此山尺地，聊复布置，与闲散之土，评论泉岫，是即山川之祥也。酬山川之祥，撷湖海之胜，志人情之暇，于是三宜。乃书而载诸石。

鹰窠顶观日月并升记　黄宗羲梨洲

鹰窠，滨海之山也，名云岫。每当十月之朔，五更候之，日与月并升，相传以为故事。丙辰岁，余在海昌，许使君约之往观。九月晦日，余与邵蓼三、仇沧柱、陈彝中同舟，至袁花时已薄暮。舆行二十里，斜阳红叶，装点村落如画。登山昏黑，使君迟之。寺中查二南、马次真、许稚圭、许欲尔、朱人远皆在，远近来观者，逾数百人。主僧言："住此数十年来，仅一逢之。其初，红者上升；已而，白痕一抹，出于红内，始分为二。"余曰："此山故事，原是并升，不是日月合璧也。不知土人何缘错误。盖合璧，则日食矣。如僧所言，是日食也，当在庚戌岁。此月合朔于卯末，交周六宫一十度入食限。但谓白在内，红在外，则视之欠。审在外之红，乃是日光溢出也。"五鼓，来观者皆起。云隙犹漏疏星，明烛出寺，履巉岩而候。未几，雨色空濛，徘徊不能遽下，东方既白乃已。或曰："数十年一见，再见何天朗气清之难得也。"余曰："云气所遮，不过一端。夫日月同行，由于合朔。合朔在寅以前，同行在地下而不可见。合朔在卯以后，日光逼月，虽同行天上，亦不可见。惟寅卯之间，则合朔之分秒，当日出之分秒，乃可见耳。"或曰："海滨之山多矣，何以必鹰窠也?"曰："是也。大洋之中，可以观同升者何限，非人所习见；渔工水师，虽知而不能言。世所以不传也。"或曰："若此，则每月合朔，皆可以见。何必十月乎?"曰："亦为鹰窠言之也。十月合朔，大略亢、氐之间，东方之宿也。此山南面多有遮蔽，惟当亢、氐一隅，空旷值海。若是馀月，则合朔于他宿，在遮蔽之处矣。海中大洋，每月皆可见之，固不必十月也。”使君曰：“始以不得见为欠事。闻先生一言，固胜于一见也。”

秦驻望海赋并序　陈元礼

夫盐为小邑，海号巨观。石塘亘乎南北，千丈如银；秦岭峙于西南，万寻若翠。登斯峻巘，瞩彼大洋，其为壮览，诚非他境所得侔也。猥蒙授简，辱委抽思。谨惟雅命之式临，惭乏妍辞之敢骋。厕从蠡测，仰质鸿裁。辞曰：

粤稽神禹奏功，厥惟会同。量宏涵纳，义大朝宗。接扶桑而靡极，属旸谷而无穷。若我马嗥陋邑，实处其东。微乎弹丸，藐于蚁封。分版图于越境，藉作镇于秦峰。乃有大人先生，扩澄清之怀，勤采风之驾。揽名胜于高深，报治平而多暇。于是登绝巘，临沧溟。骋游目，纵娱情。问当年之驰道，第见夫石仄之与沙平。爰慨然叹曰：“此嬴氏祖龙驻跸处也，缅夫！”赭鞭走石，叠石为梁。求长生于三岛，渺仙瀛于一航。方士迹杳，美人祠荒。空岩花落，危壁莽苍。恣遐睇于析木，快遥想乎沧桑。洪涛汗漫，万里无际。骇浪奔倾，十洲在眥。方春雨之初晴，逞游观之极诣。揽于越之山明，探有吴之形势。夫其龙藏蛟门，雪涌雷奔。白波夜照，紫澜朝暾。播宏音于鼍鼓，起疾湍于鲸吞。眸炫星河若覆，心惊日月如翻。撼浮地轴，漱入天根。界长空以一线，侧倒景而无痕。斯放瞩之大概，犹未尽夫瞻言。若乃吐纳殊观，晦明异色。罟师渔子，早晚出入。鳞族无分于巨微，惟错信乎其不测。鱼目射波而成红，鳌身映天而为黑。视四渎等渠流，阅百川如沟洫。望之有若喜者。三光扬采，万色呈鲜。云锦散文于沙际，霞绡流灿于洲前。俨当时翠华之拥长，驾阳侯来朝于紫烟。望之有若怒者。声飏白昼，气结青阳。鼋望风而若吼，龙非雨而长吟。恍曩日鸾旂之导远，驭风云叱咤于嵬岑。望之有若哀者。阴火潜然，阳冰不冶。天吴出没而莫知，蜩像惨黯而难写。似雄主卷吞之馀风，悲飔飒飒而来洒。至于珊瑚日窟，鹍鹏天池。望之而识其奇也。浑元一气，澮泞相泙，望之而验其平也。昆仑委输，大瀛环外。望之而极其大也。蜃楼莫状，鲛室无踪，蓬壶若远而若近，瑶岛非色而非空。望之而叹其变幻之何从也。此皆或由神运，或出化功。可助冥搜，可禅灵通。忆凤辇于陟岭，感玉舄于临风。曾岁月其几何，而今昔收此一睫之中。当今乾坤浩荡，清晏呈祥。惟河堤之底绩，及海波之不扬。倚中流之砥柱，奠浡潏之天纲。窃愧东海波臣，一介鲰生。待秋槎以问渡，从精卫而倾诚。虽乏赋海之才，寔深望洋之情。不自揆其难为言，愿一游于夫子之门。

茶院记 陈镛九仪

茶溪无高山大川之奇，足以动游士之凭眺、邀骚人之记述。以故声称未能遍及于宇内，使人怀壮览之慕焉。余自总角以来，其游于此也最悉，其目击夫形势也最详，然亦未尝发其奥而穷其情。一日，偕同侣数人，登金粟之颠。遥望诸山，其势若奔，聚于其间，状如威凤，翱翔于千仞之上。若者为腹，若者为足，若者为翅翮，而金粟则其首也。此殆造化之机，钟异于斯，赖人有以启之耳。其山之麓，有一梁焉，名曰“招宝”。溯厥由来，父老谓余曰：“宋以前，漕河未辟，运艘都经于此。由是而南，抵六里堰，达溆川，出巫子两山之间。顺流数百里，东至于海。人善制佳茗，运者所过，皆争贸焉。茶院之名，所由远振也。”余闻其言，未敢深信。后游于长墙之下，见夫平原之中有两石，高丈馀，凝然相峙，不识其何物。因访诸途人，其人曰：“此闸也。当年海运巨艘所往来，故此闸名曰招宝。”余因是徘徊其地，寻其故址，皆变而为桑田矣。然亦有未尽泯者：自闸之南北，其田皆卑下，此其遗迹之犹存者欤？又越数年，赴试乡闱，与甬东诸同人朝夕洽比，把臂谈心。询其山川之形势，始知海滨之故事。有山曰“招宝”，巍然特立于明州之口。呜呼！相距数百里，其名同，虽其声称之能及远与不能及远，或不甚类，然不至泯灭无闻，则一也。吾宗聚庐于是，适当南渡迁都之际，而运道已更，其地之列肆，而居者尽去而为邱园矣。至于今，又尝见夫力田者，恒苦瓦砾焉。其于余所见闻，但相符云。

康熙三十年辛未春王二月上浣日书

跋陆状元《资治通鉴详节》宋刊本　毕建元

前年谒外舅，陈宋斋先生坐次。谈及海内藏书家，先生言其故人马寒中购书不遗馀力。尝过龙山查氏，见案头有宋椠陆状元《通鉴详节》一书即海昌陈太常广野先生所藏，并颜鲁公《祭侄文》，百计购之不可得，快快不乐。后查氏谋葬其亲所，卜吉壤则马氏田也。寒中觇知之，大喜曰：“书可得矣。”即诣查氏陈说，愿效祊田之易。田凡十亩，书券尽付焉，查氏始许诺。寒中抱书帙疾归，若惟恐其中悔也。盖其笃好如此。余时心识之。后数年，寒中后人浼其友倪君东铭，携书数十种来售于余。览其目，则《通鉴详节》及《祭侄文》在焉。急取视之，觉古香古色，自来妮人，爱不能舍，乃勉为购之。回忆外舅所述，备书于卷尾，以见此书之流传，而入余手为可庆也。书中卷帙，间有缺处，用别板本填补之，钞补者百三十九叶。捡目录细勘，并取汲古阁刊本较对，确为完书。第当时此书凡有数本，其分卷小有不同，故所补数卷，每于首帙标题，有铲削填写处，要不足为此书病耳。倪君所携书，余购十馀种，尚有宋刊李肇《翰林志》、李诫《营造法式》及薛尚功手书《钟鼎款识》样本真迹，皆惊心动魄之书也。缘索价太昂，余力不能多及，姑还之。今《翰林志》二书归涉园张氏，薛书《钟鼎本》则为桐溪汪公青贤所传。过眼云烟，令人恋恋，并附记于后。

时乾隆十年仲秋，重装建元书

朱贞女传 周宣猷

贞，正也，妇道也。此何以“女”书？未全乎妇也。未全乎妇，奈何？待字于家，而以其夫守，仍系之以朱，从父之义也。朱贞女者，盐之溆浦人也。父文仪，诸生。嘉同邑吴生之贤，读其所和《秋兴八首》，因以女字焉。不可谓非明于择婿也。既而吴生游学不归，或传其客死，贞女矢志靡他，盖极琐尾艰辛之茹矣。此固天焉，非人之所及料也。贞女曰：“吾宁安吾天，以毋忘吾所天也。非人之所能夺也。”夫人臣之委贽于其君也，朝青紫而暮鼎镬，史氏且亟道之；况夫铮铮皎皎者，乃在市井草莽乎？此谊高千古矣。谓夫未受其恩，而先食其报也。今贞女之于夫类然，而其家之人或不谅只，悲夫！吴生之族，高其义，相与迎归于吴，为能成厥志矣。而贞女白头完璧而无怨言，且为生之父母持服。余前令武原，时乡先生往往称述其事，因即颜其居，以为风俗励。然则何为不以烈称？非即死也。不即死而誓之以死，贞也。何以不旌？有待也。音未确而以旌请，非贞女所忍言也。若夫缓于旌而靳于词，使无以备他日輶轩之采，则士大夫之耻也。乃拜手而为之传。

双节传 姚元模彝尊

双节者何？余妹婿胡郑芳茂才之两从嫂也。茂才从兄若瑛，继娶于顾，未几而寡。若琯娶于朱，亦未几而寡。遗孤俱幼，饔飧不给。娣姒相谓曰：“吾两人虽不读书，然从一而终，妇人之义，知之素矣。

其可有他志，以辱其身，而贻羞二姓乎？”相与尽瘁操作，营葬翁姑，疾病相养；迭抚其孤，至于成立。及婚娶俱毕，娣姒又相谓曰：“今而后，可告无憾于父母舅姑矣。”俱持斋念佛，以终其身。二节妇并为余妹之从姒，耳闻之，目见之，故余得稔其始末焉。夫胡氏，自明季以来，有孙节母者，抚孤守节，罄产营兆，葬舅姑于翠屏山之阴，以弭隐患于无穷，而徼厚福于弗替。节孝兼全，久已昭昭志乘。今二节妇，克守曾祖姑之遗风，洵无愧于存顺没宁矣。所可异者，并二十馀岁而寡，六十馀岁而终，守节皆三十九年。何为乎勤劳相似，节操相似，而境遇寿数又复相似也。天岂有意，使为娣姒，类聚之而彰其节乎？爰为之作《双节传》。

永安湖秋泛诗序　沈叔埏带湖

玩月盛于中秋，在唐开元后，班班形于篇什。如戎昱《登楼望月》、冷朝阳《与空上人宿华严寺对月》①、陈羽《鉴湖望月》、张南史《和崔中丞望月》、武元衡《锦楼望月》，皆在中秋。而咏诗，实始于杜子美。贞元中，欧阳詹、邵楚苌、林蕴、陈诩赋诗叙景，曲尽其美，而行周一序尤著。继之者，南宋刘学箕、孙溶、柯君衡、江汉吴泽，浩歌持白，尽宵而罢，而习之一记尚传。夫古今人玩月岂少哉，乃李唐以下，厥事鲜闻，则游宴之作，岂可少耶？乾隆丙申中秋，余友石帆山人吴熙，偕朱清谷辰应、方竹村士高、朱柿村烺、胡穰园文蔚、张文鱼燕昌、李栋亭龙吉、陆咸仲以诚、张南庐慎、方玉年丰、陆书田锄经、世鈖元瑜、陈珠浦著潜、乐亭基善及上人实恒，泛舟濉湖；适大阮耘庐先生东发，与上人实智，亦来会，各志以诗；不及与而补

①原文作与空上人宿善严寺对月。按，冷朝阳与空上人同宿的是华严寺，据改。

赋者，其弟子方健庵梦魁；共十八人。山人来郡，以诗示余。余读之，体制不一，而优游夷愉，各擅其胜。尝考《志林》，载许云村偕孙太初游是湖，举酒谓曰：“昔李太白与张谓游汉阳湖，改名郎官。公今至此，可名‘高士湖’矣。”曾二伯馀年，得诸君子复继此乐，平分秋色，月夕不虚。而击汰中流，举杯属客，相与胜引，俯仰流连，要亦斯湖之幸也。予故侈陈之，以为他日同游之约。清风明月，实契予言。

秀州沈叔埏序

列翠楼记 胡文蔚

余家秦溪之滨，所居无高山绝壑，可以娑凭眺。作穰园后，客之过此者，咸以不叠假山为病。予每引之，延首五里外，得殊观焉。盖澉浦诸山，环列海上者弥东南，如城郭然。园之隅有屋曰“列翠馆”，尝谓：“对此真山色，虽平泉万岁，我无取也。”去岁夏，陈仰山玉垣避暑来此。以室卑，宜易以楼，且许助余工费之半。秋季遂移馆于东北数步外，前后度方地可艺菊，改署为“菊簃”。随于其地起楼三间，下则为廊。廊之东，背墙而北即菊簃。由北廊折而西，作小亭，俯临莲叶。东仰山用王子安诗，傍为“花潭叶屿亭”。东径拾级而上，即楼两楹，辟为新月榭，俾园之竹树亭阁，欣然与榭交辉映。而凡见山处，俱拓疏窗。中容一几、一榻，旁置一厨，吾友贻赠书籍物玩贮焉。阅五月工竣。于时春夏之交，园列扶疏，总翠若帷幕。凭栏远眺，则朝岚夕烟，海上九十九峰，近在襟带。至平畴风起，麦浪粘天，恍若身坐万绿丛中，过望云亭，又展一佳境矣。且夫天地生物之奇，无过于山。谓能出云降雨，生气所郁；四时旦晚，阴晴倏忽，变态不可方物。此其状山居者，且不能得之，而顾可以片石抔土成乎？然或在城市广陌之间，去林壑远，不得不摄诸险阻，刻意布置。至于居近岩谷，岚嶂天然，而复不能已于人力之为，是将以嵌崟一篑，与造化争奇，特抑陋矣。今试与客登楼以望，凡山川林麓之美，可坐收之指数之中，于是而犹以不叠假山为病。譬如对西子之颦而捧心，不适增其丑耶？余素有山水癖，然非知予之深若仰山者，亦安能成此壮观！今仰山驰骋南北，方将以文章报国，未暇怡情一丘一壑间。惟他年得志还山，无间车笠，策杖戾止，便当投辖作十日留，子若孙击鲜治具以佐觞咏，白首相知，望若神仙，不诚快哉！是惟滋植花柳，迟之二十年后可矣，并以所期望者告仰山也。

乾隆四十五年，岁在庚子立夏后一日，胡文蔚记

海盐县瑞麦记 钱大昕竹汀

百谷皆丽乎土者也。《洪范》演畴，谷不在五行之列；而虞廷六府，谷与五行并称。古皇贵民重谷，以食为天，是以雨旸时若，迄用康年。而嘉瑞之臻，垂于图牒。盖天人感应，自然之理。夫岂诞谩而叵信者乎？五谷之瑞，纪载非一端；而麦之瑞，最古。《周颂·思文》之篇曰："贻我来牟，帝命率育。"刘子政引其文作"釐辫"，而释之曰："釐辫，麦也，始自天降。"郑康成笺《诗》，亦引《书》说，"乌五至，以谷俱来"，以实帝命之证。然则来牟出于天降，非人间常有之麦可知也。而刘郑两家，不言来牟之形；许叔重《说文解字》始详言之，云"周所受瑞麦来辫，一束二缝，象芒束之形"。今二徐本讹"一束"为"一来"，独董逌《谢除馆职启》乃用束字，然亦未审"一束二缝"之义。今春，张征士芑堂，自海盐访予吴门，言比岁屡见两歧之麦，而去夏所见尤异，即出椟藏一茎示予。予谛视之，盖始为一本，歧而为两，旋折交结，乃歧出而成穗。观者咸诧谓"得未曾有"。予思之良久，乃跃然以兴，曰："此非所谓'一束二缝'者乎！"夫缝之言

夆也，钎锐而向上，有麦穗之象焉。两歧相交，束以合之，故曰“一束二缝”。而许祭酒时表以瑞麦之名。自周武王观兵，至今三千馀载，史册罕见此瑞，后儒遂不晓《说文》为何语矣。我国家圣圣相承，贵农重粟，上轶虞周，乃重睹此非常之瑞。天之降康，岂偶然哉。昔渔阳两歧之谣，史家以为美政之感。今海盐明府任侯惠堂以中州名进士，牵丝浙中，调繁斯邑，经术饰治，一以忠信慈爱为本；而民亦戴之如父母，啬事尽力，数致休祥。此瑞麦也，邑士胡茂栽、吴侃叔及芑堂，皆有记颂及图，大书不一书矣。予忝在旧史，喜其事合于《诗》《书》所纪，且可以证《说文》传写之讹，故复为记之，以待史官之采访焉。《潜研堂集》

瑞麦颂为太守伊公作　吴东发侃叔

嘉庆丁巳，阖郡麦大熟。海盐甪里山田间，生麦一茎二穗，里父老咸以为瑞。按《后汉书》，南阳太守鲍德，修起郡学，备俎豆，又尊飨国老，宴会诸儒，百姓劝服，岁以丰穰。渔阳太守张堪，捕击奸猾，赏罚必行，劝民耕种，以致殷富。百姓歌曰：“桑无附枝，麦有两歧。张君为政，乐不可支。”昔者所闻，今见之矣。窃惟麦，牟也。牟，侔也，均也。一茎二穗，均之至而和也。天地和而万物遂，上下和而万事理；和之时义大矣哉。故秬黍一稃二米，用以为鬯；禾异亩而同颖，曰“嘉禾”；禾曰“嘉”，麦曰“瑞”，一也。吾郡号嘉禾，而瑞麦之生，适当吾公尹嘉禾之二年，岂偶然哉！岂偶然哉！爰为之颂，颂曰：

中田有麦，二穗秩秩。于嗟均兮，蒸于庶物。中田有牟，二穗油油。于嗟和分，征在田畴。中田有来，二穗偕偕。侯均侯和，降福孔皆。

七君子亭记　吴东发

穰园，望云亭之西偏，前溪后坪左阜，三面洞辟，林木周布，旷如也，窈如也。余每至坐移时，辄穆然有契于心，徘徊不能去。因颜之曰“七君子”。或曰：“何谓也？”曰：“穰园也，松也，竹也，莲也，梅也，桐也，芙蓉也。”曰：“穰园之为君子，吾见之矣；莲之为君子，吾闻之矣。松何以为君子也？”曰：“后凋。”“竹何以为君子也？”曰：“有筠。”“桐与芙蓉何以为君子也？”曰：“一知进，一知退。”“何谓知进、知退？”曰：“桐于立秋日，一叶落，秋之为言揫也。是谓知退。芙蓉于十月华，十月一阳复。复也者，小往而大来。是谓知进。”曰：“是固然矣。不识梅之为君子，其诸谓其百花之魁，和羹之用与？”曰：“唯唯，否否，未然也。子朱子云‘数点梅花天地心’，天地心，仁也。子言其才，予钦其德。德其本也。而穰园皆与之友，而合志同方焉。是虽欲不谓之七君子，不得也。”或不能诘，以问六君子。六君子者，咸默然婆娑焉，无以辞也。以问穰园，穰园蹶然起，辞勿克堪，然亦不能为六君子者辞也。六君子者无以辞，穰园不能为六君子者辞。是六君子者，诚君子也。穰园不能为六君子者辞，而于己则辞之，是穰园诚君子也。《易》曰“谦谦君子”，以云七君子，夫何疑！是为记。

重立皋苏二将军庙神位记　吴骞兔床

海盐县皋苏将军庙，旧在金牛洞侧，依岩架壑，极崚嶒之势。岁久渐圮，里人鼎新之，艰于攀陟，移建金牛山南麓，以就夷旷。且未悉“皋、苏”之称号，合二神之像，为前汉将军。冕服落成之日，漫呼曰“金牛庵”，迄今且三十年。居斯土者，几不知有皋苏之名矣。骞尝求其故址，无碑志可凭。虑积久寖就湮晦，爰请按察使秦公瀛题额。仍其故名曰“皋苏将军庙”，而奠二将军神位于后寝，且为之碑记。庶后之修职方者，犹可考焉。按皋苏事迹，旧志所载，间多异同。唐陆广微《吴地记》曰“会骸山是陆华兄弟寻金牛处”，宋乐史《寰宇记》

因之。常棠《澉水志》则谓“民人皋伯通兄弟逐金牛入洞，忽不见”。今谭仙岭下，又有皋王庙。《海盐县图经》载：“金牛山有苏骠骑庙。苏名举，字子羽，晋骠骑将军。宋高祖尝梦其神。梁时立庙，今亦无存。”盖皋王即皋将军，苏骠骑即苏将军。其合庙而祀也，又不知始何代。要其事迹，俱荒渺而难稽。迨宋高宗南渡，有《祭皋苏将军文》云：“义气同禀，刚毅莫俦。敌骑来此，缘逐金牛。牛没尾掉，空回可羞。拔剑自刎，曾无怨尤。”亦见《澉水志》。则皋苏之庙祀尚矣。《记》曰“聪明正直之谓神”，又曰“能捍大灾、御大患，则祀之”。意二将军当日必有功德于兹土，至今民怀其惠，水旱疵厉，斋祷辄应。可不谓之聪明正直之神哉！爰为识其颠末，用正流俗之失云。系以迎送之辞，曰：

翳明神之懿典，肇晋宋而兆祧。绵千秋以代降，黮丹雘于单椒。新宫焕其鼎建，松风袭于兰橑。郁燔萧其既升兮，里社奏夫灵箫。神之来兮冉冉，恍后苏兮前皋。迎神

蔼芳菲兮春节，搴芙蓉兮夏日。昑秋阳兮双飞，飒寒风兮回雪。御四时兮飚轮，荃不违予兮明禋。诏金牛使前导，望霓旌兮缥缈。辛尼车兮药房，蕙肴蒸兮琼浆。神欣欣兮乐康，永锡嘏兮穰穰。送神

胡香谷《经义豹窥》序　孙映煜翻斋

六经之义，浩如烟海。汉唐训诂，有宋义理，尚矣。外此考据辨证诸家，亦皆有功于后学。胡君香谷，学有渊源，所著《经义豹窥》，能荟萃成说。而删其支离，抉其精要。

如引《书影》云：“出母者，生母也。”《左氏传》“康公，我之自出”是也。盖子上为子思之妾所生，而嫡母犹在，故不使终丧。其曰“不为伋也妻者，是不为白也母”；则为妾明矣。先君子非指孔子、伯

鱼，犹云先世之人云尔。愚按《家语·本姓篇》，孔子年十九，娶宋亓官氏。年六十六，亓官夫人卒。无出妻之文。伯鱼母死，期而犹哭，夫子叹其甚者。父在为母降服，期也。子思之母死于卫，不足为嫁母证，庶氏之母，应作庶母解，不作卫之庶氏解。后世不察，遂传孔氏三世出妻，其妄甚矣。

此条本之《书影》，而又引经据传，以畅其说，使经文之义，炳如日星，起汉唐宋诸儒而质之，当亦首肯。关系伦常，关系风教，集中此类不一而足，非深于经学者不辨。若使参议虎观，足占一席。享年不永，赍志以终。可慨也夫！

同善堂碑记 吴春蓉薬

《周官》："冢人掌公墓之地，墓大夫掌凡邦墓之地。"则葬有其地矣。《大司徒》："四闾为族，使之相葬。"注谓："财不足者，百家共助之，则葬有其资矣。"良法美意，自古为然。我国家以孝治天下，律禁火葬停棺。恭读高宗纯皇帝、仁宗睿皇帝谕旨，谆谆以掩骼埋胔为务，仰见厚人伦、美风俗之至意，至周且备。杨侯国翰以滇南名进士来莅是邦，厘奸剔弊，首严火葬之禁，复为周视原野，督令将无主棺木，遍为葬埋。凡此，皆所以奉扬皇仁也。溆浦推位让国，四图各有漏泽园之设。日久茔多，地将不给。因捐置灶山十亩，以俟后来之用。既又念无主者幸有葬埋之地，乃或有主且有地而无葬埋之费，谁兴是举？先是，固始王公愉来任鲍郎鹾使。同人以里中多积棺未葬，议举同善会，酌助葬费。事方草创，而王公遽请假回籍，深以未成为恨事。至是，复申前议，侯即倡捐清俸二百金，商民咸勇跃输资，共集成五百馀千，置田二十亩有奇。计岁收所入，凡无主暨有主之无力者，咸得将次毕葬穷乡僻壤，庶无尸骨暴露之虞。要皆出自侯赐也。因思善作者，尤赖善成。惟有遴选司事，以专其任；严定章程，以杜其弊。垂诸久远，扩而益大，以无负我侯实心实政之施，即以光照圣化于万一也。是在同人之交相敦勉焉耳。

贤母传 查人渶青华

贤母氏沈，嘉郡庠生简隅公女、盐邑诸生南陔公胞妹也。在家有孝行。年十三失恃，哀毁逾成人。及长，归同邑上舍朴庵胡公，内助惟谨。事太翁、翁姑克尽妇职，娣姒间无片言相忤。乡里称之，无间言焉。上舍公卒，遗孤五人俱幼，教育备至，并使业儒，游庠者三。长媳早故，教育诸孙，亦并补博士弟子员。生平喜言人之善，而未尝彰人之过。祭祀宾客必丰腆，而自奉则泊如也。兄家中落，赡之数十年不替，先后出资葬父母，并诸兄嫂、夫妹丧葬，任其资而不吝。里中恤孤施材诸会，必嘱子孙与焉。渶与哲嗣香谷、素园两茂才少同学，长同游，故得稔贤母之行如此，且渶尝窃闻贤母之训矣。其勖子若孙也，每曰"暗室亏心为第一戒，居心公平为第一要"，敬绎之馀，受益多矣。夫不欺暗室，谨独之事也，无恶于志，体立而后用可以行；处心公平，求仁之方也，强恕而行，用行而后体无不立。古人所以存顺没宁者，胥是道也。贤母其生有贤德者欤？何其言之近而旨之远也！然后知一生懿行，皆从此出。以此言教，即以此身教，可不谓贤欤？道光乙巳，九旬大庆。渶需次中州，未获亲祝一觞。越二年丁未，讣音至豫，又不获躬奠一卮。哀感之下，聊以所习闻者备记之，以志钦仰之忱云尔。

浚三江以免水患议 朱石钟月江

东南之巨浸，莫巨于震泽。震泽定而东南无水患矣。《禹贡》云：

“三江既入，震泽底定。”是震泽之定，由于三江之入海。三江者，北为娄江，中为淞江，南为东江。三江浚，而太湖三万六千顷之水分泄诸海，而永无泛滥矣。自唐开元元年，筑捍海塘，起杭州之盐官，迄吴淞江，一百五十里，沿海港口，尽为堵截，而东江故道，遂湮没无考。后人虑二江之不胜其翕受也，于常熟北开二十四浦，导诸江；于昆山东开十二浦，注诸海。但嗣理无人，旋多湮塞。宋庆历时，筑吴江挽运路，建垂虹桥，而太湖之流不畅，于是东南始有水患。所恃者，黄浦在吴淞江之南，与同出海。明夏公原吉于出口处扩而充之，开范家浜，致成巨川焉。其时，娄、淞二江尚能宣泄，嗣后，历久不治，渐成淤淀。我朝乾隆二十七年，苏抚庄公有恭，奉命兴修，民实赖之，迄今又八十馀年矣。太湖注娄江之路，则鲇鱼口、澹台湖、五龙桥，俱已淤塞。太湖注淞江之路，则垂虹桥及瓜泾、夹浦口，又多沙涨。向虑二江犹不足，今则并二江俱堙矣。宣泄之道，专属之黄浦。而牛毛墩、唐家湖为太湖泻入官唐水窦，趋长泖而注黄浦之路。今牛毛墩已失故道，官塘十坍七八，水窦多淤，譬之咽喉既塞，安望尾闾之泄耶？道光三年，自夏及秋，江浙大水。今年已酉，水患更甚于前，数月不退。揆厥由来，讵非三江俱堙，而震泽无所泄，遂致逆行之故与？今之要务，惟浚治三江，及太湖入泖之路，使之宣通，庶几水由地中行，而东南七郡生灵得以安宅也。爰述此议，以告念切民依之君子。

月江先生传　胡廖柳堂

先生讳石钟，月江其号也，明白岳朱公泰祯裔孙。读书多妙悟。曾四入秋闱不第，遂绝意科名，专精心学，出入于佛老，而归宿于存诚。幼时，有殴其兄者，先生拾巨石击其人；晚年，几于唾面自干。不慕荣利，无所歆羡，求所欲而不可得也。接人以诚，与物无竞，求其过而未尝见也。盖其惩忿窒欲、迁善改过之功，数十年于兹矣。然深自韬晦，不求人知，故人少知之者。古所云“君子盛德，容貌若愚”，其在斯人与？明天文。乙未秋，彗星见，射七公入天市垣，射吴越及东海、南海。先生曰：“诸海市，其将有大患乎？大臣必有当其灾者。”后俱验。尤善青乌术，尝遍访武林、灵岩诸名墓，得其遗法。有求之者，尽心应之。既而多吉，求之者众。无不尽心应之，既而又多吉。于是登山临水，日不暇给。遂群以地师目之。及先生归道山之前一年，岁在己酉，江浙大水，年已七十矣。谓三江既入，震泽底定。东江久湮，娄、淞二江亦多淤塞。不浚三江，则太湖无所泄，将长有洪水之患。因作《浚三江议》，欲约同好呈请大吏，题奏行之。卒以时势所难，不果。而先生济世之心深矣！而后知其平日之为人相地，亦以静与天游，动为物福。其志既不得大遂，姑托之小道，以稍抒其济人之愿云尔。

诗

秦望山僧舍　罗隐昭谏

巉巉危岫倚沧洲，闻说秦皇亦此游。霸主卷衣才二世，老僧传锡已千秋。阴压水赖松根直，鲜壁苔侵画像愁。各是病来俱未了，莫将烦恼问汤休。

九日游鹰窠山　贝琼清江

忽忽已九日，出门净无泥。地偏实斗绝，有山如会稽。宾客后杂遝，仆夫各有携。天风海上来，我马骄且嘶。陂陀出险径，窈窕遵回溪。前登谭家岭，始觉华盖低。作者四五人，更托千层栖。日午叩其户，不愁苍耳迷。欲俯栖鹘巢，上凌万丈梯。岂但畏猛虎，仿佛闻天鸡。共燕修竹林，落日犹在西。相看且一笑，四郊多鼓鼙。

金粟寺　邵亨贞

闻道夹山金粟寺，一如兜率净居天。云藏衲子煎茶屋，春著山翁载酒船。打破断碑何代始，种来高树百年前。钱郎诗里曾相约，蜡屐因循未了缘。

舟次溆山阻风累日登近岸荒冈僧舍　高启季迪

高岸鸣枯桑，湖阴北风厉。寒涛汹我前，几日不得济。孤舟恐漂荡，石根暮牢系。忧来厌闲卧，近寺聊独诣。雀饥残林空，人倦危磴细。年荒无居僧，树死石门闭。神伤却欲返，微霰洒征袂。穷冬已峥嵘，故国尚迢递。仰看浮云驰，东路阻归计。长叹复何言，吾生信多滞。

游金粟寺　徐贲

暂息人间事，寻幽到上方。白云分石磴，落日照山房。松暝钟声远，林回蔓草长。老僧能爱我，具衲漫焚香。

武原十二咏录在溆境者四首　陈善敬佐

金粟烟霞

寻僧几度访名山，步入烟霞香霭间。引素苍苍迷远树，流丹灿灿落晴湾。紫芝瑶草长生药，白石青松太古颜。引睇顿牵嘉遁意，倦禽飞逐暮云还。

觉林夕照

青山寂寂谢尘氛，人世光阴易夕曛。渔父短歌临水听，牧童长笛隔林闻。天边淡影明鸦背，松杪馀光伴鹤群。记得寻幽遇支遁，卧分禅榻半间云。

秦驻晴岚

巀嶪云堆溆海堧，苍苍岚气散中天。帘栊隔翠层楼外，草树含阴夕照边。石屋苔封陈迹在，祖龙车过昔人传。登临我欲乘佳兴，醉笔题诗蘸石泉。

溆墅春游

携酒曾从溆上游，苍苍烟雨望中浮。林间梵呗天真寺，空外栏干宣慰楼。沧海接云疑越峤，青山绕郭似杭州。醉归驴背饶诗兴，东指蓬莱天尽头。

悟空寺　钱琦东畬

六十年馀五，丹心此夜灰。有山堪杖履，无相著氛埃。竹叶和云扫，松根聚石培。平生蕉鹿尾，一笑不须猜。

月泉僧结庐于悟空寺山麓　朱朴西村

沧海浩无边，青山断复连。水吞湖面月，风度石梁泉。我昔狂游地，师今幻住年。看花瀹春茗，犹记竹林贤。

溆浦秋感

秦溪原是海边洲，一集毛人万爨稠。大舶驾风通日本，远洋分岛辨苏州。珠犀贸易今无市，花月梳妆古有楼。欲采蘋香吊宣慰，两湖萑苇不胜秋。

金粟山

金粟如来此现身，偶来方丈说云云。山僧不识开山事，指点前朝玉篆文。有南宋敕书，故云。

孝隐村沈元懋，国初人，夏荣作《孝子传》，程都宪巽隐为跋于后

巽隐为书元懋传，昌黎曾作董生行。安丰县即丰山里，今古同存孝隐名。

董萝石以湘竹筒倩月泉僧改制为冠，诗赠云村，云村异为卷，索予图并题

罗翁贮诗湘竹筒，长律短章兼古风。山僧剖竹作冠子，用之不与文具同。萝翁珍重不忍戴，把赠九杞髯仙翁。仙翁朝来晞素发，一裹霜雪无馀丛。哦诗走上天半峰，头项黄王摩青空。举头西北望京阙，白日杲杲明丹衷。我将含毫涂作画，更著两屐异一筇。石边采芝斸苓为公寿：愿公眼看手种紫云山中，径丈千尺之长松。

寄茶磨山许相卿　文徵明衡山

茶磨高风不可攀，高人先我十年闲。懒摇玉佩联青琐，故掷银鱼

傲碧山。新水旋开田二顷，紫云深锁屋三间。若为便置苍生望，见说青青鬓未斑。

再过皋苏祠 许相卿

路忆秋风旧，时逢灯事残。林深天忽暝，春浅午犹寒。画壁蛛丝缦，苔碑鸟篆刓。自怜踪迹野，到处得盘桓。

云涛庄

江村堪老我，寒夜更宜诗。缟屿归禽讶，元机厚蛰知。冰潭清数石，雪路漫多歧。若个孤山宅，逋翁得擅奇。

雪游云岫峰

深雪撩狂兴，长蓑弄晚寒。翠凌孤突兀，玉拱万巑岏。势合疑包地，尘空惬凭栏。野情多僻尚，闲处擅奇观。得句浮眉宇，抒思入渺漫。诗魂清到骨，仙意欲腾翰。认路樵无迹，题名竹有瘢。馀生饶乐事，无地著忧端。

九日陈芹野凤山登高 董穀

风日晴妍叶未飞，攀跻石磴转幽微。千家山郭临江尽，万里帆墙与鸟归。再洗清樽依密树，共看乌帽映斜晖。自嗟彭泽无黄菊，正喜陈蕃非白衣。

初夏 释戒襄平野

旧栽岩桂已添枝，新辟祇园笋过篱。息念偶同啼鸟歇，谈空正值落花时。年逢闰月春归缓，雨积深山暑到迟。不羡北窗高卧者，白莲结制有长期。

郊居九日 释斯德

闲门秋草澹霜华，断岸浮桥傍水涯。空外忽闻先到雁，篱边聊采未开花。

游莺窠顶 邑令谭秀弇秀

澄波渺渺两湖平，春色苍苍四面明。马首山花向人笑，林端僧梵杂溪声。

游觉林寺登伴云楼怀旧 徐鹞前峰

昔年曾此借僧居，琢玉山中十载馀。憩石不嫌苍藓滑，扪萝时爱紫条纡。春归竹院频携酒，月转松廊尚看书。白首功名悲落叶，惟应步屐访真如。

宁海寺

白云秋水菊花天，客子寻幽夜未旋。不向衡门嗟阒寂，且从僧境话虚圆。高枫暗逐霜华落，清调谁将玉笛传。借得山房高卧稳，野人去住只随缘。

前题 释永瑛石林

寺门残日倚秋深，无数江南露碧岑。樵度清溪寻略彴，僧归黄叶见疏林。移时不倦看山目，到此真惭市隐心。钟磬泠泠楼阁暮，松烟竹霭自生阴。

前题 冯皋谟丰阳

蹈遍青山不问名，夕天沙岸雨初晴。停桡月向松间落，借榻云从卧里生。诗到上方俱入悟，客逢高衲更多情。独予伏枕春风后，薜荔空裁野服成。

菊迟

林霜昨夜已家家，何事东篱未著花。香魄可堪风雨恨，赏心不分酒杯赊。移栽自叹秋无色，欲插虚疑鬓有华。愁绝此时彭泽令，罢官诗赋动天涯。

葛山山上土石皆赤 仇霦谦斋

仙人遗迹迥，择胜海门湾。一自馀丹火，云根尽赪颜。

乞归答友人 沈宏遇

自昔浪游浑似梦，而今嘉遁始全真。懒随圭组趋金阙，欲伴纶竿钓水滨。高枕清宵恬寤寐，检书向日静心神。一觞一咏从吾好，不问崎岖世路人。

秦驻山观海二首 彭绍贤孔嘉

水浅蓬莱岁几更，凡夫那解御风行。空教海外留徐福，一片荒山浪得名。

翠盖金枝想像间，昔时流水尚潺湲。美人尚念今祠庙，死作山花不肯还。

秦驻山怀古　朱学经子正

突兀秦驻山，日夕暖云气。香骨生芳兰，采药人归未？

望宁海寺　钟夏

远山层叠石桥斜，古树参天集暮鸦。落叶乱飞秋水阔，不知何处是僧家。

莱州城被围作　徐从治

崇祯五年春，帝命师中锡。俾抚大小东，星言事羁靮。于时二月朔，告警驰羽檄。叛军无安巢，掠地恣所历。莱牧实要冲，群凶首矍踢。虽有防守臣，敝甲同袒裼。诏许驻青州，欲往寸心惄。莱民亦吾民，不忍付焦溺。单车指危邦，夫岂尚沽激。须臾寇果临，疾风走沙砾。孤军露南隅，三面受锋镝。云梯匪一层，地道登重甓。捷如猱升木，多于蚁悬壁。穴以穢熏户，台纵火焚荻。相随八十骑，骑骑奋长矜。自顾一书生，乃当万人敌。援兵绝蜉蚍，炮石轰霹雳。谁与生厉阶，失计遂贻戚。一星焰不扑，燎原众斯惕。两叶生不除，须用斧柯析。奈何食肉谋，议抚不议击！养痈久必溃，累卵危终殈。哀哉此邦人，何雠委虺蜴。效死职所甘，智已穷墨翟。

吴王庙相传仲谋行宫　金丽兼

片帆春水泊危廊，大帝几筵野店旁。壁上宫蛾惟黛粉，帘前羽卫只风霜。苔封古碣青千匝，鸟飐闲门白一行。剑阁已邻祠后主，江东犹自忆孙郎。

金粟寺方丈前五月菊花盛放，同社有作，因赋　彭宗因季亲

菊种冲炎陡发生，巧分秋色向僧迎。花缘天女英飞早，香借瞿昙韵更清。媚与葵榴争烂熳，芬披宝相映空明。祇园景物因先到，莫待东篱九日荣。

山村口号二首　吴麟瑞

涧远流泉断续，山多昼霭氤氲。十里竹香吹雨，一畦麦浪翻云。

豆熟邻翁粗饱，蚕忙村妇常饥。野鹿爱眠香草，松鼯扑落哀梨。

绿牡丹

紫玉红楼未足奇，漫将倾国比幽姿。明珠可买轻三斛，华萼如仙合九疑。露湿黛鬟帘外冷，烟笼翠袖竹间窥。杯中有物差堪对，不道蓝关拥雪诗。

初夏浴鹤亭即事

桐花初吐燕归巢，绿荫荷亭草树交。细雨湿烟横水面，夕阳斜翠半林梢。渊鱼自适浑忘饵，野鹤频呼岂见嘲。安得太平容醉卧，尽驱戎马不生郊。

春暮游从吾里园亭三首　刘鼎铭

携手寻芳径，来游薜荔居。摘梅新翠落，拭野竹云疏。潮吼环虚壁，松风渡小渠。言归迷旧路，香霭袭人裾。

南轩古梅

澹云深锁正严冬，缟袂年年倩石封。高卧南窗无侣伴，却和冷月一孤松。

雨后晚眺

桐子离离昼色暝，桑麻鸡犬点秋亭。漫看雨过长林洗，遥指溪山处处青。

金粟寺独桑鼓 沈庄毓

稽古造鼓昉伊耆，陶瓦作控鞔以皮。夏足殷楹各殊制，鼓人掌鼓分六司。八音之质革易败，月令所饬修鞀鞞。此鼓犹然革与木，居然金石矜神奇。独桑空其中，肤剥理坚致。高度三尺强，圆径丈且二。非灵非雷鼖则似，未识何年委萧寺。碣篆谁寻天册文，深刻犹存赤乌字。当年分鼎峙江东，蜀西魏北争英雄。欢以立动军气作，虹晴天堑摇旌风。以旗为目鼓为耳，阵云高处闻笼铜。整旅归来鼓声喜，援枹想见掀髯紫。玉殿萤飞春草芜，秣陵花谢秋风起。春草秋风年复年，一弹指顷几桑田。海不扬波鼛鼓息，时清万里无烽烟。空山朝暮声渊渊，鲸铿伴尔同安禅。

长墙山 吴麟士

孟冬天日佳，携筇事闲阅。南山遮我前，苍翠如可掇。春峦多秾姿，寒厓更修洁。僧寮旧所憩，信足任登涉。纵观大海涛，幽愤寄一泄。野菊覆澄潭，掬手漱芳冽。我友甘沉冥，情欢在麴糵。扫石代班荆，举杯承落叶。醉舞影傞傞，拂袖乱黄蝶。昔闻红树村，访近靡遗孑。缅怀多感慨，先后复同辙。归途勿踌躇，落日衔山缺。

悟空寺观梅

曳杖频来自笑痴，东风能更几回吹。相看白首应怜我，独立空山知为谁？莫负天晴三日语，只愁春暖十分时。香台坐久人逾澹，妙悟当前合有诗。

偶至湖上　吴蕃昌

不因游兴却辞家，积雨停舟正落花。湖上风高春似海，楼头客散夜闻笳。门非处士谁栽柳，宅是公侯已种瓜。问首山山芳树尽，更从何地忆繁华。

蚕事

灯火夜离离，桑枝满筐碧。长宵伴再眠，妇鬓如丝白。女为悦己容，士为知己死。功成洁且白，立稿深山里。

初夏浴鹤亭即事

桐花初吐燕归巢，卷幔荷亭草树交。浴罢清池一双鹤，雨馀斜照满秋梢。

过金粟寺　郡丞冀应态

西方衔一粟，来种此山头。云汉移孤本，昙花散十洲。心空清似鹤，性定懒于鸥。舌底青莲出，香风绕碧流。

同钱武子登秦驻山 尤侗西堂

孟冬寒未严，海山净如濯。客怀姿孤往，况乃觏朋乐。蹑屐力既烦，进艇道乃邈。虽非纵三驱，聊且驾六驳。屈曲跻曾岑，盘桓憩兰若。朔飚正怒号，巨浪群喷薄。天阴叫鸹鸧，潮鸣上鲭鳄。吐气象丹楼，飞盐似沙漠。遥指一点烟，中流隐城郭。秦帝昔东游，兹峦驻行幄。金革销榛莽，羽卫化猿鹤。野庙遗荒村，香火惨寂寞。木杯何年渡，锡杖自今卓。宫殿宏宿构，甘泉出新凿破颜开山，手辟一泉，味甚甘冽。茗柯超元箸，暂休解尘缚。兴至憺忘归，景移逝将作。急鞭随日下，短帽对风落。平楚散牛羊，空林聚鸟雀。回首望馀青，暮云漫寥廓。

秦驻山 郡守袁国梓

秦驻峰头纵目看，望洋何必起长叹。百年兴废青山老，万古升沉碧海宽。台拥金银无羽翼，水连云汉失波澜。祖龙昔日真堪笑，鞭石安能访大丹。

九日登秦驻山 彭孙遹羡门

强把茱萸理宿疴，笋舆重问此岩阿。旧题漫没荒祠在，陈迹销沉感慨多。山径霜清闻落叶，海天林迥见纤罗。一生几两中郎屐，更不登临奈老何。

石马山即饮马山 陆嘉淑冰修

南条东尽处，稠叠众山横。海气生秋霭，涛声壮晚晴。虚无悬绝岛，巀嶭表危城。饮马何年事，寥寥万古情。

秦驻山 钱绍隆

海上青山兀峙峰，秦王巡幸尚遗踪。翠华何事来荒岛，俎豆还劳供野农。芝秀石田寒雨过，花深萝洞日云封。凭高极望银涛涌，何处蓬瀛访赤松。

管山 吴文宪万为

管山小一丘，屐齿却矜秋。树老青鸟穴，台荒白鹤楼。割云朝爨熟，劚翠午樵幽。亦复临流水，蘋花缆钓舟。

登鹰窠顶望海中夏盖诸山 徐嘉言胜力

兹山展武地，海上得潮宗。梵刹驯归鸟，深潭隐毒龙。朱霞连越峤，翠盖掩秦松。南望诸峰在，参差雾几重。

秦溪 朱一是近修

秦溪斜日射秋蘋，几个闲鸥自作邻。沙断柳深鱼路狭，野桥西去竟无人。

九日舟经金粟寺有怀，寄张玙何汝霖缪永谋诸子 朱彝尊竹垞

九日龙山兴未忘，孤舟迢递暮流长。中天云物生寒气，下界楼台敞夕阳。远忆白衣佗日事，醉斜乌帽主人旁。从今万里愁为客，不用登高望异乡。

城南逢邱参戎上仪

裘马千金尽，关山万骑分。清秋犹作客，落日正逢君。对酒新亭

泪，班荆古剑文。城门多醉尉，莫说故将军。

云岫庵　柯崇朴寓匏

言观苍海日，深夜宿层台。不见栖鹰处，空馀茅殿开。松风随磬落，法鼓应潮来。更欲寻高顶，先看曙色催。

谷水歌　吴谦牧

云峰九十九，苍翠满山松。借问清秋月，光悬第几峰。我登湖上楼，湖上秋风发。荡摇湖水光，欲堕云中月。

秦始皇庙　彭孙贻茗斋

昔年几度问荒祠，一入溪山出每迟。樵径已迷停辇路，桃花不减避秦时。云深海岛无灵药，潮长春流没断碑。惟有古原驰道在，东风岁岁草离离。

始皇美人祠二首

玉颜曾此侍东巡，粉黛闲花空复春。海月尚悬宫镜晓，山云时卷舞衣新。峰头毛女遥相忆，岛外仙童访未真。一去翠华长不返，秋风冷露泣鲛人。

秦径山头草陆离，万金却恨掩蛾眉。空劳鞭石填精卫，极望沙丘怨子规。十二楼台云灭没，三千歌舞蝶参差。独怜徐福洲前月，不照宫车晚出时。

金粟寺

赤乌僧至古招提，千载苍苔剥旧题。画鼓鄱湖龙战后，法身康会像来西。山花不落苔盈砌，禅观无人月满溪。欲扣宗门谁共语，松阴万树鹁鸠啼。

康僧真像

万里流沙绝域边，西来犹记赤乌年。幻身田里峰头石，毳氈康居雪外天。孤月一轮空镜上，五灯光聚白毫前。寻师问法无堪语，金粟香闻满院传。

准公塔

石林孤塔覆寒藤，香刹拈花礼圣僧。梵网自悬初地品，宗门独照昔时灯。诸尘不动山云敛，五蕴皆空海日升。应向此中寻法喜，莫教度岭问南能。

比肩里

风流文物擅江东，不羡梁家有汉鸿。人笑海鱼徒比目，里存空井亦双桐。鸳鸯冢近夫差国，牛女星分越绝宫。总让少年贤讨虏，二乔夫婿各英雄。

谭仙岭

谭仙高岭白云间，乱石苍苔镇日闲。五色云封丹灶冷，万年芝杂野花斑。神州隔海多灵草，越峤浮空只远山。行把《化书》岩际读，却忘林月下松关。

紫云山

万叠云山绕画垣，不知何处紫云村。平畴高下青林出，涧水东西白鸟翻。犊子晚归看海月，杏花春冷闭柴关。村深却喜无官长，晴雨桑麻可细论。

徐正字白塔山桃核

南游正字俯沧浪，拾得仙桃巨核长。试剖大樽倾北斗，半分瑶实赐东方。潮平白塔浮螺勺，石蚝青山减蛎房。只有秦源花似旧，还堪买棹逐渔郎。

云岫庵　虞兆清鉴斯

山尽已无路，峰回见梵宫。屏开清嶂晓，壤接碧流通。鸟道穿天近，龙岗到海穷。仍闻有鸡犬，如在白云中。

鹰窠顶观日出歌　查慎行他山

吾闻尧时十日曾并出，城内大水凡九年。自从羿射九日落，大禹注海纳百川，独留一曜随天旋。迩来四千三百七十载，朝朝沐浴蛟龙渊。登州蓬莱阁，泰山日观罗浮巅。文人游迹往往到，鹰窠之顶僻在东南偏。海隅荒陋题咏少，好事或听旁人传。率云九月晦后十月朔，是时日月行同躔。初升类合璧，吞吐寅卯前。居民生长此山顶，目所睹记云偶然。况乃游人一生或间至，何怪欲覯无由缘。我来此处观日出，要是乾坤旷荡之奇观。山高地穷天水连，尾闾东泄茫无边。明星有烂黑气作，雾非雾兮烟非烟。移时一痕破满空，血色红殷鲜。乍浮复乍沉，水底疑被长绳牵。须臾涌出水面圆，紫金光现扶桑颠。自东而西不知几万里，一线倒射洪波穿。亦不知自高而下几千万万丈，一跃直上团圆天。观者目眩心神迁。却寻鸡声到宿处，松窗黑暗僧犹眠。

访溆川吴采山不值　查昇声山

秋水乘孤艇，沿缘乱苇间。时看黄叶落，境共白鸥闲。林影溪边屋，钟声云外山。故人今不见，月出棹歌还。

访紫云宋松歌　吴晞渊

紫云之松神物护，岩壑飕飗经坎坷。离离错立数十本，古道参横若游逻。连钱暗漠气色枯，屈铁盘拏苔藓磨。此松年月历几何？兀傲临风悄谁和。中间错杂宋与明，欲辨无从莽纷互。摩挲已久次第觅，仿佛斑斓认南渡。虎踞蛟回虬顶圆，猿猱怒搏臂折旋。左撑右拄穴复穿，长戟巨矛交短铤。皮僵节溜老不屈，针茫注戛生云烟。白日还曜迷穹元，令我仰视眩且巅。野魅山魈匿无迹，曾冰朔雪凌逾全。群松拱伏若听命，恣横讵敢滋尤愆。大宗岩岩别支庶，沧海汤汤卑细泉。赵家古物君勿疑，徂徕新甫远可追。天生劲质气自异，数值厄会时可悲。紫色蛙声肆猖獗，蔽天丛棘高崔巍。巨楹细栈中榱桷，樗材奋跃争献奇。安得尽植桐柯石根亩千亿，万壑寒涛剪荆棘。

青山石壁　吴夔

招要出郭门，杖策寻远眺。青山耸巍峰，突兀临海徼。危石崩坼馀，绝壁成孤峭。峻削断跻攀，横亘出奇妙。苔藓杂青黄，藤萝交拂掉。缥缈云气中，屏障开古貌。其下多砥石，列坐供谭笑。纵目揽大荒，波涛方浩浩。未果仲尼浮，空企鲁连蹈。陵谷几变迁，千古独凭吊。叹息风尘昏，乾坤入长啸。

金牛山观米书

石刻伊谁笔？相传是米颠。山灵常见护，墨妙自能传。洞识遗踪古，碑钦处士贤。髫年游戏地，回首一凄然。

陆司空庙相传为吴陆逊 吴为龙

司空志业竟谁知，古庙空悬伏腊思。流水日同亡国恨，鸡声时共夜乌啼。军容自识荆州牧，家世还推吴下儿。遗爱至今虽食报，瞻观终让汉官仪。吾乡多关壮缪及陆司空祠，然陆祠止为村落土神，未若关祠之焕赫也。

秦山 李荣昌琪园

峭壁千寻峙海东，登临如在画图中。筑桥浪说沧洲近，鞭石空传气概雄。越地台城如隐现，吴山云树霭溟濛。只今武库吟风雨，龙卧长堤一望通。

羊山即阳山 徐默

叠嶂平芜列，高山此足夸。礅门云半绕，石屋路偏斜。犊子仙方得，羊公化不遐。双桥五里尽，春海重飞沙。

马鞍山

一抹拖螺黛，来侵白竹门。松花高下照，野鸟浅深翻。坐月凉秋夜，吟鞭逐梦魂。王孙何日去，不见玉骢存。

葛　山

曾是罗浮样，何来有葛名。寒潭掬琼液，古洞问青精。麓尽田家见，峰摇野水明。山邻多有坞，四面动人声。山半有石潭，水甚甘冽，冬夏不涸，相传是仙翁洗药处。

小步山

曲水沿沙岸，疏疏白屋多。山低莺满树，草浅石牵萝。樵径闻人语，孤舟发榜歌。霜肥老橡栗，策杖一为过。

丰　山

空山何处响，历历听闻赊。觉世林能近，引人地不遐。海山云接顶，村舍夜飞花。青鲫红虾遍，渔翁住水涯。

秦始皇庙二首　郑时敏愚公

中原鹿走恨悠悠，万古秦溪咽不流。却怪焚书焚不尽，至今误白几人头。

日暮空山哭子规，哀声怨乱竟何为？须知万世原奢望，莫向泉台恨李斯。

秦山北峰观合璧　徐豫贞

烛龙无光天地合，昆仑若木遥相接。海色葱胧夜气封，层峦晓动青苍蹑。天门沉沉星汉垂，羲和鞭日窥咸池。洪涛崩迫混沌凿，二仪清浊分何迟。云螭拥驾双精一，万古光芒偶相匹。碧海中涵赤驭浮，银蟾斜抱金轮出。积水红霞旭影东，孤筇凌石坐芙蓉。秦皇山北三千丈，晞发云中第一峰。

秦驻山阿看桃花

东阿烂熳桃千树，大胜元都观里春。碧水山桥通谢屐，红云鸡犬隔秦人。林边跨犊遥横笛，枝上啼莺独岸巾。扑向花风浑欲醉，径须软卧绿莎裀。

大步山晚眺山去舍西里许，高五十馀丈，颓然培塿耳。先祖封公葬此，长松数千章，阴荫一山，遂为胜地

近水拳山不厌登，时时来坐一峰平。云过远岭浑无迹，风得长松别有声。叶脱露巢村数点，笛横归犉月初生。柴门斜隔寒溪小，惯踏芒鞋略彴行。

由马鞍山麓至淡水村

西山断续水迢迢，水曲山回致颇饶。夹岭松杉穿一径，沿溪村落过双桥。试茶昼永黄鹂转，煮茧风清紫楝飘。斜日归筇堪入画，远峰几点淡青描。

由古黄山麓至茶园街

芒鞋归步曲随溪，远绿阴中正午鸡。松坞炊烟茅屋小，柘园垂叶上墙低。山桥艇聚争樵爨，野市人归各负携。回首白云黄鸟界，钟声遥出寺楼西。

读宁海寺玉峰禅师中兴碑感赋有序

宁海创自宋绍熙中，明嘉靖初寺毁。玉峰秀禅师重建大殿、山门、两庑及宿云诸堂，厥功甚钜。娄江陆太史深为撰《中兴碑记》，惜邑乘不载，年远罕有知者。余偶过，披蓁读之，因赋诗，存集中。冀后之修志者，或传之云尔。

相传南宋古花宫，碑记前朝世庙中。几度客来摹姓字，百馀年后

感流风。佛威不免烧空劫，僧力能成载造功。兴废正须人事在，却怜世外有英雄。

由宁海寺过法喜寺即事

绿杨系艇傍招提，初夏寻幽一杖携。野市百家桥断续，溪村双寺水东西。幢高夹峙穿云直，树古层阴覆殿齐。最爱巽瞻堂额字，当年良准手亲题。

法喜寺 陈玙少典

乱后闲僧少，秋残古柏高。风声摧石壁，日影落寒涛。断树支桥仄，枯藤架屋牢。更随山径转，海外见纤毛。

溆浦城用进退格 万高芬

东西堰坝隔川津，小贩提携半陆行。居杂军民言各异，利兼山海俗犹贫。女工麻缕盈筐绩，户比盐斤压担呈。地僻莫言风土恶，两湖山水足娱人。

永安湖

永安春水唤重过，三面环峰旧画图。也有楼台依北岸，不曾花柳让西湖。山非城补偏连海，堤以张名可并苏。湖中有堤，邑令张公素仁所筑，有石刻在。我欲移家来此住，自撑篷艇看鹥凫。

文溪坞一名小桃源

桃源未信人间有，坞号文溪众美兼。三面环峰一面海，半资田谷倍资盐。板桥流水连茅屋，野店垂杨飐酒帘。小聚百家成乐土，连冈飞翠客衣沾。

九日登舍侧龟山

九日登高修故事，吾曹自爱有家山。遮天众岭排成障，傍舍诸流抱似环。三面不教他族处，一拳偏与昔儒攀。苔纹石绣纵横满，好作鳞鳞甲上斑。

重阳后三日同沈自超登丰山土人采石，崖岭俱破

连日晴旸不易逢，来呼好友更携筇。插篱村落无周道，凿石层崖有破峰。三径菊松过令节，一年秔稻试新舂。瓮头酒热君须过，补酌茱萸琥珀浓。

半潮庵

秦驻山根地颇幽，半潮精舍爱山兜。迎门一沼圆成镜，穿屋层阶上似楼。茶笋我来当早夏，橘橙僧约看深秋。频过初地真吾愿，定借松寮一宿留。

南山即观音山　郑寿平

暖翠浮岚风日佳，插香争试踏青鞋。溪田水涸生鱼笋，山店帘轻傍鹿柴。雷滴冷云融石乳，衫吹香粉落松钗。行歌木杪樵相和，一路寻幽到会骸。

九杞山

穿云度峡蹋泉香，一径纡盘杜曲冈。采得幽花斜插鬓，满头春色爱山娘。

野鸭岭

盘塍旋入翠微峰，破寺清凉憩短筇。最好松花春蕈嫩，野僧留饭采相供。

角里山 释体源

坡陀四面带沙汀，蜡屐寻幽惯此经。曲港环萦平野绿，孤峰不接众山青。阁飞松崦南林寺，在金粟寺南。桥接桑村北岸亭。山北有野桥、亭子。抔土莫嫌形势少，霜钟流水尽堪听。

秦　山

三峰峻拔俯沧洲，贾勇来登最上头。天带星辰从地转，海环世界向空浮。大观独擅东南胜，险境全凭砥柱留。好放襟怀舒浩气，振衣千仞豁双眸。

石马山即饮马山 杨崐近仁

近山拱揖若迎送，远山退缩如遁藏。海上环峰九十九，峰峰相接成低昂。初从细路历高岭，仄径上蹑愁颠僵。路穷水转山亦转，石马耸立排青苍。开辟何年拥毛鬣，叱之不动非王良。昂首东向奋齿颊，似欲下饮清沧浪。瞿唐滟滪水出没，巨石万古危舟航。神人之鞭勿遽动，恐我石马越海趋扶桑。

角里山

石蹬历层梯，登高俯望低。一拳青拔地，四面碧围溪。林响莺调舌，崖香麝脱脐。采芝人可到，遗迹恐无稽。

九黄门

万浪浮天白，双崖东海青。腾云嘘蜃气，聚雨逼龙腥。石脚危成堑，金堤断作屏。篙师惊险恶，不敢近扬舲。

长川坝

傍海群峰绕作阿，路通溆墅堑山坡。数家小聚薪蔬市，一坝中分上下河。隔水争舁过客舫，连仓竞贮远商鹾。居民此地称荒僻，只赖渔盐赡业多。

溆川道中　马世荣焕如

清晨理舟楫，发棹秦溪湾。菰蒋没遥岸，沙鸥相与闲。悠然机事息，澹对开愁颜。迤衍经管葛，倚舷看青山。譬如尘壒境，窈窕来双鬟。冉冉纷秀色，驳蚀见斓斑。须臾岚气阴，杳霭樵歌还。素月吐高岭，辉辉弄潺湲。安能晦名字，往复烟波间。

访吴託园不值

故人行乐去，不住钓鱼矶。倚杖云生岫，穿林月在衣。潮来征雁起，叶堕乱鸦飞。漫负前村酿，多言籪蟹肥。

水月庵三首

豁眼秋同趣，澄心梦欲冰。毗邪无可说，默坐对南能。

净瓶空不泻，玉杵冷犹春。伸指秋潭外，离奇一老松。

寻源流自活，写照影多圆。何处安禅竟，蒲团结有年。

游管山

杨柳阴成桃有树，村烟亭午欲生厨。何当便觅勾龙爽，为写春山蜡屐图。

水月庵探梅　马洪燦絅园

禅关昼上野云消，最爱梅花老干饶。水写明姿神皎皎，月移虚幌澹潇潇。疏闻隔岸钟微渡，冷耐山厨酒屡浇。不是罗浮有清梦，青鞋争便踏危桥。

宿夏道士山房二首

不到丰山近十年，清泉白石尔神仙。闲庭一鹤支离立，消受茶炉柏子烟。

昼闭林扉梦醒时，云山相对角巾欹。从头数遍红尘客，总合低眉让炼师。

太白山人鹤田　郑柄衡筠亭

野外新驯鹤，山中旧熟田。随行知性癖，输粟见情牵。香稻馀残啄，苍苔分弃捐。在阴谁和汝，清唳欲闻天。

黄道山　抚宪常安

海畔一峰起，登临烟景开。风涛空外息，城市望中来。秦驻云常叠，长墙石不摧。几年劳勚地，着屐每徘徊。

葫芦山

谁怜大小一双珠，出雨兴云镇海隅。弱水可通为岛屿，古文堪秘想楷模。惠庄剖处知同否，鹅鸭蒸时得似无。蹑屐却思陶学士，空多依样画葫芦。

永安湖 邑令周宣猷雪舫

春波泱漭短堤横，双镜浮光照旆旌。细雨过溪芦叶响，幽泉落涧稻花莹。千畦喜课农分水，孤艇徐看鸟浴晴。溆墅戍楼孤月上，回看东海跋长鲸。

入枫山用昌黎《山石诗》韵
并索朱上舍仲谋、许秀才元文同作 马维翰侣仙

欲晴不晴秋雨微，斜阳一照秋云飞。泊舟三郎庙前水，举网乍得红鲤肥。垂杨叶落枯荷老，湖中菱芡消渐稀。蛇跗细路踏十里，脚力既倦腹亦饥。竹石清幽此何处，小桥径转开朱扉。溪声花气宛梦境，丝丝放出茶烟霏。长松如人俯道左，腰带即解宁能围。直乱波涛走天外，空青海绿沾我衣。我旋一官向京邸，正同枥马难脱鞿。安得尺寸效明主，山田可买行当归。

入枫山读书示丕光仲谋集杜

新诗句句好，重与细论文。闭户人高卧，摩霄鹤数群。深山催短景，荒戍密寒云。直作移巾几，儿童未遣闻。

悟空寺集杜

兰若山高处，高随海上查。野畦连蛱蝶，古屋画龙蛇。帖石防颓岸，倾壶就浅沙。青冥藤上下，细麦落轻花。

秦皇美人墓

胡蝶怨沙丘，空山草木秋。何如徐市女，采药有孤洲。

康僧像

胡僧记赤乌，西来见大意。遗像金粟山，漫空落舍利。

比肩里

旧里传比肩，深情在伉俪。宁夸大小乔，一一佳夫婿。

杨宣慰妆楼

宣慰开妆阁，名花贮几何。春山螺子黛，终自学双蛾。

游丰山归舟漫述二首

春衣并脱醉青山，踏破苍苔尚未还。大有风香吹不定，素心兰放在前湾。

寥落青松十里馀，暝烟浑锁酒人居。数峰相向月华白，或有仙灵开异书。

九日同墨麟、元文、可与登丰山，明日又登秦山作，即和墨麟元韵 朱作楫

昨夜新霜点点飞，苍茫野色夕阳微。云开皎月随波上，风急啼鸦

认树归。衰柳笛声迷古渡，寒枫砧韵捣斜晖。携笻拳石支颐坐，冷露濛濛湿客衣。

新秋墨麟过丰山，与洒亭读书纬旅阁，每夜联句犯晓录示，依韵和之录一首　朱权

绰有忘机趣，寻盟向海翁。云衔山棤满，秋翦树头空。黯淡芭蕉雨，芳菲茉莉风。意中人在目，无语寄征鸿。

茅庵访梅

积雨荒村霁色新，梅花应自倍精神。奚奴携酒青山道，羸马嘶寒绿水滨。雅爱竹林横瘦骨，惯贪古石倚吟身。茅亭一角清幽处，缕缕炊烟定有人。

溆浦绩麻曲　钱载箨石

浸麻方绩麻，绩麻原是贮。大则养蚕娘，小则采桑女。一丝续一丝，论筐不论丈。切莫乱丝头，何如纺车纺。采葛妇如何，葛覃风自古。绩麻不娑娑，乃复有溆浦。若无指擘纻，乌得腰张机。若不买丝去，那得卖布归。腰机立两木，生经转前轴。后轴坐缚腰，下踏上抽速。海滩晴晒盐，夏月勤种田。复得腰机织，男儿当有钱。绩麻有女织机男，溆浦腰机他不谙。大半木棉胜得茧，东南女手恰如蚕。棉若纱纺寒布多，麻如不绩夏布何。浦上海头传唱去，腰机歌是绩麻歌。

摘　茶

萝葛溆水边，分明谷雨前。满篮云气馥，两指露华鲜。东麓花婆井，西崖雪窦泉。总来初焙后，已听竹炉煎。

云涛庄是许黄门所筑

书爱十年读，径为三益开。惟应朱朴至，或是董沄来。松色近先墓，鹤声留废田。杜家湾窈窱，合抱见杨梅。

紫云山

唐代有耕女，紫云常覆之。入宫非艳色，赋命偶应时。王者兰生谷，骚人木有枝。寄言兄与嫂，轑釜亦何为。

春日澉川野眺　释源瀚觉海

浦口山如画，潮生复旧痕。青松黄道庙，白石紫云村。帆影盘烟岛，钟声撼海门。偶经杨柳岸，拂面午风温。

孟春茶园道中怀蒋先生

一冬无雪到梅花，石隙泉流咽浅沙。溪锁绿杨还过艇，草封幽径莫行车。康居院里飘残磬，角里山前落晚霞。渴欲共谭今昔事，过桥咫尺似天涯。

登禅悦寺钟楼　吴文晖

鸣磬归鸦集，登楼驯鸽逢。谁遮千里目，九十九青峰。返照动虚牖，凉烟浮暮钟。笼纱吾岂望，题壁半尘封。

白龙庵探梅

冲寒梅有信，曳屐客忘疲。香起不知处，磬鸣如与期。到门销俗虑，选树爱疏枝。山鸟偏相狎，穿林去故迟。

登万苍山绝顶赠陈山人即悦高

矮屋高于楼百尺，直从天畔作闲身。掉头似欲避生客，垢面不关蒙俗尘。短褐长镵堪送老，晨猿暮鹤久为邻。他时耆旧谁修传，纪载端应及此人。

过端凝上人房

潭影涵山返照明，屠苏依约一舟横。立沙鸥鹭随禅定，出水龟鱼候杖声。竹笕分泉疏雨响，铜匜萦篆白云生。葛藤椿子全芟却，坐觉翛然物外清。

郭氏白牡丹，二百年物也。花时过访，赋赠主人　吴懋政

清姿压断众芳妍，世泽栽培二百年。富贵生来仍朴素，子孙看到又曾元。榜悬秋圃家风旧，"天寿醇良"额，家中丞秋圃公书。屋拥春云邻树圆。宅后大银杏树高十丈许，为城中之冠。洗眼摩挲三叹息，沧波闻说变桑田。

过鲍公亭

草色平堤断碣眠，行人谁复忆前贤。论功若准西湖例，张鲍芳名合并镌。《彭童合志》：康熙十年，知县张素仁与张给谏惟赤开湖筑塘。旧有"张公堤"三字碑，余童时及见之。此堤张创鲍修，功绩相埒，新碑但镌"鲍公堤"，殊未安也。

金牛山　汤衡晋阶

石屋山南翡翠岑，岩前石洞连崎嵚。中间仅容数人坐，尚嫌浅窄

非幽深。尝考洞名所由起，兄弟逐牛为金死。从来趋利多祸机，吁嗟世人应鉴此。

茶磨山

大山巍峨白雪起，小山灵秀苍翠里。九杞山人许相卿，挂冠归来学黄绮。松篁缭绕影扶疏，爱客春开樱笋厨。箕颖高风成独绝，年年输纳鹤田租。

黄巢衕

朽索失驭逸六马，微火星星燎原野。万弩钱塘工射潮，虎狼南下何为者。云山叠叠水迢迢，此地从来是乐效。碧血青磷遗恨在，至今犹是说黄巢。

忆秦驻坞沙虎　吴龙辅

《尔雅》有遗品，佳名补《食经》。芳鲜能醒酒，软美乍开瓶。已吸脂膏尽，仍完郭索形。家人怜癖好，封寄载吴舲。

忆古横山兰花笋

最爱古衡笋，春来发嫩芽。珍羞配松蕈，香味逼兰花。一自离乡久，徒为远客夸。瓦铛和露煮，羡煞近山家。

青天开颂杭嘉湖道宁公　吴熙

青天开，神君来，弥山填谷欢如雷。神君在何所？乃在湖堤上。咳唾落两湖，湖流何荡漾。神君来，青天开；神君去，修农具。君不见，青天万里光熊熊，永安湖水流向东。

菊篸为胡茂栽赋

借问竹篱下，秋生几丛菊。澹澹对夕阳，依依媚幽独。亮无白衣来，早晚掩茅屋。

瀛洞诗

瀛洞在溆之六里堰侧，明布衣朱心泉先生所筑。以接下流之水，蓄而不泄，吾乡水利攸赖焉。惜倾圮已久，莫能修复。

粤稽宋李公，浚古泾三百。陂池纷绮交，弯环注阡陌。于时武原乡，水利侔郑白。西南溆墅村，厥土近广斥。高阜泉无源，灌溉急筹画。有明朱先生，惨淡意匠役。爰相上下流，以导往来脉。凿洞设双扉，水发自阖辟。外溃入则容，内盈出乃格。绝殊欹器倾，差类扑满积。以此蓄众流，不损但可益。吁嗟曾几时，举目异畴昔。古制日以非，偏隅地愈瘠。一遇岁旱干，遽愁土崩坼。我来六里堰，咨访空陈迹。父老为予言：夫人望大泽。孰嗣李令公，兼继朱君策。一一仍旧贯，鸠工及农隙。善哉殊复善，恨非霍食责。慨然怀古贤，凝想缅朝夕。

中秋湖上泛月并序

乾隆丙申仲秋之望，邀集同志于溆湖之永安禅寺。是夜泛月湖中，适遇家耘庐叔偕心如上人鼓棹至，初不相谋也。沿湖临海，尽欢方归。湖山风月之美，友朋觞咏之乐，于焉极矣。爰各赋诗，以传胜事。

万古中秋月，清华直到今。滩声寒正涌，山势夜兼深。风物从吾好，烟霞共此心。苍凉陈迹远，胜概复朋簪。

挥麈风生座，开樽月在天。湖山当此夜，怀抱得群贤。云气销龟阜，烟光湛鹤田。蓬瀛真咫尺，移席更登船。群公同泛月诗已刻板，藏邑城张南庐先生家，兹不重载，馀详比部沈带湖先生诗序。

永丰庵

峰腰遥见寺，谷口近闻钟。一径湾环上，群山左右逢。野花明水竹，春鸟响松云。只在人间世，烟霞面面封。

夏庵梅

花气勾双屩，周垣取路偏。孤清依净土，碎白点空烟。古寺无来客，深山欲暮天。东风莫唐突，留待管芳年。

雪中过惹山寺

万壑寒堆雪，孤庵昼独关。遥寻樵径至，乍向石林弯。入户流澌响，开轩古木环。昙花飞净域，贝叶伴寒山。钟梵泠泠作，乌鸦队队还。峰头平可揖，屐齿力犹顽。坑谷高低出，丘陵远近闲。依微见城郭，杳霭几烟鬟。天地阴方壮，行藏兴未悭。苍茫无限意，日夕罢登攀。

拟琴操二首题石帆侄南湖载酒小影　吴以敬惺仲

湖之水潺潺，青山面面湖上环。绿杨沿堤弄烟，夭桃及春红欲然。人间安所适，盍归来兮此间。驾我兰舫兮溯彼清涟，遗我块垒兮乐此林峦。流水行云相对间。扣舷新月下，举酒落霞边。不问山中岁年，谁识乾坤物外宽。素心如可期，往来过兮盘桓。右招隐

湖之水油油，舟行面面烟岚稠。狎彼沙禽野鸥，花柳迎人如与谋。

幽期渺何许，独于此乎夷犹。念子篷窗清尊自浮，念子中流清歌自讴。抱孤赏兮谁与酬。岸芷空含绿，汀兰徒自幽。慨芳岁兮淹留，独怅望兮为君愁。山中虽云乐，邈余思兮悠悠。右反招隐

书《永安湖中秋泛月诗卷》后 陈玉垣九阂

重湖百顷占山坳，秋净湖澄月正高。如此湖山如此月，天留嬉处待吾曹。

顾阿瑛词洵妙妍，董生相继亦流传。山灵自与高人契，诗卷迢迢五百年。

又 陆以谦太冲

去年此夕上层台，月照平沙万里开。谁料故乡朋旧好，扁舟湖上共徘徊。

鹧鸪杨柳传佳句，高士郎官改旧名。试举一杯邀月影，此游未必让多情。

题《南湖载酒图》 朱鸿绪学闽

南湖之水清且涟，南湖山色如云烟。小船载酒向何处，中有山人拟谪仙。山人举杯邀明月，顾影高歌动林樾。酒酣独立思苍茫，一片湖光沁肌骨。有时放棹携群豪，藏钩射覆争分曹。雄谈快辨惊四座，掀髯一笑湖山高。醉乡情兴纷可喜，醉乡面目殊难拟。丹青无笔为传神，传神只在烟霞里。

又 陈樽组行

北湖流水接南湖，收拾莺花入画图。山势晴摇双桨动，潮声昼撼

一城孤。由来此地还文宴，何处怀人剩酒炉。一叶载归春色好，萧萧细雨响菰蒲。

又 俞永升允初

两湖潋滟百峰晴，夹岸桃花照眼明。多少红尘牛马走，输君一叶酒船轻。

轩轩霞举想丰姿，颊上添毫老画师。一种情怀潇洒处，绿杨篷底独斟时。

又 朱炎笠亭

诗人高士湖边住，吟兴高时载酒来。安得人间逢铁笛，一声吹教海云开。

文宴自来湖上好，山围树绿水平堤。春光会得吟诗意，杨柳舞风莺乱啼。

晒海谣有序

盐场晒盐曰“晒海”。海塘下开窦，引潮作沟，曲曲依盐田。田在石塘内、土塘外，治之甚谨，不容一黍许瓦砾。细如粉，光如镜。随丁为界。每丁于田中积土，四高中陷，以实灰，曰“灰池”；池旁有井，以积卤，曰“卤井”；沟水泼曰“曝”，干曰“灰”；灰入池，渍水入井，曰“卤”；卤入灶烧之，成盐。团灶之丁，依此为业，戴星负日，沐露栉风，如农夫之望岁也。而商人贩夫、场吏仓卒，亦缘之为利矣。作晒海谣。

吴东有海盐，志地详《班史》。汉封老濞王，鬻盐从此始。洞洞起小窦，引潮来作沟。沿塘犁作田，町町横广畴。漉田细而匀，砑田平又整。田中方作池，池畔圆掘井。井卤自地渗，池灰自田来。田湿泥是海，田干泥是灰。灰干必须摊，海湿必须晒。晒海法：构水泼田，日中晒之。略干，以木板、绳曳摊成匀，灰积田中，如硬，次第归池。卤好始煎盐，煎盐分有界。北场曰海沙，南场曰鲍郎。填引付肩贩，待掣归盐仓。本县食盐用肩贩，设公堂。商人领引，贩子纳税贩盐。引有额，额满，土商出钱买之，归官仓，以待掣。卤缸试盐卤，浮沉视莲子。莲子多苦心，盐花出海水。试卤法以莲子浮而直者为卤足，沉者薄甚。《江邻几杂志》："十莲子为官盐"，为此也。东南船载盐，莫嗟上阪车。包苇载莫尽，盐田还有馀。《越绝书》注越人谓盐作"馀"。

澉浦观水操歌　吴以诚咸仲

一城如弹支海东，控吴带越形偏雄。曩时防海习水战，掀天鼓响波翻空。鼓声一击战舰集，怒潮应节通呼吸。桓桓虎士起船头，浪扶彩鹢排云立。鼓声再震日色黄，海峰离立森开张。鹍鹏逐影纷上下，天地合势争低昂。击鼓渊渊声未已，崩云倒激银河水。秦柱浮沉海气中，石帆出没烟波里。岭腾岳舞海若惊，星斗下降如相迎。诸葛但知争赤壁，汉家宁复夸昆明。于今承平乐乡里，泽国烽销百年矣。文儒络绎遍海疆，莫仅雄谈空在纸。倚天长剑气纵横，对此不觉生豪情。眼看沧海如杯小，快写胸中十万兵。

登天南第一山即许九杞隐处　朱棠南贻

清风挹襟袂，岩石独跻攀。不道人间世，尚留此一山。竹声纷涧户，松色冷溪湾。忆昔弹琴客，应同今日间。

海门寺与心如上人对咏　吴连稔雨润

卷尽烟云夜气澄，横窗一色冷龛灯。下方多在朦胧里，收拾空明让老僧。

妙偈本来随口道，禅机触处不寻思。读师流水行云句，绝胜推敲驴背时。

同友人游鹰窠顶下黄沙坞归 陈阿宝石壑

一入深山中，峰峦更回互。遥遥望海岛，莽莽迷归路。讵知转深坞，复有数家住。鸡声隔修竹，犬吠出枫树。居人颇古朴，经营惟田圃。对此何限情，停策不能去。谁云桃花源，千载不复遇。

太守来颂嘉兴府李公 吴东发

里中一何熙熙，昨日心忧今则夷。君不闻太守来？有虎有虎凭其威，昨何可畏今则非。子兮子兮太守来。太守来，来湖湄，于湖之南，湖之北，湖之东，湖之西。秉直司聪，是度是稽。吁嗟乎，微太守之来兮，我民何依！

城南有二妇

二妇者，缪宗美妻陈氏、成美妻马氏也。康熙四十年闰四月事。

城南有二妇，生长在田庐。不知刺绣文，但解把犁锄。上堂奉姑嫜，左右何愉愉。还复茅檐下，各自抚其雏。四月采柔桑，提笼村西墟。八月沤麻苎，言临门前渠。群居里巷中，谁谓二妇殊。上天赋生物，不遗柳与蒲。二妇何闻见，所保在蒙愚。一朝庐舍焚，二妇无他须。蹈火教姑嫜，并遗襁褓雏。二妇已云没，丈夫何区区。

迎送蝗神曲

王渔洋《居易录》：南宋刘漫塘死，为蝗神，俗呼为“莽将”。农人遇蝗，辄赛之，为作迎送蝗神曲。

坎坎兮击鼓，蹲蹲兮为灵舞。执豖兮亨羊，谢灵贶兮羞余觞。灵之来兮以马，风萧萧兮林下。灵之来兮以舟，波粼粼兮江头。率子弟兮罗拜，去兹螟螣兮惟灵是赖，福我兮于万斯载。迎神

焚纸钱兮东皋，烟腾腾兮上青霄。灵之去兮何往，山青青兮水瀁瀁。灵既享兮我心写，饮灵馂兮祠之下。日暮兮群归，儿童扶兮长者。平原人去兮风凄凄，东阡西陌兮飘灵旗。送神

秦汉十印歌

石但有鼓金鼎彝，剥泐销蚀罕留遗。《诅楚》传刻不足信，遑论大禹岣嵝碑。小篆以后变缪篆，秦汉铜印称神奇。平生蓄眼罕所见，今观十印神欣怡。摩挲三复读疏记，如发得梳翳逢錍。秦印一曰阳官马，官字笔迹亦似宜。阳官阳宜殆双姓，氏族谱漏难诹咨。古人命名不以疾，疾与去疾真同时。某女仿佛是临女，“临”古文或作“臨”，此作“𦣝”，疑省文。上帝临女义取诗。笔势古劲复秀逸，篆文直逼丞相斯。秦印止三汉印七，孙林容护史失之。著作绣衣御史贺，武乃外戚封闻熹。闻喜，汉碑作闻熹。当时清节重朝野，越二千年名不澌。惜哉登也不系姓，非贤太守陈其谁。匽湖之德不可泯，从来德立名斯垂。鮭阳作鲑郑樵误，穗本作采许慎师。乃知宝此非玩物，十印不数千金持。其小足以证笔画，其大用寄明德思。吁嗟自来凡物皆有遇，一遇拂拭增光仪。小瑯环馆今福地，印兮羡女长追随。

阮元《定香亭笔谈》：余遴秦汉印，佳者凡十，贮以王晋卿镂金小字铁匣，作文记之。海盐吴侃叔东发博古能文，识古文奇字。予试嘉兴，以《秦汉十印歌》命题，语幕中人曰：“此题吴生必擅场。”已而果然。别以汉印一与之，曰：“以此奖实学。”〇按十印，一曰阳官马，二曰李疾，三曰某女，其右字不可识，皆瓦钮，小秦印。

四曰王贺之印，瓦钮；五曰窦武印，龟钮；六曰鲑阳充，瓦钮；七曰容护私印，龟钮；八曰孙林，九曰臣登，并龟钮；十曰采禁，瓦钮；七印皆汉物。

九日登翠屏山

百年几令节，辛苦此登临。戚戚平生事，悠悠天地心。寒潮白塔外，落日翠屏阴。回首望乌夜，茫茫涕不禁。

过白云庵

隔坞见孤庵，山转不知处。行行信芒鞋，忽与白云遇。

溆浦竹枝词

二月四日春氤氲，始皇庙前人如云。侬家家住归仁里，有酒只祭屠将军。

劝君休歌行路难，丰山有女老清寒。贞魂不化望夫石，化作秦山山上兰。

慈竹湾头秋正赊，西风篱菊两三家。月明试唱董媛句，落尽巫山夜合花。

日晖桥头霜叶飞，邬家园里橘柚肥。邬先生死贻谋在，辛苦桐乡张布衣。

题天马山人《永安湖图》二首　黄仙根亚圩

林外清溪林内庐，秋风古道往来疏。名山自是千秋业，请与先生比屋居。

诗中有画画中诗，作者幽怀郑重之。吴竹项松零落尽，请君留与后人师。

寄怀金粟方丈心如上人　方梦魁

门前群动日纷然，金粟高僧自坐禅。万劫尽随流水去，一生好枕白云眠。谈经日伴菩提树，付钵时开宝座莲。送尔入山今两载，西风黄叶又经年。

永安湖春泛

两湖春水涨，载酒放孤篷。篙打鸭头绿，桥通雁齿红。莺声娇细雨，柳色媚轻风。且向中流去，沉吟兴未穷。

金粟禅院

名山留古迹，野寺怅萧条。鸟静有禅意，泉流无俗嚣。钟声和夜雨，梵唱杂清霄。谁继江潮韵，徘徊空寂寥。

九日登高　胡以谦

迩来已觉宦情疏，每叹为农我不如。今日古衡山下望，桑麻鸡犬似秦馀。

登临何必远追寻，古庙无人竹树深。四十馀年重到此，依然红叶满霜林。

题孙黼斋《秋山策杖图》

杖黎无藉短童扶，九九峰头俨画图。差喜登临无俗客，不教诗兴败催租。

纷纶经笥腹便便，富贵由来淡似烟。鹤发冰姿秋色里，几疑人是采芝仙。

丙子暮春，偕横湖马古田、家弟梅溪至若山精舍赠恒公 孙映煜

三人一百九十六，携杖闲行入山谷。可惜东风花事阑，国色天香开已落。山僧一笑喜相迎，煮茗清谭颇不俗。光阴迅速苦相催，它日重来健如鹤。

箬山八咏有序

去余家舍不二里许，有惹山，为溆墅九十九峰之一，载诸邑《图经》尚矣。邑志作“萲”，按，字书无此字。登陟者以其名不雅驯，罕有题咏。丙寅春夏之交，偕溆川王月槎茂才均登是山，循览者久之，见其林木葱蒨，形似覆笠，恍然悟山名之垂，当与吴兴箬溪一例。随拟八景题，与月槎共咏之，大雅君子，以为然乎否？

龙潭夜月潭在箬山岊，有草庵，亦以白龙名。〇白龙母冢在长墙山后，时有白龙来窥，必风雨大作。

白龙窥母去，潭水尚通灵，皓月当空照，神珠一颗停。鸟飞时见影，草长远流馨。倘遇安禅客，谈经亦解听。

龟阜晴云龟山与葛山相连，去箬山最近，青山亦名龟山，去石屋龟山较远。

一阜培塿耳，龟趺自昔闻。青苍涵列宿，肤寸吐闲云。春霭山容笑，秋清物象分。慨然念庄叟，俯仰息尘氛。

双桥残雪双桥即在箬山东麓，有酒肆，其塘路直通溆镇。

驴背驮吟客，冲寒去去遥。雪花残六出，虹彩现双桥。水远晴如画，帘低影若招。岭梅开也未，鹤冷语松标。

角里斜阳角里山在箬山西

山行回望处，角里下残阳。树景岩腰转，霞光雁背长。僧归红叶寺，牧返白云冈。地胜全高尚，斯风渺绮黄。

松涛响翠白龙庵有“响翠涛”三字匾

夜卷春涛壮，晴看晚翠新。香云团盖影，苍雪老龙麟。地少长年老，天留不坏身。悠然凝听久，爽籁豁襟神。

桃坞蒸霞文溪坞在石屋山南，奇秀幽僻，俨一桃源。

地有烟云古，文溪坞里花。高低沿绿水，远近乱红霞。果熟知何岁，林深住几家。桃源逢咫尺，底用讯胡麻。

橹山樵唱泊橹樵歌，本溆川八景之一，其峰甚高，洋艘归，望见泊橹，故名。

泊橹山名旧，人疑上古樵。清歌高岭彻，归担夕阳挑。问讯来渔牧，追随有鹤瓢。翠微烟霭际，风叶宛鸣箫。

浦漾渔歌浦漾广阔，长桥十二洞，约三丈馀长，渔舟骈集，在通元镇之南。

广浦成渔溆，渔家乐若何。郎当支屋住，欸乃扣舷歌。夜冷搴红芰，天晴晒绿簑。长桥足清听，乘月几回过。

赠吴芸父明经

契君若高山，思君若流水。流水淡以深，君子交如此。

永安湖竹枝词

仙人椅上白云白，美人墓前青草青。青草一时迷客屐，白云终古静山屏。仙人椅在北湖莲花峰上。

啄花莺坐水杨柳，雪藕人歌山鹧鸪。佳句当年评铁史，阿瑛千载重菰芦。

过恩锡轩　吴本履

经旬不到此，瓜蔓满松棚。一蝉吟绿意，静答读书声。

鲍郎诸友祖饯六里堰感赋　盐司董和培

又上飘篷一叶船，诗朋酒友散江天。几篇投赠怀人句，满座殷勤饮饯筵。蚁聚有情怜九月，鸿飞后会是何年？神交记取沮金石，不比萍踪过眼前。

和王赤霞九日惹山登高韵　陈迥

在昔泉明兴最高，家贫自酌谢贤豪。何如旧友萸均佩，更值新晴屐不劳。富贵原宜同脱屣，田园也可等亡毛。时开家醖无烦送，叹羡先生乐胜陶。

宝纶阁待雨　吴修思亭

山雨未到树，水云先满湖。钟声沉更续，峦影淡如无。高阁诗应就，遥船有客呼。渚风莎草绿，闲煞刷翎凫。

题吴耘庐《双鱼仙迹图》　张廷济叔未

吴真君祠青山阳，宋开禧间志常棠。双鱼规文庭中央，目验得之方与王。谓稼堂草园。延陵图记何彰彰，征诗维鱼非荒唐。众乃蠓省《字说》详，蠹载《说文》蠓《公羊》。水盛蝗化鱼洋洋，五谷大熟歌仓箱。溆浦湖田高且良，红莲乌糯箭子黄。岁以水泽卜丰穰，圣人在上时雨旸，见沛霖雨水泱泱。今年定有农夫庆，仙祠踪迹应光昌。瑞征岂止山海乡，维鱼维鱼大吉祥。

又　俞用蘩信伯

活泼灵机欲画难，神仙狡狯竟无端。不应涸辙经年伏，或恐乘龙作队蟠。从古桑田原海国，错疑平地起波澜。凭栏忽动濠梁兴，好倩任公下钓看。

又　方丰

双舄成凫杖化龙，神仙变幻本无踪。渔人休作临渊羡，试看中庭现影重。

涸辙何缘活泼生，枕丁尾丙宛然呈。若非圣水通灵气，那得因时验雨晴。

过皋苏将军庙　李聿求五峰

金牛山下荒祠在，野衲休将神像诬。千载英雄传姓氏，好教游客认皋苏。皋苏将军庙俗称金牛庵，里人讹传已久，吴兔床撰记驳正。

云岫庵观日出　马人骥

高标绝依倚，拔地含郁怒。群峦静拱扶，三面海环住。天风吹蚤色，积气生云雾。洪涛默无声，势挟奔雷去。须臾日将升，烂若锦绣布。光焰俄变灭，振彩忽腾翥。谁排阊阖门，独辟扶桑路。天吴戒前导，羲驭自缓度。坐想心自雄，况借江山助。安得凌风翰，常年玩乌兔。

溆上口号　马介廉

杜曲云涛本在山，只缘人倦未能还。鹤粮已尽鹤飞去，绿草白云空自闲。

双梓墓边双雁栖，鸦鹊门前鸦乱啼。千载荣华谁复见，比肩人是重夫妻。

九日集同人小饮登惹山　王泰

良友芳辰一笑逢，开轩萸酒话重重。正愁陶令园疏薄，却喜坡公市味浓。时祝云林携乌蟹来，故云。扪虱何须夸侠杰，持螯自可豁心胸。醉来乘兴登临去，兰若峰高曳杖从。

篱边日日是重阳，看尽萸红与菊黄。凤岭宴寒风飒飒，龙沙会古路茫茫。煎茶留客尝怀陆，送酒来宾旧姓王。今日翠屏山下叙，可能追步曲江觞。

木落深山万景澄，携筇得得上崚嶒。从他屈曲羊肠险，忘我衰颓马齿增。有磴难逢高士坐，无台强效宋公登。文峰一曲传千古，试问先生能不能。

振衣千仞一身高，回首灾消计不劳。饵糗正宜思贾寿，题糕不敢笑刘豪。会将握手寻三乐，何用攒眉怨二毛。镇日相徉归计晚，月明分袂各陶陶。

小春月三日集同人小饮赏菊

犹有琼枝傲晓霜，从教挈伴快飞觞。时逢十月西风紧，始信冰操晚节香。

纷纷红叶殿秋光，曳杖探幽引兴长。莫道龙山高会罢，须知有菊即重阳。

永安湖歌 邑令汪仲洋少海

彩云横挂明月里，绕月飞云飞不起。云化为山虹化堤，月是南湖北湖水。何人引湖初灌田，湖口置闸潴泄便。琉璃凿破沆瀣出，七十二浜何渺然。绕甸穿塍隐复见，汇流下注势忽断。分宣旁有张老闸，横搁正赖孙家堰。水旱无忧岁有秋，膏腴之产人争谋。不识西湖去葑草，但解南亩歌瓯窭。贪恃天功借人力，六十年来水失则。湖身渐高堤渐低，沟浍交流半淤塞。去年南乡苦旱干，湖田车戽苦艰难。虽邀馀润出天幸，当遵成法筹万全。我循海岸来湖上，咨询父老但惆怅。高士幸逢朱与吴，谓笠渔封翁蓉渠同年。募捐董役得凭仗。从来豪杰不虚生，有胆有识兼有情。举事能兴百代利，功成讵让千古名。鸠工闻有旧章在，鼛鼓一声气百倍。馀力愿及城长河，潋浦田园亦灌溉。

翠屏山庄即先仲真公祠　董时春爱山

犹是旧湖山，山环九十九。祠荒业亦荒，漫说流传久。

屈指此山庄，春秋四百九。蠹编一册遗，重梓留传久。拟重刊先汉阳公《续漱水志》，故云。

夜宿胡穰园丈文蔚爱好山庄　高亮功晓村

主人有好庄，藏在烟雨里。中矗环翠楼，颇得眺赏美。夜来檐竹声，夹窗清入耳。明发认前山，微茫指角里。

六里堰上

面山集小市，带水通人烟。老农捋秋桑，争堰时喧阗。采山鲜可食，种稻岂有年。一笑海上国，终岁食无盐。煎盐地不设官盐，故云。

自漱上归途泊舟茶院憩金粟寺

偶沿招提路，来觅金容处。古迹远千年，山僧未能语。落日解缆去，钟声泊遥树。

宿万苍山钱氏湖天海月楼

敞绝湖天境，重楼结构牢。烟波三面绕，苍翠百峰高。墓向先贤谒，谓钱鲁南先生。春随野老遨。今宵清睡稳，一枕听松涛。

金牛庵道中

夹径松栽冷翠间，人传此是会骸山。一庵僧火留堪乞，千古金牛去不还。送日薄云藏晻霭，过风幽涧透潺湲。天涯不少轮蹄客，肯冽枯林学闭关。

宿钱氏湖天海月楼　陆树人春泉

兹楼闻在昔，觞咏多名士。凭栏试眺望，云海状傚傀。朝日出荒荒，暮霞飞曩曩。怀古发深情，俯仰费偻指。当年文酒盛，湖山竞媲美。冠盖无陋色，禽鱼增旖旎。即今秋风生，欹枕听远水。好景难磨灭，陈迹去如驶。逝者如斯夫，高山留仰止。沧洲堪笑傲，吾游从此始。

游秦驻山

昔年祖龙自称豪，壮志欲跨三山鳌。万乘东幸肆绎骚，鞭石不渡心徒劳。我来望此首重搔，拔地上耸巍然高。东南一片青周遭，齐州指点分毫毛。美人玉骨埋黄蒿，童男丱女无轻舠。仙人何处接卢遨，海日落去风飂飂。

又　王维屏南坨

秦驻山头春鸟啼，秦皇驰道草萋萋。美人一去无消息，剩有长松舞大堤。

蓬莱原是无多地，莫道仙家弄舌端。沙岸条条三十六，《图经》曾说接黄盘。

又　马玉墀龙岩

选胜来为千里望，诸峰犹似拱秦皇。接天芳草一条碧，浴日洪波万顷黄。沙岸鼋鼍丞相碣，东风桃李美人妆。蓬莱对面分明是，欲向春潮问野航。

永安湖堤

永安湖畔挈朋游，云物凄凉过杪秋。山意经霜红入树，水容近夕绿栖楼。盘盘折折堤边石，泛泛悠悠水际鸥。我欲此中来避世，谭仙新筑使人愁。谭仙岭新筑炮台。

宝纶阁晓起　查初揆梅史

残梦落菰芦，炊烟已满湖。沙中渔子饭，木末野禽呼。春雨随潮上，山云到水无。回头见溪女，双足白于凫。

北湖山家

篱竹新编翠未舒，好风容易到幽居。登畈挑菜吠寒犬，临水拗花惊戏鱼。布谷鸟啼刚种秫，湔裙人去已成渠。头衔许署园官长，笑乞山灵即拜除。

鸡笼山寻子修

路闻涧泉声，如与幽人语。幽人林外逢，泉声不知处。

碧里山晚眺元建碧里寺，见董《志》。明徐鹍墓在东麓　张作藩春圃

褰衣独自上高冈，树色苍苍稻色黄。避为西风翻鸟雀，畏惟寒露下牛羊。前朝古寺埋深土，副宪残碑卧夕阳。不独秋深伤往事，飞烟指点故人庄。

马鼻泉　方溶

小桃源里一清泉，独怪深藏人罕传。呼吸相通名亦雅，山灵埋没许多年。

澹水村杂咏

乔松老桧碧烟浮，参政当年手泽留。华表鹤归天欲晓，一声叫破满山秋。白鹤园秋晓

玉龙斜挂是耶非，谷口山腰雪乱飞。只有讴吟人耐冷，蹇驴短褐暮忘归。磡头门冬雪

生长烟波不解愁，管山桥外泊轻舟。一声短笛眠初起，落遍梅花曲早偷。雪水港渔笛

朝朝雾鬓与风鬟，欲采头纲晓入山。翻得江南新样曲，一生不敢怨红颜。北姚湾茶歌

五百仙童去不还，孤峰缥渺自年年。空中忽见成楼阁，应有崇朝雨沛然。秦驻峰海市

淡月微云数点星，老僧犹诵《法华经》。清虚幸不松林隔，多少繁华梦唤醒。惠泉庵梵音

辞家万里客江东，卸却蒲帆落照红。今日得交刘处士，羡他犹有比肩风。金水堰客帆

双双桥影接东西，卧柳垂杨不碍低。午夜月明看更好，澄潭浑似碧琉璃。咸塘桥夜月

水抱山环别有村，林间无数乱红翻。秋风也似春风巧，匀染胭脂不见痕。分金岭红叶

陡闻天半起涛声，雨过风来翠独呈。有客携琴松下坐，醉翁弹出

更移情。石塔山翠涛

咏帨竹 虞嫄

一点贞心古井泉，清寒彻骨自堪怜。相看岁暮青青色，历尽冰霜戴一天。

画图秋菊

移种陶家未及秋，渊明去后色添愁。抱香甘向枝头萎，断不随风逐水流。

移种春苗爱护周，柴桑无主为谁秋。寒芳不逐东风舞，岂肯相随红叶流。嫄字洁庵，烈之女，举人勋之侄女，董湄妻，早寡，详载董《志》。

避乱村居 彭孙莹

径僻柴门枕碧流，苍茫景色望中收。萝悬败壁千林暮，树隐寒村万壑秋。城市萧条戎马骤，家园芜没菊松愁。不堪东望风烟急，满眼尘氛接戍楼。孙莹字信芳，赠吏部侍郎孝起女，庠生徐复贞妻，著有《碧云轩诗集》。

新柳 徐妙清

轻黄浅碧映波纹，淡扫新蛾瘦一分。紫笛嫩寒吹暮雨，红亭小蝶舞春云。燕姬双带香初结，蚕妾三眠草易薰。应是陌头多惹恨，画眉夫妇故殷勤。妙清字雪轩，贡生恺元女，国子生彭骞曾妻。

红莲 徐宜芬

异种移来出藕塘，田田翠盖映红裳。不须玉井夸仙品，犹胜灵池斗艳妆。晓露半融沾粉湿，晚风轻度袭衣香。殃央绣罢停针线，好倚栏干纳早凉。宜芬字□□，藩厅钟元女，海昌中允杨中讷妻。

点绛唇 虞兆淑

梅绽芳菲，垂杨烟外低金缕。韶华憔悴，生怕帘纤雨。　　绣户凄凉，蝴蝶双飞去。愁如许，梦魂无据，还在秋千路。

浪淘沙庭前玉兰为风雨摧损

花气隔重帘，风雨凄然。辛姨初放小庭间。记得年时花共月，一样芳妍。　　春嫩不禁寒，雪压阑干。高枝拟托问青天。差喜今年开较晚，却又阑珊。兆淑字蓉城，教授在衡女，州同知徐赓元妻，著有《玉映楼词稿》，沧浮子为作序。

溆水新志卷之十二　杂记门

祥异　轶事　琐说

明嘉靖三十五年四月，甘露降。秋，大稔。四十一年夏，复降，二麦大熟。

四十年四月七日，雨雹，大如拳，麦尽损，至破庐舍。秋冬大雨水，禾不能刈，烂田中。米薪踊贵。

隆庆二年正月，相传朝廷欲括童女充后宫，民间竞相嫁娶，贫富长幼多不得其宜者。此民讹也。

三年闰六月十五日，大风雨，海溢。

万历元年四月，甘露降。

三年五月三十夜，大风海溢，水丈馀，溺死者无算；坏庐舍，无秋，民大饥。

十五年七月，大风海溢为灾。十六年，米价腾踊，石价银一两六钱；麦石价银八九钱，秋旱，复无年，饿殍盈野。

泰昌元年，谷暴贵，掠者四起。

天启元年，讹言选宫人，乡民多有童男女相配合者。

三年十二月二十二日，地震。

五年，旱，损稼无收。八月朔，白昼星见月傍。

崇祯元年七月，海溢。五年，夏秋大旱。

十四年，蝗食禾，民大饥。十五年，斗米四钱，人食草木。

国朝顺治八年，自春至夏大雨，斗米四钱五分。是秋，有大鸟高三四尺许，其色青，集于龟山之麓。众鸟万计，翺翔嘈杂于左右，凡七日，摩空而去。鸟粪所污，田土如垩，林木槁落，下有死鸟，不计其数。

九年夏，大旱。六月初九日，飞雪大寒。七月，彗星见东南，至八月杪方没。十月二十五日，黑虹夜见，人民惊喧，半夜方没。次年，户部覆准免粮有差。

十年闰六月二十四日夜三更，红日出东北方，大如斛。月始升，灭不见。

十一年六月十七日夜，月生两耳。十二月，大雪，海冻不波，官河水断。

十五年八月初十日寅时，大雷雨，诸山及秦山蛟龙尽起，并入海，水涨平地行舟。

康熙元年，大旱。七月二十九日，二龙起海中，赤龙在前，青龙在后，身如车轮，鳞甲火发。

五年六月二十三日亥时，有大星随以小星千馀，从西北流至东南，坠地。

七年六月十七日，地震，窗扉皆鸣。二十日，地生白毛，大风海溢，塘崩。八月，秦山鸣。

九年九月二十九日酉时，天开眼。

十年夏，大旱，南乡大饥。七月二十日，蝗从西北来，飞过城外，至长山止，三日，不伤稼。二十二日子时至卯，遮蔽星月，三时过尽。

三十二年，自春至秋大旱，禾尽槁，题免丁银。

四十六年夏六月，大旱。

雍正二年夏，旱。七月十八日，大风雨，海溢塘圮。

九年、十年，虫灾，大无禾。

乾隆二十年，大旱河竭，有虎至石马山，伤数人。十二月初二日，地震。次年，米价踊贵。

二十七年七月十三日，山崩海溢，平地水深数尺。

二十八年元旦，日月合璧。

四十四年，有山狗至海上诸山，遇小儿辄啮其喉，负之去。至四十六年，生育甚伙。夏，飓风大作，始绝。

五十年，阖郡大旱，南乡河皆涸，无收，粮免缓有差。次年春，饥民群掠富室，米价腾贵，斗米五百文。是年，嘉兴县徐贤埭乡农缪姓妇，产一物，堕地即绕室跳走。其夫持橛击之，应手倒毙，唧唧有声。其怪长尺有咫，面具人形，身肤赤色，顶上有一目，脑后赤发一丛约五寸馀，此或旱魃是也。

五十九年正月，甘露降。

嘉庆元年正月九日，大风雪，冰凝不解。秋，大有年。

二年夏，阖郡麦大熟；甪里山产瑞麦，一茎二穗。

三年，通元复产瑞麦。夏，旱；秋，一夕大雨如注，禾大熟。十月二十八日夜，众星交流如织。

十七年秋，彗星见西北。十八年七月，苗生螣，大歉。

十九年夏，天旱灾。秋八月，米价腾贵，饥民大掠，食树皮草根。粮免缓有差。

二十四年秋，大旱，河底龟坼，苗吐花尽稿死，人民大困。粮免缓有差。

道光二年秋，大旱无收，南乡偏灾。粮免缓有差，米不贵。三年夏，大旱，南乡苗早种，不为灾，米价腾贵。

十三年秋，淫雨损稼，大歉，北郡大饥。次年春，米价腾贵，斗米钱六百，人食榆皮蕨根。海荒，盐斤钱七十。

十五年，南乡麦豆大熟，民困稍纾。

二十年，清明前七日，大雪。

二十一年十一月，大雪深数尺，河冻不开。

二十二年二月，白光见西方，长数丈，月馀灭。四月，红毛夷至乍浦，大掠，复至邑城，又由海道至澉，人民惊窜。是年，免粮十分之二，被兵灾故也。

二十六年六月十三日丑时，地震，屋瓦倾仄。

二十九年夏，淫雨不止，大水平地深数尺，苗尽淹死，白田相望；角里山鸣。六月，水始退，有立秋前后，分高处苗补种者，略收数斗。米踊贵，斗钱七百，流民饿殍满道。捐赈粮免缓有差，不开仓。如此大灾，南乡人所未经见。次年八月，淫雨，马鞍山、青山、长墙山、南北湖诸山皆崩，复大水，幸退速，略有收。民益困，穷不聊生。

临江太守钱琦，本姓何。洪武中，有名贵四者，戍都匀。一儿甫生三日，托同里钱翁收育，长名裕，因从其姓，即琦曾祖。贵四有先茔，人呼为何长官墓，久芜茀，一夕忽现光怪，鹳巢其树巅，太守闱捷至。自此至今，子孙簪缨不绝。

雪江秀和尚，晚年缚茅胜果山之石门郭公泉侧。地既孤迥，人迹殆绝。居久之，夜梦陈姓者揖曰：“西有月岩，请观前生所为诗。”旦乃求之，蓁莽中，果得月岩。岩刻元人诗，题曰“雪江陈天瑞”，与和尚号政同。因怅然若有所悟，始知释氏轮回之说不诬也。

冯皋谟未举前，梦跨马从小栅桥土地祠前过，忽颠仆而觉。应试至武林，梦一节推，手其卷，跪一大参前，云：“此卷未称。”大参曰：“是可中。”后揭榜，卷果在节推硖江边公房，为亚卷，大参内江高公世彦拔之。锦旋时，马至小棚桥祠前，果蹶而仆，如梦中。今于其处树棹楔，表功名所自兆焉。

万历丙子，有张某兄弟者，尝以廉值取其叔某之田。而叔贫，无以为生，乞贷不已。张患苦之，谋杀焉。惮其子，先以计延致其子于家，强之饮，至醉，幽诸别室，杀而沉于河。即其夜，潜入其家，并叔婶而缢之。其孙脱走。有亲韩某者，以“去草须去根”之说进，复追而杀之。尽焚庐舍，以匿其迹。里中人咸不平，相与讼诸令。令不信，鞭而遣之。已而坊总入首，扑之如初焉。群情汹汹不已，令乃拘张至，讯之不服，笞之。俄有蛇从梁下堕令案前，忽化为三，绕张兄弟，啜其血，击之不去。令曰：“此必冤狱也。”往其所杀处验问，尽得其情状。于是并其父子兄弟及与谋之人，尽致之辟，人情大快。而蛇亦莫知所之。

吴霎梦五神吏峨冠珮带，登堂皇列坐，亲拜其下。手然一香，香焞，焞为数丈光，上属于室，因惊寤。而次孙麟徵适生。

吴太常麟徵会试，初止长安邸时，梦身经荒墅，一褐衣丈夫，冠危冠，负手仰天，长吟曰：“山河破碎风飘絮，身世浮沉浪打萍。”往复唏嘘不已。太常为之泣下，或指曰：“此隐士刘宗周也。”既寤，且不识刘为何人。及登第，升宗伯堂，有悬板题主事刘某名，愕然心异之。卒殉国难，岂所谓妖梦是践与？

朱氏，吴太常麟徵妻。相传七岁时，刁浣堕河，举首见崖上朱衣数人，呼曰：“急救贵人。”适汲妇至，拯之得免，忽不见崖上人。以太常殉国封淑人，兆有在也。

曹小二，蛮者。丁亥春，应募为兵，征江西；戊子逃回。辛卯七月初，忽喃喃曰：“非我一人杀汝，汝何独寻我？”至暮狂叫绝。痛绝声震邻户，启扉视之，流血床箦，抽刀刺喉，以手作援笔欲书状。与之笔札，书云："我在江西杀二节妇，今追至此。因在彼时，曾得银二两，放活十人，故得未死。"乃于血污中取刀投出，曰："汝可去寻头目来。"越数日，始知痛，进勺饮，声哑哑如内竖。详述其事曰：初破江西，掳二妇，夫王孝廉孙，小二沉之江。其二妇，一妻一妹也。长号请死，以身奔江中不得，掠置舱底。数日，军中下令，不许留妇女。小二恨其不受淫也，与什长共起刃之。二妇忻然曰："脱苦矣。"顷二妇魂来，云："不识汝姓名，故寻汝三年，赖土地引至此。"又数日，叫死。

五代时，钱镠出平水奇兵，屯丰山。先是，镠与黄巢战县南葛山，至今有黄巢巷，为伏兵处。则钱之屯丰山者是也。仇俊卿《志》

余家旧藏顾仲瑛诗帖一纸，乃《次韵刘孝章治中邀夏仲信郎中游永安湖诗》二首，字画绝工，杨铁崖先生尝和之。中有一联云："啄花莺坐水杨柳，雪藕人歌山鹧鸪。"极为铁史所称许。仲瑛家饶于财，而豪侠不羁，诗笔乃其馀事。中吴杨礼曹支硎先生跋其后云："吾家铁先生，平日豪气塞云汉，未尝轻易假人以称可语。今为仲瑛拈出一联，低头逊避，乃知先生目中自有人也。"朱存爵《存馀堂诗话》

州少年多善歌乐府，其传皆出于溆川杨氏。当康惠公梓存时，节侠风流，善音律，与武林阿里海涯之子云石交善。云石翩翩公子，无论乐府、散套，骏逸为当行之冠，即歌声高引，可彻云汉，而康惠独得其传。今杂剧中有《豫让吞炭》《霍光鬼谏》《敬德不伏老》，皆康惠自制，以寓祖父之意，第去其著作姓名耳。其后，长公国材、次公少中，复与鲜于去矜交好；去矜亦乐府擅场，以故杨氏家僮千指，无有不善南北歌调者。由是州人往往得其家法，以能歌名于浙右云。姚桐寿《乐郊私语》

金粟寺有康僧会身像，余于至正癸巳始得顶礼。明年春，余以伯兄见背，到寺礼忏。复与潘广文泽民检发唐代所书“三藏”。然零落过半，惟《华严》《法华》《楞严》《宝积》《维摩》《长阿含》及诸律论之半，犹完整不坏。翻阅逾旬，忽于晡时作礼像前，见像眉间有光。须臾，光若白线，嫋嫋而出，盘绕华盖而上。余遂鸣钟聚僧，称佛名号，礼拜赞颂。至暮，而光复从眉间收摄。人人叹为稀有，泽民因作《放光记》纪其事。《乐郊私语》

许相卿读书黄山中。一旦大雪，见篱落间杞树著子如红雨，移植中庭。旬日，发条九枝，遂自号“九杞山人”。

许九杞将葬父，拟得名辈题主。人举当时尊贵者为问，九杞云：“公等特论官耳。世间高官自不乏，顾无若朱西村老布衣，无轩冕罪过耳。”即为严礼，泥首其门，恳其临丧次，成礼。贤豪举动与流俗不同如此。九杞临没，自为墓志，贤于乞人谀墓者尤远矣。

夏文愍之再出也，道经嘉禾，以书致许九杞，与决进止。于时藩臬郡县舣舟祗候，道相望。许葛巾荔带，刺一小舠诣夏。夏问许：“仆此出何如?”许不答，第言：“可惜李长源，却受观察判官。”夏正襟起，谢曰：“便当疏辞，以奉明教。”须臾，挝鼓回帆，顾诸祗候，一时星散去，夏怃然，遂不果辞，卒及于难。

许大理樯卿，少受经于从兄黄门公；公督之甚严。既长，受室，稍怠，则长跪谯呵之，讫成进士。樯卿至老，每侍黄门，端坐鞠躬，不敢废弟节。又黄门异母弟桐卿，居常事伯兄，甘毳必以荐；晦朔，衣冠以拜黄门，性严重。两弟事之，终身如父。许星石《家传》

冯参政皋谟，既平张琏，遂不出，闲居三十馀年，颇广田宅。宅最迫者，二旧邻也。邻固请售，参政曰：“某不敢谓盛德，不忍故老去。某乡居故里，出门便有一二故老，殊善！幸各相安。但有鹅鸭可憎，缓急可通，不妨时时相告也。”二氏颓垣短舍，饱暖并立云。

吴磊斋年十二，同学相聚嬉弄，或身状古人故事以为笑乐。强磊斋一为之，乃拟宋文丞相对詈孛罗状。词气慷慨，倾动左右。拟孛罗者，致慑怖不能持，局促而罢。

磊斋读书，质甚鲁，艰于成诵，发愤兴蹈海之念。步至海边，见有数丐割鸡聚饮。时方孟冬，有瓜果诸物，心异之。方注视间，一丐忽翘首视公，哑曰；“此自经忠魂，何为乎来哉!”因掷一鸡首与公曰：“姑啖此，不必问诸水滨矣。”公接而啖之，忽心地豁然开朗，方欲致谢，群丐忽不见。从此过目成诵，登进士第；卒殉甲申之难。群丐盖仙人也。

磊斋家居，时值岁荒旱，民生糠豆不赡，委弃童龄塞路。乃鬻郭外田，加假质畜米菽若干钟，收群儿于路，为糜僧寺。身督奴御，遍授之馕，以葆蓐宿之。或瘅热作厉，兼制善药，且禜祷于神，为之请命。远迩襁负至者，日千馀人。其父母来者，抱持泣曰：“汝岂有父母耶!”已而欢呼感叹，声动闾巷。迨麦熟，相继携去；无归者，更留养之。全活不可胜计。

吴麟武，号耐庵，磊斋弟，以气自任。居城堞雉倾尽，人虞盗，多思转徙，官无问者。公慨然谒备兵大夫，指画利弊。大夫试委公，公受命而退。步亭堡、壕池丈尺之数，召父老于庙，集议图之。炎熇蚤夜不少废，工成，则公家金不足，半出私贷以补之。闾户颂其功不朽，而诸大夫县长者，凛凛敬礼，号奇士。以贡历仕至饶州别驾。大难作，率妻子南抵会稽，独谒丞相，涕泣陈事，授兵主政。俄而军溃，主浮江，不知所在，乃举家登舟涉海，祝曰：“吾君未亡，当从事得济者，风南向。吾父母未葬，当归以有待者，风北向。”既而北风作，归，遂断发遁隐于溆之北山。客至，接甚欢，手涤茶器以饮之，或坐而命酒。越二载，卒。

董云骧，字紫冒。南都既亡，渡海入闽中，登闽榜，授行人，考选吏部主事。数上书言事，忤郑氏。隆武出亡，走桂林，依同年司理以居。郁郁病卒，司理以遗金买地葬山寺。顺治壬辰，云骧之友查培继任东莞，梦云骧角巾握手道故，曰："吾今得偕子归矣。"已而东莞一孝廉上谒曰："明府文章，海内莫不诵习。至于明府为人，敝友董紫冒稔悉之矣。"查惊曰："先生何从识紫冒？"曰："同榜也。"曰："今安在？"闵然曰："已作古人矣。"悉言其始末。查遂飞书招其子来，而桂林司理适以他事至东莞，与之言相符。捐金遣其子入粤西，迎丧归，自是乃不复梦。

六梅居士诗，好用双声叠韵。如云"桐子离离昼色暝，桑麻鸡犬点秋亭"，桐离点亭，首尾间应也；色桑、暝麻，纽应、合应也。"爽气自天来，登临万木哀"，天来登临，纽应也；气自万木，首尾应也。"妙谛飘天籁，青莲透碧萝"，谛籁、莲萝，间应也；飘天透碧，互应也。当时士大夫知双声者鲜，而居士能之，最可敬爱。

山村游食，罗取鹰，呼为鹰户。假采捕名，为乡里害。邑宦查给事培继疏罢禁之。彭、童《合志》

重修《盐法志》引《旧志》云："先是，鲍郎场煎盐，积用锅煎，盐皆坚韧不可用。国朝江文魁孙永请以盘煎，灶商均益。"案常《志》有"人多盘少"之语，董《志》有"团盘"之语，胡氏《图经》云："鲍郎场盘二百二十九链。"据此，则鲍郎之用盘旧矣。考旧《盐法志》，鲍郎场盘一百五十九副，今《志》鲍郎场盘一百六十一副，数皆少于旧。盖丧乱之后，鬻盆无存，积用锅煎，后从永请而续设耳。

仁和狄明善舟至澉浦，见酒肆颜曰"天香毓秀"，有丽人与之绸缪而别。再往，但老桂一树而已。

乾隆辛未，南乡岁大歉收，滨海灶民贩荒盐为活。场使某以拒捕告大宪，以兵至。时邑城朱翰林佩莲里居，驰马途次，以百口保澉民，事得寝。

吴侃叔东发，老诸生也，博古能文。尝谓石鼓文章句，谓："石鼓文中有次章，即用首章之前半重叠，读之如《毛诗》之例。徒因刻石简省，不重书刻之耳。"所言颇为前人所未发。阮元《定香亭笔谈》

嘉兴有二吴，吴澹川可谓登高能赋，吴侃叔可谓铸器能铭。同上

吴江字耕隐，独汇泾人，充万石，剿捕歇案强盗曹子英等，概邑称快，宏治十年卒。子本府庠生。

案《刘氏家乘》，贤女适本所昭信校尉任祚意，即二十员之一也。大约后以无传，职除，其一不可考。

邬天则，本姓马，先世居海昌。明兴，恐祸及，易姓名，避居澉川，氏为邬。邬从邑，犹自言乌邑也。其后有名贤、名鲁，俱以孝称。至天则，欲复故姓，而不果。

括苍刘伯温，善形家言。昔尝于海盐横山，把臂谓余曰："中国地脉，俱从昆仑来。北龙、中龙，人皆知之。惟南龙一支，从峨嵋并江而东，竟不知其结局处。顷从通州泛海至此，乃知海盐诸山，是南龙尽处。"余问："何以知之?"刘曰："天目虽为浙右镇山，然势犹未止。蜿蜒而来，右束黟、浙，左带苕、霅，直至此州长墙、秦驻之间而止。于是以平、松诸山为龙，左抱以长江、淮泗之水；以庆、绍诸山为虎，右绕以浙江、曹娥之水。诸水率皆朝拱于此州，而后乘潮东出。前复以朝鲜、日本为案，此南龙一最大地也。"余问："此何人足以当之?"曰："非周孔其人不可，然而无有乎尔。吾恐山川亦不忍自为寂寂若此也。"《乐郊私语》

澉浦常积仓。今南门大街东首，有仓巷。进巷至仓河，塘北即其基址也。移造新仓，今西门内仓基，上临内城河，即其基址也。

溆浦千户所，岁造军器。今城内东南隅，有铁匠营；南门内教场，有周园。是二处，或即当时镕铸之所与？

小街有局前河，相传久矣，土人莫知命名之义。考常《志》，有铁布军需场。铁布旧属镇税。淳祐九年，浙西安抚使差官下镇置局至今，而局前河犹仍其名。

嘉靖三十二年，以倭警，募民为兵，因设陆兵一营，即今青山下陆募营。

万历二十五年，巡抚刘元霖选军馀，更立右营，即今城内西南隅邱家营。案选用军馀，给发口粮。先是，嘉靖三十五年，百户余腾蛟请命于总制胡宗宪，允其请，然犹未立营制也。至是，始立军馀右营。余氏世居邱家营，或即当时营屯聚集之所。

赵青天碑，在永福院后殿中庭。为溆地高阜，不通河路，四方客货至镇，西北两门，脚夫肩运入城。向例，西门至永福院南止，北门至永福院北止，毋许搀越，曾立议单为据。不料，康熙三十九年，两班脚夫攘夺斗欧，各相越界，以致各店货物堆积。六里堰上，远来商货，闻风裹足；城内仰给百货，阻滞不进；贻害地方不小。于是店户陈宾虞等呈词，邑令赵公，严申禁约，仍照旧议，各守疆界，毋许搀越。事平，为立石，垂之久远，以息争端。赵公名世禄，镶红旗人，岁贡。

溆城东门内有康家桥，南门内有卖鱼桥，西门内有蒋家桥，北门内有丁家桥。今康家桥、丁家桥、蒋家桥尚通水，惟卖鱼桥已湮没。案，此四桥，均傍城下四门内，城河水相流通也。

葛山在溆城东北，其山卑猥，而所踞地亦僻陋。人罕至，惟石独坚白，与秦驻、丰、雅诸山所产不同。万历丁亥秋，有筑塘之役，议者遂欲开此山采石，业设官鸠工矣。明年己丑正月中，忽传山有银矿，翕然聚观，然其石皆碎小银星，而实无矿脉，重不满分厘，煎之十无一二。有司以矿砂微薄，不欲开利孔为民害，闭不以闻，并采石而禁之，事遂寝。因记之，以杜他年之妄觊者。《崔嘉祥纪事》

《礼运》“山出器车”，注云“器谓银瓮丹甑”。晋时，恒山大树自拔，根下有璧玉，皆光色精奇。正德甲戌，吾乡硖石友人沈拓于紫硖山土中得异石无数。有如斧钺者、圭璧者，方者、圆者、方而长者，厚仅二三分，周围口尤廉薄，各有圆窍，窍皆倒棂，黄白黑绿各不同。光洁工巧，人为有所不如。见者皆以为霹雳砧而藏之，岂即器车之类乎？董穀《碧里杂存》

金粟寺《藏经》，昆弟五人，万轴疾书，如一手然，无可分别，菩萨化身也。胜压五天，诸龙回绕。而前为宦者某见棲，而携其数卷以去，邑遂争取，相继一空。未几，邑困岛夷，某亦暴震以死。浪雪

海井。市有物，如桶而无底，非木非竹非铁非石，既不知其名，亦不知何用。凡数年，无问之者。一日，有海船老商见而骇愕，有喜色，抚弄不已。叩其所直，其人亦黠驵，意老商必有所用，漫索其直三百缗。商喜，偿三之二，遂取付之。驵因叩曰：“其实不识为何物。今已成买，势无悔理，幸以告我。”商曰：“此至宝也，其名曰海井。寻常航海，必须载淡水自随，今但以大器满贮海水，置此井于中，汲之皆甘泉也。平生闻名于番贾，而未尝遇，今幸得之。”旧出使朝鲜、琉球等《录》，并无此物。今志之，以俟后之出使海外者，可觅之以行也。仇俊卿《志》

石帆村所出晋宜春王墓砖，渗水不可作砚，须投之井中数十年，方可用。祝兼山《初阳砚谱》

洪武间，会骸山中有老魅，摄村中仇氏女夜珠去。夜珠念观音大士，得救出。事或未足信。《雪窗谈异》

宏治甲子，邑令王玺葬子金粟山上，输俸于寺，令内三亩为官山。东吴地，南袁家巷大路，北钱山，西钱山脚落至大路。有碑记曰："玺视篆之二载，为宏治己未六月四日，生儿，因名海生。性颇慧，玺甚爱望之。壬戌冬十月十有五日，病痘，遽不起。玺哭之恸，厝于公署之东。甲子，玺升知德庆州事，乃葬之金粟山西麓。山之前故为寺，托寺僧守之。又其北有训术何旦，南有部民陈源，其两家子弟，皆爱戴玺者，岂无推爱海生，为之禁护其损侵者耶！於戏，慧之蚤，命之夭，墓能永存，亦方乎耇老。王公于邑有惠政，备记之。"仇俊卿《志》。国朝何兆辰诗："棠梨花暗鹧鸪天，漠漠云对百廿年。古碣摹残苔藓落，一回凭吊一潸然。""四龄公子未成殇，长共山灵伴夕阳。半亩白杨期勿翦，他时留取比甘棠。"

天启中，有掘邑城北门外冢，得墓碑，乃是宣德中广文沈盛墓，有志铭，莫用行撰。莫，布衣，能文，为张靖之所推许。邑令樊公亢宗罪发墓者，为改葬之。邑人郑端允有诗吊云："古木雕残陌上坟，哀猿声惨不堪闻。怜君今日知名姓，好事争传窿石文。"盛系丰山望族，百馀年间，墓久荒，竟无知者，可慨也夫！

海市。城郭、人民、楼观犹登州也。惟城中牛马出，则大水，常见于秋。康熙庚戌二月二十五日，雨初霁，忽见有若堡者，若松林者，若城垣、雉堞者。于是若堡者变而为亭，林木者为椭山若鞍，城垣、雉堞长亘而为桥。桥之上，若二人扛帷轿而徐徐若行。又有山，正方如屏者，析其角，而矗然为单峰如笔。于是而亭者复为芝，芝为盖，盖为盘盂，皆有附承之，业业然如笾豆；椭之山半析为二，一伏一踞者分焉。于是与盘盂皆又为亭。而正方之矗然者为亚字，又为员，又析为峰。而盘盂、椭山之为亭者，又为腰鼓。而桥不可复见矣，惟历历如碎石。析为峰者，仍正方也。诸为腰鼓者，为飞盖矣。正方之上，为人独立焉；或曰正方者名铁山。其先为堡、为林、为城堞者，曰斗牛山。自午至未之末，杳然没焉。节录魏际瑞《海市记》。自是以后，亦时见于秦驻、青山之左右，海上人每遇之。

万物之生，得水而滋，惟苗为甚。人之养苗，自耕而耨、而获，未尝一日可无水也。万历乙亥，潮溢，沟浍皆咸，故不可车水，而待泽于天。其雨泽所不周者，即不尽槁，仅仅半收耳。间有车水而速其毙者，比比皆然。惟一老农，日车水而苗不槁，视他植且特稔，收息倍焉。或怪而问之，则曰："夫水之性，咸者每重浊而下沉，淡者每轻清而上浮，得雨则咸者凝而下，荡舟则咸者溷而上。吾每乘微雨之后，辄车水，以助天泽所不足，必使其盈且溢，可为持久计。又于夜静时时继之，不使其涸。以故，吾之田自潮溢以来，未尝一日而无水，水与雨相济而濡，故常淡而不咸，而苗亦常润而独稔。"是苗之稔，稔以人也，非稔以水也。乃知善济变者，天不能灾；善养物者，时不能阨。斯农也，有天巧焉。近乎技矣。《崔嘉祥纪事》

丈量旧有跨水一弓之说，殊不得其解，因询之父老。云："凡高乡之田，圩岸之外，尚有埛滩，虽不能艺黍稷，亦可刈草栽蔬。故以一弓跨之，非真以水为田也。"若低乡，水与岸齐者，亦跨一弓。高乡于埛滩外，复跨一弓，真无谓矣。偶阅《捣坚录》，记成化初，邢宥为苏州守，以民多隐田，立丈量之法。有投邢诗曰："量尽山田与水田，只留沧海与青天。如今郡少闲洲渚，寄语沙鸥莫乱眠。"邢为废法。今康熙乙巳清丈，各属圩长，有欲逢迎当事者，每每跨水一弓，以期溢额，奚止洲渚不遗乎？故备陈之，以劝后来者，慎毋以此法厉民。屠延禧《跨水弓说》，载《郡志》。

仙诗："双双鱼水已千年，尺地于今尚有缘。莫道沉沦真异迹，飞龙直跃上青天。"嘉庆乙卯暮春，吴小山、朱笠渔扶乩于巽峰阁。适李青莲降坛，同人请咏《双鱼仙迹》，乃果获留题。逸情云上，断非吃烟火人所能道也。国家以孝治天下，文教蔚兴，是以千古之神仙孝子，亦有所感格，遂致发见昭著如此。

戊辰春，顾琴五及同人扶乩于云岫庵。徐文长降坛，命咏《永安湖上观桃》。顾先成七律，前四句云：“墙头忽见一枝横，散步寻源逞晚晴。隔岸缤纷春色富，环村缭绕乱红盈。”乩代为续云：“空翻锦浪沙鸥醉，远衬榴裙白马轻。归嘱韶华休尽放，含葩留艳待清明。”

海盐之山，聚于澉浦，并无出铜之山。伊《郡志·物产门》载“吴东有海盐、章山之铜”，下注《汉书·食货志》。考《汉·食货志》本无此语，见于《地理志》，即《史·货殖传》所云“吴东有海盐之饶，章山之铜”是也。章山在宁国府广德州，今以《汉志》删之“之饶”二字，遂误认海盐为今县名，因以章山为盐邑出铜之山。又改《地理志》为《食货志》，当时修志诸人，疏谬至此，较之坊州杜若殆有甚焉。

澉志补录

〔民国〕程煦元 纂

钱张建 点校

澉志补录序一

澉浦，特盐邑南乡山陬海澨一隅之地耳，而竟有志！常棠《志》久著令誉于志林，董穀续之，吴为龙再续之。方蓉浦殚四十年之心力，成《新志》一书，其详慎且胜前志。代有留心掌故者之孜致不倦，亦足以想见此一隅地，历来文化之不后于人。乃世运不能无升降，人文不能无兴废，迄于今，鲜复有人注意及此。甚至不学如余，亦与于纂订《澉志补录》之役，又安得不令人增今昔之感耶！程君韵唐，吾乡之诚笃好古、博学多闻士也。尝以常《志》原刻无存，董《志》流传极少，方志久不梓行，恐渐散佚，以至泯没，蓄志将三书合订，斥资付印。又以清咸丰以来数十年间，尚无记载，曾旁搜博采，辑《澉志补录》二卷。十馀年前，将此书商量及余。是时，余方轮蹄南北，学殖荒落，愧无涓埃之助，耿耿久矣。今年夏，蛰居乡里，君复以《补录》稿授余，属为参订。余虽自知谫陋，然不敢固辞，乃约吴君侠虎、陆君凤书，及程君文孙、雪门等，共出访问故老，寻求遗迹。不意乡人士之能知数十年前事者，已属寥寥，竟无所得。其前志所未详，或稍有可疑者，均不可得而考正矣。仅就所知者补之，疑者阙之，不求有功，但求无过；草草成书，以附于常、董、方三《志》之后，而成程君之志。惜吴氏之《再续澉水志》，《嘉兴府志》虽略有采引，而原书无从访觅。即方《志》去吴未远，亦无只字载及，澉浦之尚有《吴志》，斯真不可解者。因思世惟古籍最可宝贵，亦最难保存。今之人往往数典而忘祖，非其忘之也，惟其不知之也。苟无程君之一片苦心，则数十百年后，恐溆人并常《志》、董《志》、方《志》之名而亦不知之矣。虽欲不忘，其可得乎？今兹之役，不过冀将溆志保存若干时。若夫考证详明、编纂精审之巨著，当俟后之君子。

中华民国二十四年乙亥孟秋之月，祝静远谨序

溆志补录序二

宋常棠撰《溆水志》。越三百年，明董穀续之。再越三百年，清方蓉浦先生积四十载之采访，编辑成书，名曰《溆水新志》。未及付梓，先生即归道山，其孙海珊，世守藏之，尚以不毁于兵燹为幸。清宣统三年九月，土痞纠众毁屋，斯稿散佚，不知所在；既而检得于字纸簏内，未始非冥漠中呵护之灵有以保存之也。然稿固无恙，而不刊行之，世远则年湮，恐终至灭没，岂特当年先生摭拾之苦心，化于乌有，即我溆自明嘉靖迄清咸丰三百年之事迹，不皆茫然无稽乎？是亦后起者之深责也。先生志稿凡十二卷，常《志》原刻无存，《盐邑志林》中曾搜镂之，董《志》仅存，如硕果耳。兹拟将三《志》合订付梓，庶几先哲遗著，同垂不朽，而掌故者便于披览焉。惟自清咸丰迄今，又八十馀年矣，其间世变愈亟，人事愈繁，不可以无志，爰辑《溆志补录》二卷，拟附刊于三《志》之后。此稿藏箧中者十馀年，尚未敢自信，又以刊资不足，有愿未偿。今夏承祝君静远，及吴君侠虎、陆君凤书等相助，搜集材料，修饰文字，重行编订。书成，为记其崖略如此。

民国二十四年秋七月，程煦元序

澉志补录目录

卷　上①

区域　户口附

风俗

物产

山

水

海防

交通　邮电、澉镇街衖附②

学校　选举、仕籍附

机关社团　区长姓名、公安分局长姓名、鲍郎场大使姓名、秤放局长姓名附③

盐务

名胜古迹　坟墓、寺庙附

人物　耆寿、寿母附④

卷　下⑤

传记

艺文

杂记　祥异附⑥

---

①⑤原书无卷上、卷下，根据序言补入，正文中同时添加。

②③④⑥原目录无，据正文补入。

澉浦區境圖

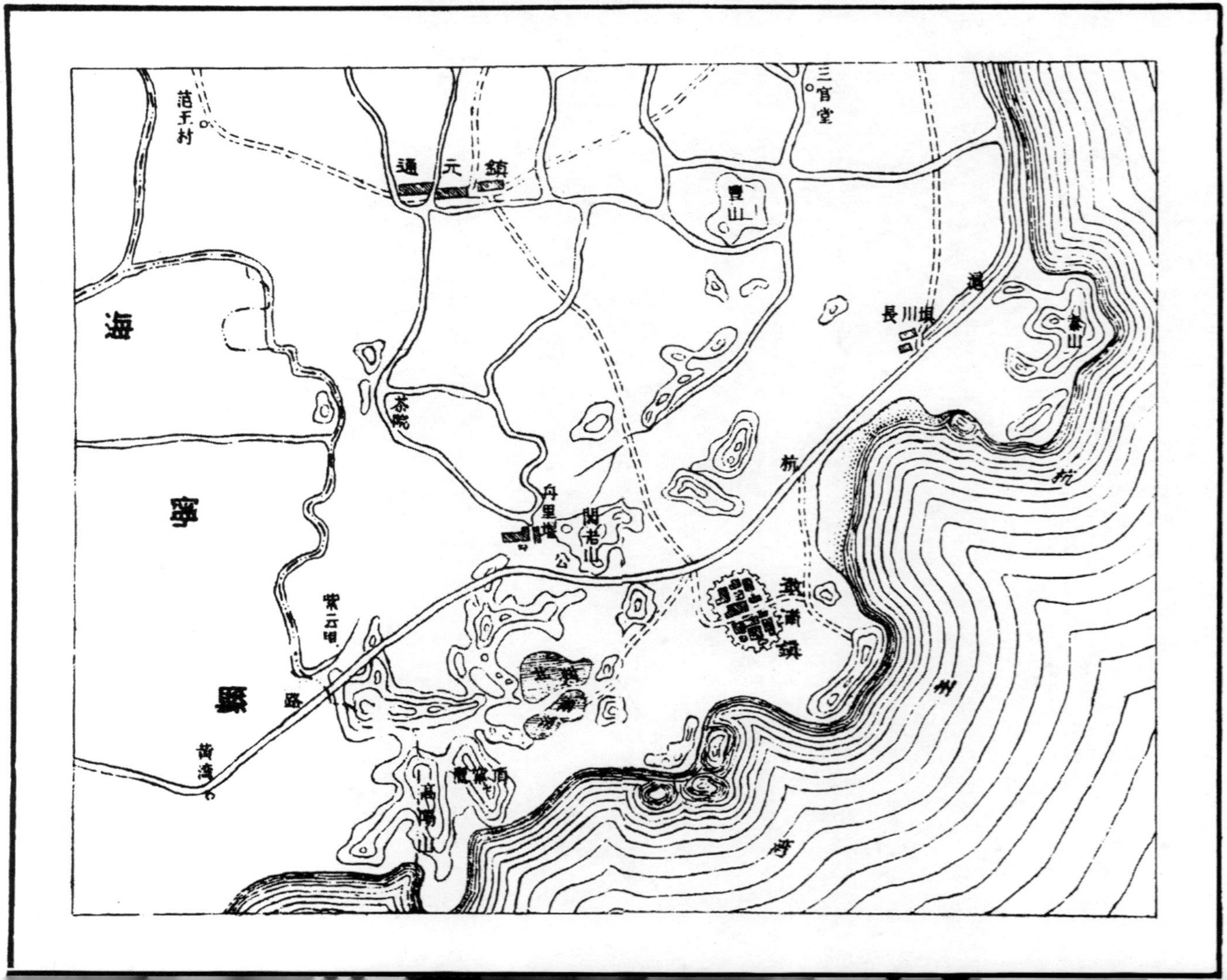

澉志补录卷上

程煦元　编纂

祝静远　吴侠虎　陆凤书　程　立　参订

程伯渊　校雠

区　域

澉浦位于海盐县之西南境，东至秦驻山，西界海宁县境，南至于海，北至通元茶院等处。按，常《志》引《水经》云："东南有秦望山，旁有谷水流出，为澉浦。"是《澉水志》即指澉水流域而言。民国以后，海盐划分六区，旋改为五区，澉浦区其一也。以推、位、让、国、唐、裳、臣、发、商、汤、陶、拱、民、伐、有、周、虞、吊、瑞十九村，向称坊。及澉浦里属之。即向来澉浦所城内之地而分隶于推、位、让、国四坊者。未几，复改村为乡、里为镇。二十三年，将各乡合并。以位、裳二乡及推乡之南部、让乡之东部，合于澉浦镇；臣、发、商、汤四乡，合为秦驻乡；唐、国二乡及让乡之西部，合为永安乡；周、瑞二乡及伐乡之东部、推乡之北部，合为角里乡；有、虞、吊三乡及伐乡之西部，合为惠泉乡；陶、民、拱三乡，合为茶院乡。共一镇五乡。

户　口附

全区共计八千二百七十一户，男一万八千二百三十三口，女一万七千一百五十口。

风　俗

溆浦经洪杨乱后，人情风俗未离于昔，即所谓“朴而好文，俭而知礼”也。自逊清同光间张铭斋先生提倡理学，力戒浮靡，一时士大夫咸向往之，俗益笃。迄今举世奔竞，而溆人尚多恬退，可见遗风有未尽焉。惟以地小民贫，后间有赴沪经商者，往往致富，自奉不免稍奢，为庸俗所欣羡。兼以科举既停，贫士少进身之路，农村亦渐凋疲，家多中落。生计所迫，废耕读而趋商贾者日多，名为“吃上海饭”，积久渐染沪习。而向所有淳朴之风，稍改矣。以读书为无用，而文化亦自此衰矣。盖世运迁移，有不期然而然者。兹将最近溆区各乡镇情况，分述其大略如左。

溆浦镇，为全区之中心，历来文化颇有可观。近以经商沪上者多，一切喜效沪俗，读书不甚注重。惟民情尚称和平，少争讼。妇女向多从事绩麻，近已极少。至城外居民，仍多务农，间亦有往上海习商者。

永安乡，男女颇勤于农桑。沿海居者，以煮盐为业。生计尚裕，民情亦较强，易于一时结合。惜知识缺乏，难进步。

秦驻乡，民多依海为生。渔盐外，亦务农桑，颇质朴。近来多有绍籍客民寄居，种木棉及山薯为业，俗与土著稍异。

甪里乡，除农桑外，无他种生计。土地亦不及澉浦、永安膏腴，民情柔弱散漫，故日就贫瘠。迤北有温籍客民杂居，俗黠陋。

惠泉乡，地更瘠苦，人口稀少，俗柔弱而浇薄。近有绍籍客民杂居，较土著为能勤于农事。

茶院乡，最为贫瘠，日就荒凉，民情亦柔弱。惟无重商轻士之风，与其他各乡不类。

物　产

澉浦负山面海，地狭势高。斥卤之民，率多煮海为盐。山家樵苏而外，多栽果树为业。每岁所产桃、李、橙、橘、茶、笋等，销售他处，岁值万计。农家服田力穑，稍遇荒歉，即不足供一岁之粮，比户以种桑养蚕为急务。至若鸟兽草木、豆麦蔬茹，各有所产。旧志仅列品类，不疏出处。兹择有典要者，录而补之，未能详志也。

谷　类

秔　种有早秔、中秋秔、晚秔之别。吾土所种，利于早熟，无种晚稻者（因水田大都有春花）。乡人就其成熟之先后，别称为八十日子、百日子、百二日子，复有大秆稻、大谷、黄芦种、棉条白、红嘴尖、矮露白、雪里青等称别。近年以来，绍籍厂民有种湖南尖者，纯种稻，今始在永安湖附近试种。

糯　产数不多，有溧阳种、乌芒种、野鸡糯、泥里滑等种别。

麦　小麦、大麦、裸麦、荞麦均产，以小麦为多。

豆　有黄豆、赤豆、菉豆、豇豆、扁豆、蚕豆诸种。蚕豆产丰山者佳，俗称丰山青。

蔬果

菜 菘、芥、葱、韭、芸苔、莽、蒿、莱、菔、菠、蕿农圃均产，以雪里蕻为著。

莼菜 产小西湖，土人呼为滑朵头，采作肥料，不知为珍味。民国廿三年春，里人吴侠虎为介，由上海三阳观来澉收购，运售沪杭各地，与西湖产者风味同美。

笋 有山笋、园笋二种。园笋之最早者，名燕来。山笋产邵湾山者最佳，俗称邵湾笋。古杏山兰花笋，仅查姓坟前数亩有之。

蕈 山之有松者，春时皆产，名松花蕈。八九月间所产名寒露蕈。以长山产者，味最鲜美。

西瓜 产北团者，瓤甘质脆味美。角里山所产者有白毛，味尤甘美，俗呼角山瓜。年来，沿海一带沙田所种之浜瓜，较西瓜更佳。

槜李 邵湾祝姓旧从新篁净相寺移种两本，有西施爪痕。今潘火、路桥所产，亦有爪痕，即邵湾之分种也。

桃 南城外大校场卢园产者最佳。黄沙坞、王家堰产数最多。近年亦有植玉露桃者。

梅 最佳者曰消梅，其次曰金刚拳。

橙 澉地所植，多宽橙，黄沙坞、王家堰等处最多。

橘 有红橘、蜜橘。产鸡笼山者，独甘美。

香橼 鹰窠山麓居民植橼树极盛，俗呼其村曰香橼树村。

枣 紫色味佳，即打枣，谱所称盐官枣也。

杨梅 邵湾李姓山上及南湖朱氏园，旧有白色者，味益可口，诗人称之“水晶丸”。

芡实 俗呼为鸡头子，产永安湖。

菱 鲍郎浦有浮根菱。

花 木

兰 秦山之阴，绝壁千丈，为韭华门，产兰，特香。寻常一本值数十金，俗称为秦兰。

莲 永安湖红、白莲皆野生。

野蔷薇 开白花。田家篱落间，处处有之。可入药，蒸成香露，可以泽发。土人名之曰“刺累”。

紫荷花草 生田中，花开如茵，可坐卧，游人藉此泥饮。

朱藤 丰山马氏有朱藤二本，数百年物也。马氏世设药铺，出售脱力药，以朱藤为记，统治四时各病，著有奇效。其销行之广，远及苏、宁、绍等处。

桑 从石门移种，有密眼青、荷叶桑、火桑诸种。曩时，里中植桑不多，养蚕殊少，贩叶者自海宁来，遇蚕熟之年，叶价特贵。近数十年来，蚕利较兴，墙隙山边，比户树桑，产叶年增。最近因丝价惨落，种桑之家，又日趋衰少矣。

棉 吾乡产棉甚少，妇女不习纺织。近年，长川坝、张家荡一带沙地，绍籍客民遍种之，产数顿增。

茶 里中所产之茶，最上木山，次鹰窠顶及葫芦山。秦山法云寺产云雾、真红茶，数树尤名贵。泉则以云岫庵之雪窦泉、翠屏山之花婆井为上。每岁暮春之初，举村妇女相率采茶，笑语之声，溢于山谷。《春星草堂诗集》有采茶词云：“木山山顶一茸茸，香味真堪乙夜供。不数湖州明月峡，也胜天竺白云峰。”

乌桕 湖上张公堤多乌柏树，霜叶初红，烂若碎绵，其子可为烛油。

药

百合 味甘而有清香，形如佛手而小。每经一年，则瓣高一层，视其瓣，可辨其年。所产以巫子山为著。秋后，沿海居民辄放小船，登山寻取，所获不过数两，须善价而沽。治咳嗽有奇效。

山药 有地产、山产。山产者佳，俗称黄泥山药，只当食品，不堪入药。

桔梗 诸山均产。土人呼为土人参，采作补品。实误。

地骨皮 吾土所产者颇佳，视甘州产者相仿。

天门冬 产数颇多，土人于冬日掘取，售入药铺，转销各处。

兔耳草 产鹰窠山，治肺痈有奇效。

谷精草 田间随处皆产，惟产于永安湖者，茎特长大，药用最良。

半枝莲 产云岫庵后，可治蛇螫。谚云“识得半枝莲，可与毒蛇眠”。

卷柏 产秦驻山，俗呼九死还魂草。

禽　畜

鸡 秦山多松，山家畜鸡多食松子，故其味鲜腴异常，俗称秦鸡。

腌鸭蛋 新河一带居民，善腌鸭蛋，味异寻常。

羊 乡间豢羊，冬日恒以枯桑叶作饲料，故其味腴美，非他处所能及。

獾 皮可制裘。

鳞　介

鱼 新河鱼，味特佳。

土附鱼 菜花开时最多，俗称“菜花鱼”，又名“毛鲈”。

梅鱼 长不过五寸，形似小黄鱼，产海中。

绿鳗 交秋枫落，徽江鳗即乘潮而至。长川坝一带居民在海潭内投入乱石，潮退，则绿鳗窟于石砾中，重者三四斤，小者斤许，味特美。

鲻鱼 青山海中居多，俗称海蔗子。味肥美，其子熏干切薄，明似琥珀，为海错上品。

海鲥 最称上品，黄泥坞一带偶有所获，不能与江产争多。

鲟鳇 产海中，重至一二百斤者。可作鲊，味极美，然不多有。

鲚 亦作“鮆”，产海中，春初肥美，可制为腊。

蟹 秦溪产蟹最佳。

沙虎 沙中小蟹，壳上有梅花斑，产秦驻坞，又名秦梅，数不多，用花椒纳脐内，醉以糟糖，一月可食，吸之脂膏俱尽，味美绝伦。

蝤蛑 俗名黄甲，长川坝一带海滨产。

虾 秦溪产虾朱脑，风味极佳，即《槜李诗系》所称“朱顶虾”也。

海虾 自四月至九月为盛，人家烘贮，以饤盘案。

蛏 穴沙土中，杨家团、北团一带用双须铁钩钩取，不易多得，惟萧姓独擅此术。

白蚬 产东南沙涂中，壳如蛤而薄，惟春月肉圆肥无沙。

海蜇 又名水母，秋月海中千百成群，得之易而且多。

土铁 自八月至九月，不复食泥，味较他月为佳。

杂类

盐 鲍卤质淡，不能晒制，仅产煮盐。

蚕 有土种、有客种，有三眠、有四眠。吾乡育蚕种，多四眠，自馀杭贩来。数年以来，间有育改良种者。夏蚕俗称二蚕，秋蚕从前育者颇稀，近有改良种传入，育者日众。

腰机 澉地农民织夏布，其机欹侧不平，不能正坐，必束皮于腰而织之，名曰“腰机”。所出苎布，以郭氏为最精，名“郭家机”。至织绸、绢、棉布，亦用腰机，较平机为坚密。乡民于农隙时，多远出赁织，至杭州、湖州、宜兴等处。

石 丰山产石，色黄而坚，土人采为甃筑用。角里山石，用机碾散，售为建筑铁路用。

蟋蟀 内城河产者雄健异常。

酒 靠壁清村酒最烈，王允美有《靠壁清白酒诗》。

鬒蚏馄饨 元杨宣慰家宴之具，见《辛酉杂识》。

山

澉浦诸山，自海宁尖山迤逦而来，迄于秦驻，又东北而至乍浦。其间冈岭起伏，固一脉相连，盖亦南岭之馀脉也。刘诚意谓为“昆仑南龙尽处”，前贤如张铭斋先生等多非之。以为昆仑即葱岭，其南支由后藏入滇海；若以海盐山为南龙尽处，则闽广以南之山，将何属乎？此说亦持之有故。殊不知昆仑非即葱岭。南昆仑之脉，自川边入滇，为横断山脉；折而东北，至黔为苗领山脉；在闽为武夷山脉；由闽入浙，为括苍、四明、天台诸山；入海为舟山群岛；此即南岭之尽处。其分支在杭州者，为凤凰山；迤逦东北，则海宁、海盐诸小山，亦即此分支之馀脉。故“南龙尽处”一语，并非虚构。惟谓“长墙、秦驻之间，有最大山脉，非周孔不可当”云云，则无讨论之价值矣。兹将澉境诸山，略分述如下：

秦驻山 在长川坝东，分支名前志未详载，今仍以秦驻该之。

白塔山 在秦驻东海中，上有屋数椽，为秦驻村人所建。

丰山 山多石，色红，望之如红霞，故又名“枫山”。土人皆采石为业，近年兼掘圹砖。山上坟墓，多半被毁。石屋犹存。

大步山 在秦驻西北。

小步山 在大步西北，二山相去甚近。

葛山 在丰山南，土人又谓之“银山”。上有石屋，东衔一岭，为王家山。

管山 在双桥北，甚卑小。

惹山 在双桥西，旧志又分其名为陆墓山，山下居户皆陆姓。

杨山 在双桥东，俗呼“狮子山”。迤东为马鞍山，并与碧里山（即碧甸湾）相连。

磡头门山 在北城外洗马池畔，与隐马山相接。

隐马山 山势曲折，中有文溪坞村落。山北为东、西陈湾村。扇子山、吴山嘴，皆隐马之一部份也。常《志》吴家山有二，一即此吴山嘴。

青山 在东城外。山麓居民皆网鱼为业，滨海有石壁，凹进如屋，渔人之所避风雨也。

长墙山 在南城外，形似蛇，又名蛇山。旧志又有黄道山之称，与秦驻、青山、葫芦、高阳诸山为捍海天然塘岸。前朝屡禁采石，近惟黄沙坞沿海，仍有人开采，此未可忽视。

顾山 在长墙山东拱嘴外，亦名鸭蛋山。

葫芦山 在南城外，与葛母山衔接。

葛母山 在南城外闸口。山下向有浑水闸，今废，闸柱犹上出可见。土人亦称为葫芦云。

泊橹山 又有"阁老""大旗"之称。迤东有峰，与磡头门山相对，曰"罗汉山"，下有罗汉湾村。

翠屏山 罗汉山之阴也。

凤凰山 在西城外，共有四峰。西曰窦家山，北曰月山，面临长河，东曰吴家山，山麓有大士庵。诸峰如凤凰展翅，总名凤凰山。

夹山 在茶院西，一名中分山，与海宁袁花属之夹山别。为宁、海二邑交界处，故名。

角里山 在茶院北，石性坚硬。民国以来，有人在此设立石子公司，用机器轧取石片，售作筑马路之用。

金粟山 在茶院，古杏为金粟分支。

茶磨山 在角里堰西，山低而小。

金牛山 山有金牛洞，故名。一名二郎山。

南山 即观音山。以山有惠泉，建寺塑观音像，因名。越山而东，南北二湖在其下。与金牛本为一山。

屏风山 在角里堰西南转水河上。

石屋山 常《志》:“山在镇西北五里，上有石垒成屋。旧传，黄巢时民避兵处。”董《志》:“黄巢衖，山颠有石屋。”方《志》:“观音山北为石屋山。”案，黄巢衖山巅遍查无石屋，土人亦鲜知石屋之名。方《志》又载：“杨山、石屋山附焉。”今山上石屋，已不完整。

飏山 南滨盐田，又名象山。

荆山

鸡笼山

伏狮山 俗称蔡家山。

大成山 前志称大山。

万苍山 即九杞山也。

北目山 向称木山，山顶有池。与谈岭南耸之山夹道而立，中为谈岭，往省垣大道。山上居户皆陈姓。

谈山 一作谈家山，通称谈仙岭。

南目山 与北目山分峙谈岭南北，山上居户皆汤姓。东南山麓，为黄沙坞村。直东至云岫庵，山路平坦。

鹿山

麞山

高阳山 昔称南阳山，又名云岫山，有云岫寺，俗呼鹰窠顶山，相传山多鹰窠，故名。

老惹山 滨海，为黄沙坞入口处。右十三峰，环堵南北二湖，除荆、飏二山分峙外，馀皆蜿蜒相接。

小山 在柳桥泊橹山前，其侧有吾家园。

泽山 泊橹馀支，与隔岸凤凰支脉月山相对，俗呼馒头山。

横山 泊橹南衖之山，横峙泽山、小山之间，因名。

水

澉地局处海隅，群山环抱。地势既高，水源不足，两月不雨，便见水涸。前人屡有开河蓄水之议，仍难免十年九旱之患。果系天然所限定欤？抑人谋之未尽臧欤？兹将澉区所有水流，略分述如左：

（一）南北湖 此湖汇诸山之水为灌田之用。自明洪武间及清康熙时，两次疏浚后，久不见续浚，淤淀日甚。近数十年来，虽经张铭斋先生开深引河，后又由步凤翔等发起，借用兵工，稍稍挖掘北湖，然非全湖疏浚，难见大效。民国二十三年，大旱后，湖底龟裂，一片荒原；颇有人议乘时开浚，终以经费无着而止，结果仅朱馨谷君之略事开浚引河而已。

（二）中河 受南北湖之水，分二支。一西北流至孙家堰，一东南流至张老人闸。水满时，西北流者泄入长河，东南流者泄入城河。故此河不过为南北湖与城、长河间之水道，其深浅尚无重大关系。

（三）城河 又名濠河，环澉浦城，河面颇阔。城东有裘家坝，城北有滚水石坝，以资蓄水。惟城西自日晖桥流出，至角里堰止，与长河通，称“上河”。距今六十年前，张铭斋先生发起疏浚。后民国二十三年大旱，水尽涸，由周叔元君发起，筹募经费，并由上海慈善家陆伯鸿君援助，成立澉浦浚河工振会，从事疏浚。计开深三尺至四尺，开阔二丈至二丈四尺，共长一千四百八十八丈五尺，开土一万零四百四十七方，每方长阔各一丈，深一尺，工银四角。费国币银四千一百七十八元一角二分。又浚内城河，计开土一千六百零八方，费国币银六百四十三元一角四分。

（四）长河 又名六里河，自日晖桥起，至角里堰止。与下河高低悬绝，全恃此堰，以遏上河之水，如遇水多时，可启堰南之转水闸，以泄入下河。民国二十三年，浚河工振会亦将长河列入开浚计划内，旋以水满未开。

（五）新河 在东门外，自裘家坝起，至长川坝止。亦宜蓄而不宜泄。惟水多时，则开长川铺基闸，以泄入下河。民国二十三年，亦由周叔元君等织组之浚河工振会开浚，由徐佩荣君董其事。计长一千六百十二丈五尺，开土七千五百二十六方，费国币银三千零十元五角七分九厘。

（六）大窊湖 在南门外长山湾。明朱心泉于湖口建置闸座，以灌溉湾内之田。清道光间，卢元煦君又浚湾内五浜。惟日久渐淤，此湖亦急待疏浚矣。

（七）甪里堰外之下河 此河在甪里堰之张公桥港分为二支，一向东经赵家桥等处以达通元，一向西经倪家木桥等处以达茶院。两支皆汊港纷岐，且自通元、茶院以外，则四通八达矣。与秦溪亦相通。

（八）长川坝外之下河 秦驻山之水，出祖龙桥，会长川，而总会于石鼓桥。其支流由白洋河而北至邑城，其经流西行抵丰山，一循山之麓而北，一循山之东横行过西至通元，古皆谓之秦溪。

（九）鲁塘河 在北门外，迤东北，沿隐马山等处至雪水港，约长七里。现截为若干段，久已占塞矣。董汉阳谓开通此河有八利，今虽时移势易，然尚有三利：沿河两岸草荡可成膏腴，一也；盐运及其他货物，不劳过堰，二也；隐马山等处顽石便于运出，三也。

以上所述诸水，除鲁塘河已湮塞外，其中惟六里堰、长川坝以外之水，可以接通外河。馀皆与外河隔绝，全赖雨水下降，高而易泻，浅而易涸。均宜浚深以蓄之，而尤以南北湖为最要，盖为众水之源也。至澉地与外河交通，则以鲁塘河为最近便，且可直接通至城下。故南北湖不开深，则水源不富；鲁塘河不开通，则水流不畅。源不富则营养不足，流不畅则血脉不通，皆于澉有大不利焉。以澉人财力论，果能众志合一，则治水亦易事，惜近来无人注意及之，使吾澉自陷于不救耳。岂真天实为之哉！

海 防

澉之东、南、西三面皆海，东北通乍浦，西南通钱塘江口。向以黄道关为澉之门户，亦即浙之门户也。有炮台。清同治十三年，浙抚杨昌濬拨款，委记名总兵傅明暄、补用同知杜冠英，用三和土建筑。上设大炮三尊，一天字号，重四千二百斤；一冬字号，重三千八百斤；一荒字号，重三千五百斤。民国五年，浙督朱瑞令将三大炮及以外小炮十馀尊，镕铁售去。其废台至今犹存。沿海自秦山至青山、长山、葫芦山一带，旧时均有营寨。葫芦山之西头、二圩，凤凰山之间，亦有炮台，今皆颓废。历来防兵有澉浦汛清同治六年，减定额兵，留三十三名，内战兵九名，守兵二十四名。增战兵月饷银二两五钱（向例一两五钱），守兵月饷银一两五钱（向例一两），每月各支米三斗。十三年，添拨守兵五名，共存兵三十八名，皆就地招充。光绪二十二年，裁兵八名，存三十名，二十六年，全裁撤。及外海水师营。清同治六年，奏定《减兵增饷案》，内存留战兵五十四名，守兵一百二十六名。增战兵月饷银二两五钱（向例一两），每月各支米三斗。光绪二十二年，续裁兵二十六名。三十二年，又裁兵二十七名，实存兵一百二十七名。内战兵三十六名，守兵九十一名，分派防守。头围海口炮台兵五十名，驻扎总寨海口练军兵二十五名，捷字十一号钓船巡洋兵二十五名，捷字十二号钓船巡洋兵十八名。除分派外，剩兵九名，内有外额二名，馀者轮守军装、药局。宣统二年裁撤。民国五年，由浙省警备队驻防。八年，改编陆军，驻兵四十名。十二年冬撤防，由海盐保卫团派班长一名、团丁十名驻守。年来海氛不靖，二十年冬间，全城曾罹盗匪洗劫之祸。海水东深西浅，海形愈西愈高，秦山大绿满、桃花坞外最深，明时倭寇首由此登岸。光绪十六年，英舰窥测水道，亦停泊大绿满。长山外水亦深，同治二年，本国兵轮至是处停泊一次。“一·二八”之役，日舰亦曾到此，故澉海以秦山、长山口为最吃紧。黄沙坞、西海头、葫芦湾、汤家团至北团等处，仅寻常帆船可以行驶，然地临海口，防务亦不可懈。陆军八十三师于“一·二八”后莅澉填防，各海口均开掘壕沟。最近，由中央参谋部定计，在澉海设置炮垒多处，并由宁波防守司令部派兵防守，海防其可以自此巩固欤！

汛守职名附

鲍　泉 清咸丰三年署

俞耀南 咸丰三年任

陈长瑞 咸丰五年任，又，八年任

张成龙 咸丰七年任

应荣春 同治三年署

全　斌 同治五年署

钱增寿 同治五年署

黄泰清 同治七年任

张纯江 同治十一年任

许承翁 光绪四年任

钱殿镳 光绪十一年署

史得胜 光绪十二年任

金子鳌 嘉兴人，武举，光绪十七年署

杨敬仁 光绪十八年署

赵云燦 嘉兴人，武举，光绪二十年任

都司职名

董大鹏 道光二十八年任

陈朝安 黄岩人，咸丰二年任

何尧宗 咸丰三年署

王凤标 黄岩人，咸丰七年任

尹殿祥 仁和举人，咸丰十年署

郑映玉 台州人，同治三年署

洪际会 定海人，同治四年任

王崑冈

岑　衡　南海人，同治七年署

陈华壳　湖南临湘人，同治七年任

黄坤刚　潮州人，同治十一年署

沈镇藩　黄岩人，同治十一年任

梁廷爵　光绪二年任

庞兆先　光绪五年署

罗云镳　光绪六年任

王锡荣　光绪七年署

龚才宝　光绪八年署

郑维祥　鄞县人，光绪九年署

蔡兆荣　光绪十一年署

周恩培　广东人，光绪十二年任

刘贤斌　镇海人，光绪十八年任

喻先发　河南人，光绪二十年任

马士兴　广东人，光绪二十二年署

陈邦镇　镇海人，光绪二十三年任

张炳文　广东人，光绪二十八年任

清光绪三十年，都司裁撤，以乍右守备移驻。

郑维祥　光绪三十年任

王祥玉　定海人，光绪三十三年署

王澍恩　黄岩人，光绪三十四年署

方遇春　安徽桐城人，光绪三十四年署

陶全盛　安徽人，宣统二年任

宗承黼　钱塘人，宣统二年署

清宣统二年，水师营裁撤，存兵十名守炮台，改设头围海口分台官。

炮台长

厉承恩　乍浦人

民国三年，炮台长及守兵皆裁撤，改设乍澉军事稽查长，并设稽查员四名。四年，又裁撤。

千总职名

孙继光　黄岩人，道光二十九年任

张金高　黄岩人，道光三十年任

贾殿魁 宁波人，同治二年任
陈邦镇 同治五年署
应炳南 黄岩人，同治六年任
陈邦彦
王祥玉 光绪十一年任
陈国荣 湖南人，光绪三十三年任
柯遇春 福建同安人，光绪三十四年任

把总职名

陈周笙
蔡武岳 湖南人，同治三年任，六年复
陈邦镇 同治八年任
王殿邦 乍浦人，同治九年任
陈殿庆 温州人，光绪十八年任
陈国荣 光绪二十九年任

外委职名

陶永清
蔡荣华 湖南人
徐超然 鄞县人
陈国荣
舒松涛 镇海人
李鸿祥 乍浦人

额外职名

董登云 海盐人
徐超然
胡荣庆 定海人
潘长云 黄岩人
舒松涛
胡润庆 定海人
陈宝书 镇海人
王承先 平湖

交 通

澉浦自南宋以来，为吾国重要之海口。元明之世，海道交通仍极繁盛。惟自明代，防寇甚严，商贾稍稍裹足。加以海水日益淤浅，故清季开放门户，澉已退处于闭塞之区。目下海上交通，仅由澉至对岸徐姚，尚有帆船俗名轮埠船往来。若内河交通，可分三路：一由澉溯长河至角里堰，再由堰溯下河通茶院、通元、硖石等处；二由新河至长川坝，过坝，由白洋河至海盐邑城、由秦溪至通元等处；三由北门外陈湾、双桥等处，可通徐家木桥、雪水港等地。以上三路，皆四通八达，其中惟角里堰至通元、硖石，有小轮行驶，馀皆用民船往来。至于陆路交通，向无大道，仅由谈仙岭通至省城一路，为旧时传递文书之孔道。而东至乍浦，西至海宁，亦可沿海塘而行。自民国十八年，浙省公路杭平段通车，路经澉境，交通顿便。其路线由海宁之黄湾入境，经紫云村、邵湾村跨长河三号桥，在角里堰南设站售票；经泽山、泊橹山阳跨猫儿浜四号桥、菱荡浜五号桥，在城北丁字街后设站售票；经顾家埭跨石桥浜六号桥，至顾家团跨新河七号桥，折而北，沿旧塘路向东北至长川坝市，经新舍直抵邑城。在澉区境内者，计长十七公里。

邮　电附

澉浦向无邮政，书信物件，皆由信局传递。自民国初年，设立邮政代办所，计有澉镇、角里堰、长川坝三处。

电报在清光绪时曾经设立，清季中日衅生，浙抚廖榖似巡视海口炮台。还省，与藩司赵展如商议，设立乍澉电线，以通省城。即派大令巢凤仪至沪，采办物料。由嘉兴电局出东门，造至平湖、乍浦，遵海而南，直达澉浦。于光绪二十一年二月二十四日告竣，设局通电。局在南门外吴氏祠。旋即停办。至民国十一年，始设立电话零售处，计有澉镇、角里堰、长川坝、西海头、茶院、丰山等处。

溆镇街衖附

东街　**岳庵衖**在武帝庙西　**珠官庙衖**

南大街民初，由刘式如、朱瑞年发起募款修筑　**陈家衖**通南小街　**仓衖**　**城隍庙衖**通南小街　**洪家衖**通南小街

南小街　**塘湾衖**　**道观衖**

西街　**十间楼衖**通道观巷　**谢家衖**

北大街由周杏农、步凤翔发起，募款修筑　**岳庙衖**通北小街　**蔡家衖**　**郭家衖**　**蒋家衖**通北小街　**小寺衖**通北小街

北小街　**塘门衖**今俗称金王庙衖

丁字街在北门外，有市　**王家巷**有东、西二衖

学　校

溆浦小学　旧址在西街朱宅，系朱益三妻陆氏捐助，并助田四十二亩。民国二十三年，教局将校舍售去，另建新舍于禅悦寺场。

海门小学　原名慧中女学。民国十六年，里人吴侠虎醵资创办，并呈拨城租及西团公产四十馀亩。又陈晋轩君捐洋二百五十元，作为基金。民国十八年，由教局接办，改为今名。

长川坝小学　借蛹蚌庙为校舍。

马家堰小学　借广慈庙为校舍。

文溪坞小学　借周姓祠为校舍。

湖闸小学　借悟空寺为校舍。

黄沙坞小学 赁民房为校舍。

西海头小学 步岁春君捐助校舍。

夏家湾小学 借民房为校舍。

甪里堰小学 赁民房为校舍。

城南完全小学 民国十三年，里人朱斐章捐资设立，就延真道院旧址建造校舍。

民新小学 在洗马池上。民国十五年，陈晋轩君捐资设立，并将井岭亭故址改造校舍。

汲仁小学 在西海头，步稷丞君捐资设立。

选　举附

清咸丰三年癸丑岁试

卢光锡 邑庠生　**胡秉均** 府庠生　**卢恂如** 邑庠生
卢怡如 邑庠生　**胡永清** 邑庠生　**朱福祁** 廪贡生
顾　镛 邑庠生　**朱国华** 邑庠生

咸丰四年甲寅科试

王学苏 府庠生，同治乙丑举人　**步鸿逵** 邑庠生

咸丰六年丙辰岁试

张炳勋 邑庠生　**胡彭寿** 邑庠生　**曹锡龄** 邑庠生

徐秉铨 邑庠生

咸丰七年丁巳科试

毕人俊 丁卯邑廪生 朱福诜 邑廪生，辛酉拔贡，己卯举人，庚辰翰林
沈朝英 邑庠生 朱福准 附贡 朱国璿 邑庠生
周承烈 邑庠生 顾德明 邑庠生 祝仁杰 邑庠生
祝怀清 邑庠生

咸丰九年己未岁试

朱保泰 丙子邑岁贡

同治四年乙丑补行庚申、壬戌、癸亥三科

卢愉如 邑庠生 万 鉴 邑庠生 许学苏 戊寅邑岁贡
王敬熙 邑庠生 归国光 邑庠生 毕宗彝 邑庠生
张华清 邑庠生 朱铭勋 邑庠生 陈 渫 邑庠生
方衍善 邑庠生

同治五年丙寅补乙丑科试

杨士骏 邑庠生 万 金 府庠生

同治六年丁卯补丙寅科试

周学濂 邑庠生　万文濬 邑庠生

同治七年戊辰岁试

朱福潜 邑廪贡　姚兴成 邑增生

同治八年己巳科试

张树萱 邑庠生　胡　鼎 邑庠生　张树蕙 廪生
夏尚忠 邑庠生　祝绪芗 邑庠生

同治十年辛未岁试

李延祉 邑庠生　祝铭新 邑庠生　卢恺如 府廪生，岁贡
沈履清 府庠生

同治十一年壬申科试

朱元荣 邑庠生　胡　江 邑廪生　徐延祚 府庠生
胡　苏 邑庠生　陈其升 邑廪生

同治十三年甲戌岁试

周绍濂 邑附贡　祝丰贻 邑廪生　张文俊 邑庠生
姚庆成 邑庠生　步大章 邑庠生　朱福仪 邑庠生

光绪元年乙亥科试

祝赓仁 邑庠生　胡　源 邑庠生　祝志仁 邑庠生
陈　濂 邑庠生　胡敬诚 邑庠生　朱元纲 府庠生
卢学纶 府廪生，乙酉拔贡　陆修仁 府庠生

光绪三年丁丑岁试

李延祚 邑庠生　陆升荣 邑庠生　陈　俊 邑庠生
陈汝谐 邑庠生

光绪四年戊寅科试

戈安澜 邑庠生　胡宗俊 邑庠生　朱文钊 邑庠生
祝学洙 邑庠生　王福颐 府庠生　顾赓声 府庠生
祝学濂 府庠生

光绪六年庚辰岁试

卢宝谦 邑庠生　朱贻经 邑庠生　吴　亮 邑增贡

潘凤韶 邑庠生　　程煦元 原名振辉，府廪生，岁贡

光绪七年辛巳科试

王福谦 邑庠生　　俞思聪 府庠生　　杨士炯 邑庠生
胡鸿照 邑庠生　　陈　书 邑庠生　　沈文藻 邑庠生
胡凤仪 邑庠生　　王　鉴 邑庠生　　胡鸿钧 邑庠生

光绪九年癸未岁试

卢学源 己丑举人　　张清熙 府廪生　　顾华培 邑庠生
徐锦标 邑庠生　　徐文标 邑庠生
朱兴沂 邑庠生，戊子科举人　　陈维藩 府庠生
陆元俊 府庠生

光绪十年甲申科试

朱文锦 邑庠生　　祝凤仪 邑庠生　　朱元纶 邑庠生
朱人仪 邑庠生　　朱元宪 府庠生　　周人倬 邑庠生
张绍先 府庠生

光绪十二年丙戌岁试

许清澄 廪生，癸卯副贡　　张树芸 邑廪生，岁贡
步清藩 邑庠生　　王文濬 邑庠生

朱兴邺 邑廪生，丙午岁贡　朱锡龄 府庠生

光绪十三年丁亥科试

朱兴燕 邑庠生　朱贻绅 邑庠生

光绪十五年己丑岁试

步清瑞 邑庠生　赵振声 邑庠生，附贡　卢宗廉 邑庠生

步清溶 邑庠生

光绪十六年庚寅科试

朱兴郯 邑庠生，附贡　祝学鸿 壬子岁贡　王承基 邑庠生

朱兴汾 邑庠生，丁酉科举人　沈德麟 邑庠生

张绍仪 府廪生

光绪十八年壬辰岁试

陶斯咏 邑庠生　沈徵骙 邑庠生　潘凤冈 府庠生

刘兆祥 邑庠生

光绪十九年癸巳科试

许　森 邑庠生　杨宗时 邑庠生　潘凤仪 邑庠生

徐彭龄 邑庠生 沈师濂 邑庠生 王元均 邑庠生

光绪二十一年乙未岁试

朱兴淮 邑庠生，附贡 沈济康 邑庠生 王乃赓 邑庠生
陶阶泰 邑庠生 卢宗城 邑庠生 朱兴潞 邑庠生
曹 林 邑庠生

光绪二十二年丙申科试

张绍桐 邑庠生 张世桢 邑庠生 朱兴汧 邑庠生
沈景嵩 邑庠生 韩溥城 邑庠生 卢宝仁 府庠生

光绪二十四年戊戌岁试

俞思贤 邑庠生 卢宝济 邑庠生

光绪二十五年己亥科试

朱 襄 己酉拔贡 吴大奎 邑庠生 祝学诚 邑庠生

光绪二十七年辛丑岁试

步清泰 邑庠生 朱 宣 邑庠生 朱兴渭 邑庠生

光绪二十九年癸卯科试。上年废诗文，考策论

吴光炯 邑庠生　王鸿钧 邑庠生　祝学贤 府庠生

光绪三十年甲辰

朱济川 邑庠生　陶阶英 邑庠生　朱濬川 邑庠生
祝　颖 原名绍良，邑庠生。浙江高等师范毕业，钦赐举人

光绪三十一年乙巳

毕福成 邑庠生　王文焕 邑庠生　卢宗裕 邑庠生
卢宗孚 邑庠生

是年七月停科举。

民　国

祝　颖			民国十三年，当选浙江省自治法会议议员。
陈　濂	沈徵骙	潘凤冈	元年壬子，县议会当选议员。
吴元亮	祝　颖		十一年壬戌，县议会当选议员。
陈　濂	潘凤冈		元年壬子，省议会初选当选人。
王乃赓	祝凤仪	沈徵骙	五年丙辰，省议会初选当选人。
祝学洙	许清澄	吴光炯	十年辛酉，省议会初选当选人。

乡　董二年选

卢学源　五年，改自治委员；十七年，改款产委员。

乡佐二年选　里长十八年改选

王乃赓　　**程宝槐**

仕　籍附

清

朱嘉榖　号子绳。候选直隶州州判。著有《水心云意轩文稿》《子绳诗课》。以子贵，诰赠荣禄大夫。

朱福祁　号杏卿。任萧山县训导。历署金华、德清县学训导。著有《天光云影轩诗稿》。

朱福准　号莱卿。历署金华、鄞县教谕，海宁州学正。

张文炳　号吉庵。任汤溪县训导。

朱保泰　号哲香。候选兰溪县学训导，考取八旗教习。

卢怡如　号端卿。保举训导。

朱维基 号藕君。保举训导。

徐元英 号蔼士。保举训导。

吴匡清 号葵卿。候选县丞。

王　儒 号俨斋。任福建南台巡检。

朱秉泰 号佩廉。广东补用府经历，署曲江县县丞。

陈昌祺 号筠舫。保举国子监典簿。

陈昌祚 号庾梅。保举训导。

陈清烈 号云门。保举训导。

卢光锡 号吟庐。候选兵部主事。

许学苏 号柳汀。候选训导。

朱福潜 号菊卿。江苏候补知县，保奖知府衔。

朱兴沂 号志侯，举人。户部主事，正任广东雷州府知府、盐运司衔，补用道。

朱兴汾 号诚侯，举人。内阁中书，保送知府，正任贵州高等审判厅厅丞。

张树芸 号香岩。候选训导。

程煦元 号韵唐。候选训导。

朱兴路 号冠侯。河南候补知县，历署西平、浚县、睢县知县。

祝铭新 字砚卿。江苏候补巡检。

陶成模 号醉石。国子监典簿。著有《琴书轩诗文集》。

卢学源 号悌君，举人。内阁中书。

朱兴郧 号李侯。就职直隶州州判。

卢宗鳌 号冠士。光禄寺署正。

陶宗仁 号伯琴，武庠生。光绪己卯，浙江秋闱武巡捕。升补都司，赏加四品花翎。充山东抚标，改委安徽合肥县缉私分销。

陶　源　号叔琳，附生。海盐塘工义务员，赏给六品功牌。天津永定河监工员，保举盐大使。

陶宗智　号季园。历充江苏淮扬等处厘捐委员、上海货捐局委员。

陶　渊　号幼庐，附生。江苏候补巡检，五品衔，赏戴蓝翎。历任江苏保甲委员、宜荆等处巡查委员、吴淞钓船局委员。

民国

朱兴渭　号剑侯。武义县知事。著有《近玉词集》。

朱兴郯　号倬侯。清贵州补用知县，正任丙妹县县丞。民国广东候补场知事，历任广东惠莱场、小靖场知事，浙江鸣鹤场知事，玉泉场知事。

朱兴淮　号临侯。清保举知县、吉林地方审判厅厅长。民国直隶候补知事。

王福鼎　号寄宣。任福建长泰县知事。现寄籍福建。

曹　林　号星词。嵊县、新昌查缸酒捐委员，吴兴茧捐局局长。

祝　颖　号静远，别署晴园，浙江优级师范史地专科毕业。清钦赐举人，内阁中书。民国后，曾任浙江省长公署秘书、浙江省议会秘书、浙江督军署咨议、国务院顾问、国民革命军第一师秘书主任、海盐县教育局局长、国民政府财政部山东麦粉特税局局长等职。

卢宗孚　号伯雄，京师大学毕业。考取高等文官，考试分发内务部。历任山西绛县、赵城县、宁武县、晋城县、察哈尔宣化县等县长，现任山西大同县县长。

卢宗谦　号仲模，浙江高等中学毕业。曾任北京烟酒署佥事。现任南京财政部烟酒税处科员。

卢宗澄 号梦生，交通大学毕业。现任上海国际无线电台工务主任。

机 关

区公所 民国十八年成立，廿三年裁撤。

镇公所 民国廿三年成立。

乡公所 民国廿三年成立，五乡各一。

公安分局 通元、角里堰、长川坝各有派出所。

秤放局

鲍郎场公署 民国廿二年裁撤，由秤放局兼理。

汽车站

社 团

中国国民党海盐县党部第八直属区分部

辅善堂 宋心耕、周杏农捐资设立。

同善堂 有田一百零五亩六分，市房二间。现由镇公所管理。

盐业公会

麻业公所

拳术社 在茶院。

合作社

区长姓名附

吴福彬 民国十八年任

张启舜 民国二十年任

宋伯藩 民国廿二年任

陶维棪 民国廿二年任

公安分局长姓名附

黄骏声		苏德广		陈　刚	义乌人
梁　杰	安徽人	邹　驹	江苏人	倪启骅	
张良栻	安徽人	徐廷杰	仙居人	周善荣	
王礼谊	湖南人	徐宗信	海宁人	魏　淦	
黄寿山	金华人	洪玉堂	金华人	吴宝森	
徐　苏		苑克宽	北京人	边疆煌	诸暨人
胡步虬	永康人	边疆煌	民国廿一年复任		

鲍郎场大使姓名附

申　祜　正白旗汉军人，咸丰七年任

沈裕溎　如皋人，监生。同治五年署

雷丰畴　广西人，同治五年署

申　祜　同治五年复任

谢锡昌　武进人，同治六年署

刘鸣盛　临湘人，同治七年署

张士锦　迁安附贡，同治八年任

程嵚年　婺源人，监生，同治十一年兼理

张来川　元和人，附贡，同治十一年署

陈诗颂　江夏人，监生，同治十三年署

胡树屏　四川人，供事，光绪元年任

韩克绍　湘潭人，举人，光绪五年任

杨　鉴　金匮人，附贡，光绪六年署

书　凤　镶黄满人，光绪六年任

司开先　河南人，举人，光绪八年兼理

费巍成　光绪八年任

丁廷和　安徽庐江人，监生，光绪十一年任

翁大纬　江宁监生，光绪十六年署

孙联奎　江苏人，光绪十六年署

陆炳吉　通州人，供事，光绪十六年任

张　晶　安徽人，监生，光绪二十一年署

潘庆琛　泾县人，监生，光绪二十一年署

孙传豫　安徽寿州人，光绪二十二年任

龚熙元　江苏人，光绪三十二年署

叶士升　江苏吴县人，监生，光绪三十三年任

魁　彰　镶黄旗满人，宣统二年署

韩　溥　甘肃人，举人，宣统二年任

阮景榆　江苏松江人，宣统三年任

沈　寔　辛亥年十月任

洪宇初　民国元年任

富国桢　杭县人，民国元年任

陈　铭　海盐人，民国二年任

武维周　江苏人，民国三年任

罗则豫　福建人，民国四年任

郑隆骧　民国五年任

秦丰元 湖南人

徐思广 湖南人，举人，民国六年至八年任

王康祖 江苏人，民国九年任

童溥仁 安徽人，民国十年任

杨德基 金华人，民国十四年任

周贵和 象山人，民国十六年任

周 旦 杭县人，民国十七年代理

秤放局长姓名附

褚燮泰 嘉兴人　龚安轼 合肥人　张文琳 丹徒人

张燮臣 贵池人　王向曾 天津人　徐 康 武进人

余达善 武进人　张万龙 廿一年任

陈澜清 上海人，廿二年任

盐 务

澉浦昔有鲍姓者，凿浦煮盐，今地名浦漾。此鲍郎场名之由来也。清乾、嘉时，有盐灶一百六十馀家，东西南海尽是盐田。青山塘前冯家舍一带，向亦煮盐，兼进姚卤，以补不足。洪杨劫后，所存灶数只四十九家，然炊烟四起，产盐犹不在少数。所产之盐洁白而细，故“鲍盐”最著名。在未设嘉禾公廒以前，由灶商运往嘉湖，售于盐商。有灶有卤，煎盐为活者曰“灶户”；贫而无告，售盐为活者曰“肩贩”。

清时所谓“老小妇女，盐准许民间买卖，以作本地食盐”。民国后，始有轻税之名。自秦驻山至鹰窠山，绵亘二十馀里，居户皆靠海吃海。西海居民，负湖而居，舍此更无他业。煮盐手续繁重，工本浩大。每届伏汛，产卤最旺；遇雨则全工尽弃。年来，因盐价未见增高，柴、卤反贵；益以连年荒歉，盐民为生计所迫，类多改营他业，盐田盐灶荒弃颇多。当道曾令改煎为晒，盐民以鲍卤质淡，力争得免。现存东西南海灶数，合计仅三十一家，真年不如年矣。盐田夏雪之奇景，畴复有早年之壮观哉？今将鲍郎盐务变更情形，逐项记明于后：

盐田 荒废甚多，无从统计。今客民种植棉花之沙地约数千亩，从前均是盐田。

煮盐 手续繁重，工本浩大。详方《志》朱琰所作《晒海谣》。民国二十一年，上海明星影片公司来澉，摄取《盐潮》影片，尤为显明。

盐税 除额盐重税外，其馀由秤放局秤见，统完轻税。重税每担七元二角。

轻税 民国七年，实行每担一元。二十年，每担增至一元五角。有轻税护照，可用三日，每日每人限挑五十斤。以袁花、通元、石泉、倪墺庙、茶院、角里堰、长川坝等，是为轻税区域。二十三年，改十三两六钱秤后，每日每人限挑七十斤。护照只一日可用，每张护照轻税一元一角二分。

盐价 现价每担九角。

产盐量数 每年产量不同。因产卤有多寡，产盐遂分轩轾。最近每年大约在万引左右。

引名 三百斤为一引，一百五十斤为一包，三十引为一票。向用大秤，民初，改司马秤。二十三年，改十三两六钱秤。

放盐 向由场署监察，现由秤放局秤放。

运盐 嘉湖公廒，领到护照后，即行配捆。捆出后，订引放行。

改煎为晒 民国十八年令，经盐民请愿，得免。

废场 民国十八年令，经盐民请愿，得免。

嘉湖公廒 逊清光绪十二年设。

税警队 民国五年，设盐警二棚；七年，改缉私队；今改此名。廿三年，枪杀盐民，几酿事端。

秤放局 民国八年设，十六年裁撤，十七年复设。廿三年，因收受陋规，全体撤换。二十四年，增设西海、寨圩二分局。

鲍郎场署 民国二十一年裁撤。

欤城批验所 民国二十一年裁撤。向例，运盐至此，查验放行。

名胜古迹

澉浦向有小杭州之称。盖以嘉郡七邑，惟澉多山，风景自较秀丽。加以海环于外，湖位于中，古墓名刹点缀其间，墨客文人时来歌咏。胜迹流传，颇有足述。兹就见闻所及，或前志所示载者，略志如下，以供游人之控索焉。

钟楼 在城内北大街。洪杨劫后，楼圮梯折，不能登。光绪十三年，卢光锡集资重建。民国十一年，飓风吹落葫芦顶，屋面亦损坏。十二年，毕宗周、程煦元、卢学源、周昌国、王乃赓集资重修。自五月开工，至十月告竣。

古银杏 在城内南小街塘湾街郭宅后，高十馀丈，大约十抱，其形似狮，阴照数亩，传系元时人所植。

马树 在城内南大街仓街内路旁。根蟠土上，形似马，首尾、四足毕肖。又西首朱宅前有古柏一株。相传均三百年前物也。

仙鹤池 为前明吴司寇家园内鱼池，形似得名。

荷花池 在金王庙后。

节孝牌坊 在城内南大街海门寺北李姓屋后。一为毕国璋妻钱氏，一为毕建勋妻徐氏。学使李公表以“泛柏齐馨”额。

胭脂河 在城内道观街。元杨梓于是处建楼十间，贮姬十人，胭脂倾入河中，水呈赤色，故名。

塘门街 在城内北小街。今称金王庙街。

义井 在城内西小街蔴业公所内。道光间，里人开掘。古义井无考。

海浴场 在长川坝东，地名新舍。民国廿三年，赵志游设。

司城 在长川坝东秦驻山麓，即澉浦巡检司城。土人谓系就近村民筑以防倭，名为私城，实误。

东拱嘴 在长墙山东。外有小岛，对立如门。潮由口入，复由口出，疾如飞瀑。形如人字，又名人字潮。为观潮胜处。

狮松 在长川坝西新团塘路旁某姓盐仓内。

明珠泉 在官山明珠庵内。

望海楼 在南城外天妃宫后。风帆出入，一目瞭然。虽非观潮之处，然在潮头涨落时，亦有晴光万道、海天一色之概。

炮台 在南城外长墙山。清同治十三年，巡抚杨昌濬筑。今废垒犹存。

谈岭石城 在谈仙岭。清道光廿四年，巡抚刘韵珂建。向有炮台两座、官厅五间、营房十间，毁于洪杨。同治十三年，巡抚杨昌濬拨款，委记名总兵傅名喧、补用同知杜冠英修整石寨，建复官厅、营房。并由嘉协拨外委一员驻防，每年更换。光绪廿五年裁撤。今厅房亦已坍毁。

百亩圩 在角里山西北。相传为三国时吴陆逊阅兵处。

太子墩 在邵湾朱庵东北朱氏墓后。故老云是紫云村女葬子处。

双梓墓 在茶院东。此墓现为杨姓所有，今称梓树坟。

吴孝子坊 在南山惠泉寺路旁。清乾隆七年立。孝子名琦元。

鸦鹊墓 在角里堰青龙桥北，前有鸦鹊浜。此处向为角里堰市集，地名张家巷。

吾家园 在泊橹山旁。向为海盐吾子与别业。今山上犹存旧时花木。

石浴缸 在谈岭石城东。相传为谈仙浴处。

高士亭 在高士湖悟空寺前湖墩上。民国廿一年，里人吴侠虎募资建，在张公堤，今明星亭原址。廿三年，为飓风吹毁，改建于此。祝晴园联云："万古长留高士迹，一亭想见圣湖春。"

明星亭 在高士湖张公堤。民国廿一年，里人吴侠虎偕上海明星影片公司胡蝶女士等，来此摄取影片，因请明星经理周剑云君建亭于此。吴颖甫联云："看此湖美不胜收，也好比得昔西子；忆先人诗曾有话，本来说是小杭州。"

鲍公亭遗址 在张公堤飏山麓。堤上向有"张公堤"三字碑，今在悟空寺墙内。

铭晥亭 在西城外马路桥西吴家山麓。旧名大士庵亭，清光绪十一年重筑，改今名。怀宁彭仁寿有碑记。

高士湖 又名永安湖，俗称南北湖。群山环抱，独缺其南。南为大海，尽是盐田。湖分南北，中有长堤，俗名中湖塘，并称张公、鲍公堤。堤之东西，各有一桥。北湖毛塘，为前明吴中伟司寇筑。光绪三年，张铭斋先生于两湖近堤处，各开引湖，将掘起之泥加阔堤身，遍植枫桠。光绪廿二年，复由步凤翔等发起，借用统领丁彦兵工，稍稍挖掘。民国廿三年，大旱，朱新縠又挖深南北二引湖。独恨淤浅易涸，居民亦渐侵占，非全湖开浚不为功。民国二十四年，里人吴侠虎于中湖塘、茅塘等处，种植白杨数百株。湖亭诸田，向称膏腴，今亦有十年九旱之患。杭州朱采真君来游，谓此湖可称姊妹湖。

乌龙井 在紫云村旁。有二小池，俗名龙眼潭。民国廿三年，大旱不涸，附近田皆丰收。

董小宛葬花处 在永安湖鸡笼山附近。旧传董小宛至此埋香，故名。

永安亭 在永安湖野鸭岭。海盐朱赞卿筑。

载青别墅 在万苍山麓。民国五年海盐朱赞卿筑，式参中西，室颇清雅，开湖上别业之先。由山麓赴角里堰之石板大路，亦为朱所甃。旋病卒，人多悼惜。

迎凤亭 在长河畔，左对凤凰山，因名。民国十六年，陈培远堂昆季光济、光鼎、光泰、光豫、光咸、光恒捐资建，并用丰山石铺西门外过日晖桥至角里堰石路。

换纱岭 在马鞍山。山北雪水港村向有棉纱庄，远近村民持棉纱往换棉花多经此，因名。

王家堰 在翠屏山北。向称闻家堰，近代居民皆王姓，遂改今名。春时桃李最盛；山多竹，修篁万竿，翘然如无数凤尾。

五池潭 在翠屏山东麓。池底有五潭，水涸则见。

节孝牌坊 在淡水桥。为张文渊妻万氏。

驻马亭 在城北庙山麓。旁有洗马池，张世桢题今名。向称井岭亭，井已废，栏犹存。

慷慨桥 在淡水村附近，相传为董小宛出身处。冒辟疆避难马鞍山，或云因董故居在此，故不为无因。

坟墓附

元

主簿朱顺墓 在陈湾山。案，顺，婺源人。元贞间，官嘉兴路主簿，占籍海盐县。

明

吴氏祖墓 在南门外城河上，向对城门。明代自天台迁澉浦，子孙贵盛。数百年书香不绝。

朱氏祖墓 在青山之麓。朱氏明初自婺源迁澉浦，族甚繁，代有贵显。

御史许闻造墓 在凤凰山。

举人钱与映墓 在北湖万苍山。案，与映，嘉兴县人。

处士徐文贵墓 在碧里山东。

乡贤徐淲墓 在甪里山西。

乡贤徐应奎墓 在大步山顶。

湖广兵备副使徐鹖墓 在碧里山东。

赠兵部侍郎吴中任墓 在泊橹山阴。

兵部主事吴麟武墓 在凤凰山。

武昌参将忠烈公崔文荣墓 在丰山。

右副都御史偏沅巡抚吴麟瑞墓 在泊橹山阴。

举人吴晋昼墓 在泊橹山西。

百户吕凤墓 在南门外演武场侧。嘉靖中，凤与子爵御倭寇，同战殁。

钱汝霖墓 在徐湾大成山卧龙冈。案，汝霖，嘉兴人。

白氏坟 在北山脚。昭信公陈壹，原籍溧阳。明初，从汤元帅和征云南会州，战殁。其子贵甫十龄，于洪武十四年，随母白氏至澉，遂家焉。母卒，葬此。至今氏族繁衍。相传穴为刘诚意伯所定。

进士曹元芳墓 在大河堰。清康熙间葬此，汪钝翁琬撰碑记。

清

礼部尚书许汝霖墓 在金竺大桥。案，汝霖，海宁人。康熙壬戌进士。

礼部尚书清恪公陈诜墓 在半潮山之阳。案，诜，海宁人。康熙壬子进士。

文渊阁大学士文勤公陈世倌墓 在王家桥。案，世倌，海宁人。康熙癸未翰林。

通政使参议何元英墓 在五河泾。案，元英，秀水人。顺治乙未进士。

赠中宪大夫钱标墓 在永安湖西北紫柏山。案，标，嘉兴人。

孝子吴玉章墓 在青山之阴。案，玉章，海宁人。乾隆六年题旌，内阁学士钱载撰墓志。

进士陈鹗墓 在北门外顾家团。

吏部员外郎朱兰馨墓 在木山东麓长水涧。

御史冯浩墓 在邵湾山。案，浩，桐乡人。乾隆戊辰进士。

侍读学士四川学政支清彦墓 在陈湾山。

内阁学士朱方增墓 在乌龙井。

松滋县知县黄燮清墓 在九杞山之阳。

举人朱篆墓 在罗汉湾。

仁怀县知县进士朱毓文墓 在西门外马路桥河北。

吏科给事中状元朱昌颐墓 在邵湾山唐家浜南。

处士方溶墓 在长墙山下方池漾口。

处士高均儒墓 在转水河山上。案，均儒，闽人，寄籍秀水。崇祀乡贤祠。

举人张鼎墓 在鸡笼山。

太子少保、兵部尚书忠愍公徐用仪墓 在邵湾山百部谷。

朱文公祠 在陈湾打石山嘴。

双节祠 在北大街小寺巷口。一为陈德华妻林氏，一为陈天禄妻吴氏。已题旌。张鼎《双节祠白牡丹诗》：“富贵人间重，冰霜此独持。长留清白节，看到子孙时。”

兴武将军浙江都督朱瑞墓 在邵湾山。

寺 庙附

武帝庙 毁于兵燹。清同治三年，张鼎集赀重建。

考朱旦作《关侯祖墓碑记》：“侯祖石磐公讳审，字问之，汉和帝永元二年庚寅生，家居解州常平村宝池里。公冲穆好道，以《易》《春秋》训其子。卒于桓帝永寿三年丁酉，享年六十八。子讳毅，字道远，性至孝，父殁，庐墓三年。既免丧，于桓帝延熹三年庚子六月二十四日生侯。侯长，娶胡氏，于灵帝光和元年戊午五月十三日生子平，卒于献帝建安二十四年己亥十二月初七日。”

张六五相公庙 毁于兵燹。清同治三年，张鼎集赀重建。

福庆庵 清咸丰间，毁于洪杨。同治初，僧王世缘重建。民国十七年，步幹丞集赀重修。

延真观 清咸丰间，毁于洪杨。同治初，僧王世缘重建。

天妃宫 在南门内洪家衖口。清咸丰间，毁于兵。光绪初，张本空重建。

石三官庙 在转水河山上。清光绪八年建。

禅悦寺 清咸丰间，毁于兵。同治七年，僧才林募赀重建观音殿及东西斋堂。

广福明王庙 清咸丰间，毁于兵。光绪八年，僧才林募赀重建坐宫、行宫两殿。

第六庙 在仓衖内。清光绪二十八年，张氏募赀重建。

永丰庵 毁于兵燹。清光绪间重建。

明珠庵 在官山南麓。内供武帝，祈签灵验。

城隍庙 清光绪十五年，步凤翔集赀重建第一进楼房并戏台、左右厢房十间，第二进正殿，第三进楼房，后连水阁、左右两庑、西边阴司衖及客堂五间，厨房三间，柴房一间，圊房一间。规制雄丽，为澉镇诸刹之冠。

东岳庙 在北门大街。同治八年，道士李长庚积赀重建山门及正殿、两庑。光绪间，又建血河殿。

珠管庙 在市镇东。同治七年，张氏重建。

惠泉寺 清光绪二十二年，珊和尚积赀重建后进经楼。其正殿被蚁蛀倾欹。民国十一年，里人集赀重建。

紫云庵 在紫云村。

云岫庵 清咸丰间，毁于兵，仅存斋堂三间。光绪元年，王氏重建山门、正殿。十一年，又重建藏经阁。越十馀载而竣工。案，节妇王，复正袁花人也。能知书。年十九，嫁于贾氏，甫三年而夫卒。遂弃俗，居云岫庵，长斋绣佛，募赀建复。迄今殿阁焕然一新，香火称盛，皆节妇一人之力也。现年七十有五。

海门寺 清咸丰辛酉，洪杨兵将毁之，登屋有坠死者，乃止。同治间，僧文秀积赀重修，又建楼五间，僧巽印积赀建海印山房正殿。光绪间，僧继成装四大金刚，修葺大悲阁后廊。今大悲阁及楼五间，均坍卸无存。

半潮庵 在秦驻山麓。初，冯皋谟为居士，张峰舍山建庵，名积善。僧广贤、广怙重修。朱元弼改今名。

法云寺俗呼茅庵　在秦驻山顶刀枪库之右。明万历间，僧灵修建后殿。有钦赐《陈氏心经碑》。

梵潮庵　宋元祐中，僧秀如创建，初名万寿。明永乐中，僧慈照重建，改今名。嘉靖中，僧广驭重建。万历三十七年重修。崇祯中，僧凝辉辟基重建佛殿、山门。清康熙五年，侍御金沙徐诰武有碑记。

磏王庙　清咸丰毁于洪杨。同治中重建。

白龙庵　在惹山西坳。赤乌时，练兵之地。清宣统二年，浙江巡抚增韫带领兵队，来阅野操，曾驻庵内。

金王庙　清光绪初重建，继而火焚，又重建。

悟室寺　现仅存山门，馀皆毁于洪杨。

金粟寺　现仅存一山门、一殿、两庑，墙垣已多颓圮，馀尽毁于洪杨。

天后宫　在南门外总寨。清同治间，僧庆缘重修，并重建望海楼。

步临湘侯祠　侯讳骘，字子山，三国时人。初仕吴，除海盐长，后封侯，代陆逊为丞相。今澉多步姓，皆公之后也。民国六年，步凤翔为公建祠于飏山巅，不久，毁于风雨。廿四年春，朱馨穀迎公像，重建新祠于孙家堰而祀之。

人　物

沈孝徵　字元万①，明万历戊戌进士。授工部主事，董漕船清江，

①元万，《海盐县图经》人物篇作“原万”。

行河高邮。擢汝南道副使，录囚信阳，有周某者，奇其才，释使就试，果登荐。巨盗丁某为窟室，藏子女金帛无算，歼之，境以安。创设长桥跨淮，拯光州之病涉者。忤上官，告归。家居好客，坐上恒满。信腕裁篇，顷刻立就。有《元畅阁集》若干卷。

陈鹅 字复心，清乾隆壬戌进士。历任湖北大冶，山东滕、寿光知县，署青州同知。决疑狱若神。滕有妄男子，投书大吏及衍圣公，词多悖谩。大吏命籍其家，得其所拟封官爵簿，鹅知其有风疾，火之。民免株累，合境得安。子玉垣，字九闳，乾隆辛卯顺天举人，署湖南巴陵知县，改归安教谕，以经术训士。著有《四馀堂课士赘言》《易解》《集翠轩诗集》。

朱毓文 字鹿宾，嘉庆庚辰进士。授安徽舒城县知县。抵任后，首崇学校，令诸生入署，与之讲学，孜孜不倦。民有讼诉委曲，开导如家人语。有兄弟争地者，伯年八十馀，叔、季亦六十馀矣，罗跪厅事前。毓文愀然曰："我有兄早逝，至今以为憾。尔兄弟皆高年，为人生不易得之乐，乃手足自残乎?"因泣下。讼者亦泣，愿弃地勿取，乃慰遣之。时禁民食鸦片，周天爵任皖臬，持法严峻，檄下诸属县令，境内有犯者，悉诛之。毓文独曰："近不申明此禁，愚民无知，多有犯者，遽杀之不忍。请出示谕民，计日戒绝，逾限者治如法。"大吏从其议，全活甚众。颍、亳之民素悍，庐、舒接壤，匪徒出没无常，擒治稔恶者数人，盗贼由是绝迹。以父忧去官。服阕，授贵州仁怀县知县，署安平县事。安平城西有巨涧，民多弃尸其中，岁久，骸骨堆积；悉检埋之。任仁怀时，一日山水骤发，坏民居数百家。方食，闻报，投箸而起，立往赈给，灾黎获全。年六十二，辞官归。邑人请业者甚众。家居八年卒。著有《坦坦居诗文稿》。以上俱见邑志。

张鼎 号铭斋，咸丰辛亥举人。性纯孝，尚廉介，聪明正直，博通古今。遇公益事，慨然引为己任。绝意仕进，以经、史、子、天文、地理、训诂、算学授徒。教人以敦品力学，一时士风因而振兴。子三：树萱，邑庠生；树蕙，邑廪生；树芸，岁贡生。事详传。

朱福诜 号桂卿，光绪庚辰进士。授职编修，历任国子监司业，翰林院侍讲，翰林院侍读学士，经筵讲官，壬辰会试同考官，河南、贵州学政。以编书劳绩，得奖二品顶戴，赏戴花翎，授资政大夫，晋荣禄大夫。召见奏对称旨，蒙圣语："学问很好。"著有《论学述闻》《复安室诗文集》，待梓。

吴麟振 字达生，补博士弟子员。浮沉数年，非其好也。于是弃章句，肆力于书。其为书，妍丽端重，有羲、繇遗迹。尝言："学书须戒跛偃欹斜，流而为坡公、元章父子，不足取也。"立论如此。尝游金陵，董宗伯其昌见其书，叹莫能及。素苦病，年仅四十二卒。里人私谥曰"文隐先生"，祀乡贤。所著《未晚莽诗》及遗迹在缣素者，远近争珍重之。

吴麟德 字元闻，郡庠生。积学工诗，著有《纕蕙集》。尝登钓台，有云："东京二伯馀年事，争似先生一钓丝。"又云："羊裘重钓亦男子，肯与云台共画图。"为艺林所赏。子孚贞，亦工诗。有《偶村集》。

吴恢贻 字汝休，号半村，蕃昌次子。性行高洁，作诗潇洒出尘。尤工画，山水直入元人之室。人得其片楮，皆宝藏之。

吴毓璞 字巨源，增生。父元震，蚤亡，事母以孝闻。笃志好学，湛深经术，久困场屋，益肆力诗古文辞。诸经各有纂述，而尤精研《春秋》，为胡文定功臣。郡守袁公聘修府志及邑中公举乡饮，俱辞不赴。尝自题座右云："肯让古人，便是无志。不让今人，便是无学。"可想见其立身行己焉。

吴应和 字子安，国学生。敦行力学，善诗古文词，并精音韵之学。所选《何大复菁华录》及《浙西六家诗草》，评论精当。著有《毛诗纂诂》《榕园词韵》《榕园吟稿》及《文钞》。

吴世堂 字香杜，诸生，工诗，近范石湖。尝赴院试，值使者钩校严厉，世堂曰："所贵乎士者，谓其能崇廉耻也。今乃不如徒隶乎？"遂投椠而出，终不复试。年八十馀卒。著有《香杜诗草》。

吴世培 号棠园，道光辛巳副贡。由武英殿校录议叙，授福建西河验掣大使，革除陋规，商旅便之；调莲河场大使。以年老，解组归。杜门著书，几二十年。诗宗归愚，谨严中不失性灵。又工山水。年过七十，与里人朱毓文、方溶、杨逢南及其兄世堂等为九老登高会，每岁重九日一举，白发婆娑，谈宴赋诗，绘图纪事，九人迭为宾主。"粤匪"起，相继谢世，无一罹兵祸者。人以为异。《答友人询近况诗》："老境优游尽自堪，一庭花拥一书龛。健输鹤步春游倦，懒学蚕眠昼梦酣。无事营心多逸兴，有人可语剧清谈。闲来但看山如画，何暇拈毫写翠岚。"

杨逢南 字子鹤。性豪放，好吟诗。出游淮海，诗益工。早丧妻，不娶，子亦卒。年八十，孑然一老，课蒙度日，躬操井臼，而吟咏益富。有句云："病借诗书为药石，老栽花柳作妻孥。"闻者伤之。著有《香禅诗草》。

马玉堂 字笏斋，道光辛巳副贡。性耽书籍，闻人有善本，必展转购录。庋藏秘册甚多，杜门雠校，未尝谒官府。上元朱绪曾，博学好古，令嘉兴时，闻玉堂至郡城，就访于书肆，剧谈竟日，人两贤之。后遭兵乱，书籍散失。著有《读书敏求续记》《十国春秋补传》，馀多不传。

方溶 字蓉浦，岁贡生。少精举业，屡试不售，遂潜心经学，熟悉舆图。所著《禹贡分笺》一书，考据精确，疏解简明，当世推为善本。又著有《澉水新志》十二卷，积四十年心力，裒辑成书，颇称详备。授於潜训导，未之官，卒。以上见邑志。

陈廷枢 号兰君，廪贡生。工诗，著有《生白斋吟稿》。

李承模 字琴舫，增贡生。工诗文，著有《循方诗集》六卷，未付梓，毁于兵燹。

祝源 字春渠，例贡。精医道，著有《歌方集论》及《人身谱》《楞香诗集》等书。

沈德麟 字鸿敷，邑庠生。性落拓，不求闻达。工诗，著有《环绿轩诗稿》，未付梓。

朱嘉玉 字子信，国学生。清咸丰辛酉殉难。著有《宜兰室诗文稿》。载郡邑志，入祀昭忠祠，貤赠资政大夫。兹附录当时奏议如下：

礼部谨奏为遵旨覆议具奏事：前贵州学政朱福诜奏“请将本身应得封典，貤赠胞叔朱嘉玉，并恳恩附祀本籍昭忠祠”一折，于光绪三十一年九月二十日奏。硃批“礼部议奏，钦此”。钦遵到部。嗣经臣部会同吏部奏请，准其貤封。至附祀昭忠祠，应俟该学臣将《海盐县志》咨送到部后，再行核议。十一月二十四日奉旨：“依议，钦此。”兹据前学政朱福诜将志书送交前来，臣等查该县志称“监生朱嘉玉，敦孝友，工文章，慷慨尚气节。咸丰辛酉，‘粤匪’陷海盐，后退踞欤城镇。朱嘉玉率义民往攻‘贼’垒，不克而退。次年冬，‘贼’陷澉城，虏其兄嘉毂去。嘉玉追及之，请以身代，情词恳切。‘贼’释其兄，以嘉玉行。路遇兄毂子福诜、福潜，并为‘贼’所得。嘉玉复请释其两侄，‘贼’不许，遂共陷虏中。至松江浦东，会官兵攻浦东急，‘贼’夜遁。嘉玉与二子相失，不肯行，语同虏者曰：‘曩以二子相随，故缓死耳。今复何所顾虑!’遂骂‘贼’，不屈死。同虏者归述其事，犹为流涕”等语。臣等证以该学臣原奏，事属相符。查朱嘉玉以一介书生，当海盐‘贼’陷时，犹复纠率乡民，奋身国难。洎身陷‘贼’中时，始则脱兄于危，继复隐忍以保全其两侄。暨两侄逸去，乃从容就义，视死如归。洵属忠义可风，拟如该前学臣朱福诜所请，准将监生朱嘉玉附祀海盐昭忠祠，以光幽潜而阐节义。恭俟命下，臣部行文该省，遵照办理。所有臣等遵议缘由，理合专折具陈，伏乞皇上圣鉴，谨奏请旨。宣统三年二月初四日奏请，奉旨：“依议，钦此。”

吴春　字蓉渠，熙子，嘉庆辛酉举人。性伉爽，里中义举，如赈饥、水利等事，悉心经画，以为众劝。居家教授生徒，善于诱掖。游其门者，辄获售，时人重之。

康二老　朴实如村农。设酒肆于市，数十年无疾言忤色。母生时，尝畏雷。母殁，每雷声作，无论昼夜，必冒雨诣墓，雨霁乃归。年八十馀，健步如少壮。

杨德保　兄弟三人，德保居幼。性愚笨，群以骙目之。父年六十馀，目痛失明，德保日夕舐之，不半年，目竟复明。

沈掌大　少刚勇，好饮善斗，灌园为业。辛酉二月，洪杨陷县城。旋筑垒于邑之欤城镇，责民贡献，将按户搜括。势焰威逼，无所逃命，民愤甚。掌大倡义击敌，号召数日，聚众数万，并乞澉浦汛官兵为前锋。五月十三日，把总陈长瑞率众前进，行抵勾塍桥，距欤城不远，遇敌船，开炮击之，歼其魁，馀皆凫水逸，尽得其船。万众鼓噪进，欤城敌惊惶欲遁。已而嘉兴援兵大至，接仗失利，陈长瑞被戕，乡民死者三百馀人。掌大知事不济，率众退回。越数日，敌赴澉大掠，并索起义诸人。掌大曰：“吾不出，必累众人。”从容就执。过酒肆饮，阳阳如平常，抵欤城，敌究问党与，掌大曰：“倡义者惟我一人，何多问为!”遂被害，年六十一岁。自是敌亦不敢搜括乡户，实掌大一击力也。助掌大鸣锣集众者，有庠生张镜、坊保郁老五。事败，张镜自缢，郁老五亦被害。

顾桂馀 咸丰辛酉冬，洪杨犯澉浦。桂馀随父走避，仓猝相失。途遇其戚挈之行，不肯。疑其父已被掳，曰："不见吾父，何以生为!"乃复突围视之。洪军欲虏以行，不屈，赴水死，年十九岁。

卢光锡 号吟庐。承办同善堂事，热心公益，增置田产。性慷慨，有求不吝。重建钟楼，捐不足，解囊金补之。

夏双庆 耕种为业。性慷慨，尚谊气。事详《夏义士传》。

步凤翔 字瀛洲，澉镇人，太学生。才甚干练，勇于任事。且好善，平生修桥筑路甚多。

王以坤 号吟台，清邑庠生，思濬子。事继母曲尽孝谨，又能友于异母弟。承父业，精岐黄术，贫病求诊，不索偿。为人和而不同，有古君子风。子乃赓，号莘农，入庠，现亦精医道行世。

周桢 号杏农。集赀铺筑大十字街至北门锦绣桥石路，又捐助辅善堂经费。卒年七十八。

宋肇基 号心耕。出资铺筑小街角至北门广福桥石路，又解囊金创设辅善堂。清光绪三十二年，奉旨建坊，奖给"急公好义"匾额。

陶溶 号春樵，清乡饮介宾。事亲孝，好施与。捐资建造石鼓桥，修筑道路。嘉庆己巳，浙江学政刘凤诰褒赠"齿德兼尊"匾额。

徐荣勋 北团人。早岁从戎，旋隶国民革命军第八十七师为士兵。"一·二八"淞沪战役，以奋勇冲锋死焉。由国民政府优予抚恤，时论荣之。

柏进谦 清嘉庆时北团人。幼失怙恃，从卖艺者游，略得少林术，旋归里。时有道士苗六者，固江湖之豪也，栖于城北白龙庵。柏师事之，技乃大进。家无恒产，以保镖谋衣食，足迹遍大江南北，名噪一时。其所传拳伤医方，至今犹存。

朱馨毂 孙湾村人。好谈公益，因以罄其产。幼时不甚读书，又不习农商，惟遇不平事，辄义形于色。菲衣恶食，备尝困苦，不少悔。修桥筑路，奔走募款，以一身任其难，昂昂如也。民二十四年夏，因往沪募筑路捐，偶不慎，丧身外人汽车下，年六十馀矣。综其生平，颇有足以风世者。

张世桢 号树屏，澹水人。邑庠生。辛亥之役，赞襄朱将军瑞戎幕，旋被选为众议员。善吟咏，有古君子风。晚年乡居，益好学。见时事日非，颇慨焉伤之，然无如何也。

吴以敬 号惺仲。少有异禀，七岁语其弟侃叔曰："人生如客耳。吾闻食松柏可以辟谷。"一日，遁入山，家中急索，乃归。既读程朱书，有得，呼其弟曰："几误一生。"自是深自刻励。入邑庠，为弟子员。年仅二十九而卒。有《匏斋诗文钞》。

冯汝麟 号趾祥，家梅园桥。少能文，屡困秋试，乃弃举子业。以国子生官广西龙门巡检，纵游名山大川。著有《完璞堂吟稿》，音韵清越，盖得于江山之助也。

朱福祁 号杏卿，桂卿太史之兄也。以文学任萧山县训导，历署金华、德清县学训导。著有《天光云影轩诗稿》四卷。

步清瑞 后名同瑞，号子符，诸生。居永安湖畔，课徒自给。品性敦笃，人称长者。

吴氏 庠生程自康妻，孝廉斯敏母。年二十四而夫亡，孝养孀姑，割股疗疾。姑殁，营丧葬尽礼，抚子慈严并至。已题旌，崇祀杭州吴山节孝祠，载《浙江通志·列女传》。

陈氏 进士鹅女，名玉徽，适王煜。年二十四而寡，守柏舟节。通经史，工诗画，著有《冰崖诗草》。《哭母诗》云："薄命生辰寡且孤，五年不听母声呼。背人暗滴伤心泪，偏见枝头哺食乌。"

吴氏 程春宇妻。年二十七，夫卒。家清贫，缁纻度日。孝事翁姑，抚蓄幼子。苦心孤诣，守节历三十馀寒暑，至六十二岁而终。已题旌。

杨氏 周宗琪妻。夫早故，无嗣。矢志清洁，绩麻糊口。清光绪乙未，知县何士循因公来澉，访闻之，赏钱十千文，并奖给“贞寿之门”四字匾额。寿九十七而卒。

王氏 朱子英妻。嫁二载而夫卒。生子五岁，家贫如洗。赖女功之所入，抚养成立。节凛冰霜，志不可夺。卒年六十五岁。

朱氏 儒学徐延福妻，副贡维堃之长女也。于归三载，值洪杨扰境，夫殉难。生一女，赖缁纻以备嫁具，且为夫营葬焉。年六十八而卒。已题旌。

曹氏 海宁新仓曹某女。其时，有甪里山人沈仲篪，捐职指省福建。氏父某同省候补笃于乡谊。适两家妻皆怀孕，指腹订婚。后沈生男而曹生女，遂以玉如意为聘。不多年，曹氏父母相继去世，氏孤苦无依，遂适沈氏为童养媳，时年十四岁。后翁授台湾嘉义厅，因公晋省，遭海风，船覆溺死。其夫荫袭到闽候差，一去不返，杳如黄鹤。斯时氏年仅十八，矢志守寡。事姑纯孝，凡寺院戏会之场，终身不涉足焉。年九十六而卒。

宋氏 云程之长女。幼娴闺训，以孝闻。年二十六，适商坊姜承望为继室。前妻徐氏遗有一女，抚之如己出。夫卒，氏欲以身殉，亲族救之始苏。既而遗女又不育，以夫弟之子大铭为嗣，抚养成立。冰霜节操，勤俭终身。年五十一卒于民国四年。

顾烈妇 朱兰洲妻。清咸丰辛酉，洪杨扰境，遇逼，投河死。

沈烈妇 清府廪生张绍仪妻。嫁二载，夫病卒，即饮芙蓉膏以殉。同日殓殡，亲族皆流涕焉。沈德麟《哭善妹殉节》诗曰：“有妹有妹颜如玉，嫁得张家本望族。郎名绍仪字稷民，飞声庠序声名卓。举案齐眉学孟光，夫妇唱随二年足。那知郎忽抱沉疴，药物无灵医手束。黄金难买返魄香，红泪空弹杜鹃血。寸心早已自安排，不忍偷生歌黄鹄。生生死死愿相随，生则同衾死同穴。拚将一死殉良人，膏饮芙蓉命难续。我骤见此心胃悲，鼻酸肠断双泪垂。吁嗟人生谁不死，舍生取义尔能为。尔今虽死死犹生，羞他怕死贪生辈。溆山奇，溆水清，山水清奇钟秀灵。他年若得輶轩采，彤史应留不朽名。”

陆义妇 朱益三妻。夫殁，氏年老，将国坊住宅及水田四十二亩，一并捐入第一初级小学校。

耆　寿附

王敬熙 号惺庵，清贡生。八十五岁。

朱　鸿 号筱珊，八十八。

徐寿山 八十岁。

徐桂荣 八十二岁。

朱　尚 八十一岁。

朱玉墀 号柳塘，上舍生。八十四岁。

步凤翔 号瀛洲，上舍生。八十一岁。

刘惠中 年八十七岁。

刘仁华 年八十三岁。

周关林 年八十二岁。

胡　恩 八十六岁。

寿　母附

顾氏 王香谷妻。八十八岁。

张氏 吴葵卿妻。八十九岁。

万氏 吴亚苏妻。九十岁。

黄氏 郭绵妻。九十四岁。

周氏 毕少卿妻。八十四岁。 **吴氏** 韩朗山妻。八十七岁。

郭氏 朱尚妻。八十三岁。 **李氏** 朱柳塘妻。八十五岁。

吴氏 祝星斋妻。八十八岁。 **朱氏** 步瀛洲妻。现年八十九岁。

董氏 李省之妻。年八十岁。 **朱氏** 卢雅农妻。现年八十九岁。

胡氏 沈金元妻。年九十七岁。**吴氏** 李雨田妻。现年八十岁。

宋氏 陶森渊妻。年八十一岁。

顾氏 **祝氏** 李琴舫妻。年皆八十四岁。

祝氏 程稼云妻。年八十三岁。**万氏** 胡恩妻。九十七岁。

步氏 陈庾梅妻。八十岁。 **杨氏** 周宗琪妻。九十七岁。

朱氏 姚兴成妻。八十岁。 **卢氏** 谢毂人妻。现年八十四岁。

顾氏 祝幼渠妻。现年八十三岁。

溆志补录卷下

传　记

云岫庵藏经阁记　邑令李当泰

盐邑代有名僧振法，庄严法藏，若金粟，若海门，今虽散逸一时，妙丽可想见也。自天真化杳，楚石云归，贝叶旃檀，尽在烬煨。荆棘中，时则玉芝法聚建阁福业院，请藏京师，盐始复有经藏。此余至盐之二年，祷雨院中，父老为余数其事者若此也。明年丁酉，余行南境，侍御许先生待余云岫庵。庵据山椒，九折而上，松篁四合，禽鸟乱啼；海日潮烟，朝夕作供。顾安所得藏经者，而尽读其书。侍御谓余："庵僧性静已集檀信，将走事京师矣。"余乃欣然寓书浪雪恩公，而侍御亦复别为介绍，且要余捐俸助之。明年，经乃至。又明年，阁成。又明年，而浪雪来盐礼经，属余纪事而去。浪雪之言曰："君知海门、金粟乎？昆弟五人，万轴疾书，如一手然，无可分别；菩萨化身也。胜压五天，诸龙回绕。而前为宦者某，见椟而携其数卷以去。邑遂争取，相继一空。未几，邑困岛夷，某亦暴震以死。吾法甚密，吾道甚慈，吾聚甚坚。洗罪一方，为邑请命，君能无一言诏来世乎？"余闻斯言，愧父母于盐，为盐植福未尽也。直书其事而碑之阁云。

澉浦开浚河道修筑堰闸记 张鼎

禾郡素称泽国。盐邑居郡南，地较高；澉镇又居邑南，地尤高，独苦旱。前人于镇西北筑六里堰，东北筑长川坝，遏上河水，使不泄下河。又于堰坝旁置闸，时启闭以备潦涨，立法甚悉。自河身淤高，堰闸圮漏，水泻如建瓴。夏秋之交，旬日不雨，田禾立槁。同治甲子，东南底定，四方年谷顺成，独澉地频阽荒旱。民供赋税不给，则弃本逐末，流散四方。壬申春，学师陆公来澉，闵其灾重而粮不能免也。曰："方今大宪轸念民生，盍吁请开河。"于是里人王桢等议工役缓急，佥谓："浚镇西永安湖，以厚潴其源，使波及诸河，此探本之务，策之上也；挑深最淤之新河、城河、长河，坚筑堰闸，以杜漏巵，此救急之术，策之次也。今筹费维艰，姑先事其急者。"遂吁请邑候丁公，白府尊许公，筹开新、城、长三河，修筑堰闸。许公檄下，核工通禀。十月，中丞杨公阅塘，过澉行二十馀里，不见勺水，田野萧条，蠹焉伤之，准拨经费六千串。许公因工钜请益，又增二千串，饬邑侯沈公督绅民经理其事。于十一月兴工，次年八月毕工。凡开浚三河四千八百馀丈，修筑六里堰一座，转水河上下闸两座，养安闸一座。诸河支浜，民间自行疏浚。惟永安湖未能施工。然三河疏通，堰闸坚闭，蓄水增多，旧时槁壤，渐成稻田，民怀生矣。考澉浦水利，明洪武、正统、万历间，三次奏请开浚，见《明史·河渠志》及郡邑志。厥后，屡有陈请，辄不果。民间率钱爬抉，无补灌溉。今中丞削平大难，嘘枯妪瘠，虽僻壤不使抱向隅之痛，其上体朝廷休养生息之意者甚大。官斯邦者，又仰承德意，同心济美，挈焦原之民，而登之衽席。继自今吾民服田，力穑奉公，上敦孝弟，无轻去其乡，风俗将有日厚者，岂第资生而已哉！爰述颠末，备载诸公姓名、籍贯于后，以志不忘。

绅民与事者，亦附载焉。工程并详列左方，俾来者有所考。

巡抚杨公名昌濬，字石泉，湖南湘乡人。知府许公名瑶光，字雪门，湖南善化人；宗公名源瀚，字湘文，江苏上元人。知县丁公名绍德，字稼轩，江苏丹徒人；沈公名宝恒，字澄之，江苏吴县人；申公名祜，字锡之，汉军正白旗人。训导陆公名同元，字竹侯，湖州归安人。绅民候选训导王桢、朱福准、卢怡如；候选兵部主事卢光锡；候选从九品吴匡清。举人张鼎，贡生祝源、王敬熙，生员朱俊、陈沅、祝培元、陈溁、姚兴成、周承烈，武生汤其炳、朱云程、张骥良，国学生王廷松、步维桢、张寿康、汤玉亭、李斌、吴俊、卢憕如、陈俊。耆民刘心贤、汤守明、郭敏享、王应粟、王伦海。

同治十二年癸酉十二月，里人张鼎记

计开工程：

一新河　自裘家坝沿塘至长川坝，长一千七百十六丈。伊府志名澉浦上河，见“水利门”白洋河条下，云长二千二百二十五丈七尺。今依部尺，实量得此数。开挑面阔二丈五尺，底阔二丈，深三尺。共用钱二千八十四千零。

一城河　周围一千六百十五丈。明《续澉水志》云周围二千一百丈。伊府志云周围九里。今实量得此数。里法长五尺为步，三百六十步为里。实八里三百五十步。开挑面阔四丈，底阔三丈，深三尺四寸。又内城河，自水关外新开河槽起，至陈官桥南，开挑一百三十四丈。又疏理壅塞五百零三丈，阔深不等。共用钱三千七百二十二千零。

一长河　自日晖桥至六里堰，长九百二十五丈。伊府志名六里河，见《山川门》。今量得此数，实五里五步。开挑面阔自三丈四尺至一丈五尺不等，底阔自一丈八尺至一丈五寸不等，深自二尺至三尺不等。共用钱八百五十四千零。

一六里堰见伊府志“水利门”各堰闸坝类　总管堂西筑三和土，自东而西，长三丈，深一丈一尺五寸，阔一尺四寸。瀛洞直西至大路筑三和土，长九尺，阔一尺一寸，深七尺。瀛洞上靠北筑三和土，长九尺，阔、深同上。盖石上筑三和土，高一尺五寸，长一丈，阔一尺二寸。总管堂后自瀛洞起东至堰身筑三和土，长四丈一尺，阔一尺四寸，深九尺。堰东筑三和土，自西而东，长一丈，阔一尺二寸，深七尺。街东筑三和土，自北而南，长三丈一尺，阔一尺二寸，深五尺五寸。共用钱三百八十千零。承办工作傅顺馀。

一六里堰转水河上闸见伊府志“水利门”各堰坝闸类　闸南柱外筑三和土，长一丈六尺，阔一尺五寸，深五尺五寸。闸北柱外筑三和土，长四丈，阔一尺五寸，深五尺。闸北过东筑三和土，长一丈六尺，阔一尺五寸，深五尺五寸。共用钱七十一千零。承办工作周坤和。

一六里堰转水河下闸见伊府志“水利门”各堰闸坝类　闸南筑三和土，长一丈一尺，阔一尺二寸，深九尺。闸北筑三和土，长一丈三尺，阔一丈二寸，深九尺。闸北帮岸内筑三和土，长二丈，阔一尺，深五尺。共用钱九十三千零。承办工作傅顺馀。

一长川坝养安闸　旧名铺基闸。长川坝，见伊府志“水利门”各堰闸坝类新河堰条下。此闸在坝西，备泄新河潦涨。旧志未载。旧砌石块倾圮。今添石修筑，重做闸板。共用钱四十千零。

一工局杂项　共用钱七百六十四千零。

一诸河支浜　民间自行疏浚，计新河开出野鸡浜、石跳浜、长生浜，城河开出青龙浜、南浜、北浜、枣核桥浜、木家桥浜、张二堰浜、卢家浜、教场浜、六里堰西浜，凡十二处。内新河、长生浜，系引明珠庵山水入新河，冲荡咸性。旧道湮没，邑侯沈公捐廉倡复。

一挑土均用方法估算　凡土建，方一丈、深一尺为一方，方以下为分、厘、毫、丝、忽。法以底阔相并折半，以深乘之，又以长乘之得数。假如挑河一段长十五丈，面阔四丈，底阔二丈五尺，深三尺五寸，计得一百七十方六分二厘五毫。

一凡河底有中央凹两边高者，以弦矢法算除虚土。 曳绳两头，贴两边高处为弦，绳中央距凹处为矢，弦矢相并折半，以矢乘之，又以河长乘之得数。假如挑河一段长十五丈，弦长四丈，矢深二寸，应除虚土六方三厘。

一土方丈量 俱遵工部营造尺，较裁尺短一寸。部尺一方当裁尺七分二厘九毫。裁尺一方当部尺一方三分七厘一毫三丝三忽有奇。部尺一方，工价约二百文；裁尺一方，工价约二百八十文。视工难易加减之。

一农田车水 大率以高三寸为一犁，俗呼一架。亩法，方五尺为步，二百四十步为亩，步积二十五尺，亩积六千尺。民间步田，横行十五步、纵行一百步为一亩。中人每步二尺，纵横相乘，亦六千尺。以三寸乘，亩积得十八方，是每亩车水一架，需十八方之水也。此次奉拨经费八千串，除收筑堰闸费及杂费外，计挑土三万五千馀方。溆地不通下河，挑一方之土，止增一方之水。三河田亩，开垦渐多，难以遍给。惟堰闸坚筑，水无泄漏，天时苟不久旱，田禾便可济用。嗣后，每遇丰稔之年，乡民宜量力疏浚，庶几已开者永无淤塞，未开者逐渐深通。

铭皖亭碑记　彭仁寿

光绪甲申秋，法虏鸱张，海疆不靖。今中丞刘公，爰檄诸将，募勇成军，增防溆浦。予于是秋九月，募军至，壁垒方基。会阴雨兼旬，不得施畚筑，乃率队权驻海门寺。军事之暇，得与寺僧巽印上人讨论此间山川险易。上人因慨然曰："凤凰山麓旧有茶亭，为往来行人憩息之所。兵燹倾圮，柱石仅存。募建无由，愿怀莫释。”余嘉其志存利济，非徒事外庄严者。乃请于统带亲兵新前营总镇衔刘君廷湘、统带护军副营提督衔记名总镇杜君春林、统带护军右旗都阃府叶君章华，与余各随愿力，共襄善举。且存巽印志，以利待人。其有不足者，由巽印募诸缙绅先生候选兵部主事卢君光锡、候选训导卢君怡如等以完之。巽印爰请志其端倪，勒诸贞珉，以垂久远，乃为之记。

时在光绪十一年七月縠旦，统带亲兵新后旗协镇衔、两江遇缺尽先补用参府、怀宁彭仁寿南轩氏撰于溆川军次

候选训导萧山沈祖炜敬书

募修角里坝路文 吴麟瑞

语云：“一命之士，苟存心于爱物，于人必有所济。”虽然，岂必一命之士哉？余谓善事时时在前，善念人人具足。目前方便，利益无大无小、无贫无富。但见人苦厄，生悲悯之心；施人财物，去吝惜之念；则虽毫发之善，与丘山等。所谓修行，无过于此。愚俗易欺，但以布施僧道，修寺装佛，谓之善事。不知僧道多不守戒律，或为酒肉之资，是助恶也。佛说“四大皆空”，何取土木之形、宫室之美？以此为善，所谓愚人耳。何如现前功德之切实而有据耶？溆城自出西北两门，至角里坝，路狭不平，雨天昏夜，行者甚艰。余顷归来，见积雨后，人尤苦之。谋之诸兄弟及亲友之在坐者，无不跃然。以为此路当修，特未有倡之者耳。即令人步量之，自西门过桥至坝上，共一千一百三十馀丈。北门外至日晖桥不与焉。略计数百金可了。愚兄弟谊应倡首，所不敢辞。其乡城富家士族之力可为善者，及附近居民商贾出入之必由此路者，各量力捐助，计日可成。虽曰便人，亦以自便。有能生悲悯之心、去吝惜之念者，善根即从此植，何必持斋僧诵经而后

为修行哉！先君尝题壁上云："方便事不可蹉过。"愚兄弟幸列衣冠，不敢忘先人之一念。

王节母事略 沈德麟鸿敷

节母王氏，苏亭公之女，吟台公之妹也。年十九，而室于朱君子英。事藁砧以敬，和筑里以睦。邻里戚族，翕然贤之。嫁二年，甫得子而夫以病卒。节母号泣，誓身殉。兄泣谓之曰："死殉事小，抚孤事大。汝死，则遗孤何能存？若敖之鬼，不其馁乎？"节母于是悚惧涕泣，不敢复言死。时节母子清源才五月，而家又贫。节母昼夜勤苦，储其妇功之所入，抚其孤以至于壮，而为之受室。而戚族间，吉凶馈问之礼，则又皆尽恩谊，未尝阙也。无何，举二孙，长五岁，次一岁；而乃媳沈氏又卒。节母大恸，于是复助其妇卵翼而教育之，至于成立。节母乃长斋绣佛，不问家事。享年六十五岁，正宣统三年十月十三日，而节母卒。盖含辛茹苦、守节鞠孤者，垂三四十年。嗟乎！节母之身死，节母之心碎矣。其外侄莘农，以节母青年砺志，抚二世之孤，援植成家，极人世之至酷，而家贫不克请旌，兢兢然惧遂湮没，欲得余文以传之。呜呼！余无文，又乏盛名，乌足以传节母！然阐幽扬微，未始非后死之责焉。爰笔其崖略，以俟夫世之采风者。

甲申海防记 李延祉

甲申法夷犯顺，澉浦为浙江要口。刘仲良中丞秉璋派刘军门廷湘管带楚军前营，自省开差到澉。度大教场，开池筑垒，建立营盘，驻扎其间。继乃复派马朝选统领抚标护军来澉，自带护军亲兵营驻医灵院。胡家品管带护军新前旗，彭南轩管带护军新后旗，同驻大教场。茆孔善管带护军新左旗，叶章华管带护军新右旗，分驻天后宫侧冯家舍基。

而澉浦水师营，亦挑选精兵，移扎天后宫海口。未几，楚军调往镇海，而补以杜军门所带之护军。副营各管带均系中丞旧部，营律严明，驻澉经年，军民相安，从不滋事。而彭南轩更谦和卑抑，众所推服。巡街总哨系刘军门玉堂，平“发逆”时，军功卓著，保至极品，赏穿黄马褂。尝拔荐马军门，后因“粤匪”平定，归农在籍。闻马军门统带防营，特来澉帮办。派得是差，官尊令肃，故兵勇更不敢滋事。明年，和议成，全行裁撤。越十年为甲午，倭奴创乱朝鲜，扰我陪京，沿海各口，又为添兵防堵，抚宪廖中丞寿丰复办海防。遵照旧章，于五月间，派郭都戎荣桂率领楚军护军旗，照例筑垒驻扎冯家舍团基。未几，调往独山。复派刘游戎百胜管带抚标小队旗、胡都戎维贵管带楚军后营，来澉协防，由乍协杨副戎节制。都司喻先发亦募楚军寅字后旗，驻扎郭营旧垒。而杨副戎军律未严，且驻乍浦，有鞭长莫及之虞。于是中丞复派会办海防事务丁硕甫、都转彦统领抚标护军、超果等营，来澉驻扎。刘营调往嘉郡，胡营调往独山。护军中营为统领所亲带，护军正右旗为寸参戎又新管带，副右旗为张守戎德贵管带，超勇营为李芸轩镇戎世祥管带。相度地势，筑营盘于大教场，开池筑垒，一如旧制。惟甲申年防营均系柴屋，而今则建造瓦屋；甲申年有行营帐具，一到即可择地驻扎，而今则未备行帐，初来时借寓庙宇，骚扰地方为稍异耳。然澉、乍距离百里，尚需游击之师。特派张明府善友募带护军后营，太湖水师游击刘游戎继良募带护军前营。甫成军，即闻和议，先行撤去。而刘游戎带有太湖精兵百名，驻澉月馀，亦复撤回。适喻都戎有署提标游击之信，所带寅字后旗，先由王千戎代带，遂改派刘游戎管带。一切营规，大半照楚湘旧制。凡兵勇出营，须手持号签，限时回营。复派巡哨，沿街稽查，滋事兵勇，立予板责。然各管带虽曾在营，略知营制，而究未曾临遇大敌，且系徇私荐用，与刘中丞所派各营官，未免稍逊。惟李芸轩总戎，本系蒋果敏公旧部，当年恢复浙东各城，异常出力，且曾随张勤果公效力山东，洵系百战之师，故一切军制严明，操演勤奋，除上街买菜外，概不入城闲游。所谓虎帐谈兵，羊碑铭迹，吾于总戎有焉。时在清光绪十年。

乙未海防记　李延祉

防澉诸营，惟李芸轩总戎所带超勇营，确守营规，从不出外滋事。虽由军律严明，而招募时精于挑选，凡游手好事之徒，概不滥入。故派作工程，罔不勤奋，逢三六九期操演枪炮技艺，亦甚精熟。此外不能无馀议焉。护军中营左、后两哨，最为顽劣。然左哨哨长，尚系惧事之人，每遇兵丁滋事，不敢袒护。而后哨罗姓，则宠任勇丁，莽然自大，若不知有法纪者。五月初一日，什长蔡某谋劫黄姓嫠女，设宴联盟。罗与首席，酣饮过度，竟至酩酊。是日，适派巡街，有乡愚不知让道，举板乱击，旁人解劝，辄亦殴及。由东徂西，转入于南，逢人乱击，受伤者不知凡几，而银工严姓、篾工张姓为尤甚。各店铺相率罢市，罗始出城，自折令箭，诬禀统领丁彦。驻防赵泛闻信后，亦面谒统领，禀诉一切。颇遭诃责。于是绅士聚议，往诉县侯。虽有水师王君出为转圜，而事已达县，徒滋多口。初三日，邑侯何公来澉，劝谕开市，即谒统领，将情由反复筹商。而李总戎亦从旁代陈，始得将罗斥革。其随同闹事巡丁，插耳箭以示众。其事遂寝。惟统领约束未严，中、右两营，时有外来游勇，留宿其中，夜则越墙，出外滋事。而乡间亦被窃日闻，每有所遇，辄似营勇装束。于是举办团练，禀领官枪，自备刀叉，周夜梭巡，刁斗之声不绝于耳。始则附城一带，继而四乡，继而通元、袁花、茶院、新仓各镇，无不皆练民团。惟时天久亢旱，河水甚浅，耦耕南亩，戽水维艰。乡民日既力作，夜复巡查，刻无休息，咨怨迭兴。幸超勇营兵亦出四乡，代为巡缉，游勇闻而远扬。会统领自省言旋，道经各镇，见插民团旗帜，询悉情由，颇以自憾。回营后，亦严束兵丁，遇有私自出营者，无不严责。兵丁亦渐知守法，民始渐安。夫统领，曩曾备兵嘉湖，理鹾江浙，颇能上体国艰，下恤民苦，有上致下泽之怀。此次统领防营，不过徇用私亲，而私亲又不能顾全统领，仗势作威，滋生事端。幸觉悟尚早，严行惩办，而兵民终得相安无事云。时在清光绪廿一年。

夏义士传 程煦元韵唐

夫不登高山，不知天之高也；不临深溪，不知地之厚也；不历乎患难之时，不知其人之节义也。吾澉有夏义士者，字双庆，清邑庠生尚忠之父。家居南湖之夏家湾，以煮海耕田为业，一寻常朴僿农人耳。乃当咸丰辛酉洪杨扰海盐时，有张母挈其子避难来澉，主其家。义士与同朝夕，若一家人然。俄而“匪”至，仓猝偕居民避之鹰窠顶。时天雨大雪，平地深三尺。越日，闻“匪”去，众皆下山，而张母之子素患跛疾，不良于行，又粒米不入口，足不能前，乃止焉。义士遍访不得，泫然流涕曰：“见死不救，非人道也。况张母年迈，仅此一子，万一事遭不测，将奈之何？我必觅得张子而后已！”踏雪彳亍至山巅，见其僵卧雪中，奄奄一息，不绝如缕。遂解衣衣之，负而还家，灌以热汤，围以火炉，始苏。居数月，张母病卒，义士鬻盐田数亩殡殓焉。夫以外来疏逖之人，而留宿之、饮食之，已为常人所难；能留宿之、饮食之而又值乱离颠沛之秋，则难之又难矣。至于仗义毁家，慷慨无吝色，急人之急，救人之难，是贤士大夫所不肯为者，而独能毅然为之。此其崇尚道谊、激厉薄俗，即例以杨园之于邬天则、张鼎之于高均儒焉可也。天则与杨园善。天则殁，杨园不负所托，经理邬氏遗业。高均儒避难来澉，投亲不遇，转叩张鼎门。易衣供膳，留宿多时，遂订交焉。然则义士之身纵没而不存，而义士之行实存而不没，惜乎僻处海隅，采风未及，再历数十寒暑，后世几无复有知之者。使予知之而不表之，在义士虽无足重轻，而返之吾心，终戚戚有所不安尔。予是以不自忖无文，就平日所闻诸乡老者，述其崖略而为之传。张母者，子简布衣之母、而绍濂茂材之王母也。布衣敦品绩学，擅畴人术，博通内典，并以金石学鸣于时。茂材翩翩书记，公卿倒屣，先后为李文忠及盛杏荪宫保所激赏。显达后，念义士急难之恩，而其子孙之清贫也，时存恤其家，自始至终无懈志。闻者两贤之。

七圩潭记 马文蔚少庐

丰山之西、秦溪之北有潭焉，蓄水甚深，大旱不涸。环潭之四周者，得七圩，因以为名也。

《续图经》谓秦溪之水，南汇以浦漾，北汇以七圩潭。潭水之源既远，潭水之流益长，东北通海盐，西北达欤城，巨舟往来，畅行无阻。春夏之间，夭桃来岸，弱柳盈堤，绿树扶疏，碧波上下。秋冬则菱花贴水，芦叶迎风，牧笛声清，渔歌响答。此一境也。

缘潭南望，则邵湾、紫云诸山，若隐若见。天将雨，有云气出没其间。乡人谓两山出云则雨。而其东则秦驻山，相传始皇东游之所登也。潭之西，多村落，桑麻交错，鸡犬相闻，而余家在其中。半耕半读，古俗犹存。北有花园，两桥东西跨峙，邻近渔舟，常出入于桥下，结网捕鱼，翛然自得，饶有武陵人风味。此又一境也。

夜深月上，印入潭心，时与二三渔子放舟潭上。清风徐来，水波不起，或举杯而邀月，或临流而赋诗，未免有情，谁能遣此？苏子曰："凡物皆有可观。苟有可观，皆有可乐。"余以斯潭之可观且可乐也。因濡笔记之。

张孝廉传 吴侠虎

孝廉讳鼎，字守彝，号铭斋，清咸丰辛亥举人。父声和公，开设寿材铺，贫苦者购材去，听其偿否，不索欠。年复一年，欠户愈多，乃悉焚券而歇业也。无何，孝廉生，聪颖异常。五岁至海门寺，见额题即识之。喜读书，过目不忘。既而登贤书，北上，遇寇返，遂绝意进取，专肆力于古文经训。学问愈博，品行益高。咸丰辛酉，“粤匪”陷嘉郡，高伯平避难来澉，投所亲不纳，转叩孝廉门。虽素昧平生，而授衣给膳且累月，若自忘其在患难寒苦中者。硖石蒋寅昉请就其家课诸子弟，遗书预订束脩一百金。答曰：“生平处馆，未有过于五十金者。准此为式可矣。必若所云，不敢闻命。”浙闽总督吴棠阅塘至澉，慕孝廉名，亲自造访，一见器重。中丞杨昌濬拟保举孝廉方正，固辞谦避。其宁静淡泊，虽古贤士，不是过也。澉浦自红羊劫后，士人星散，文风日坠。孝廉乃招集弟子，杜门教授。遥主杭州东城讲舍，兼海宁龙山讲舍山长，衡文课士，莫不惬心贵当。远近从学者，类多掇科第以成名。平时讲学，依据汉宋，而不墨守旧文；释经引用训诂，而尤善通别解。故无论是否受业门下，咸奉为经师人师。著有《四书说略》《读易日记》《尚书释疑》《禹贡地理举要》《读诗日记》《读左随笔》《音韵识略》《春秋战国形势》《敬业编》《铭斋杂著》《春晖楼诗集》，传抄散佚，未得裒集梓行。其他著述，悉采入《浙江通志》。然孝廉之教学，既传世而有馀；而孝廉之功德，尤没世而不朽。澉地高阜，十年九旱，孝廉关怀水利，禀求中丞杨昌濬奏准，发帑开浚新、城、长三河。炎日之中，躬自监视，始终不懈。工竣，无虚縻，馀款呈报入公，宜乎邀当道之嘉奖，而民生多利赖也。他如修筑六里堰瀛洞、永安湖大闸、新河普济闸，创建明珠庵闸，蓄水救田与浚河同功永久，又岂徒品优学优而已哉。虎生也晚，以家君亲炙孝廉，称述翔实，谨以记之。

艺 文

文

瞽论有引 吴麟瑞

麟瑞庸人也，又年来有西河之疾，弗克一官，将老牖下，何敢言天下事！顾念通籍二十四年，浮沉窃禄，涓埃罔报。兹蒲柳之质虽衰，葵藿之心未死。睹此时艰，中怀郁结。幸今圣主蠲铎求言，大臣公忠谋国，苟有裨于渊海，都无择于细流。屡欲应诏陈言，窃见公车章满，不乏嘉猷，盈庭莫辨。且约略则意不伸，冗长又恐逾式。不揆愚陋，著论一篇，未免窾启迂疏之讥，略备已往得失之鉴。庶几高明采择，得达宸聪，或者宗社生灵，万一之幸。篇以疾名，署曰“瞽论”，亦窃附矇史之意也。遭逢不讳，率臆忘言，瑞死罪，死罪！江西按察使吴麟瑞书。

今天下之患，在虏与寇。忠愤激烈之士，动欲灭此而朝食。然而中国之力既竭，二者之患愈甚。何哉？殆未反其本也。治病者，问病之所繇生，则可以知标本之所在。始也病在于标，法宜治标而勿伤其本。迨病中于本，必非治标者之可得而效也。

夫自□□□□而后，秦晋之寇患始生。将虏为本而寇为标乎？非也。祖宗以来，俨然受我束缚，不敢连视我者。而何以至是？良繇边臣抚之不善，开衅积怨，以至于此。然其为病，终在于标也。至于流寇，谁非赤子？自御虏之策失，而专事用兵，搜括征敛之令日下。穷民无以聊生，始于为盗，卒之为寇，居然若敌国焉。今民之化而为寇者日多，则竭力耕耨以供赋税者将日少。此病之在于本者，不可不图也。譬虏之为患，如正气不足，而邪气乘之。使其初能斟酌于标本之轻重，病在皮肤，疏理甚易。而庸医一事克伐，使病根渐入腠理，又渐入腑脏，乃至虏愈横而寇愈多。一身之元气神气俱秏，惫不可支，而始叹投剂之难。

然而当事者，犹未察于标本之辨。何也？今之议者，动言灭虏。虏可灭乎？则至圣莫如二帝三王，至强莫如秦皇汉武，当先灭之矣。霍去病云："匈奴未灭，何以家为？"此欺武帝之言以徼宠耳。如去病言，终能灭虏否？天不能有阳无阴，地不能有中国而无夷狄。虽有圣智，在御之得其道耳。天故生之，而人将灭之乎？所以六经不言治夷，有"柔远人、抚四夷"之言，无灭虏之说也。盖虏性虽殊，其嗜欲所需，必资于我，如犬羊之待食于人。我势不能闭关以绝之，则不得不善畜之，藉彼为外藩，以安中国。故曰："天子有道，守在四夷。"

汉唐英主，尚议和亲。国朝御夷，独称抚款。岂非二祖神武，声灵远轶前代者乎？或乃不察，讳言抚款，动引赵宋金缯为鉴。不知抚以用赏，款以通市，视争献纳者，何异天渊。我虽废抚款，边臣力不能制奴，或阴约款以欺朝廷，苟安旦夕。约败，则听奴之阑入，而奴始大为吾患。向使当事大臣，能明告皇上，早布宽大之诏，修抚赏之旧，奴岂至此！迨奴每入辄利，日益骄横，而抚款遂不可言。谁之过欤？

且兵者，将帅之事。今日讨边，略于文臣，而未闻实求将帅，何也？文臣之效，既见于前矣。诚得一二名将，如宋之张、韩、刘、岳，近之戚大将军辈，未必不可以制虏。而其始必繇当事推毂，终亦仰文臣鼻息。不肖者，既以债帅得官不足道；真有勇略者，又苦掣肘，无繇以自见。不独此也，即有大将之才，非一手足之烈。必先练有勇敢家丁数百人为其爪牙腹心，而后号令行于三军，乃得以指麾如意。今朝廷一切尚俭啬，将虽智勇，非有三头六臂，犹然一匹夫耳。以一匹夫寄命于千万人之手，而欲驱千万人于死地，其势不能，则有听其哗噪劫略而莫之禁，无足怪者。如是而安所得将帅之力乎？故愚窃谓："国无良将，虽得才如韩、范为督抚，必无军功；将无亲兵，虽有勇如刘、岳在师中，终难敌忾。以此而求制胜，殆未易得也。"

虽然，愚之所深忧者，终不在虏而在寇。非欲舍虏而图寇也。正谓虏病在外，寇病在内。必病在内者稍缓，而后病在外者可图耳。今之议寇者，非剿则抚，舍是无策。窃以为二者皆非也。夫寇至数十万，人有死心，兵即盛于贼，心力且未必一，况寇不啻十倍于兵乎？即兵果众矣，强矣；从来有流贼，而无流兵。彼随地皆饷，昼夜能行数百里；官兵必裹粮而趋，不数舍而息；兵又畏贼如虎，而所过残暴，倍甚于贼。闻楚豫难民皆言"宁遇贼，毋遇兵"，如此，尚望以剿贼乎？此剿之说非也。抚则无论贼不能从，计近日之贼，将不止百万，又安所得不竭之仓、无人之国以豢养此百万之虎狼乎？是抚之说尤非也。

剿抚俱非，则不得不议守。而守非局处一城之内，苟可以图存而已者。必于南直之凤阳、安庆，湖广之荆襄，河南之开封等处，各择要害，控以重兵。专责之抚镇，分任之道将，郡邑预为侦探，多方警备。设疑扼要以拒之，坚壁清野以困之。道将、郡邑各自防守，抚镇、重兵时相策应。来不许战，去不必追。总以贼不入境为功，地方失守为罪；朝廷复申之以信赏必罚。如是，则处处有备，节节有碍，贼不得逞其剽略。数年之后，必将自尽，不在旦夕计功。今之长策，无逾此者。

夫所谓重兵，固不在多。兵以万计，虽战不足，守则有馀。然宜用土著，断不宜用客兵，尤万万不宜用禁旅。二者之害，不待知者而知之也。此计定，而督师可以不设。何也？督师联络数省，地势辽远；兵机呼吸百变，使抚镇、道将坐失可乘之机，远待督府之命。不便一也。计督师之设，专以会剿耳。必贼聚一处，乃可环而攻之，然犹不免连鸡之势。矧期会无常，俟其兵合，贼去久矣。会剿终为非策。不便二也。以事体言之，则十羊九牧，头上安头，无论抚军失色，大将无权，而徒开卸责之门，终无奏功之日。不便三也。夫一人而坐制数省，史册以来，不少概见。以孔明之才，身在西蜀，不能远控荆襄。而必责今人以古人所难，谁为此谋者？何其疏而暗于计邪！夫督师罢，则兵之冗者可汰，而剿饷亦可以渐减。愚请以本省应解之帑金，充本省剿寇之兵饷，属之抚军。需取既易，而以应解之额，即移他省代解，又免差官所在驿骚，不亦善乎？

然而今之本计，尤在于民。被寇害之民固可悲，而被饷害之民尤可虑。夫昔之加饷，不过毫厘，病民犹未甚也。自练饷一加，每省至数十万，于是地之所出，不足以供上之所求。虽遇水旱不少减，穷民安所取办？于是卖庐舍、鬻妻子以继之。不则，逃且死而已矣。试观数年以来，积尸遍野，流亡载道，而追呼之声不绝于耳。于是奸民相聚、揭竿而起者，所在见告，又骎骎为流寇之渐矣。嗟呼，嗟呼！向者加饷以灭虏，虏未灭而寇生。今重加饷以练兵，兵未练而寇之生无已。譬之服药以攻毒，毒之害犹在一节，而药之毒乃遍一身。至是，而天下事始不忍言矣。此岂尽虏与寇之故乎？抑谋国者之罪乎？夫兵以抽练为名，彼不抽者将尽，可置之不练邪？今所练之兵安在？不识果遂能摧锋陷阵，一足以当百否？若犹未也，何苦而削尽一身之元气，竭尽一身之膏血，以殉此一节之病，而大命随之，不亦可为痛哭流涕也哉！此愚所谓“根本之忧不在虏而在寇，治本之计不在寇而在民”，非迂也。诚能既减剿饷，又急罢练饷，以与民休息，而犹灾荒之处必恤，逃亡之税悉蠲，仍著为招抚之令曰：“凡复业者，俟其归耕。一二年后，始征旧额。”庶几已逃者，不终为盗贼之归；而未去者，犹知有故土之恋。有人有土，有土有财。国家之所得，果孰多乎？今皇上无时不加意恤民，亦未尝不下令招抚。然而既其文，未既其实。有司奉科催之令日严且迫，虽欲不事敲扑，有所不能。有人于此朘其肤、吸其髓，而曰：“吾实怜汝。”其谁肯信？是故，灾荒之处不恤，则逃亡愈多；逃亡之税不蠲，则里长大户代受其累。贫富俱尽，而催科之法穷，是愈困也。亦有良民，愿受招抚者。然足未入门，而追呼之吏已至，且奈何？彼强悍者，不甘老死他乡，则有为流贼作向导耳。故愚请为之约言曰：“今日之计，必使民不乐为寇，而后寇之势日消。寇之势日消，而后吾得专力以备虏。”盖必脏腑之病日减，然后腠理、皮肤之患渐次可除。此标本之说也。

且夫医药者，所以治病也。乃药误投而病愈甚，则计惟暂息汤剂，使真气渐复，病乃可瘳。奈何益以攻劫之药，自促其命乎？或疑剿、练二饷，一旦减免，其若军兴告匮乎？是大不然。当未设督师之前，所费兵饷不多，寇亦未若今日之甚。自朝廷亟欲荡寇，始大征剿饷。至特遣枢辅以督师，年来所费金钱无算，而寇祸滋烈。不知此无算之金钱，果尽费之军前否乎？而何以至此乎？痛哉！小民敲骨剜肉以供之，督师泥沙粪土而掷之。奈何概置不问，而遂以为不可已也？向者，皇上固有言曰：“暂累吾民一年。”煌煌天语，明知其为民累，而亟望事平以全朝廷之大信。今乃视为一定之额，将累民无已时，而何以谢天下？近虽有改练为剿之旨，何莫非朝廷之恩。然圣明犹以剿饷为当罢，况无故设练饷之名数，不知几倍于剿，而可长此不思变计乎？夫辽阳失事以来，疆土日蹙，辽饷日增，是为何故？使主计者肯实核其出入之数，未必不宽然有馀。且也以仁明恭俭之主，当损上益下之时，即一切内供诸费，稍可节省者，犹当节省之，以足国而惠民。非惠民也，是皇上之自为天下计也，而亦公卿大臣之忠于为国谋者也。语曰："鸟穷则啄，兽穷则攫，民穷则乱。"力之所不能供，虽慈父不能强其子。今海内未受兵而不至大乱者，不过数省而已。必欲尽驱之以从贼，岂计之得乎？近闻流寇所破郡县，往往开仓，发粟济饥，穷民欣然从之。危哉！贼智尤自昔所无，然则缓催科、勤抚恤，以收拾未散之人心，未必非今日救时医国者之第一方矣。

茧窝记 吴麟瑞

余宅西有尔生斋三楹，故先人堂构，移作书室，志勿谖也。右偏为小室，二庵各盈丈，而方员异制。员者规其顶，上下纯垩，形类茧，遂名"茧窝"。窝前垒石为小山，山下蓄水为甃。雨后石罅细流，奔赴甃内，淙淙作涧泉鸣。山杂植松、桂、绿萼梅、紫竹之属，与英山诸峰参差相倚，从月户瞰之，如镜中影。夕阳下帘，明月入牖，尤缤纷可爱也。芳草盈砌，文鲂跳波，庭除只尺，翳然林水间，文之会心处，不必远信然。室内设湘竹几、石榻二。榻横古琴，几上置古铜瓶、端溪石及道书数卷，壁粘阳明天池石刻诗句，与字皆飘飘有凌云气。余日焚香扫地，燕坐其中，兴至则浪吟古诗一二篇，声竑然若出空谷，此时不知身世为何物。放翁所谓"身似蚕眠将作茧"，余老此茧中矣。乃作歌曰：

蜗有角兮，犹争国兮，不如茧之安宅兮。鷦有栖兮，犹争枝兮，不如茧之素丝兮。窝之人兮谁与居，招风月兮友琴书。身如春蚕兮蠕蠕蘧蘧。若是者以文采经世则不足，以洁白自缮而有馀。渊明有言“我亦爱吾庐”，我非斯人之徒与而谁与？

题庆缘和尚小照 徐用仪

庆缘和尚法字闲云，俗姓柏。幼时披剃海门寺，中年移锡天后宫。海门寺僧，代精医理，闲云通内外医学，应手辄愈。慕阳明先生，讲求良知，时假因果以动人，率多感化。咸丰辛酉，“粤匪”猝至。闲云静坐诵经，胁以兵刃，矻然不动。群“贼”惊散，庙貌依然。盖由其心无罣碍，故无有恐怖，是真能得禅定波罗密者。光绪甲戌，余读礼家居，偶一过焉。见其古朴真诚，已得须陀洹果。即其以医济世，亦即《金刚经》所云“菩萨为利益一切众生，应如是”布施之意也。余故敬之重之，因乐书数行，以记其梗概云尔。

时光绪十三年丁亥冬日

题庆缘僧小照 张敬子简、常惺

佛法以慈悲为本、戒定为先，而《梵网戒经》谓“看病为第一福田”，尤慈心所切念者也。溆水庆缘和尚，精岐黄术，治人身病；说因果法，治人心病。念弥陀佛如阿伽陀药，统治自他身心无始以成一切诸病。要皆无缘，大慈同体，大悲所流露。迨寇至，临刃不惊不怖，非戒定相应者，乌能强为！常惺于庚申岁避兵溆山，曾与和尚畅谈佛理，并为写照一幅。今姚希石兄持照来沪，付装潢，又将摹照，寿诸贞珉，一瞬卅年，和尚安在？再阅卅年，常惺安在？不变随缘，随缘不变，请证诸明眼者。

光绪庚寅小春初八夕，识于申北许寓

祭徐尚书筱云文 朱福诜桂卿

呜呼！公之死节，重于泰山。既蒙朝旨昭雪，士大夫闻之涕洟。海内识与不识，莫不同声悼惜。及灵舆南旋，自京师以至乡里，沿途设祭，中外人观者，咸太息泣下。何其忠义之气，深入人心如是之甚也。生荣死哀，在公宜可以无憾。然公出处语默之大节，所谓“君子之道，焉可亡也”者，惟福诜知之最深，盖有他人所不能言者，在诜乌可以无言乎！当甲午东事之起，公在枢府。时主战议者蜂起，率皆集矢于济宁，公独持平，言者遂并及公。一日，公谓诜曰：“历观前史，凡主和之臣，皆为人所指摘。然当日时势，固有不得不尔者。”诜因举开禧之事为言，谓邪臣误国，主战之祸更烈于主和。公深韪诜言。其后，公既谢枢府译署之事，则谓深荷圣恩保全，而以得释仔肩为幸。诜尝从容讽公以乞身而退，公瞿然曰：“此时去国，有类于悻悻者之所为。人其谓我何?”仍综核部务，不敢稍自暇逸。戊戌之夏，新进小臣，纷更乱政。公深忧之。迨被命重入译署，遂由总宪陟大司马。公寓书于诜曰：“受恩愈重，报称愈难。而深虑时事之不可为。”盖公自入译署，事悉由公主持。及许、袁二公之入，公颇引以自助，思与诸公竭力补苴，以振兴国势。上释宫廷宵旰之忧，然后退修初服。知公之去志，固未尝一日忘也。呜呼！岂谓其遽及于祸哉。方“拳匪”肇事，有同乡朝官，自京来汴梁者，述公于召对时，三次廷争，言甚切至，并云：“甲午之役，中国尚不能胜一日本。今以一服八，庸有冀乎?”诜闻而为公危之。及联军深入，公言悉验。私意首事诸臣，必有悔祸之心，仍当任公以维持危局。而许、袁二公之祸作矣。犹冀公稍委它其间，或尚可自全。乃闻公卒持初议，侃侃不挠，且力称许、袁之冤不置，以至俱入祸门。呜呼，何其烈欤！公平居厚重寡言，入直枢廷，益懔温室之戒。独以此事，系国安危，不惜出死力以争之。严气正性，覆折而已。呜呼！所谓彼一时、此一时者，非欤？先是，公葬祖时，尝得梦兆，谓与吴贞肃公葬父之地同符。使当时用贞肃之言，则明社不屋；使用公之言，则“拳匪”之祸不作，而横流之祸不深。谋适不用，徒令以死报国也。呜呼！岂非天哉？抑公在译署，遇事无稍依违。尝与法使议不合，厉声斥之。近人谓，自文文忠公后，无与洋人争者。是非之不明，议论之不公。乃今首祸诸臣，一旦卤莽灭裂，至于如此。呜呼！使公之心事，不大白于天下，则国是无由明，而公亦不无遗憾焉。用敢揭而出之，以质公之灵。公其鉴诸！呜呼哀哉，伏维尚飨！

姻世侄朱福诜拜

《澉山检书图》记 钱泰吉警石

数百年来，三吴藏书之家，名闻天下者相接踵，然奉其先人遗籍，藏之墓庐，岁时往省，整齐排比，以寄其僾然忾然之思，前此未有闻也。今乃于海昌蒋生寅昉见之。以视李公择藏书于五老峰之僧舍，其用意犹深远矣。寅昉大父淳村翁墓在海盐县澉上鸡笼山之麓，丙舍轩敞，面永安湖，与我家湖天海月楼相峙也。淳村翁延名师，讲善本书以教其子潞英、霁峰。潞英、霁峰兄弟皆喜读书，又广购之，四部略备。三十年前，余屡至霁峰之斋，见其插架，皆有用之书。与之谈论，辨别精审，余不逮也。寅昉少孤，贤母教之。稍长，即知宝护遗籍，签帙标题，谨守弗失。今藏之丙舍者，皆祖父之遗也。《记》所谓“思其志意，思其所乐，思其所嗜”，孰有大于此者乎？钱塘戴醇士侍郎闻而称善，为写《澉山检书图》，而属余记之。余尝省先人之墓至澉上，暇日登鹰窠山，观明季释氏藏经于云岫庵，辄叹兹山峭举，岂异积书之岩，而吾儒力弱，不敌缁流，徒使羽陵宛委之胜，结想于虚无杳渺之乡，山灵有知，当亦腾笑。今寅昉所藏，非以夸卷帙之富也。然自是胜侣来游，若杨廉夫、孙太初之属，吾知必造其庐，请观古籍以扩闻见，而后之志溆水者，当备列其事，为兹山增色也。抑余更有为寅昉进者：夫父殁而不能读父之书，不忍读也。不忍读者，乃其能读者也。予及见蒋氏四世矣！敦厚之风，未有改也。寅昉事事以先人为法，乃其能读父书者也。士君子观于此图而知其善承志意者，又岂独检书一端也哉。

《香禅诗草》序　吴春蓉渠

杨君子鹤，工于诗，尝谓予曰："吾生平无他好，诗之外，若花、若酒、若棋，均有不能去诸怀者。"予应之曰："是则君诗之工，未始非三者有以资之也。"凡人之情，不能无所属，惟役志于利禄，则如痴蝇投纸窗，鲇鱼上竹竿。入乎此，则卒不能出乎彼，因以丧其所自得。若夫名葩以引诗之趣，佳酿以助诗之兴，而流连方局，时则探虎穴，时则割鸿沟，无非有以尽诗之奇而穷其变。窃踪君所历而计之，方其少涉淮海，驱车齐鲁间，裘马轻狂，词场跌宕。其怀古思乡，率皆一往情深、芊绵绮丽之什。洎乎所之既倦，杜门却轨，一堂之内，雍雍怡怡，劈对分韵，以昆弟为友朋，斯亦极天伦之至乐已。故其诗志和音雅，骎骎乎入韦孟之室。无如两才弟相继云徂，无复曩时倡和之欢，而浮云变幻，侘傺无聊，故所作亦刊尽浮华，一归真挚。读君诗，即可觇君遇，而要唯所好之皆足资乎诗，故至此。不然，彼芸窗讽诵，即志在干禄，一朝得志，驰驱鞅掌，抗尘容而走俗状，曾不得片刻闲，讵复知此事酸咸，有愈造而愈进者乎？辛卯秋，曾假君稿而读之，见存者尚多，今特汰去其三之一。少陵云"老去渐于诗律细"，昌黎云

“其用功深者，其收名也远”，请以质之世之读君诗者，其以予言为然耶？否耶？

时在道光丁酉四月

又 朱馨元

梅花微雪，枯树交枝；寒鹊晓风，幽禽互唱。玲珑纸阁，输石建之藏春；萧瑟松台，学赦王之避债。解貂兑酒，送雁挥琴。研脂点九九之图，扫石坐三三之径。苟无胜友，难破牢愁。吾友杨君子鹤，谷水胎仙，宏农华裔。荀家则兄弟八龙，薛氏则儿郎三凤。高车问字，争传《太元》之经；蓬海浮槎，曾挟计然之策。偶买舟而访戴，爰解榻以留徐。咳吐明珠，性情芳蕙。红笺斗韵，衡才则久服谪仙；绿酒围炉，赌酒则新推大户。乃出其《香禅诗草》见示，旨趣陶王，风华范陆。汉柏梁七言上座，重席能兼；刘文房五字长城，偏师直捣。沈沈灵璅，搴芳草之幽馨；落落古怀，唱白云之绝调。若乃养性斗室，习静萧斋，瓦罐穿心，藜床折脚。卯饮浇书之候，午眠摊饭之馀。皎皎秋盈，蛩蝉答响；蓬蓬春远，花絮传神。或击缶而歌呼，或倚筇而盘辟。幽趣既得，孤吟自佳。至于古驿天寒，大江日暮；鸡声店晓，人语潮生。读杜少陵诗，一生作客；玩谢灵运集，大半游仙。神洞探花，鸾鹤肖其标格；云台礼佛，烟霞养其灵明。固已水郭山村，争传杜牧；雪车冰柱，偏诵刘叉矣。况复东园载酒，北海留宾。娱琴书于杞菊，庭中略同皮陆；会群屐于茱萸，溪上不减王裴。夫何而落月屋梁，暮云江渚。侧身远望，张衡四愁之章；结发生离，苏武五言之赠。哀弦激发，百感苍凉。夫规矩方圆，般倕不废；宫商律吕，伶旷必谐。刘舍人之明诗，先崇程器；钟记室之定品，首尚穷源。君研虑鸡窗，希声牛尾。娲笙妃瑟，戛击元音；蚕雁新莺，扫除俗籁。宝鼎灵台之曲，绣褕款段之歌。和风布而阴葩舒，高吟遏而飞仙堕。自宜王卢前后，迈誉盈川；吴楚东西，追芳老铁也。今则西堂宴罢，南浦愁深。摅我离怀，弁诸华集。从此诗盟永订，记四十四日琴樽；倘教幽梦来寻，听九十九峰风雨。

时在道光辛巳十二月，由拳弟朱馨元拜稿

诗

登秦望山吊秦王 独孤及

北登渤海岛，回首秦东门。谁尸造化功，凿此混沌源。澒洞吞百谷，周流无四垠。廓落混茫际，望见天地根。白日自中吐，扶桑如可扪。超遥蓬莱峰，想见金台存。秦王昔至此，登临冀飞翻。扬旌百神会，望石群山崩。徐福竟何成，羡门徒空言。惟见石桥足，千年潮水痕。

登秦望山 薛据

南登秦望山，极目大海空。朝阳半荡漾，晃朗天水红。溪壑争喷薄，江湖近交通。而多渔商客，不悟岁月穷。振缗迎早潮，摄棹候长风。予本萍泛者，乘流任西东。茫茫天际帆，栖泊何时同。将寻会稽迹，从此访任公。

中秋泛高士湖 孙一元

太白山人湖上游，开樽明月坐高秋。银河倒挂星垂地，玉笛横秋海逆流。万顷寒光生皓魄，群公幽兴属沧洲。两朝烟草萋萋绿，闲杀汀蘋对渚鸥。

会祝孝廉渊葬鸡笼山雪阻二首 张履祥杨园

一丘封作孝廉墓，风物千秋怀古情。多愧故人贫病迫，驱驰冰雪独陈兄。自注：时余以无舟，迟行三日；吴仲木卧病溆湖。发引时，惟陈乾初父子上下山坂十馀里。

师门问学吾徒共，七尺全归志独深。犹忆姑苏终夜雪，相期不屈季通心。自注：先师书云："世人以七尺为性命，吾人以性命为七尺。"孝廉志之不忘。崇祯癸未，孝廉被逮。余送之吴门，时亦大雪。○案，师门谓刘念台宗周也。

送崔孝子南海寻母 徐大章天台人

崔生秦川来，面有忧戚姿。问生何所为，念母无已时。母今在何方，闻在南海涯。涉川水有波，涉山路多歧。区区寸草心，不敢辞险危。晓发犯霜露，夕息梦慈帷。去去千万里，怅怅将何之。白日行中天，宁不照所私。愿言崇令德，远大以为期。

又[1] 胡虚白奎

秦川有慈乌，故巢遗一雏。乌飞南海去，孤雏绕树鸣乌乌。鸣乌乌，向何处？万里同天不同树。雏今日夜思反哺，梦中曾识琼州路。愿乌来巢庭树枝，骤雨颠风终不移。崔孝子名永，号彦龄，幼孤，其嫁母从后夫谪海南。彦龄誓必见母，徒步次琼州，遇焉。会后夫死，力请归。所司不许。恸哭奔京师，请于朝，许之。无何，偕母归。舟遭风入水，负母，母得免；彦龄以感寒疾，客死江西。藩司茹大素葬之，而归其母。

钱墓松歌 吕留良

湖南湖北好松树，紫海回风在钱墓。钱墓之松何最奇，西涧童童当古

---

①《全元诗》文字有异。

路。云车团盖顶已平，重楼突起青岚惊。九天咳唾绿珠堕，金茎仙掌云中擎。东方廋蛟潜出壑，半截粗鳞双铁角。便旋斜向涧西来，爪牙未接气先攫。苍鼯昼舞黄狸号，蛮童放犊啼且逃。寒肌粟粒毛发劲，我亦拖杖求其曹。墙阴又见双松立，一倚楼西一楼北。岩囚穴械积雪埋，谁放怪松如许直。周遭流亚数百本，感激昂头尽修饬。微飙细语天宇空，回顾前坡戏尘失。正气长争日月光，奇材饱得冰霜力。群松罗侍老松尊，大松如友小儿孙。阴霾毒瘴不敢入，穷崖自闭苍琅根。松乎松乎莫浪语，明堂太室重建竖。栋梁楠桷檐楹柱，大匠眈眈横睨汝。紫云宋松围一丈，万苍明松八尺馀。所争二尺颇不足，主人疑彼年岁虚。我谓主人勿复疑，今古岂争尺寸殊。紫云未必五百寿，固当系之在德祐。万苍不止三百多，只合题名洪武后。其中虽有数十年，天荒地塌非人间。君不见，三代不复千馀载，汉高唐太独虚悬。不妨架漏如许日，何况短景天。除却戌年与未月，宋松明松正相接。寄语新松莫痴绝，偷得春尖总无涉。

游青山石壁

湖中气候殊，北陆疑朱夏。未许吹律回，先遣凝阴谢。幽寻历窅冥，及此翰墨暇。振衣杉柏香，柱杖冰雪跨。期我采药徒，青山断壁下。荡胸横大海，吞吐发狂诧。讵闻阳侯怒，但令河伯吓。浪啮屿脚悬，两溜崖腹罅。巨石鼋鼍游，细石龙子化。棱角旧磨圜，皴理新坼亚。潮退汐未来，沙日光相射。仙人何逍遥，金银作精舍。恋彼孤岛春，不知天地夜。我欲翻海水，东向方壶泻。尔居何足安，问此好楼榭。日莫指虚无，松风起悲咤。

湖　塘

浪蚀长堤碎石黄，乘风疑过乱礁洋。可怜玉女云车远，不管仙人铁笛凉。野鸭消寒蒲荻暖，天鹅归老荸荠香。乾坤未洗今何日，莫误题诗报草堂。

湖田行颂韩邑侯有序　吴懋政

澉浦有永安湖，旁有民田八千亩，赖张老人闸以减水，孙家堰以堰水。乾隆二十四年，海昌陈氏惑于风水，将闸堰互易改筑，以致频年患旱。民讼之官，案久不结。三十四年，知县韩本晋、知府李允升、杭嘉湖道宁武立勘详，重复古堰。

永安湖水三千七百四十亩，灌田八千三百亩有奇。高高下下三村十六堡，周流七十二港通逶迤。就中西北第一支，直下趋若骏马驰。一丸之泥塞其吭，逆流始达东南陲。谁欤好事者，决土用木为形家。吉凶莫须有，农事丰歉端可知。此湖本是无源水，昼夜那堪流不止。湖田自古皆有年，连岁荒饥从此始。耕耘三伏好时节，河底扬尘田涸辙。诉向豪门总不闻，大家相看眼流血。眼中血泪有几何，沾濡难救青青禾。忆昔湖边风景好，桔槔声里闻农歌。嗟哉蚩蚩甿，敢与豪门忤？明知压卵危，且免枯鱼苦。一时众志忽成城，接踵骈肩争担土。五陵公子怒如虎。尔不见，华表高坟相公府。相公墓旁水法宜长流，尔曹抵势敢轻堵。嗟哉蚩蚩氓，屏气不敢吐。环叩使君求作主。使君一言利斯溥，田亩攸关宜复古。志书尚有铅椠存，帑建空将刀笔舞。万家击额共腾欢，使君只手能回澜。不为茧丝为保障，前有李公后有韩。吁嘻兮，高岸深谷有时变，我侯铁案终不刊。注：李公谓李惟幾，宋嘉祐中，为海盐令，始作孙家堰。

上韩明府并送行为复孙家堰事　吴熙

昊天子天子，天子子万方。一夫无不获，四海其平康。呜呼百年来，闾泽何瀸汪。豪右尽敛迹，硕彦争腾骧。一时贤有司，报最都循良。恭维我韩侯，声华重圭璋。仰体痌瘝怀，作牧来江乡。治绩迈等伦，蠡管讵能量。不辞挂一漏，愿将仁风扬。澉浦蕞尔邑，人烟莽苍凉。置镇肇宋元，迄明制更详。洪武实经野，增埤兼浚隍。稍稍成聚落，安堵无流亡。厥土多斥卤，厥赋杂农商。厥田但中下，厥业惟耕桑。远近十万家，生齿渐蕃昌。顾惟穷僻地，局蹙域井疆。高阜绝下流，不流通舟航。掘濠不及远，灌溉安可常。地利无凭依，况堪恒雨旸。惟西永安湖，宛在水中央。洄洄两银盘，水发亦汪洋。其利足菱芡，其产足鲦鲿。其税视民田，分派输神仓。三千七百亩，其深可褰裳。炎天蕴隆剧，土块坚于钢。连村窜郊原，儿女逐爷娘。砰訇翻桔槔，汲水纷抢攘。自湖达沟渠，分流给栽秧。泄患蚁穴溃，蓄较蹄涔强。挹彼涓滴波，珍逾甘露浆。忆昔宋嘉祐，李令号慈祥。下车度流泉，涯涘穷徜徉。直视西北流，谓宜增堤防。就下易溃决，势不容滥觞。一勺涸可待，何况流汤汤？西置孙家堰，经营备亲尝；东设张老闸，导流绕女墙。匪翅启闭便，兼息泛溢狂。沔彼小西湖，湖水涌浪浪。东南环大海，万里通帆樯。秦驻对泊橹，两山屹相望。周遮围沃野，绮错属村庄。春夏割麰麦，秋冬收稻粱。生聚六百年，旱涝不能戕。一蓄与一泄，定制载缥缃。披读常董志，明德乌可忘。我朝文勤公，经纶资勖勷。下以活编氓，上以辅圣王。帝念股肱劳，恩荣无颉颃。归葬太夫人，及身谋之臧。宅兆卜兹土，面水背崇岗。高坟缭周垣，左右森松篁。弹指不数年，旋遭元老丧。巍巍峙两茔，规模迥堂皇。纶綍焕天题，碑版灿琳琅。华表插云霓，石虎俨分行。突兀镇平原，四顾浩苍茫。原公匪躬意，尽瘁犹不遑。生死邀隆恩，宠至加悚惶。磊落大臣胸，日月争光芒。不屑计身家，矧乃惑阴阳。但取不食地，安厝欲其藏。平生谨壸风，史册流芬芳。岂知狐鼠辈，凭依赫奕光。琐琐姻娅馀，自夸王谢郎。公然涉吾地，豪横莫敢亢。舆台假其威，吐气如虎狼。挽水决诸西，闸堰互更张。陂池所灌注，一朝绝其吭。笑谓里中人，勿效当车螳。往诉逢彼怒，惊传走且僵。遂令万顷田，空长稗与稂。当今盛明世，协和迈陶唐。世禄克由礼，惕息遵纪纲。讵乏高明家，岂类汝猖狂。直以天鉴远，僻壤容跳梁。吁天天不闻，吞声泪盈眶。泉脉既断绝，时雨不足偿。不见青青苗，但见尘埃黄。湖中何所有？衰草间枯杨。湖上何所有？樵牧喧回塘。农夫悬其耜，蚕妇休提筐。无知羡苌楚，鲜饱悲牂羊。非不鬻妻孥，莫救眼前疮。朝采油灼灼，暮采猪殃殃。草根杂树皮，春榆充糇粮。连年菜色民，贪咽糟与糠。君看输官无，安问盈仓箱。乾隆戊子秋，黔首愈彷徨。万死求一生，哀怨迫中肠。痛极各奋身，老稚勉扶将。询谋惟佥同，荷畚负橐囊。东西仍旧贯，通塞两不妨。相庆受厥明，从此乐穰穰。众心凛馀悸，匍匐伏公堂。禀侯侯曰可，复古职所当。尔曹其无恐，善策本救荒。士民气百倍，欢声腾两廊。讵料狡狯徒，刀笔鼓如篁。舞文改邑志，罔上侮王章。官府那在眼？妄将帑建塘。坐以大罪名，文致思中伤。哀哉蔀屋民，何路叩穹苍？挟势陷无辜，覆盆何由彰！惟侯烛其隐，疾恶如探汤。英敏折强御，不柔亦不刚。若辈心胆寒，丧精走踉跄。大泽在生民，厥功诚炜煌。为侯歌《乐只》，听者俱激昂。溆海百万户，户户怀《甘棠》。胡为拂衣去，飘飘俶行装。侯非百里才，暂蹶终高翔。衣冠惜侯去，奔走倾党庠；市井惜侯去。问讯塞两坊。父老望侯来，祈请日焚香；儿童望侯来，竹马待路旁。侯来一何暮，侯去一何忙。溆之山峨峨，溆之水洋洋。侯德孰与偕，山高而水长。

太守来颂李郡尊为复孙家堰事

阴风飒飒起丛薄，猛虎昼行鬼夜哭。山村十家九空屋。太守来，车轣辘。猛虎走向林间伏。太守奉上命，来抚我百姓。汝何者物而来作横？我有太守真仁圣，强弓毒矢请听令。猛虎摇尾空乞怜，杲杲烈日中天悬。

独桑鼓 董潮

茶院金粟寺有独桑鼓，高三尺，围一丈一尺六寸，独木所成。相传孙权时所遗。董东亭庶常尝赋长歌云：

野风吹沙黯古佛，碧眼胡僧趺门闑。殿前巨鼓指向余，云是东吴战场物。积环成瑕老桑裂，瑶光之皮色如漆。端广六尺高逾寻，其中穹者三之一。炎精丧乱兵戈丛，使君与操俱英雄。紫髯孝廉更妩媚，坐拥先业开江东。阿琮既破荆门空，八十万众殊汹汹。周郎谈笑鲁公怒，一鼓作气排蒙冲。舳舻连江水欲立，旗帜卷火天为红。老瞒丧胆走辟易，月明乌鹊飞无踪。长江从此定天堑，此时此鼓声隆隆。九州作渚太平始，不道吴衰在庚子。匹练朝看荧惑飞，火光暮见龙骧指。将军兵败丞相亡，牛渚西风鼓声死。青盖仓黄入洛阳，素车惨淡临江涘。钟簴已徙美人空，此鼓苍凉开朝市。千年万物留尘劫，衅血斓斑土花涩。纵横灰迹窜饥鼪，狼藉泥踪集鸣鸽。当时哮阚生兜鍪，此日萧闲伴裟衲。长明灯暗梵香清，守护犹疑鬼神入。夜深风雨骤戈矛，百万精灵鼓中泣。洛西铜狄埋榛丛，陈君石鼓苍苔封。古来重器历兵燹，剥蚀不与当时同。鞾人制作幸未朽，直今霸业垂无穷。摩挲更忆赤乌事，老僧又打斋时钟。

访隐居邵湾山邱参军上仪二首 吴谦牧裒仲

将军寂寞老平原，心事逢人未肯论。细柳旌旗空故垒，青门风雨自荒园。沉沦更见英雄志，慷慨难忘故国恩。却笑衣冠风节尽，惟君松柏节犹存。

幽栖此地足留君，长往由来未可群。磨剑峰前横落日，大旗山外起秋云。间门树影临溪静，谷口松声夹路闻。不向深林重射虎，灞陵犹识故将军。

秋日过望湖桥在吴王庙前

二水清光梦未遥，相思频上望湖桥。扁舟几夜虚秋月，高阁何人倚碧箫。瀚海风烟空攘攘，沧洲芦苇自萧萧。白鸥黄鹄相期处，欲洗机心待尔招。

怀南湖呈吴耘庐舅氏　许栽敬堂

南湖南岸南山下，鸡犬桑麻数十家。畴昔经过随杖履，至今魂梦绕烟霞。杏花红处渔舟出，杨柳青边酒幔斜。何日结庐清涧曲，农耕相与足生涯。

九月六日集观妙轩迟吴匏斋舅氏不至

金风吹绽菊花团，预博龙山落帽欢。谷口白云间不出，一钩新月雁声寒。

登海门寺佛阁　陈阿宝

岧峣杰阁镇招提，乘兴登临望不迷。槛外寒潮终古白，江南秋色万峰低。半空铃语风生塔，隔浦僧归月满溪。我欲凌晨观海日，清宵不寐听荒鸡。

自西邵湾山归宿金牛庵　吴应和

贪看山色易斜晖，远宿禅房隔翠微。人语溪桥沽酒转，犬迎松径担樵归。流泉濯足还牵梦，凉月窥林忽满衣。珍重老僧勤问候，一灯炊黍未扃扉。

溆浦上巳 马国伟愚庵

连村花气弄馀馨，选胜东来认旧经。水抱孤城山抱水，风光应不减兰亭。

永安湖杂咏二首 马用俊少白

回峦叠嶂互高低，涧水奔流闸口西。剩得城闉残照影，梳妆楼畔暮鸦啼。

九杞山下菊松存，修竹红林认许村。胜迹荒来滋蔓草，风流何处问黄门。

医灵院双鱼仙迹事见《新志》 吴本佺莱峰

何年羽扇渡江乡，庙貌千秋奠海邦。神火丹泉施惠渥，更将鱼影祝丰穰。

疑无还有孰推原，赖有名家画笔存。吴东发绘图。发绣观音在禅悦寺。文敏字，在金粟寺。他年古迹好同论。

丁未重九，偕家兄蓉浦访吴香杜、棠园二先生于爽山楼至巽峰阁登高，归途口占 方涛

老年兄弟寡交游，旧雨关心又九秋。访隐特来元亮宅，登高同上爽山楼。帽簪黄鞠香双鬓，郭抱青峦露几头。白首相看侬最少，古稀还待岁三周。时兄年八十有四，香杜七十有四，棠园六十有八，余年六十有七。

戊申重九，忆及去年同人登巽峰阁，复偕松壑、吴香杜、棠园钟楼登高，以续前游。杨君子鹤后至。归赋纪事　方溶蓉浦

今日天开霁色新，出门赏菊趁良辰。仰瞻佛地千年刹，不染风檐一点尘。诗访西园成雅集，画宗北苑写游人。子云后至来何晏，夕照西楼已转轮。

钟楼登高和方蓉浦夫子　吴世培棠园

前游曾记晚秋时，杰阁登临尽故知。海鹤精神犹健步，雪鸿爪迹遍题诗。山青云白还如昨，菊绽萸芳又届期。愿得年年同览眺，一逢令节一舒眉。

又　吴世堂香杜

古寺秋风望眼新，早凉天气授衣辰。树围兰若环青霭，香绕莲台绝点尘。襟上痕添前度酒，篱边花认旧游人。相将缓步归来晚，遥见清辉月半轮。

又　杨逢南

纪游诗句逐年新，又值风高落帽辰。一雨群山横翠黛，千秋杰阁净红尘。登临不少簪萸客，清健从无策杖人。蓉浦见时年八十有五，步履清健，与同人皆不用杖。他日征贤颁束帛，驱车应即驾蒲轮。

又　方涛松壑

蒲牢声吼晓风前，又及题糕九九天。老懒还凭诗起兴，淡交长与

菊延年。拂云楼阁登犹可，绕郭河山画未便。啜茗谈禅忘日暮，披图细读旧遗篇。禅师松隐出所藏《发绣观音圣像》，上有前辈徐沧浮先生题咏，甚佳。

过金粟寺　王尚贤

春深望里绿阴肥，金粟山前暂住騑。峭壁长松攒古刹，闲云野鹤逗禅机。剑池水涸寻何处？天册碑残见已希。频与僧人下转语，起看楼角挂斜晖。

秋杪同人游惹山寺分韵得举字　杨逢南

半生饱领风霜苦，偷闲来入猿鸟伍。怪石奇峰面面迎，低者如揖高若举。我本胸中爱丘壑，相招况有烟霞侣。天公似为骚人忙，绘出秋容倩青女。十万丹枫碎锦浮，四壁晴岚苍翠贮。盘旋曲径少行人，空谷忽闻樵子语。振衣直上最高峰，海水茫茫浮岛屿。到此飘飘意欲仙，不知路隔蓬莱有几许？杖藜采药遇老僧，爱客欣为东道主。酒酣进我雨前茶，静将禅味和诗咀。但觉心清闻妙香，忽忽尘襟了万绪。莲花座外夕阳低，去住犹夷两难处。一步回头一看山，月钩斜映芙蓉渚。

重九登长墙山之黄道精舍，次方松壑涛韵　杨逢南

胜事追千古，名山续旧游。万松青抱寺，大海白浮秋。云末看征雁，天边认故舟。登临饶逸兴，爽气扑眉头。

游永安湖　朱福祈杏卿

水有江河长，山有嵩岱高。不览天下胜，抑塞非人豪。而我困下里，梦寐空神劳。譬如慕名士，所恨不一遭。有客笑谓余：子愿何奢

骄！美岂必毛嫱，味岂必江瑶。一丘与一壑，会心即濮濠。秋来天气爽，同人步晴郊。湖水清且涟，菰蒲吹凉飙。老树碧未減，岚光不可描。登高望沧海，孤帆渺秋毫。翳昔在元代，笙歌暮复朝。春风荡兰桨，美酒斟葡萄。花柳覆长堤，仿佛过六桥。诗人顾阿瑛，长吟想丰标。昔日何繁盛，今日何萧条。独思数年内，中原患绎骚。六朝佳丽地，城市生蓬蒿。秦淮水如咽，金山土忽焦。两湖虽寂寞，登临仍我曹。出门多险巇，不如狎渔樵。山灵幸保护，我将隐士招。

湖上口号二首 张鼎

湖上民无游手间，生男十五便耕田。年来田比黄金贵，一亩膏腴十万钱。永安湖旁田，上上者亩直百千。

小桥篱落隔斜晖，村树浓阴罨四围。深巷夜深无犬吠，几家灯火织腰机。澉人腰皮织布，名曰“腰机”，别处所无。箨石先生诗：“澉浦腰机他不谙。”

澉浦咏古七首

禹贡南江迹未讹，中江东迤历支渠。弹丸一地东南重，曾为三江作尾闾。

尚父当年隐海隅，秦溪故宅久荒芜。即今地擅渔盐利，曾议馨香俎豆无。

丝竹杨家最擅长，酸斋曾为谱宫商。不知制就盐腔后，蟛蚏馄饨得几尝？

谭岭烽烟接越中，三千君子化沙虫。纷纷螳臂撑何益，碧血阴厓欲化虹。

望夫石上望夫归，夫死泉南妾抚儿。不读大痴《仇海赋》，《青丘》

一曲少人知。

马鞍山色郁苍苍，避地曾来冒辟疆。携得仙姝居一月，不知人世有沧桑。

九九云峰到海隅，青田往说已凭虚。何缘更见铜山出，笑煞纷纷读《汉书》。

过詹家湾　顾镛柳汀

一到山坳路转斜，无多茅屋两三家。前村泥滑人挑菜，隔坞风香婢采茶。野草经春才展翠，小桃着雨尽开花。归途饱看湖山景，行过池塘尚听蛙。

登湖天海月楼

一带湖光断复连，危楼半倚夕阳边。人临高阁疑无地，风卷云涛欲撼天。考古犹留文献在，传家端赖子孙贤。凭栏试揭疏帘看，红树青山满目前。

溆浦怀古二首　李承模琴舫

曹公完节自闽回，卜得佳城溆水隈。我爱钝翁文字好，抚碑曾剔旧莓苔。

杨园生计托农桑，遗产兼筹邹氏良。斗酒只鸡墓前过，平生有诺未曾忘。

题金粟寺壁　沈德麟

玉殿琳宫已就摧，密云遗碣傍山隈。老僧犹记兴亡事，闲立斜阳话劫灰。

游文溪坞

波翻残照满江红，转过文溪路又东。柳暗花明人不见，村庞遥吠绿阴中。

春日过张孝廉铭斋公墓，口占二绝墓在鸡笼山　朱锡龄彬若

先生墓上草青青，杰骨长埋地亦灵。利辟溆湖三尺水，至今回溯德犹馨。

森森松柏鸟声喧，唤起先贤道德魂。肯赐英灵援末俗，乞将教育梦中论。

咏银杏大树五古二十四韵

西邻有银杏，不见银杏生。老圃能区别，雌雄天然成。雌则华而实，雄乃寿且荣。材堪备廊庙，樗栎敢争衡。吾庐近咫尺，空气得轻清。俯仰树高下，吟吟复行行。此树生何时，植者人难考。父老相传言，实比溆城早。追溯所有权，原属汾阳老。清初谋砍鬻，邻家心懆懆。集资付主人，约订公共保。而今高参天，大可十围抱。枝叶动枒杈，望若狮舞爪。临风一声吼，万木咸倾倒。吾何爱此树，四时多乐处。春阴庇亩馀，踵接游人侣。乌鹊晚争巢，莺燕交相语。午夏听蝉琴，不觉炎炎暑。秋风黄叶飞，扫暖炉中醑。柯干傲严冬，空穴穿鼷鼠。枝缀霜雪浓，白于梅花墅。蟠蟠根若龙，蜿蜒周里许。飘摇时局危，彼独深基础。国本立如斯，谁敢侵吾圉。

外教场观绿营兵习学洋操，书以志感　沈德麟

尝闻小范子，胸藏十万兵。所以操胜算，匪多而贵精。临事更谨

惧，好谋乃能成。法在整以暇，奇正交相生。知彼更知己，令出在必行。有功则必赏，有罪罚乃伸。历观古名将，号令必严明。与士同甘苦，视之如弟兄。厉之以大义，感之以至情。所以士乐战，常将性命轻。以之讨有罪，赫然震雷霆。谁敢不来王，谁敢不来宾？一可以当百，众志竟成城。但有云霓望，曾无草木惊。所谓王者师，天下不足平。何必学洋操，而步胡后尘？何必服洋服，但争形色新！不求制胜策，军事徒纷更。天下尽如是，岂仅在绿营。何曾有远谋，肉食徒公卿。安得大将才，熟读《阴符经》。《六韬》及《三略》，布阵与行军。上可以报国，下可以保民。四夷翕然服，常垂万古名。

山居偶成 祝静远

鄙夫抱素志，浑如石中玉。不琢复不雕，块然溷尘俗。性拙空嗜古，才疏讵干禄。宁为樗栎弃，肯作杯棬曲。当世炫为荣，而我适为辱。荣辱既异流，各从其所欲。霜酣秋林红，鸟啼春山绿。曳杖过溪桥，流水声断续。对此心境澄，悠然吾意足。回顾清溪中，皎皎一鸥浴。

游高士湖

绝境开天地，连山到海陬。古人已不见，吾辈且同游。峰影摇晴浦，霞明绚晚洲。荻花枫叶岸，想象旧维舟。

乙亥端阳高士湖竞渡即席口占有序

民国二十四年乙亥端阳，吴侠虎等发起高士湖竞渡。是日也，天朗气清，同志到者有：汪印玉、黄启华、张天一、许安石等诸女士，吴菊初、吴亥生等诸小友，及陆凤书、虞章业、陶维棪、朱瑞年、张强哉、徐伯修等，共三十有八人。履舄交错，笑语杂沓。中午，集宴于万苍山之载青别墅，中菜西吃，且不辨主宾，颇异于寻常之宴会。午后，齐向湖中竞渡，船十有二，或坐二三人，或坐四五人。其中有一船较大，鸣锣击鼓，似司令部然；声彻四周。农民不期而集，观者湖边如蚁。虞章业船得锦标第一，朱瑞年第二，馀皆奋勇争先，至高士亭而止。旋共往悟空寺休息。余与侠虎、凤书等，各赋诗数章以纪之。念此湖寂寞久矣，即当年中秋高士之会，恐亦无三十馀人之多。又吴太冲有句云“永安闸口柳如烟，想见云荼竞渡年”，此指南宋春时，游人竞渡而言，迄今近千年矣。则此日之游，又岂特百年高会而已哉。

家家角黍送端阳，为吊当年一楚狂。千古忠魂应不泯，忍看吾族黯无光!

呼朋引侣荡轻舟，人影波光澹欲浮。如此湖山真寂寞，何时高士复来游?

尘梦年年西复东，乾坤都付笑谈中。惭余短发飘萧甚，又值榴花照眼红。

山水争留文字缘，无边风景到樽前。劝君莫再耽山水，击楫中流在壮年。

泊槽山　程煦元

始皇泊槽气何豪，石上曾磨武肃刀。千古英雄皆过客，月明长照一峰高。

七十初度辞亲友祝礼

壮志消磨不自知，衰颜鉴镜鬓添丝。七旬莫祝予生日，十月当思母难时。痛念哀鸿嗷大泽，惊闻敌马牧边陲。青衫白发无他技，愿上春台颂缉熙。

悯时局

争同鹬蚌各持坚，岂料渔翁欲下筌。潜引贪狼开室入，养成蔓草遍途沿。阿胶那止黄河浊，弩末休期鲁缟穿。篱破采樵防不得，商量萝补计为先。

词

蝶恋花偶成　沈德麟

寂寞闲庭春色满。人坐春风，人比春风软。杨柳欲眠莺自唤。帘钩轻漾茶烟暖。　料得看花无个伴。盼到清明，又恨清明短。独上翠楼休望远。天涯却被云遮断。

浪淘沙月夜闻笛

良夜正迢迢。散步林皋。团圞明月吐山坳。万籁无声凉意透，露湿花梢。　一曲念奴娇。韵逐风飘。玉人何处教吹箫。听到曲终人不见，真个魂消。

青玉案秋莫城内晚眺

淡烟疏柳城南道。似写出，伤心稿。隔岸丹枫霜信早。蓼花零落，荻花萧瑟，不见黄花笑。　万方多难愁登眺。看一带河流斜抱。野草离离秋色老。西风凄紧，夕阳惨澹，阵阵寒鸦叫。

长相思赠歌者杨文琴　祝静远

讽奸雄，表精忠。古往今来事相同。翠袖舞春风。　　空即色，色即空。悲欢离合刹那中。尽是可怜虫。

杂　记

吴东发，浙抚阮元之布衣交也。便服来访，人不及觉。一日，家居操琴，忽停而起立，则文达公已入门在庭中矣。问曰："何曲未终而不弹?"答曰："琴声中觉有贵人下临，故起迎耳。"遂相与言欢，竟日而去。所谓"名士高风，公卿折节"是也。

祝橹良偕其表弟周某，同应乡试。中式后三日，监令官饬人传提，橹良惶恐无措。周某劝往，以为是补二场卷故也。诘之，周具言：当时承嘱缴卷，藏于卷袋，及到收卷处，只缴手携己卷，惟口说两卷，故收卷官当给竹筹两支，回寓始觉，隐不敢言。遂袖出原卷。细阅之，一艺中有忌讳字，语必见斥。信乎中必有命，全由积德所致耳。

甪里山、甪里堰。俗传有甪里先生曾到此，因名。然汉周术家居太湖洞庭山西南甪里村，因称"甪里先生"。四皓避秦居蓝田山中，在京兆蓝田县。海盐只有蓝田浦，未可因臆度而传讹。山周围六里，堰距澉镇六里，本是六里，好古者雅名之以甪里耳。

澉浦多诗僧，肇自明代。缘有九杞、从吾诸先哲，提倡人尽能诗，虽空门释子，亦皆善吟咏。天真、玉芝两上人为最著。其他若无言上人志恂、石门上人明琇、石林上人永瑛、虚堂上人守节、平野上人戒襄、少林上人戒言、文湛上人秋江、云岫庵之上人明坚，以及清初超海上人四航、体源上人浮山、实智上人心如、玉山上人麐书、通乘上人石车、浮石上人青莲、源瀚上人觉海、圆悟上人密云、海岳上人中洲、德容上人费隐、琈上人石庵，皆有传世之作。尤与文人学士交，时以诗章相赠答。诗学之盛，于此可见。

祝丰贻，号芑生，天质聪敏。年十九，补廪膳生，旋遘疾。易箦时，索笔而题上联云“经史子一业无成，恐地下难见知己”，下联云“君亲师三恩未报，为世间莫大罪人”。

顾北山，性爱客，卜筑市中。室才容膝，而藏书莳花，布置楚楚。时邀吴香杜、吴棠园、杨子鹤、张铭斋、李琴舫诸先生，论文赋诗，令其子柳汀侍侧承教，躬自煮茗以供客，题其照曰“挹水煎茶图”。张铭斋先生为题像，诗云：“君家草堂隐马山，山南山北水溅溅。一瓯马鼻浮轻乳，不数花婆雪窦泉。主人爱客不知疲，茗碗茶铛当酒卮。斗大一廛人满座，雪泥鸿爪记当时。”

茶院环桥，左右石匾。一曰“康会”，古康国僧名会。一曰“广济”，皆僧名也。因康会创建，广济重建，故后人修筑刻此，志不忘也。今改会为圣，凭虚失实矣。姑录之，以备考正。

张铭斋与李琴舫相唱和，各道己长，不稍让。一日，张赠李诗，有“从今你我休争执，自有闲人说短长”，注云“张家长，李家短，众口一词”，其风致有如此者。

张鼎答蒋寅昉书云：易道原于天，而切于人。原于天，故幽深；切于人，故平实。鼎幼习此经，为闽学所囿；读朏明《条辨》，始复廓然。继又泛滥定宇、皋文、里堂诸家，知无所得，反求之程传，略识门径。旋又芜废，浮慕半生，一无所得，愧悚何言。宋元以后，《易》说汗牛，大约入之深者，多躬行心得之言；入之浅者，皆比附推排之语。如闽学者，乃比附推排之尤者，世人咸共耳食，尊并程朱，重其人乎？重其书乎？莫可得而详也。朱子一生讲《易》，晚乃断以六字，曰“易为卜筮之书”。语本汉人，似粗实精，尝罕譬之。今世兴物前用，莫若神武之蓍卜。其号为经者，今之《易》也。首列甲癸等，犹奇偶扐也。分上、中、下，则吉、凶、悔吝也。七言韵语，则象、爻词也。有人焉，惊其神奇，句解而字索之，从而推排比附之，以为当于作者立言之旨，可乎？人知求《易》于书，而不知求《易》于心。求《易》于心，日用饮食皆易也。求《易》于书，则虽读遍《通志堂》，所得皆推排比附之术。以之作讲义、饰场屋可也，何裨身心哉？旧尝学《火珠林》，其原出京氏推究纳甲、飞伏、日月、生旺、休囚之理，与本经若不相谋，而往往奇中：此言数之可凭者。明儒某公读《易》多年无得，一旦读《损·大象传》，豁然贯通全经：此言理之可凭者。总之，皆心《易》也。京氏之数，某儒之理，犹之神武之卜。皆人心自然灵明，非由外铄。风与水相遭于大泽，而文生焉。不知者以为适然，知者以为必然。执语言文字求之，岂有当哉？近儒唐彪有《身易》一卷，其名甚正，其理则流于龙溪。惟生斋日识所诣最深，惜乎名位未显，不免学究气，未为世重。先生以卓荦之才，理董绝学，宜先求之身心。有所得，随笔籍记，以自镜得失，积累久之，必成钜观。若先有著书之心，而后著书，则非所以著书。著亦不传，传亦不久。乡间无可语，承明问下及，不觉刺刺。惟高明教之。

咸丰辛酉，洪杨扰软城。溆浦沈掌大倡率民团万馀人，把总陈长瑞率弁兵助之，于五月十三日往攻，大获胜。俄而，洪杨援兵至，兵民见势不敌，遂溃回至勾塍桥，溺死甚众。陈长瑞阵亡，极惨，营兵阵亡十人：吴佩生、郭永魁、张贞元、卢发生、顾茂昌、曹关生、金有德、刘霄弟、沈桂、陆胜元。民人阵亡一百二名：沈掌大、郁五老、沈贵保、朱钧、郭奎老、郭二南、茹大老、朱兴隆、李依林、步兰庆、沈华生、张德明、朱玉莲、董瑞亨、步发生、沈永予、赵云山、赵丰玉、王顺天、徐林昌、金泰清、盛瑞生、韩加生、杨胜元、刘裕春、王发春、王胜之、王仁元、沈引生、杜龙生、陈云庆、赵琴保、周掌保、张福生、何三老、林章、吴龙、沈三地、沈顺保、张福升、崔馀福、朱大宝、崔忠清、宋金元、蒋关老、徐予老、孙和上、陈昌龄、陆圣元、陆敬老、沈良和、沈开生、黄法生、沈来、张鉴、陆佳元、陆二老、徐发生、袁年、庄来生、潘凤生、姜开元、姜开福、顾云、李保林、孙亨、孙嘉、徐品、卫月、陆辛、徐洪生、朱元福、顾寅保、孙石林、步瑞、孙震海、汤高明、汤才生、王文荣、许增祥、徐金生、杨士荣、沈福昌、沈寿林、张发昌、杨来生、杨三保、李庆生、周春馀、曹瑞生、吴桂生、黄隆元、莫瑞奇、金田宝、李玉渠、邓大、顾寅生、张金生、汤高生、潘凤高、赵勋、陶金生。是日，泊橹山出蛟，狂风大作，六里堰房屋有倾倒者，砖瓦乱飞如鸟。兼署邑篆申祜鹾尹，为陈长瑞阵亡事详大宪，词甚激昂，有句云："先轸之元不返，战马空归；常山之舌犹存，饥鸢争啄。"李承模拟《鸳湖棹歌》诗："古木苍凉夕照哀，软城故址没蒿莱。至今野老谈忠义，曾见民团海上来。"

《我存杂志》载：西历一千五百七十年至八十年之间明崇祯间，广东、福州、上海等商埠尚未开辟，印度商人航海至澉浦贸易，与中国通商。西班牙教士趁此机会，至该地传布天主教义，建筑教堂。后因横桥民乱，商人与教士都被杀戮，教堂亦为所毁。民国十一年，宁波主教赵保禄至澉浦，躬往稽考，遗迹渺然，莫可究诘。盖教士被难后，教友星散，年代湮远，与时俱没矣。

祥　异附

清同治七年，大旱，秋无收。

九年，大旱，秋无收。

十一年八月十九日辰刻，地震。大旱，秋无收。自六里堰至下河六搭桥，河底生青草，可行人。

十二年，大旱，秋无收。

光绪元年至三十四年，皆有秋收。赖张鼎浚河之功效也。

光绪二年六月，有邪术用纸人剪辫，遍及城乡。居民彻夜鸣锣戒备，二月而息。

八年八月，彗星现东方。

十二年七月三十日戌时，遍地发声，如小鸡叫。

十三年八月初五日未时，青天忽来霹雳。西门外大寺庵附近有柴盖女尸棺，雷火荧荧，滚出一物，若西瓜，状色青蓝，逾时而灭。

十五年七月二十七日起，大雨三昼夜，平地水涨三尺。六里堰、茶院、通园等地方街市行船，三日水始退。

二十八年，疠疫大行。传染遍四乡，触之立毙。自五月至九月，始消除。

宣统三年，大旱，秋无收。九月，光复“匪徒”曹信奎、雍奎等，鸣锣聚众，打毁房屋。

民国元年，旱，欠收。

二年夏正月初三日巳刻，地震。秋欠收。

三年，旱，秋欠收。

四年秋，大风雨，欠收。

六年八月，大风雨，欠收。

七年，田禾多白穗，欠收。

八年秋，大风雨，禾多白穗，欠收。

九年，禾多白穗，欠收。

十年六月，大风雨三昼夜。七月二十日起，又大风雨三昼夜，损伤房屋、动植各物不少。田禾欠收。

十一年，禾多白穗，欠收。

十二年，青叶每担价洋七元，蚕汛不熟。秋，螟食禾，大荒无收。

十三年五月，秧田螟蛾遍生卵块，逾四五日，即化生螟虫，食秧叶。知事汪仁溥三次下乡，劝令农人，夜分燃灯收蛾，日则搜除卵块，并筹款给价收买之，螟害消灭，田稻有秋。

汪仁溥，号君硕，又号杶道人，祖籍四明，江苏吴县诸生。工书善画，与人和易，性实傲介。前清光绪纳粟知县，分发湖北，任谳官，旋奉法部调，补京师地方厅检查官，代理安徽芜湖地方审判厅长。改革后，代理江苏司法筹备处长，第一届知事。试验列甲等，补京兆三河县知事。治盗著成绩，旋补浙江金华县知事。勘灾办赈，咸称道之。十二年冬，调署海盐，未届期年而去。甘棠遗爱，民歌颂之。

十五年秋，禾生虫，多白穗，荒，斗米四千钱。冬，雨霰，菜荒。

十六年正月初二日午初，地震；午末，又震。自正月至三月，雨多日少，春花荒。蚕汛大熟，大有秋。

十七年八月初一日至初三日，大风雨，继而连日又雨，田荒。

廿三年，大旱，霉雨不降。自四月无雨至明年春，颗粒不收，民多流散。

澉水新志补录卷下终

吴颖辅先生传

先生吴氏，故溆川世家。讳亮，号颖辅，晚年改名元亮。凡乡人识与不识，皆称曰“亮先生”。幼承家学，折节读书，早蜚声庠序间。旋从张铭斋先生游，益自刻励，其一生高风亮节，即基于此。性至孝，以母老不忍远离，遂终身不言禄。世清贫，薄田数十亩。儿女多，家事繁，而处理井井，泰然自若。鼎革后，时事日非，而先生亦垂垂老矣。每见其常与程韵唐贡士、卢悌君孝廉等，携杖杂坐茶肆中，娓娓谈今古事，靡不洞达，且好作乐观语，不似他人之空自愁叹也。生平尤熟于盐事，深知鲍郎盐民疾苦，屡思有以振拔之。乃于今春天气严寒中，赍志以殁。惜哉！先生享年七十有五，著有《老梅庐笔记》，待梓。

祝晴园曰：先生尝以不能使子若孙尽力读书为毕生之恨。然如先生第五子侠虎君者，由商而学，嗜书若命，且旷达一如先生。则先生固未尝死也。

民国二十五年春，祝晴园敬撰

跋

澉水曷为传？以宋常棠之纂《澉水志》而传。夫澉一斗大之地，又僻处海滨，非有通都大邑之富丽，文人学士之荟萃，而能与都邑相颉颃，谓非常《志》之功乎？人杰地灵，信有然矣。惜常《志》有《图经》者不可得，是以地势之变迁，已不可考。厥后，明董穀纂《续澉水志》。清初，吴为龙纂《再续澉水志》，而原本竟未目睹。迨清咸丰朝，方蓉圃纂《澉水新志》。洪杨劫后，经张铭斋孝廉正讹补缺，朱桂卿学士鉴政，以无人斥资付梓，未行于世。程煦元岁进士热心桑梓，周咨博询，自清同治迄今，记其所见所闻，汇为一编，名曰《澉志补录》。孔子曰："夏礼，吾能言之，杞不足征；殷礼，吾能言之，宋不足征。文献不足故也。"澉水自有宋《志》、董《志》、方《志》、程《补录》，非有文献足征耶？以此递传，可以不朽矣。因付剞劂，用志数语于后。

民国二十四年夏，吴亮跋

图书在版编目(CIP)数据

澉水志汇编 / (南宋)常棠等纂;宋金华,钱张建点校;海盐县档案馆(海盐县史志研究室)整理. --北京:方志出版社,2022.1

ISBN 978-7-5144-5010-1

Ⅰ.①澉… Ⅱ.①常… ②宋… ③钱… ④海… Ⅲ.①乡镇—地方志—汇编—海盐县 Ⅳ.①K295.55

中国版本图书馆 CIP 数据核字(2021)第 275418 号

澉水志汇编

编　　纂: 〔南宋〕常棠　〔明〕董穀　〔清〕方溶　〔民国〕程煦元
点　　校: 宋金华　钱张建
整　　理: 海盐县档案馆(海盐县史志研究室)
责任编辑: 何明忠

出 版 者: 方志出版社
地址　北京市朝阳区潘家园东里 9 号(国家方志馆 4 层)
邮编　100021
网址　http://www.zgfzcb.cn
发　　行: 方志出版社图书营销中心
电话 (010) 67110500
经　　销: 各地新华书店
设计排版: 杭州美迪图文设计有限公司
印　　刷: 嘉兴华源印刷厂

开　　本: 787×1092　1/16
印　　张: 35.5
字　　数: 447 千字
版　　次: 2022 年 1 月第 1 版　2022 年 1 月第 1 次印刷
印　　数: 001～600 册

ISBN 978-7-5144-5010-1　**定价:** 180.00 元

· 版权所有　翻印必究 ·